Andreas Georg Friedrich von Rebmann

Der politische Thierkreis oder die Zeichen unserer Zeit

Andreas Georg Friedrich von Rebmann
Der politische Thierkreis oder die Zeichen unserer Zeit
ISBN/EAN: 9783741158933

Hergestellt in Europa, USA, Kanada, Australien, Japan

Cover: Foto ©Andreas Hilbeck / pixelio.de

Manufactured and distributed by brebook publishing software (www.brebook.com)

Andreas Georg Friedrich von Rebmann

Der politische Thierkreis oder die Zeichen unserer Zeit

Der

politische Thierkreis

oder

die Zeichen

unserer Zeit

von

Huergelmer.

Straßburg,
bey Georg König.

Ueberſicht des Inhalts.

§. 1.

Einleitung. Beſte Staatsform, ein Problem. Menſchliche Ungewißheit überhaupt. Demagogen und Monokraten. Allmählige Entwickelung der Begriffe in den Köpfen der Zuſchauer der franzöſ. Revolut. Die falſchen Strahlen um die Großen her begannen zu ſchwinden. Die Vernunft gewann Spielraum. Jene wollten es hindern. Betragen der Fürſten bey der Revolut. Paine üb. d. Meynungen der Menſchen in Anſeh. der beyden Revol. in Amerika und Frankreich. Deutſchland hat keinen Patriotism. Urſachen davon. Die Heere der Alliirten; was ſie eigentl. noch ins Feuer trieb? Geſcheiterter Plan der Großen.

§. 2.

Frankreich. Sein Schicksal und seine Carriere seit Jahrhunderten. Gang seiner Kultur. Schilderung seiner Könige von Philipp dem Schönen bis zu Ludwig XV. Anwachs des Despotisms, der Schulden; des Elends überhaupt. Pfaffen und Mätressenregierungen. Endliches Erwachen der Freyh. bewirkt durch Druck und daher entstandnen Nachdenken, und durch Amerika's Revol. wo der französ. Soldat die Freyheit übers Meer gleichsam in der Tasche mitbrachte. Benehmen des Kabinets in jenem Kriege und seine Inkonsequenz; was daher entstand? Erhard über das Recht des Volk's zu einer Revol. Ludw. XVI., Königinn, Artois und Consort., wollten sich nicht nach der veränderten Meynung richten. Paine's Vergleichung einer Grammatik mit der amerik. Revolut. Explosion in Frankreich, nicht durch Bestechung, wie Burke will, Unmöglichkeit. Cousins, Düls und Pairs. Umsonst ließ man die Kanonen gegen die Nation anrücken. Ebbe und Fluth der Meynungen. Vergleichung der Jacobiner mit Hefe und Gährungsstoff. Mehrheit der Meynung. Das ultimum all. Beschlüsse. Herkommen kann nichts entscheidenden. Adel und Geistlichkeit gründen ihre Privilegien darauf. Zweck des Staats. Der Einzelne muß leiden fürs Ganze, die Minorität der Majorität weichen. Eine Stelle aus Erhard üb. d. Zwecke einer Volksrevolut. Untersuchung über den Adel und seine Wappen. Unrechtmäßigkeit seiner Vorrechte. Wo kein Zweck ist, hören die Mittel auf. Von Münchhausens Einwurf. Sturz Ludw. XVI. Ursachen davon. Sein Tod; er fiel als Opfer seiner Schwäche.

§. 3.

Betrachtung darüber. Tausende vor ihm mußten unschuldig sterben. Die Könige würgten sich von jeher unter einander selber. Beyspiele davon. Catharina II., ob sie es besser machte mit dem König von Polen und desgleichen mit dem Herzog von Curland und desgleichen mit ihrem eignem Gemahl Peter III. Aber einem Wolfe selbst ward so etwas übel genommen. Beyspiele aus der Geschichte. Eine Stelle aus Wurmbrands polit. Glaubensbekenntniß. Villaume üb. d. Worte: wir von Gottes Gnaden. Der Fürst ist nicht übers Gesetz erhaben. Wie die Franzosen zu Ludwig XVI. bey seiner Hinrichtung hätten sprechen können. Parallele aus der schwedischen Geschichte. Die Engländer bey der Einnahme von Jamars, wo sie schrieen: Kein Pardon den Königsmördern, dachten nicht an ihren enthaupteten Karl I.

§. 4.

Die Großen. Der Fürst von Anhalt Zerbst, sein Verbot ihn mit Bittschriften zu belästigen. Desgleichen Justizverwaltung in seinem Lande. Seine Soldatenspielerey. Lebt außer dem Lande. Der Herzog von Weimar und andre Fürsten in fremden Kriegsdiensten, als wenn sie zu Hause nicht zu thun genug hätten. Inkonsequentes Betragen gegen Polen und Frankreich.

§. 5.

Makintosch üb. ein. Einwurf der Gegner der französ. Revolut. Eine große Reform wird nicht durch Ruhe bewirkt. Nothwendigkeit der französischen Umänderungen. Betragen der deutschen geistlichen Herren dabey; desgleichen der weltlichen. Ihre beyderseitigen Gerechtsame. Begünstigung der Emigranten am Rhein.

§. 6.

Ihre Aufführung: ihre Verschwendung, Frivolität; kaum glaublich. Beyspiele davon. Belege dazu aus dem neuen grauen Ungeheuer, desgl. aus den Brief. ein. preussi. Augenzeugen. Artois und seine Mätressen. Maynzer Revolution. Wer daran Schuld war? Kurfürst von Maynz, die Fasanen für seine Tafel läßt er, zur Zeit der Armuth, durch Kouriers kommen. Klubisten; ob sie deswegen schon schuldig waren? Vergleichung mit den Polen. Der geistl. Rath Winkelmann; höchst ungerechte Behandl. desselb. desgl. Metternichs und der Uebrigen, nach der Uebergabe von Maynz. General Kalkreuths Aufführung, kalt wie ein Despot. Preussische Offiziere und Pöbeljustiz.

§. 7.

Reichskrieg. Ueber den Ursprung desselben. Vorwände. Archenholz in d. Minerva. üb. den neml. Satz. Oesterreich, was es will, müssen auch die kleinen Fürsten wollen: Beyspiele davon aus d. Gesch. Alle Reichskriege waren unrecht und wurden zu Oesterreichs Erleichterung bey seinen Privat- und Hauskriegen geführt. Beyspiele davon aus der Geschichte.

§. 8.

Ueber die Benennung Reichs- und Erbfeind. Ob die Franzosen so heißen konnten? Ob Friedrich II.? Kunstgriff des Hauses Oesterreich. Maria Theresia ließ den Einfall des Königs von Preussen in Schlesien als etwas für die ganze Christenheit gefährliches schildern. Desgleichen pragmatische Sanktion Karls VI. Stellen hierüber aus Hörschelmann.

VIII

§. 9.

Rebell. Erörterung dieser Benennung. Wer so von jeher hieß? Amerikaner, Engländer, Holländer, Horja und Kloska, Vendeer. Jede Reform. und Verbeßrung ward von dem, der dabey verlohr, Rebellion genannt. Beym Siege ändert sich der Name. Catharine II. Erzrebellin nach ihren eignen aufgestellten Grundsätzen. Ihre Frechheit.

§. 10.

Feind der Menschheit; Feind der Ordnung. Franz II. ruft die Ungarn wider die Feinde der Ordnung auf. Jeder, der die alte Ordnung umändern wollte, galt in den Augen des Freundes derselben für einen Feind der Ordnung überhaupt. Folgerungen hieraus; nebenbey etwas über das armfeld-katharindsche Komplott in Schweden, wo man ebenfalls vorgab, die Ordnung wieder herstellen zu wollen. Ordnung in Wien; wo alle Welt wie an Ketten gelegt erscheint. Verfolgungssucht daselbst, Preßzwang und andre Dinge. Heßkassels Usurpation der Grafschaft Lippe ward diesmals ordnungswidrig befunden. Oesterreichs Beraubung des Hauses Gonzaga in Italien. Die Ordnung der Alliirten, ihre Harmonie u. s. w. konnte es dennoch gegen die Unordnung der Franzosen nicht aushalten.

§. 11.

Abermaliger Rückblick auf den Reichskrieg. Stellen aus dem Kreuzzug gegen die Neufranken. Widersprüche des preussischen Hofes in seinen Benennungen der Franzosen, denen er Unmoralität, Gift Zerstöhrungssucht, Absichten allgemeinen Ruins beylegte und doch bald darauf Friede mit ihnen schloß. Ueber die deutsche Freyheit. Stelle aus dem deutsch. Merkur hierüber. Jeder deutsche Fürst suchte die deutsche Konstitution zu durchlöchern schrie aber, wenn man ihm selbst zu nahe trat. Inkonsequenzen. Graf Strengschwerd und seine Schriften; Sprachs Sendschreiben u. s. w. Vorbitte des Herzogs von Braunschweig wegen des konstitutionswidrigen Friedens des Landgrafen von Hessenkassel. Behandlung der Reichsstadt Bremen durch die Hannoveraner. Prinz von Meklenburg. Eine Stelle aus einem hessischen Mandat, wo der Landgraf Respekt bey Eisen- und Zuchthausstrafe verlangt. Deutschlands Jünglinge werden verkauft und seine Fürstenmädchen an alle Höfe versendet zum Kinderzeugen; Koburgische Prinzessinnen nach Rußland. Deutscher Menschenhandel überhaupt. Fausts Höllenfarth. Eine Stelle aus Campe's Reisebeschreibung.

§. 12.

Justizverwaltung in Deutschland. Preßfreyheit. Eine Stelle aus Camille Demoulins. Bülows und

Mecklenburgs Dienstentlassung in Hannover. Feldmarschall Freytag Illuminatenriecher, Denunciant; Herzog von York, Ritter Zimmermann, Löw von Steinfurts schändliche Aeußerungen. Stelle aus Bülows Schrift. Beyspiel von Illuminatenseherey aus dem Reichsanzeiger; eigentlich nicht darüber zu verwundern.

§. 13.

Obscurantenparthey, ihr goldnes Zeitalter. Ueber die Eristenz der Propaganda. Stelle aus b. Brief ein. Augenzeugen. Ueber die Proselytenmacherey der Franzosen, sehr zu entschuldigen. Stellen aus Villaume Schreckenssystem der großen Herren. Berliner Censor behauptet, daß die Empfehlung des Patriotismus wider die deutsche Verfassung sey. Pitt; seine Unterstützung des Faniatismus, läßt Nachrichten über die Chouansmunder drucken; goldner Brief des lieben Gottes an die Bourbons. Kosziusko'n vergleicht Reichard mit Thomas Münzern und lobt hingegen die fanatische Vendeepfaffen, läßt sie in Kupfer stechen. Pitts anderweitige Inkonsequenzen und Intoleranz. Schilderung des preußischen Regenten; des österreichischen. Stelle aus einer preussis. Cabinetsordre über die Aufklärer. Von Göchhausen, Obscurantenmann, desgl. von Gagern. Stellen aus ihren Büchern; Vorschlag des letztern wegen der großen Männer. Pas=

saufches Verbot wegen der heruntergekämmten Haare und Schuhriemen, worin der Fürst Jacobinism sieht. Der Kauz und der Adler, Fabel von Voß. Parallelen und Widersprüche Preussens, Rußlands.

§. 14.

Wundervolle Proklamation Ludwigs XVIII. an die Franzosen. Stellen daraus und nähere Beleuchtung ihres Unsinns. Pitts Benehmen dabey. Bürger trauren über diese Proklamation im Moniteur; desgleichen Archenholz in der Minerva, desgleichen Dûmourier. Pitts Aeußerungen über die englische Freyheit. Frau von Stael, Ivernois, Mounier. Stelle aus Fichte. Pitts Hochverrathsprozesse in England, Schottland. Thomas Muir nach Botanybay. Genius der Zeit. Neutralitätsrecht eines Staates. Pitts Betragen gegen Toskana, Genua und nordische Höfe; seine Redewendungen. Aufgestellter Grundsatz der Allirten; wer nicht für uns ist, ist wider uns. Niedrige Schmeicheleyen aller Art am preussischen Hofe. Medaille wegen der Wiedereroberung von Maynz; ejectio hostis. Fr. Wilhelm II. ruht von seinen Großthaten aus. Allerhand Lügen der Zeitungen. Schlacht bey Pirmasens; Rückzug von Maubeuge. Unwahrheiten oder Schmeicheleyen verschiedner Prediger; Auszüge aus ihren Kanzelreden. Ueber den Satz: Jedermann sey unterthan der Obrigkeit. Falsche Anwendung. Pabst. Verdammungsbulle der Sätze auf der Synode zu Pistoja; Bücherverbote in Sachsen. Ueber Preßzwang und den Dresdner Hof. Kreuzzüge durch Deutschland; Demengeon. Liste der Obscuranten und Aristokratenschildknappen; Burke, Zimmermann, Girtanner, Rehberg, Schirach, Reichard, Hofmann, Hofstetter, Haschka, Göchhausen, Benefen, Stattler, Dyk, Kotzebue, Stollberg, Gleim, Pistorius, Schilling u. s. w. Ihre verschiedne Aeußerungen, Schriften, Journale und Reimereyen. Stelle aus dem Schleßwigschen Journal über die Eklektiker. Ueber die Angeberey.

§. 15.

Augenzeuge über die Gleichgültigkeit der deutschen Soldaten beym Gewinn und Verlust im Felde. Willaume über die Kriegführung des Despotism's. Salzmanns Klage über den Krieg, eine Stelle aus seiner Erlösung des Menschengeschlechts vom Uebel. Bemerkungen über die rußische Kayserinn und ihre Handlungsweisen.

§. 16.

Krieg der Koalisirten gegen Frankreich; wie er geführt ward? ob menschlich? Pitts Aushungerungsprojekt, falsche Assignatenfabricirung und andre Gaunerstreiche. Behandlung der französischen Kriegs-

gefangnen in Deutschland. Rothmäntel. Betragen
der Deutschen in Champagne; der Engländer,
der Oesterreicher; sie plündern alle auf Freundes
Boden, in Holland, Westphalen. Jänkereyen der
alliirten Mächte. Parallele zwischen der Eroberung
von Amsterdam durch Pichegrü und der Einnahme
von Warschau und Praga durch Tamerlan Suwarow. Wer sein Wort besser hielt? Desgl. Betragen der Oesterreicher gegen die französische Garnison von Valenciennes bey der Uebergabe, und der
Franzosen gegen die österreich-Luxemburgische Besatzung. Der Wiener Hof läßt Semonvillen auf
neutralem Schweizerboden überfallen und ausplün-
dern. Lafayette's Arretirung, Unrecht und Unpoli-
tik, Archenholzes Aeußerungen hierüber.

§. 17.

Veränderte Zwecke des Krieges und abgelaßne Forderungen der deutschen Fürsten. Was man erst
wollte? Wiederherstellung der alten Einrichtung
nachher Anerkennung der Republik in Kurmaynzens
unbedenkl. Erklärg. Belege dazu. Emigrantenkorps
im Hannöverschen und ihre scheußliche Aufführung;
Klage der Regierung über sie.

§. 18.

Meynungen der deutschen Völker üb. d. Franzos.
der Hessen. Girtanners Almanach der Revolut. Charaktere und seine Pyramidenköpfe. Lob des

Deutſchen, ſeine weltbürgerl. Aufopferung, Nachgiebigkeit, Geſchmeidigkeit und Fähigkeit. Stelle aus Oisbek. Skizzirte Meynung einiger andern Völker.

§. 19.

Die Alliirten nahmen die franzöſiſchen Feſtungen in ihrem eignen Namen in Beſitz; Murren der Emigranten hierüber. Fichte über Gleichgewicht. Räubereyen der Fürſten und ihre Anſprüche. Recht des Stärkern ihr Koder. Cenſur verſchiedner Regierungen; der engliſchen (ihr Hang zur Unterdrückung, Pitts Aeußerungen) der deutſchen (Urſprung der Fürſten; Karl der Große ein Rebell, Reichsgrundgeſetze; der Kayſer muß in der Wahlkapitulation verſprechen: daß die Unterthanen bey den Reichsgerichten nicht leichtlich gehört werden ſollen) der preuſſiſchen (Treuloſigkeiten aller Art, beſonders gegen Polen; Geſchichtserzählung hierüber aus Sprachs Sendſchreiben) der ruſſiſchen. Schilderung von Rußland und ſeinen Einwohnern Charakter und Sitten, Stufe der Kultur. Blubbad in Praga. Nufers Erzählung hiervon. Geſchichte der polniſchen Theilung. Finis Poloniae. Der Theilungstraktat fieng an: Im Namen der ungetheilter Dreyeinigkeit. Ueber privilegirte Räubereyen den Großen; eine Stelle aus v. Heß Durchflügen Stehende Heere oder Raubarmeen. Troſt aus Macintoſch hierüber.

§. 20.

Catharina's Thaten; ihr Dankfest wegen der Eroberung Warschau's. Liste ihrer Orden aller Klassen. Paine über Titel. Catharina's Aufruhrstiftung in Schweden; Armfeld.

§. 21.

Einfluß dieses Krieges auf die Menschen; sie werden klüger, lernen lesen und denken. Parallele zwischen Monarchieen und Volksregierungen. Zwingherren der Vernunft. Fichte über Denkzwang. Tournier am Rudolstädter Hofe. Hyperbor. Briefe. Kant zum ewigen Frieden. Sündenthaten der großen Herren; Hofkabalen und Schändlichkeiten; Blick auf die Familienintriken und Armseligkeiten der prinzlichen Kinder untereinander, wobey das Land die Versöhnungskosten tragen muß. Knigge Aufklär. in Abyssinien. Stelle aus Fichte. Parallele zwischen asiatischen und europäischem Despotismus. Zwey Anekdoten. Warum die Fürsten nicht vom Throne wollen? Paine über die Kronen.

§. 22.

Die göttlichen Ansprüche der Großen. Ludwig XVIII. und die emigrirten Prinzen; sie müssen regieren, denn die Vorsehung befiehlt es, sprachen sie. Ueber erbliche Regierung. Vererbung der Länder und Leute wie Mobilien. Kant hierüber. Die Ungarn wie Bastards behandelt; Maria von Burgund und Karl der Kühne; daher entstandnes Schicksal der österreichischen Niederlande; Spaniens geduldige Hingebung im Span. Successionskriege. Die Ungarn geben keinen Pardon; gutmüthige Blindheit; Maria Antoinette. Jourdans Anfrage an Koburg. England hohlte seine Könige übers Meer her; sehr unweise; Paine hierüber. Ueber Pfafferey und Priestergeist; ob schlimmer als Adelsthum? Aussichten in die Zukunft.

§. 23.

Sündenregister seit dem Kriege und Liste der Inkonsequenzen unsrer Fürsten.

§. 24.

Seufzer und Schluß.

Es kann ein zweyter Theil folgen. Dieser würde dann die gesammelten Inkonsequenzen, Widersprüche und Lächerlichkeiten der Großen beym (bevorstehenden) allgemeinen Frieden enthalten; so wie von ihren Ungerechtigkeiten, und fernern Verwahrungsmitteln gegen Philosophie und Illuminatismus Nachricht ertheilen.

Huergelmer.

§. 1.

Zu viel gibt es der Täuschungen in der Welt, als daß auch dem Stolzesten das Geständniß schwer ankommen sollte, der Mensch sey fast nur zum ewigen hin- und herschwanken zwischen Zaubernebeln bestimmt, und dürfe sich keine Rechnung machen, hier schon die hellen Gegenden der Wahrheit zu betreten. Wenigen gelingt es in düstrer Ferne einen Strahl dieser Sonne zu entdecken; immer nur mit Mühe und Noth winden sie sich durch die Krümmungen, in denen die Lebenspfade sich jener entgegenschlängeln. Tiefe Dunkelheit umlagert jeden Schritt, die meisten bleiben am Eingange stehen, und wähnen nicht einmal, daß dahinten ein Licht flimmre, welches die zitternben Tritte beleuchte und zum Ziele zu führen vermöge. Nur dem Sucher zeigt es sich verstohlen und sparsam; nach Kampf und Schweis und halber Verzweiflung wird er erst das Flämmchen gewahr, das ihm den Standpunkt angibt, gegen den er arbeiten soll. Immer noch muß er mit Schatten fechten, die ihn in Untiefen führen, oder in einen Winkel werfen, wo seine eigne Trägheit ihn fest hält. Das ist das Loos der Menschheit. Tausendfältig sind die Truggestalten, die den Erdensohn umgaukeln und alle Dinge in und außer ihm gebähren die Ungeheuer, mit denen er Zeitlebens zu kämpfen hat. So schwimmt der blinde Haufen herum; Unwissenheit ist das einzige, womit er sich brüsten kann. Wenige gelangen zum Gebrauche ihrer Vernunft; bey den meisten bleibt dieser Funke des göttlichen Lichts in finstrer Unthätigkeit und wird unter dem Zwange des Instinkts gebeugt und herabgewürdigt. Die Fesseln sind unzählich und ehern, die sich um ihn herumschlingen und ihn jeden Schritt streitig machen, den er in das Land der Wahrheit thun will. Alle die Vorurtheile des Ansehns, alle Gewöhnung an ungeprüfte Vorstellungen, alle erlernte Systeme, Nationalsitten und Gebräuche Erziehung, Religion, Staatsverfassung; kurz, die ungeheuern Ketten alle, die von seiner Geburt an ihn umwickeln, machen seinen Gang stumpf und benehmen ihm sogar den Muth etwas zu wagen. Sein Geist wird eingepanzert und in einen Zwinger geworfen, dessen hohe Mauern zu übersteigen ihm selten beyfällt; er schauet nicht die weiten Aussichten, die er haben könnte, wenn er oben sässe, und ach! auch da, gelingt es ihm sie zu erklimmen, wird ihm schwindlicht; mit bebendem Herzen läßt er sich wieder in die Tiefe hinabziehen, wo er wenigstens fest liegt und nicht aus dem Gleichgewichte zu kommen befürchten darf. Wer wäre der stolze Denker, der sich rühmen könnte bis auf das letzte Glied die Kette abgeworfen zu haben? So kämpft der einzelne Mensch, so kämpfen die Nationen mit ihren Grillen und Vorstellungen, in deren Wirbel sie ewig umher getrieben werden. Gibt es wirklich Wahrheit und wo ist sie? Oder ist alles Täuschung und magischer Betrug? Ist irgend eine unsrer Vorstellungen, von denen wir wie Puppen am Drate gegängelt werden, gewiß und ausgemacht; ist irgend einer unsrer Grundsätze, unsrer Urtheile, unsrer Lebensregeln wahr; oder sind alle unsre Meynungen nur aus optischen Betruge zusammengesetzt, nur halbwahr oder nur Splitter der Wahrheit und wie durch ein Prisma nur sieberfach gespalten; und der Mensch wäre verdammt ewig diese Splitter zu sammeln und nie in ein

Ganzes zu vereinigen? So seufzt der einaugigte Denker und tappt umher, wie der Blinde. Heute verwirft er wieder, was er gestern annahm, und morgen scheint ihm ungereimt, was ihm heute sonnenklar ins Auge blitzte. Könnte er wohl einen Schritt thun, wo ihn nicht noch ungeheure Vorurtheile belasteten, gerade da er wähnt alles abgeworfen zu haben; wo ihn nicht schiefe Vorstellungen blendeten und das Ziel, nach dem er täglich läuft, von neuem aus dem Auge rückten? was bliebe wohl übrig, wenn er alles wegschmisse, was er nur fassen könnte; wenn er alle Regeln um und neben sich fallen ließe, wenn er alles ausziehen dürfte, was ihn täuscht und äfft? Einzelne wagten es, aber es konnte ihnen nicht gelingen; aus einer Nebelwolke traten sie heraus, um in eine andre wieder dafür hineinzutreten. So streitet der Mensch mit sich selbst, und zweifelt wohl gar ob er wirklich ist, oder ob auch das Betrügereyen sind. Jedes Zeitalter hat sein Spielzeug, sagt man; aber auch jedes Zeitalter kämpft seinen besondern Kampf. Immer Kampf um Meynungen; vielleicht immer Kampf um Schatten?

So stritt man sich über die beste Staatsform praktisch seit Anbeginn der Welt; überall, so weit Geschichte und Ueberlieferungen reichen, war dies die Aufgabe, mit dessen Lösung sich alle Völker die

Köpfe zerbrächen und einstießen. Die Geschichte jedes Landes und jedes Volks liefert ein Gewebe und Gewirre von Unruhen und Verwandlungen, die alle ihren Grund in jenem Räthsel haben. Alle Kriege und Aufstände hatten mehr oder weniger Beziehung darauf; alle Revolutionen flossen aus dieser Quelle. Keine Kraft war im Stande uns die Regeln anzugeben, nach welchen ein ächtes Verhältniß hierin zu bestimmen sey; weder die Kraft des Weltweisen und Staatskundigen, noch die Kraft des Degens konnte den Knoten zerhauen, der unsre verworrnen Begriffe zusammenkuppelte. Denn noch immer streiten sich die Weisen und noch immer blinkt der Degen zur Entscheidung ohne etwas auszumachen. Jahrtausende flossen dahin und überließen die Auflösung ihren jüngern Brüdern wie in einem Vermächtnisse, zu dem sich kein Vollzieher finden will, der alles aufs reine zu bringen im Stande wäre. Warf die vorherbestimmende Allkraft dieses Räthsel den Völkern in den Weg, um ihnen etwas zu thun zu geben, und sollte es vielleicht zur Hauptfederkraft dienen, um das Schwanken zu befördern, in dem die Nationen aneinander taumeln, sich reiben und ihre Kräfte schärfen? Soll es das Gewicht seyn, das die Weltmaschine in Bewegung erhält und ohne welchem alles ins Stocken gerathen würde? Oder wären wirklich Hoffnungen und Aussichten vorhanden, einmal darüber einig zu werden und dann gegen höhere Zwecke zu arbeiten und die Thätigkeit auf eine andere Art beyzubehalten, die uns so nothwendig ist? Könnte einmal eine andre Bewegung erfolgen, als die gegenwärtige, wodurch die Menschen wie ein laufendes Wasser zusammen gehalten und gegen Auflösung und Fäulniß bewahrt werden? Das sind Fragen, wobey der Denker, wie der Dumme, die Finger auf den Mund legt und sich keines Ausspruchs darüber anmaaßt: das sind Muthmaaßungen, die keine Menschenkraft zur Gewißheit bringen kann und die nur die Abhängigkeit und das maschinenmäßige seines Erdenlebens um so mehr bestätigen, je gewisser er sieht, welche Puppe er in der Hand des Schicksals ist; wie alles um und neben ihm mit ihm spielt, ohne auch nur zu begreifen wie das zugeht. Dies sieht er, daß er ein Spiel der Dinge ist, daß seine Gedanken und Wünsche, seine Kräfte und Gefühle das Werk äußrer Eindrücke sind; daß seine Entstehung ihn sogleich zum Sklaven macht; daß er einen Spiegel abgibt, in welchen die Gegenstände um ihn sich abmahlen; daß sein Wille als Glied zu einer tausendfachen Kette gehört, die ihn hin und her zerrt, und welche die Vorsicht weislich um ihn herumschlang, damit er nie zur Ruhe kommen sollte; weil Ruhe der Tod jeder Kraft ist und jede Veredlung würgt. Also das läge im Plane des Schicksals, daß wir hin und her schwanken sollen, so lange wir diese Menschengattung ausmachen, und auf diesem Weltkörper wohnen. Auffallend sichtbar und merkwürdig ist der jetzige Kampf, der uns umhertreibt; und angenehm ist es, die Gänge und Wendungen zu betrachten, welche die Völker dabey nehmen, je nach dem Standpunkte, auf welchem sie stehen und aus dem sie die Sache betrachten. Gewiß glaubt wohl jede Parthey das Beste des Ganzen zu befördern, wenn sie sich den Sieg zu erringen sucht; keiner ist wohl gerade deswegen nur thätig um die Sache zu verschlimmern und absichtlich seiner Ueberzeugung entgegen zu handeln. Der Eigennutz würde wenigstens dies vor ihm selbst verbergen, und höchstens jene gewöhnliche Schwäche eingestehen, die ihm so verzeyhlich dünkt und darauf hinwirkt, daß er sein Wohl dem allgemeinen vorzieht, indem er sich einbildet, der Mittelpunkt der Welt sey sein Ich, dessen Glück er zu befördern suchen müsse, damit es dann gleichsam der ganzen Welt wohlgehe. Also kämpft jeder, denn jeder bildet sichs ein, für die beßre Sache und hält seine Gegner für Irrende. Allen ists um Wahrheit zu thun, nur daß dieselbe nicht Alle sehen; oder vielmehr, daß sich jedweder einen besondern Begriff davon macht und sie in Dinge setzt, in welchen Andre zur Irrthum gewahr zu werden glauben. .... Aber für die Mittel und Wege, die sie einschlagen, um ihrem Götzen den Sieg zu verschaffen, sind sie verantwortlich, und ein Blick ringsum nach allen Punkten des Horizonts geworfen, kann uns die Richtung angeben, nach welcher sie die Lärmstangen überall aufstellen; wie sie sich dem Ziele zu nähern gedenken; ob sie sich Schleifwege erlauben, welche von der bessern Menschheit von jeher für unrecht gehalten wurden, und wodurch diese selbst in ein falsches Gleis geleitet zu werden, vielleicht Gefahr vorhanden ist. Die Anzeichen dieser Zeitläufte, das charakteristische der Thiere im politischen Himmelsgürtel, von welchen das Wohl und Wehe der Erdbewohner abhängt; ihr guter und böser Einfluß auf die Welthändel; ihre Stellungen unter sich selber, und alle die Bogen, welche sie wahr oder nur scheinbar beschreiben, können den Zeitforscher belehren, wie viel oder wie wenig zu hoffen oder zu fürchten sey, und ob die Sonne des Glücks im Steigen oder Sinken sich befinde. Und wenn sich dann zeigte, daß die Konjunkturen die seltsamsten wären, die je ein Fernrohr gewahr ward; daß Unheil drohende Kometen sich überall in die Erdbahn zu drängen suchten und mit grobem Ungestüm den schönen Schwung der Kugel stören möchten: dann würde dies unsre gemeinschaftlichen Wünsche fester in eins zusammen knüpfen und unsern Abscheu gegen die Gewaltthätigkeiten vermehren, mit welchen Jene neidisch auf uns los stürmen. Schon der Vortheil wäre nicht unwichtig, wenn es auch nur unsre Standhaftigkeit vermehren hälfe und uns immer mehr, die Ueberzeugung einschärfte, daß Glück und Ruhe in uns selbst liege und nicht der Einfall des Himmels uns schrecken dürfe. Dann würde, zerflöge auch die Erdare in Stücken und stürzte alles in Trümmern über uns her, ein ruhiges Bewußtseyn mitten im Wirrwarr uns trösten können. Nur immer allein in sich selbst vermochte der Mensch den Frieden zu finden, und je mehr er von Außendingen abhieng, desto schlimmer sah es mit ihm auch im Innern aus. Nie war er frey, so lange er sich nicht frey von Leidenschaften fand. Ihre Bande zu zerreißen und immer ungefesselter am Heerde der Freyheit zu sitzen, war für ihn eine Pflicht, die ihn unaufhörlich zu diesem Streben aufforderte, sollte es auch den letzten Rest seiner Kräfte kosten. Er sollte immer weniger von außen auf sich wirken lassen; denn nur zu leicht lag er hier den Bestechungen unter, und jede schwache Seite, auf die nur einigermaaßen zu wirken war, wurde von den Laurern benutzt. Er blieb dann Maschine und bot jeder Verführung eine Menge Berührungs- und Angriffspunkte dar; er ward dem Stärkern zum Raube und mußte gewärtig seyn, daß man mit ihm spielte, seine Leidenschaften in Beschlag nahm, ihn gängelte und leitete, ohne daß er es selbst wußte. So konnten die Demagogen und die Monokraten an einerley Klippe strauchlen; der Stab des erstern drückte so eisern, als der Scepter des letztern, und mußte bey ähnlichen Schwächen ähnliches Unheil anrichten. Aber dadurch dürfte gleichwohl der viele Unsinn nicht entkräftet oder bemäntelt werden, den der letztere sich so öfters zu Schulden kommen ließ; oder die falschen Maaßregeln erträglich, die er nahm, um seine Zwecke zu erreichen; und es war erlaubt, früher oder später eine Zeit zu hoffen, wo es den Uebrigen wie Schuppen vom Auge falle und auf einmal deutlich werde, welchen Launen und Motiven sie zum Raube wurden, und was für elende Klaypern sie in den Händen weniger waren, die mit ihnen blinde Kuh spielten. Wenn sich nun ergeben sollte, daß das letztere der tägliche Fall war; so würde dann freylich der Weltbetrachter mit vollem Rechte sichs herausnehmen dürfen, den Gängen ihrer Handlungen und Zumuthungen nachzuspüren und es allen Unbefangenen, die des Weges, ohne die Augen aufzuschlagen, einherziehen, wieder zu erzählen, damit auch diese ihre Maaßregeln nähmen und die unnütze Last gewohnter Unterthänigkeit abwerfen lernten. Lange genug hätten sie getragen, da wo eigentlich schon längst nichts zu tragen gewesen wäre; und ein Tritt auf eine Stufe höher, könnte nichts schaden, wenn es wahr wäre, daß der Mensch an Veredlung dadurch gewinnt, und daß diese nur nach und nach durch Erfahrung, Abwerfung der gröbern Schaale; durch Anstrengung, Kampf und Schwierigkeiten erworben wird. Jedes schwindende Jahrhundert lieferte davon die Bestätigung und bewies, daß wir unsre Kräfte nur nach und nach erhöhten und alle Begriffe allmählich entwickelten. Wir dachten auf einmal lebhaft an Dinge, von welchen vorher nur eine dunkle Ahndung in uns lag. Die jetzige Krise möchte von dieser Art seyn. Ein Kreis von neuen Ideen breitete sich um Spieler und Zuschauer auf einmal aus; mit Staunen sahen sie Grundsätze um sich aufblühen, welche die wenigsten vorher kannten oder höchstens nur kalt und oberflächlich begafften, indem sie noch kein lebhaftes Interesse dafür hatten und noch nichts davon in ihr Meynungssystem zu passen schien. Noch weit mehr fehlte, daß ihre Verwirklichung schon hätte sollen geahndet werden können. Jeder theilnehmende Zuschauer der jetzigen Revolutionen, wenn er nur einigermaaßen aufmerksam auf sich selbst gewesen wäre, dürfte auch wissen, wie in Rücksicht der Zeitideen es nur nach und nach heller in ihm wurde; wie er allmählich auf Sätze ließ, die ihn stutzig machten, bald aber zur Theilnahme aufforderten oder zur Bewunderung hinrissen. Er möchte am besten fühlen, wie sehr sich das System seiner Gedanken hierin veränderte und erweiterte, wie immer eine Stelle seines Kopfes nach der andern gleichsam heller ward, und wie er es immer mehr wagte, sich mit dem angehörten und gelesnen Grundsätzen vertrauter zu machen. Erst befremdete es ihn nicht wenig, oder sagte ihm wohl gar einen Schauder ab; wie dem Bigotten, der jeden hellern Religionsbegriff für heillos erklärt und alles, was nicht in seinen Gedankenkreis paßt, verketzert. Aber jene erhaltne Hauptidee zog tausend andre herbey; es wurden neue Saiten in ihm berührt, die vorher noch nie geklungen hatten; alles schien sich bald mehr zu fügen und weniger unnatürlich zu werden; sein politischer Rechtglaube begann einen Stoß zu erhalten. Er grübelte in der Stille; es war der Kampf zwischen Licht und Finsterniß. Schon glaubte er sich wenigstens im Besitze der Befugniß, über die Verhältnisse des Fürsten zum Unterthan und über die wechselseitigen Gerechtsame nachzudenken, oder sich selbst zu fragen, wie es komme, daß zwischen Beyden so eine große Kluft befestigt seyn und daß Jenes Kopfschütteln die halbe Welt verwirren könne? Vorher war ihm so etwas schon wohl eingefallen; aber nur oberflächlich, ohne daß sich der Schimmer dabey fand, der ihn jetzt so mächtig zum Anschauen reitzte. Er hatte nicht mehr Sinn dafür, als ein der Sternkunst Unkundiger für den gestirnten Himmel zeigt, der nur in geschäftiger Untheilnahme darunter hingeht und selten einen Blick in die Höhe wirft. Wer aber Hang dazu, oder Geschmack für Mahlerey oder für Musik hat, wird mit ganz andrer Gierde und Behaglichkeit sein Auge heben, oder ein Konzert hören, oder ein Gemählde betrachten. .... So zog sich nun die Kette der Untersuchung allmählich fort; indeß er den Handlungsweisen der Großen der vergangenen und gegenwärtigen Zeit nachspürte und sie in der Stille beobachten lernte, stellte sich ihm freylich alles ganz anders vor Augen, er war nicht mehr blind. Er sah, daß ihre Verhältnisse zu andern Menschen, ihre Allmacht, nichts unumgänglich nöthiges seyn durften; daß es Menschensatzungen wären, die diese Einrichtungen den Gesellschaften gäben; daß sie ohne Sünde im Nothfall abgeändert oder vernichtet werden könnten. Als er so weit war, hatten seine Begriffe gewonnen Spiel; das heilige Dunkel, in dem alles wie in weiter Ferne eingehüllt war, begann zu schwinden und der Schleyer, der vom Anfange über seinem Auge hing, ward immer dünner und löste sich zuletzt in einen leichten Nebel auf, der mit seinen Wölkchen nur noch einzelne

Dunkelheiten erzeugte, die von den Widersprüchen herrührten, welche noch dann und wann seine Aengstlichkeit über Neuerungen und eine Art von Gewohnheitsunruhe in ihm erregten. Denn der Satz, daß man der Obrigkeit unterthan seyn müsse, machte ihm viel zu schaffen; er war gewohnt ihn auch da anzuwenden, wo Ungereimtheiten in den Weg treten, und hielt für himmelschreyendes Unrecht, etwas dagegen zu unternehmen. Aber bald fand er, daß auch dieser Satz seine Gränzen habe und daß es dann eben so unthunlich seyn würde, ihn in allen Fällen anzunehmen, als vorher, ihn zu verwerfen. Nun hatte die Vernunft mehr Spielraum gewonnen. Er konnte jetzt ohne Herzklopfen untersuchen, was den Gewalthabern gehöre und was nicht; wo sie ihre Gerechtsame überschritten; ob sie deren ursprünglich viel oder wenig hätten; ob Träge auf dem Thron ernährt werden müßten, und dieser Dinge mehrere. Er sahe daß die Nachbarn dergleichen praktisch zu bearbeiten anfingen, und sein Geist brach um so heftiger durch die Schaale verjährter Vorurtheile durch.

Ein langer Zeitraum verfloß, ehe man dies zu denken wagte und noch länger mußte es dauern, bis überall vom Denken zum Handeln geschritten werden durfte. Freylich wollten die Treiber dies allenthalben verhindern, oder wenn sie es nicht könnten, wenigstens dahin arbeiten, daß man es einander nicht wieder sagen sollte, um dem Nachbar, der noch schlief, nicht zu Sätzen zu verhelfen, die ihnen wie Fieberfrost über die Haut fuhren. .:.. Das Benehmen der Regierungen bey den Erscheinungen der Revolutionen war ganz diesem angemessen. Sie glichen einem Arzte, der seinen Patienten ihre Krankheiten läßt und weiter nichts thut, als daß er ihnen verbietet über ihr Uebelbefinden laut zu klagen. Der kluge Arzt würde lieber die Krankheit heben, zumal wenn er sie selbst bewirkt hätte; und der Patient ihm danken und nicht weiter klagen. .... Aber doch nahte sich die Zeit des Besserwerdens, selbst der künstlichste Donner kam zu spät, und alle Schwerdter, nur für Körper geschliffen, konnten gegen Grundsätze und Meynungen nichts ausrichten, noch sie vertilgen; und als der Genius der Zeit solche Verwandlungen wollte, drangen sie sich überall ein. Keine Umschanzung hielt sie zurück, kein würgendes Kugelfeuer vermochte sie wieder in Nichts zu verwandeln. Denn, mit den Meynungen der Menschen (Paine's Rechte des Mensch. S. 143.) über die Regierung, geht in allen Ländern eine schnelle Veränderung vor. Die Revolutionen in Amerika und Frankreich haben einen Lichtstrahl über die Welt geworfen, der bis in den Menschen reicht. Die ungeheuern Kosten der Regierung spornten ihn zum Denken an, indem sie auf sein Gefühl wirkten; und wenn einmal der Schleyer zerreißt, so hilft kein Flicken. Die Unwissenheit ist besondrer Natur, ist sie einmal vertrieben, so ist es unmöglich sie wieder herzustellen. Sie ist kein Wesen an sich, sondern nur die Abwesenheit der Kenntniß; und der Mensch kann zwar unwissend erhalten, nicht aber unwissend gemacht werden. Es hat mit den Entdeckungen der Wahrheiten durch die Seele eben die Bewandniß, wie mit dem Sehen. Nach der Wahrnehmung eines Gegenstandes ist es unmöglich, die Seele wieder in den Zustand zu versetzen, worin sie sich befand, ehe sie ihn sah. Diejenigen, die von einer Gegenrevolution sprechen, verrathen ihre wenige Menschenkenntniß. Es gibt in dem Bezirke der Sprache keine Wortfügung, wodurch man die Mittel, eine solche zu bewirken, ausdrücken könnte. Diese Mittel müßten in einer Vertilgung der Erkenntniß bestehen und man hat noch nicht entdeckt, auf welche Art sich bewirken läßt, daß der Mensch seine Einsicht nicht einsieht, seine Gedanken nicht denkt.

Wenn es schicklicher war sich nach den Sitten und Gebräuchen, nach dem Gange der Kultur des Zeitalters zu richten und sich gütlich mit den Begriffen abzufinden, die einmal im Schwange gingen: als mit Gewalt sich ihnen entgegenzustämmen und zu verlangen, daß alles nach der Laune und in die Form eines Einzelnen oder weniger Einzelnen gepreßt werden sollte: wie höchst unnatürlich fiel doch jenes Betragen aus, und wie unzulänglich. Von jeher zwar sollte sich alles über einen Leisten fügen lassen; sie machten es immer wie jener Räuber des Alterthums, der seine Gefangnen in ein Bette warf, den Großen die Füße abhieb, damit sie hinein paßten, und den Kleinen alle Glieder ausrenkte, um das Maaß zu erlangen, das seine Tollheit Allen vorgeschrieben hatte. .... Aber öfters gelang es sehr schlecht damit. Machen konnten sie zwar mit ihren Untergebnen alles was sie wollten in Dingen, wovon jene nichts verstanden, und worüber keine bessern Begriffe vorhanden wären, als sie selbst hatten oder als sie wollten, daß jene haben sollten. Aber sobald das Volk in gewissen Fächern des Wissens und der Meynungen weiter gerückt war, schwand jene Macht der Willkühr. Sie durften nur die Ausleger und Vollstrecker der Meynungen des Haufens seyn; sobald dieser besser dachte, mußten sie mitdenken, sie mochten wollen oder nicht. So lange der Haufen noch fanatisch war und zur Ehre Gottes anders Denkende morden zu müssen glaubte, so lange konnten sie ihn zur Verfolgung und Verehrung anführen; er folgte ihnen gern, wenn sie nur wollten, weil er es selbst so haben wollte. Sobald aber die Reife der Vernunft begann, konnten sie nicht mehr durch Schwärmerey regieren und dies Lenkungsmittel war jederzeit verlohren. So neigten sich die Religionskriege zu Ende, aber an Jenen lag es eben nicht; sie hätten dergleichen wohl noch unterhalten, wenn nur die Kraft der Bewegungsgründe nicht schwächer geworden wäre und diese Mordscenen noch Liebhaber fänden. Aufhalten konnten sie die Belehrung des Volks und seine hellern Einsichten; aber wenn sie da waren, hatte ihr Einfluß allemal in diesem Fache ein Ende. Der Kreis der Aufklärung erweitert sich, wie durch den geworfnen Stein im Wasser sich Ringe nach allen Richtungen ausdehnen. Wenn die Masse des Volks erst lernte, daß zwar Gesetze vonnöthen wären, aber keine Fürsten, und daß die schlechten zu nichts gut seyn möchten und das Recht hervorbrächten, ihnen etwas besseres unterzuschieben: so ließ sie sich auch nicht mehr so anhaltend zu ihren Planen misbrauchen; sie folgte nicht mehr, um muthwilliger Weise ins Feuer zu rennen. .... Zwar so weit war es noch nicht oft gekommen; auch noch jetzt verhielt man sich ruhig, obgleich schon bey den Heeren an der Gränze Gedanken zu keimen anfiengen, welche man ihnen so gern auf immer verborgen gehalten hätte. Diese sagten es sich schon ziemlich laut, daß sie nicht mehr für ihr Vaterland föchten und daß es ihnen nicht übel gedeutet werden könnte, wenn sie nicht mit der Hitze herbey drängten, die von ihnen so bringend gefordert würde. Hunderte von Meilen jagte man sie zusammen, weit von ihrem Lande, ohne daß sie eigentlich wußten warum. Denn von Patriotism ließ sich da nichts hoffen, wo keiner war. Bey den Deutschen gab es von jeher mancherley Ursachen des Mangels desselben. Armuth in vielen Gegenden, Rohheit des Geistes, Geringschätzung des Volks bis auf den Namen sogar; Mangel an Moralität, geographische Eintheilung und Nationalhaß; Verschiedenheit der Kultur und verschiedne Religionen; Vergrößerungs- und Streitsucht der Nachbaren und Feindseligkeiten gegeneinander theilten Deutschland gleichsam in mehrere Völker, die einander oft mehr als die Ausländer haßten. Staatsverfassung, Gesetzgebung und Polizey trugen das ihrige im reichlichen Maaße noch bey. Es gab keine allgemeine Gesetzgebung, die Deutschen fanden sich immer in einer andern Stadt oder andern Grafschaft auch schon unter einem andern Rechte; auch wer oft von einer Regierung in Deutschland verfolgt war, erlangte von der andern eine Aufnahme. Dies alles in Erwägung gezogen, ergäbe sich wohl leicht: daß die Deutschen gar nicht Eine Nation ausmachten, nie Interesse für einander hatten und daher auch nichts für einander dulden wollten. Eine Bewaffnung der Nation war stets eine Chimäre und könnte, wenn man darauf hätte bestehen wollen, unübersehbare gefährliche Folgen nach sich ziehen. Wirkte nicht das Fantom der Ehre, womit die Soldaten statt des Brods gefüttert wurden, und der militärische Zunftgeist noch mehr, als die vorgespiegelte Vaterlandsfechterey, sie wären wohl längst auseinander gelaufen; wie sich auch von den kleinern Kontingenten bereits Beyspiele davon vorfanden, die hiermit weiter nichts thaten, als daß sie den größern, nur etwas unregelmäßiger, nachahmten. Jene Dinge also hielten sie, nächst der Furcht, noch am meisten zusammen, und kaum war eine Spur von innerm Triebe zu erblicken. Eine Art von partieller Volksehre war es, was man bis jetzt noch in ihnen schwach anzufachen so glücklich war und vermittelst welcher man sie lenkte. Sie wollten noch gern die kriegerischen Oesterreicher, die tapfern Preussen u. s. w. genannt werden, und dies trieb sie, nächst dem Stocke, noch gegen die Batterieen an. Denn wie könnte eigentlich der Ungar, der Oesterreicher, der Böhme, der Märker, der Pommer und der Sachse geglaubt haben, er föchte für sein Land, wenn er hunderte von Meilen davon war und auch nur mit der leisesten Ueberlegung die übrigen Verhältnisse mit ansah. So weit waren doch wohl die meisten dieser Volksgattungen in ihren Begriffen vorgerückt, daß sie, wenn sie an der Gränze die Neufranken näher kennen lernten, nicht glaubten, es habe in ihrem Plan gelegen Europa zu erwürgen, um sich eine erträglichere Verfassung zu geben; und um ihre Blutigel fortzujagen, sey es nöthig gewesen der halben Welt den Krieg anzukündigen und alles zu verschlingen. Das könnte höchstens ein Seressaner noch glauben, wenn man es ihm vorsagte, der mit dem Viehe, das um ihn herumläuft, noch in Einer Klasse steht und den deutschen Boden gar nicht betreten sollte. .... Nur also für den Namen des Landes fochten sie alle, nicht für das Land selbst. Aber auch hierin wurden sie immer je klüger und sahen wenigstens den Enthusiasmus, mit dem der Franke sich in den Kugelregen stürzte. Dies steckte an, aber wahrhaftig auf eine für die Großen nachtheilige Art. Ihre Plane erhielten dadurch eine schiefe Richtung und verfehlten des Weges; der gemeine Volkshaufen sollte seine eignen Begriffe zerquetschen, die ihnen nicht anstanden und leicht die Kronen auf den Häuptern zum wanken brachten. Sie wollten die Ideen wegschüt-

ten, an denen die ganze Vorwelt Jahrtausende
lang kochte, läuterte und sie als ihr bestes Erb-
theil ihren Kindern überließ. Ohnmächtige Sterb-
liche, so wenig ihrer waren, so vermessen erig-
ten sie sich doch, Dinge zu unternehmen, die in
keines Menschen Macht mehr standen und welche nur jene Beschränktheit entschuldigen konnte,
mit der sie in den Tag hinein lebten und nicht
wähnten, daß keine Riesenarmee im Stande war
Verwandlungen zu verhindern, die im Gange
des Schicksals lagen und in dessen Schooße zur
Reife kamen. Etwas Nachsicht konnte ihnen daher die Unbekanntschaft mit der Geschichte verschaffen, die sie nicht kannten oder vermessen mißkennen wollten, weil sie ihnen schreckliche Wahrheiten in die Ohren schrie. Nur der Dünkel der
Allmacht hatte Augen und Ohren des Verstandes so sehr gestumpft, daß sie den Gang des Erdenlebens nicht verstehen und nicht auf die Fluth
der Meynungen merken wollten, die immer alles
mit sich fortriß und sich an kein stolzes Brüsten
kehrte. Was seyn sollte geschah immer und hinter
dem Damme schwoll der Strom noch mächtiger
an. Der Mensch erhielt Kräfte und Thätigkeit,
er mußte sie üben oder sie fielen ihm unabwendbar
zur Last; er mußte sie entwickeln, sie stiegen immer höher. So kam der Eine mit dieser Ausbildung weiter auf seiner Erdenfahrt; ein Andrer

blieb mehr zurück. Beydes hieng vom Glück, von den Verhältnissen und Umständen, von dem Stoße und der Richtung ab, die er im Anfange erhielt. Jetzt begann nun diese Entwicklung bey ganzen Nationen in guten Gang zu kommen, Jene wollten sie stören; sie wollten hindern, daß die Raupe sich nicht einspänne, nicht zur Puppe würde, daß nie ein Zweyfalter sich empor schwänge und neugebohren die Hülle von sich streifte. Und besäßen sie nicht blos diese Erde, und regierten sie in der Sonne und ihren Monden mit ihren Launen und Sceptern, dies könnten sie doch nicht. Aber sie handelten zum Besten der Andern, oder vielmehr sie konnten nicht anders, es sollte und mußte so seyn. Im Gange des Geschicks lag es, daß sie sich allein diesen Dingen entgegenwerfen sollten, um das entgegengesetzte Gute dadurch zu bewirken.

§. 2.

Frankreich ward vom Schicksal in die Reihe der Staaten zu einer Zeit angestellt und mit einem Charakter begabt, wodurch es mittelst mehrerer zusammentreffender Umstände sich zum Tonangeber der Mitwelt erhob und seinen Nebenvölkern die

Gesetze der Verfeinerung und den Betrieb von Künsten und Wissenschaften mittheilen konnte. Zwar büßte es schwer für diese Ehre und mußte manche Jahrhunderte unter der eisernen Hand seiner Könige und deren Rathgeber seufzen. Es herrschte über Andere und wußte sich selbst nicht zu helfen. In der Kultur hatte es indeß einen immer schnellern Gang begonnen und die Körner der Veredlung waren hier auf einen fruchtbaren Boden gefallen. Bald hielt es sich zum Schadenersatz wegen seines anderweitigen drückenden Zustandes für das erste Volk der Welt; eine Reihe vortheilhafter Verhältnisse und Europens übrige Völker begünstigten diesen Wahn. Ueberall sahe man auf dies Land, ahmte seine Sitten und Gebräuche nach, lernte seine Sprache und erhob sie zur Hauptsprache der gebildeten Erdstriche. So etwas erzeugte Stolz; Frankreich betrachtete die übrige Welt, die ihm beständig Weyhrauch streute als einen kleinen Anhang seiner eignen Größe und seines Riesenkörpers. Nichts war natürlicher, als daß sein Ehrgeiz erregt wurde; überall legte man sich die Gesetze der Sitten, Gebräuche und des Anstandes freywillig von ihm auf und befolgte seine Vorschriften als Orakelsprüche der humanern Menschheit. Nebenbey, und zum Theil erst dadurch selbst, war die Ueberzeugung entstanden, daß so gut die Nebenwelt jenes thue, sie sich auch unter seine physische Herrschaft beugen kön‍nen. Dieser Stolz loderte immer höher auf. Zum Unglück hatte es Könige, die von jeher mit den nemlichen Grundsätzen schwanger giengen, *) deren

---

*) Philipp der Schöne kannte keine Grundsätze der Menschlichkeit, war unersättlich Macht und Geld zu erlangen und dabey ganz ausgezeichnet grausam und rachsüchtig. .... Der Sohn dieses Königs regierte nur sehr kurze Zeit, aber dennoch lange genug um zu zeigen, daß er alle Laster seines Vaters geerbt hatte. .... Philipp der Lange war besser unterrichtet und von beßrer Gemüthsart, gab aber doch nicht das despotische System seiner Vorfahren auf. .... Karl der Schöne trat in die Fußtapfen seines Vaters und seiner Brüder, regierte aber nur vier Jahr. „Der Himmel, sagt Mezeray, „schlug sich ins Mittel und verhinderte, daß „die Nachkommen des Mannes, dessen Raub‍„sucht sein Land verheert hatte, nicht einmal den „Sommer ihres Lebens erreichten." .... Der habsüchtige, undankbare und grausame Philipp VI. vereinigte in seiner Person die schändlich‍sten Laster aller Valois. .... Die Hinrichtung des Grafen von Eu ohne einen Proceß; die Einziehung seiner Güter; die Vertheilung der‍selben unter den Günstlingen; der Verhaft des Königs von Navarra und der Mord seiner Freunde, geben der Regierung des Königs Jo‍hannes unter den unwürdigsten eine ausge‍zeichnete Stelle. .... Bald nachher sehen wir, wie Raubgier, Ehrgeiz und Wildheit in we‍nig Monaten alles vernichten, was Karls V. Klugheit im Stande gewesen war zu bewirken;

Bewerkstelligung ihnen sehr leicht dünkte. Ueberall sahen sie sich verehrt, als die edelsten Herrscher des feinsten Volks gepriesen, und den Pomp ihres Fürstenlebens nah und fern bewundert und nach;

---

und so schmachtete das Königreich vierzig Jahre lang. .... Karl VII., dessen Andenken sehr unrechter Weise geehrt wird, gab durch die Einführung eines stehenden Heers, der Freyheit einen Schlag, von dem sie sich nie wieder erholen konnte. .... So war für die Tyranney Ludwigs XI. der Weg gebahnt; ein Monarch, der ein böser Sohn, ein böser Vater, ein barbarischer Bruder, ein undankbarer Gebieter, ein gefährlicher Freund, ein unversöhnlicher und treuloser Feind war. .... Karl VIII. ohne Tugenden und Talente opferte das Leben seiner Unterthanen mit einem unverzeyhlichen Leichtsinn den Ansprüchen auf, die das Haus Anjou auf das Königreich Neapel hatte. .... Ludwig XII. war der Vater seines Volks; er war zwar nicht ein sehr kluger, aber doch durchaus guter Mann. .... Die Verschwendung, die Unwissenheit, die heftigen und bisweilen barbarischen Leidenschaften Franz I. brachten Frankreich an Rand des Verderbens. Dieser Fürst vernichtete die Preßfreyheit, handelte kaufartig mit dem Bischof von Rom um die Ernennung zu geistlichen Würden, wozu keiner von Beyden ein Recht hatte, und führte religiöse Verfolgungen ein. .... Heinrich II. gab sein Volk der Plünderung der Finanzminister preis und pflanzte die abscheuliche Fahne zum Bürgerkriege auf, womit ein Religionskrieg verbun-

gäfft. Wie leicht schien es ihnen, auch die politische Ketten über alle diese Nachbarn zu werfen, und sie an den Stufen des schimmernden Throns zu fesseln. Zum wenigstens das biegen Norden,

den war.... Die Regierung Franz II., dieses an Leib und Geist schwachen Kindes dauerte nur siebzehn Monate, in welcher kurzen Zeit jedoch der Haß und der Ehrgeiz eines Ministers das Land dem größten Elend aussetzte. Da der König unfähig war seine Schulden zu bezahlen, so verbot der Kardinal von Lothringen allen Gläubigern bey Todesstrafe Forderungen zu machen.... Karl IX. bestieg nach ihm den Thron; und dies Ungeheuer, das kaum das männliche Alter erreicht hatte, führte bereits aus, was Kaligula nur träumte; mehrere hundert Tausend seiner Unterthanen wurden auf einmal ermordet.... Heinrich III. das träge weibische Opfer des Ehrgeizes; das ewig denkwürdige Beyspiel, daß ein Land soviel von einem Sardanapal, als von einem Nero leiden kann, bietet zwey Lehren dar, die Könige nie vergessen sollten. Die erste ist, daß derjenige, der Waffen in die Hände einer Faktion, besonders einer religiösen giebt, selbst gegen sein eignes Leben wüthet; die andre, daß Gewaltthätigkeit allemal aus sich selbst zurückfällt, und daß selbst die Tyranney diese Gegenwirkung nicht hemmen kann..... Unter Heinrich IV. war das Land glücklich. Er brachte es zum höchsten Gipfel des Ruhms, den es bis dahin noch erreicht hatte. Unter Ludwig XIII. gaben die verheerenden Unternehmungen des blutdürstigen Richelieu dem Lande eine Herzwunde. Hier wurde der Grund

b. §. ganz Deutschland sammt allen Niederlanden glaubte Ludewig, der sich den Großen nennen ließ, gar leicht überflügeln zu können. Ungeheure Kriege wurden geführt, Ströme Bluts Jahrhunderte lang

gelegt zu ministerieller und fiskalischer Unterdrückung; die Armen wurden in Furcht gesetzt, die Reichen bestochen, und den verworfensten Menschen der Weg zur despotischen Gewalt gezeigt. .... Ludwig XIV. brachte das Gebäude des Despotism, woran man so lange gearbeitet hatte, völlig zu Stande, in dem Laufe einer Regierung, die unglücklicher Weise nur zu lange gedauert hatte. Er war ein hochmüthiger Sultan, der nie ein andres Gesetz kannte, als seinen Willen, den er sich erkühnte als ein heiliges Gesetz zu betrachten; er beherrschte sein Volk durch Lettres de Cachet und schickte sogar seine tyrannischen Befehle in die entferntesten Länder; ein Monarch, der mit der Wuth zur Despotie die Tollheit des Fanatismus verband; der, während er eine Million seiner Unterthanen in Kriegen aufopferte, drey andere Millionen der Raubgier und dem Blutburst seiner Janitscharen preis gab; ein unbarmherziger Gelderpresser, der in seinen funfzigjährigen Kriegen den Staat mit einer Schuld von 1500 Millionen Livres belastete, und solche Schaaren von unersättlichen Finanzbeamten, wie hungrige Hunde auf die Nation losließ, daß selbst der Despotism. darüber erschrack. So war der Monarch, den die Franzosen den Großen nannten. .... Unter der Regierung Ludwigs XV. wurden die Parlamentsglieder viermal verbannt, endlich herabgesetzt

vergoſſen. Dies koſtete Geld; die Schulden kamen hinterdrein, welche bald größre erzeugten, und waren ein wachſender Schneeball. Die Unordnung, ihre treue Gefährtinn, blieb nicht außen; es ward gemacht wie es gehen wollte, denn die Maitreſſenregierungen riſſen nicht ab und hauſeten jämmerlich. Man krümmte und ſchmiegte ſich, man ſtreckte überall die Hände aus und vergaß das Wiedergeben. Druck, Ungerechtigkeit, unnatürliche

und kaſſirt; 112 Tribunalwürden, die ſelbſt der Tyrann Ludwig XI. ſich nicht unterſtand zu verletzen, wurden in einer Nacht aufgehoben und 110 Magiſtratsperſonen weggeſchickt, wo ihnen die Privatrache nur hinzugehen befahl, wenig Monate nachher alle Parlamenter im Königreich durch einen Streich vernichtet; 10,000 Familien ruinirt durch die That ſelbſt, und 100,000 durch ihre Folgen. Neue Tribunäle aus dem Auswurf der Nation zuſammengeſetzt. Tauſend öffentliche Verletzungen von Treue und Glauben durch betrügeriſche Mittel aller Art. Ein überſehener Geldraub in den Schatz der Kanzley; Schande von außen, Infamie und unbegränzte Ueppigkeit zu Hauſe; ein König, der die Nation an den Triumphwagen eines gemeinen liederlichen Weibes feſſelte; der in zwey Epochen der Hungersnoth ſelbſt in Verſon einen Kornhandel trieb und das Elend der Nation in dieſer unglücklichen Zeit ſchamlos vergrößerte. .... Dies ſind einige Züge aus der Regierung eines Mannes, den die Geſchichtsſchreiber Ludwig den Vielgeliebten nannten." Minerva. Oct. 95. S. 88. u. f.

Anspannung und empörende Verwirrung quollen überall durch die Spalten des lekgewordenen Staatsschiffs; und wenn dort gestopft wurde, so sahe man sich genöthigt hier dafür wieder aufzureissen. Der Ehrgeiz, die Eroberungsgierde, die Allgewalt, der Despotism der Könige kannte keine Ordnungen mehr; und doch ließ sich der Franzose den letzten Blutstropfen abzapfen, weil ihm der Satz noch im Dunkeln lag, daß der Unterdrückung Widerstand geleistet werden dürfe und müsse. Er war blind und begnügte sich mit der vorgeworfnen Tonne zu spielen, weil sein König ihn immer in einer Art von Taumel erhielt, und ließ sich für die Ehre seines Namens todtschießen oder .... blieb er zu Hause .... das Fell über die Ohren ziehn, den letzten Sou aus der Tasche nehmen, damit seine Brüder geschlachtet werden konnten. Auch dies ward mit Gepränge verkündigt und hieß: für die Ehre des Throns sterben, der für ihn wirklich eine heilige Labe war, wie sich späterhin Ludewig XVIII. in seiner Proklamation ausdrückte. Stets verehrte er die Befehle des Königs als Aussprüche eines höhern Wesens und die Worte: le Roi le Veut waren die Zauberformel, wodurch er in den Staub geschleudert wurde. Ein schreckliches Mißverhältniß entstand im ganzen Staatskörper; einige Glieder thaten gar nichts, andre mußten alles thun. Einzelne Gliedmaßen wurden unnatürlich herausgetrennt, oder wohl gar zerbrochen. Buhlerinnen, ein paar Geistliche und einige Adliche, warfen sich ihre Könige immer wechselsweise wie einen Fangball auf und zu. Adel und Gäßlichkeit fischten im Trüben und nickten Beyfall, weil das Fett des Staats auf beyde so reichlich mit herabträufelte. Die übrige Volksmasse schüttelte mismüthig den Kopf; mit spöttischem Naserümpfen wurde dies Schütteln beantwortet oder mit der äußersten Verachtung, auch wohl nur zu oft mit fürchterlichen Blicken auf die Sklaven und Ohnmächtigen. Ketten rasselten, Gefängnißthüren knarrten, die Willkühr hielt Gericht; das Volk hörte auf zu schütteln und .... tanzte. Denn der gütige Himmel hatte ihm leichtes Blut verliehen, es konnte sich über sein Unglück eher hinaussetzen als manches andre. So lief die Periode des Unheils bis zur jetzigen Generation fort. Aber Unterdrückung war stets die Mutter der Freyheit. Jetzt rief das Schicksal einige Denker hervor und mit ihnen gleichsam neue Wahrheiten. Ihr Zeitalter hub sich durch scharfsinnige Untersuchungen über Regierung und alle damit verwandte Gegenstände. Sie warfen einzelne Ideen unter das leicht empfängliche Volk hin, das jetzt wie mürb geriebner Zunder jeden Funken auffaßte. Der Hundertste Theil der Nation fieng an zu denken und grübelte für sich in der Stille, und in der mittlern Volksklasse ward es merklich heller. Der Eine sagte es seinem Nachbar; das Fünkchen glimmte fort und gewann immer mehr Spielraum. Anlage wenigstens war nun da, und stillschweigende Vorbereitung und bitrer Brennstoff genug, wenns zum Auflodern kam. Aber damit war noch nicht viel gewonnen, so lange die unterste Volksklasse, als der größte Theil, nicht auch etwas davon wußte. Dies geschah auf eine befremdliche Art. .... England fiel es ein, aus allzu großer Weisheit, die Henne zu schlachten, die ihm jährlich goldne Eyer legte; in der Voraussetzung, daß inwendig wett mehrere gefunden werden würden. In diesem Kriege war ganz besonders von Freyheit die Rede. Frankreichs gewöhnliches Interesse erforderte es, den Amerikanern beyzustehen. Aber das ahndete der König und seine Minister nicht, daß sie für ihren guten Willen sammt und sonders erstickt werden würden; noch weniger ließ sich das Volk träumen, daß es in diesem Kriege, der doch, wie gewöhnlich, immer nur von der Laune eines Einzigen abhieng, mehr lernen sollte, als es Jahrhunderte lang nicht zu begreifen im Stande gewesen war; ja daß es sich so gänzlich verwandeln und alle die schweren Ketten von sich werfen würde, womit es bisher zu Boden gezogen ward, und doch geschah dies. Stets waren die Gänge des Schicksals seltsam und unbegreiflich hieng immer eins am andern.

gewiß, dankbarer konnte Amerika für die Dienste, welche die Franzosen diesen zur Erringung der Unabhängigkeit leistete, nicht handeln, als es that, indem es ihnen die Freyheits-Begriffe mit auf den Heimweg zur Belohnung ihres Beystandes gab. Denn der Krieg ward auf eine abweichende Art geführt, und noch befremdlicher die Sprache in demselben von beyden Seiten. Amerika sprach von Vaterlandsliebe, von Unabhängigkeit, von abgeworfnen Fesseln und vernichteter Unterdrückung, von der wenigen Nothwendigkeit sich von fremder Willkühr den Hals zuschnüren lassen zu müssen. Das französische Kabinet redete von Freyheit, von Menschenrechten,*) von Despotism, von Freymachung eines Volks; Dies klang wunderlich im Munde eines Ministers, der mit der andern Hand Verhaftsbriefe zeichnete. Aber je wunderlicher dies klang, und je stärker der Kontrast war, desto mehr fiel es auf. Der Franzose gaffte zu, er mußte

---

*) Die eigentlich so bestimmt sind, daß kein Staat, der nicht unmoralisch genannt werden müßte, unterlassen kann sie gesetzlich anzuerkennen, und aus der Persönlichkeit jedes Menschen entwickelt werden, indem sie sich in die Rechte der Selbstständigkeit, Freyheit und Gleichheit setzen lassen. Erhard über die Rechte des Volks zu ein. Revolut. S. 59.

anfänglich nicht wie ihm war und rieb sich die Augen. Wenn ein Volk Krieg hatte, nahm es auch allezeit mehr Antheil an der Sache, wofür er geführt ward, und schien dadurch von seinem Hofe, auch ohne weitere Erklärung, aufgefordert, sich für die Sache zu verwenden, hier folglich für die amerikanische Freyheitsekstase = Sinn zu bekommen. Amerika und Freyheit erscholl jetzt aus dem Munde des Franzosen. Er stellte nun Vergleichungen an, er that einen Blick auf seinen eignen Zustand der Freyheit und auf die zu erringende amerikanische. Es zeigte sich da eine gewaltige Kluft, und er dachte auf Ausfüllung derselben. Der Theil der Nation, welcher nach Amerika geschickt wurde, sahe den Enthusiasm seiner Bewohner; hörte von den Rechten der Menschen; von Abschüttelung des Drucks und der Willkühr; vom Wohlstande, auf den Jeder Anspruch machen dürfe. Tausend Ideen, die er hier einsog, gaben ihm neue Schwungkraft; er interessirte sich dafür und mußte es auch, weil er sein Blut dafür versprützen sollte. Es ward ein Hang dafür in ihm erregt, ein Gefühl belebt und ein gewisser unropalistischer Bürgersinn geweckt. Nun blieben es nicht todte Worte mehr, wie wenn er ehedem so etwas mit anhörte; vielmehr verwandelte es sich in Geist und Leben und eine neue Gährung entstand in seinem Kopfe. In Frankreich selbst mußte das Räsonnement des Kahintts dem gemeinsten Mann zum Werkzeug dienen, wodurch er sich jene Begriffe und Aufschlüsse ebenfalls zu eigen machte. Im Kriege, wo die natürliche Neugierde stärker erwacht, werden mehr Zeitungen gelesen, noch mehr, wenn das Land selbst daran Theil nimmt. Also mit Eifer fiel der Franzose über seine Gazette her und wollte wissen, wem zu Gunsten der Krieg geführt würde, und worauf es ankäme. Ein Geist der politischen Untersuchung erwachte. Es konnte nicht vermieden werden, daß von Freyheit, von Gerechtsamen, von Unterdrückung geredet wurde. Denn die Regierung hatte sich selbst dafür erklärt, sie schien ja selbst vom Taumel der Freyheit ergriffen zu seyn. Schriftsteller und Zeitungsschreiber wurden freyer, und Rousseau und Montesquieu wurden nun mit zwiefacher Theilnahme und in besondrer Beziehung gelesen. Ihre Gedanken kamen in schnellern Umlauf. Man schalt Englands blinde Willkühr und pries die Freyheitsathmenden Amerikaner. Handlungen, die man lobte, nahm man immer auch leicht an; dahin war nur noch ein Schritt. Und als nun vollends Amerika gewann und Frankreich durch die dabey gehabte Anstrengung die eigne Erschöpfung vollendete; als der Druck und das Elend sich täglich mehrte und der Widerspruch des Kabinets in seinen Schlußfolgerungen und Thathandlungen sich auffallender zeigte, indem es in Amerika Grundsätze in Ausübung bringen half, und deren theoretische Bekenner in Frankreich verfolgte; als man Vergleichungen anstellte zwischen diesem und jenem Lande; als man die Voltaire und Raynale häufiger las und verschlang und das ungeheure Elend des Volks dagegen hielt, welches eben den höchsten Grad erreicht zu haben schien; und sich nun der Hof selbst wie eine geschlagne Armee benahm, die weder vor- noch rückwärts kann und überall mehr braucht, als Vorrath vorhanden ist; und wie sich die Begünstigten dagegen nicht groß zu kümmern schienen, und in ungestörter Ruhe vom Marke des Landes sich noch zu mästen fortfuhren; als man den schwachen König sah, der wenig abändern konnte, weil ihm die eigne Spannkraft fehlte, und bösartige Höflinge und eine noch bösartigere Königinn, nebst Anhang, ihn umgaben, festhielten und blind machten, und durch Trommeln und Pfeifen und Jagdhörner und Geräusch und Herrlichkeiten aller Art, seine Ohren betäubten, daß das Geschrey der Millionen Elenden nicht bis zu ihm bringen konnte: so veränderte sich der Geist der Nation, und die neue Ordnung der Dinge folgte auf die neue Ordnung der Gedanken. Man konnte nur schwache Dämme aufführen, und obgleich das Kabinet sich der Bekanntmachung der amerikanischen Konstitutionsartikel widersetzte, so mußte es doch bald der Stimme des Publikums nachgeben. Der Anstand erforderte gewissermaaßen das erscheinen zu lassen, was man zu vertheidigen übernommen hatte. Die amerikanische Konstitution, sagt Paine, war für die Freyheit, was eine Grammatik für die Sprache ist; sie erklärt die Theile der Rede, und fügt sie praktisch in eins zusammen.

Es nahte allmählich der merkwürdige Zeitpunkt heran, welcher der Lehrmeister der Folgewelt in aller Rücksicht werden sollte. Jeder Franzose zog nun plötzlich seine Idee hervor, die dem einen die Amerikaner auf die Heimfahrt übers Meer zum Lohne mit auf den Weg gegeben hatten, oder welche der andre indessen im Mutterlande durch Nachdenken, Erfahrung, Unterredung, Schriften und Zeitungen sich hatte zu erwerben gewußt. Selbst der gemeinste Mann ward davon angefüllt; selbst die Bande, welche den Soldaten von jeher so mächtig an Hof und Thron hinzogen, hielten hier zum Erstaunen der Umstehenden nicht mehr Stich; die Armee neigte sich auf Seiten des Volks, *)

---

*) Durch Bestechung, spricht der bestochne Burke, geschah dies. Gesetzt es wäre wahr .... aber die Armee war in den verschiedenartigsten Pro-

und nun standen die Unholde, die das Vaterland geängstigt hatten, verlassen da, oder stoben auseinander, wie Spreu vom Winde getrieben. Selten ward so deutlich beurkundet, wie erbärmlich und unbedeutend die Großen mit den begünstigten Kasten sich ausnehmen, wenn das Volk nicht mehr auf ihrer Seite ist und andre Meynungen, Grundsätze und Willen hegt. Demüthig werden dann Jene folgen müssen, so ungebärdig sie sich auch vorher anstellen möchten. .... Dies lebendige Beyspiel schienen die zuschauenden Fürsten, trotz der gefährlichen Zeitläufte, sich dennoch nicht recht zu Herzen zu nehmen; sie sündigten noch auf die Großmuth und gutmüthige Geduld des Volks unablässig darauf los, schwelgten nach wie vor; oder wo sie Maaßregeln dagegen trafen, waren es nicht solche weise Männer und Väter, sondern elender und scheuer Menschendrücker; denn sie verboten das Reden, und, wo möglich, das Denken über ähnliche Dinge immer mehr und mehr, und

---

Dinzen zerstreut und äußerte doch plötzlich gleiche Gesinnungen .... so mußte gleichwohl schon vorher Lust und Hang dagewesen seyn, bey der ersten Veranlassung sich auf die Volksseite zu wenden u. s. w. Oder man versuche es mit den rohern Heeren andrer Fürsten, ob es gelingen wird, wenn es auch möglich wäre so viel Geld aufzubringen.

verhandelten ihre Unterthanen nach wie vor. Wo zu Aenderungen, riefen sie gleich ihren Gesellen in Frankreich; wir befinden uns ja so wohl! An Bessern und Helfen ward von den wenigsten gedacht, und noch weniger an Bezähmung ihrer Lüste. Damit aber dies nicht gemerkt würde, schrieen sie wider die Franken und ließen sie als die schrecklichste Menschenbrut unter der Sonne schildern, weil sie thaten, wozu sie fast von ihrer Regierung gezwungen wurden, und Dinge abänderten, die nicht mehr zu ertragen waren. Die Maaßregeln, welche jener Hof .... der, wenn er klug gewesen wäre und sich in die Arme des Volks geworfen hätte, den Platz und seine Ehre behauptet haben würde, ... gegen diese Vorgänge traf, waren die verkehrten eines schwelgerischen, erschlafften und unbehülflichen Gelags, das nichts von seinen Sinnen mehr weiß; und dienten nur die Revolution mit voller Kraft herbeyzuführen. Dem Könige konnte zwar das wenigste dabey zur Last gelegt werden, wenn nicht schon überhaupt ein ungeschickter Steuermann vom Sitze geworfen zu werden verdiente; er that was seine Helfershelfer, die Cousins, die Dûks und Pairs und Matkis, die Kardinäle und Erzbischöfe und Bischöfe die Königinn und ihr Artois, nebst allen den Ohrenbläsern, ihm eingaben, die ihn umlagert hatten, und denen er

E 4

als Maschine folgen mußte. Seine Lage war ängstlich und zu bedauren; er fiel überhaupt als Opfer seiner Schwäche. Die königlichen Rathgeber glaubten, daß es noch Zeit zum Widerstande sey; theils, weil sie die Stimmung des Volks gar nicht hinlänglich kannten, indem sie sich nie um solche Kleinigkeiten bekümmert hatten; theils, weil sie überhaupt in halber Verzweiflung die Gährung, welche so fürchterlich gegen sie heranquoll, noch dämpfen zu können glaubten. Sie griffen zu Mitteln, die ihre ärgsten Feinde ihnen nicht schlimmer hätten aussinnen können; veränderten täglich den Angriff, zeigten weder Festigkeit noch Größe; dankten Volkslieblinge ab; versprachen und widerriefen und brachten sich so um alles Zutrauen, welches das schlimmste unter allem war. Sie ließen Kanonen anrücken, aber der Genius der Nation kehrte mit starker Faust die Mündungen um und wandte sie gegen die Hofklässe. Das Volk gewann das volle Uebergewicht. Die schrecklichen nachherigen Auftritte fielen beyden Theilen zur Last, indem die Royalisten sich noch nicht in den ungeheuern Sturz zu finden vermochten und unaufhörlich die Hoffnung, sich wieder empor schwingen zu können, nährten. Ihr Stolz blieb; sie mochten sich nicht bequemen die anmaaßenden Geberden abzulegen und in gefälligerer Gestalt und sanfterer Außenseite zu erscheinen. Es entstand eine Ebbe und Fluth von Meynungen und Partheyen; vom Bersten der kämpfenden Wellen überzog sich die Oberfläche mit Schaum. Von beyden Theilen ward ohne Aufhören gehetzt und kein Kunstgriff verschmäht, um sich Anhang zu verschaffen. Das Volk mußte immer auf seiner Hut seyn, täglich schwamm es in neuen Unruhen herum. Der wechselseitige Haß begann sich zu vermehren und die Uebertreibungen häuften sich. Der Partheygeist mußte höhere Grade erreichen, indem die Wuth wuchs; und Schreckensscenen waren unvermeidlich. Stets mußte der Haufen in einer Art von Wallung erhalten werden, um ihm sein Interesse nicht aus den Augen verliehren und ihm das Uebergewicht nehmen zu lassen. Da Gährung Grundstoff und Anlage haben wollte, so entstanten gleich Anfangs die Jakobiner; als Gährungsmittel betrachtet vortrefflich, an und für sich aber eine immer verächtlicher werdende Race, die alles übertrieb und alles mit unreinen Händen betastete. Die Hefe ist eine widerliche Sache; jedes Tröpfchen auf die Zunge gegossen, speyt man aus und wendet sich davon mit Ekel weg; aber um Aufbrausen zu erregen, um Flüßigkeiten und Getränke und andre Speisen zur Reife zu bringen, ist sie nützlich und nöthig. So mag man sich die Jakobiner vorstellen. Die Revolution wäre wie eine bunte Seifenblase gesprungen, wenn sie nicht wa-

ten und jeden Nebel verjagten, worin man die
Gutmüthigkeit der Menge einhüllen wollte; wenn
sie nicht anfeuerten, die Lebensgeister von neuem
aufregten und dem Blute einen stärkern Umlauf
gaben. Denn die Gegenhebel der Hofparthey, des
Adels und des Klerus wurden zuletzt streng und
scharf hervorgesucht und mit wenigerm Wahnsinne,
als anfänglich, und mit mehr Nüchternheit angelegt. Sie spannten alle Kräfte an, die ihre ver-
zweifelte Lage um ein gutes Theil vermehrte.
Hätten sie sich mit Kälte über den Verlust ihrer
Anmaaßungen und Privilegien hinaussetzen können,
sich mit dem Besserwerden des Ganzen getröstet
und gestärkt; hätten sie den Theil ihrer Behaglichkeit und ihres Glücksstandes, den sie nur auf
Unkosten ihrer unglücklichen Mitbrüder genießen
konnten, aufgeopfert; hätten sie dem Schlaraffenleben, den Schwelgereyen, den Liederlichkeiten, und
was zunächst daraus herfloß, den Plackereyen,
den Bedrückungen und gesetzlichen Erpressungen,
wodurch dem Volke der Schweiß abgejagt und der
letzte Blutstropfen abgezapft wurde, entsagt; hätten sie sich gefallen lassen, was der größre Theil
der Nation wollte: so wäre Ruhe und Stille
Beyden zu Theil geworden und die Menschheit
hätte in ihren Annalen einen Mordkrieg weniger.
Denn sie waren es hauptsächlich, wodurch die
schrecklichen Auftritte herbeygeführt wurden, sie

erzeugten das Unheil, sie führten den schwachen
König aufs Schaffot, weil er der ewige Zankapfel
war, der Zerrüttung ohne Aufhören drohte, weil
er den Punkt abgab, an den sich der Royalism
anschmiegte und von da aus alles zusammenzu-
hetzen und untereinander zu rütteln suchte. Es
blieb kein andres Mittel zuletzt übrig; die Fahne
mußte zerbrochen werden, unter welcher die Miß-
vergnügten sich sammelten. .... Der Gang der ganzen Begebenheit lief dahin, daß die Mehrheit des
Volks die Reform wollte, und die neue Konstitution bestätigte. Der Begünstigte lehnte es ab.
Er gab zur Noth zu, daß das, was die größre
Anzahl irgend einer Gesellschaft beschlösse, zu allen
Zeiten für rechtmäßig gehalten würde; weil, wenn
nicht die Mehrheit das Recht der Beschlüsse haben
sollte, es dann einem Einzelnen oder Wenigen zu
Theil werden müßte; wo dann jedoch jeder Einzelne das Recht hätte, zu verlangen, seine eigen-
thümliche Meynung sollte gesetzmäßig seyn und
seine Beschlüsse das Resultat der ganzen Gesellschaft abgeben. Dann würde aber das Räthsel
ungelöst bleiben, weil jeder seine Meynung als
die beßre anrühmen und durchzusetzen suchen
möchte. Die Mehrheit müßte sich folglich doch
allemal mit ins Spiel mischen um zu entscheiden
und den egoistischen Stolz des Einzelnen abzuweisen. ..... Er gab so etwas zu, ohne von seinen

alten Forderungen abzugehen, indem er sich in den Mantel des Herkommens fest einhüllte und dadurch alle Pfeile der Volksdemonstrationen abzuschütteln glaubte. Altes Recht, festgesetzte Staatsverfassung, Observanz und Verjährung strömten, wo er noch glimpflich dachte, aus seinem Munde; denn außerdem ward wohl gar von angebohrnen Vorrechten und von der Göttlichkeit der Ansprüche geredet. Jeder Einwurf schlüpfte seinem Ohr vorüber; denn niemand mag auch wohl gerne zuhören, wenn von Aufopferung die Rede handelt. Die Gegensätze ließen ihn unbelehrt, er mochte nicht antworten und wehrte jede Frage ab; weil auch die einfachste ihm die Mühe einer zergliedernden Widerlegung auflegte, wofür er sich immer gehütet hatte. Denn wenn, warf ihm der Nachbar manchmal ein, verjährte Gewohnheit entscheiden sollte, so würde daraus folgen, daß nie eine Gesellschaft oder Volk Aenderungen machen dürfe; daß jede Verbesserung Unrecht sey, daß jedes Streben nach größerem Glücke und Wohlstande unter die unerlaubten Handlungen gehöre. Alles müßte immer beym Alten bleiben und keine Aufklärung dürfte in irgend einer Sache Statt finden; es wäre Unrecht die Autodafees und Scheiterhaufen abzuschaffen, es würde Unrecht seyn die Religion zu reinigen und beßre Begriffe einzuführen; jede Verbeßrung aller und jeder Reformatoren würde ungesetzlich seyn und alle von der päbstlichen Untrüglichkeit Abweichenden hätten verlohrne Sache; denn jede Verbeßrung sey Neuerung, und Neuerungen wollte er ja eben nicht zugeben, weil es wider die einmal eingeführten Gewohnheiten und Grundgesetze liefe. Seinen Wohlstand zu vermehren wäre dann unerlaubt; jede gesättigtere Staatseinrichtung, jede erträglichere Regierungsform falsch, denn sie gehe wider die sogenannten Gerechtsame Andrer, und Einzelne würden immer darunter leiden; so wie Papismus und Mönchsthum leide, wenn die Klöster aufgehoben und die Cönabominibullen zerrissen würden. Und doch wären die Begünstigten Einzelne im Vergleich mit dem Ganzen. Ueberhaupt müßte selbst der Reichthum des Staats bey der Dürftigkeit der Bürger, der Glanz der Regierung bey dem Elende der Einzelnen ein erzwungner Zustand seyn, und ein untrüglicher Beweis der Gewaltthätigkeit der Regierung und der Gleichgültigkeit beyder Theile gegeneinander. Das Gegentheil aber, die Wohlfahrt der Einzelnen beym Mangel des Staats sey die gänzliche Vernichtung der bürgerlichen Tugenden. Es bedürfte nur eines Blicks auf jene Ungeheuer von Staatseinrichtungen, wo das Gespenß, welches man Staat nennt, in dem Elende der Völker seinen Flor fände, und wo die Einzelnen aus den allgemeinen Bedrängnissen ihre glänzendken Vortheile zögen: „Aber jene Reform wäre zu total," war die Antwort von Jenem. ... Was möchte das wohl heißen; wer wollte hier die Linien ziehen, innerhalb welchen gerade eine Veränderung gültig sey oder nicht? Ein Einzelner könnte dies nicht, also müßte es der Wille des Ganzen beweisen. Sich demnach auf das Herkommen zu stützen, möchte ein mißlicher Grund seyn; denn Bedrückung, schlechte Finanzverwaltung u. s. w. wäre lange in vielen Ländern Herkommens und es dürfte da an keine Verbeßrung gedacht werden. „Unsre Gerechtsame," lautete ein andrer Einwurf, giengen dabey zu Grunde. Unsre Freyheiten, unsern Geburtsrang, ausschließende Ansprüche auf Ehrenstellen, Immunitäten, Frohndienste, Steuerfreyheit, alles hat man uns genommen." Da sey zu bedenken, möchte die Antwort seyn, wie diese Dinge erworben worden, und in welchen Zeiten? Man könnte geradezu sagen, alle diese Rechte wären Anmaaßungen, Misbräuche, Usurpationen. Eine Unbilligkeit hätte dabey die andre gezeigt; Unmündige wären belastet worden, denen Kraft und Einsicht fehlte, sich zu wehren, und deren Abschütteln in reifern Jahren man zum Verbrechen machte. Es könnte kein Recht geben, das zum Nachtheil und auf Unkosten des Ganzen bestünde.*)

*) In Erhards Buche über das Recht des Volks zu einer Revol. wird es im 4ten Abschnitt

Der höchste Zweck des Staats, des Volks, jeder einzelnen Gesellschaft läge im Wohle des Ganzen. Jedes Privilegium, das dieses Wohl beschränkte, gälte für zweckwidrig und hätte sich auf eine unrechtmäßige Art eingeschlichen. Der Ausspruch des gemeinen Menschenverstandes: daß hundert Jahre Unrecht kein einziges Jahr Recht sey, dürfte hier hinlänglich entscheiden. Eine Million wollte schwelgen, vier und zwanzig andre Millionen sollten darben. Diese Menge sollte jene Wenigkeit mit ihrem Schweiße und Blute, mit dem Fette und Marke des Landes mästen. Es wäre bey weiten nicht so unbillig, wenn jene vier und zwanzig Millionen verlangten, daß die eine Million für sie arbeiten, sie ernähren und sich für sie aufopfern sollte. Denn hier würde die Minorität der Majorität Preis gegeben, und es läge dabey Wahrheit und

hinlänglich ausgeführt, daß eine Revolution des Volks keinen andern Zweck habe, als die Grundverfassung zu Gunsten des Volks zu ändern, und daß die höhern Stände an derselben selbst Schuld sind, wenn sie ihren Vorzug nicht durch eignes weiteres Fortschreiten in Kultur und Sittlichkeit, sondern durch Aufhalten und Bedrücken des nach Volljährigkeit strebenden Volks zu behaupten suchen; sonst aber von der Aufklärung des Volks, wenn sie nur mit demselben gleichen Schritt halten wollen, nichts zu besorgen haben.

Einheit und Verstand zum Grunde. Man gäbe in allen Verhältnissen des Lebens das Wenigere hin, um das Mehr, das Ganze zu erhalten. Wenn ein Fürst Krieg führte, würde mancher einzelne Soldat, manches Regiment aufgeopfert; mancher Bürger, manches Dorf gienge zu Grunde; warum? Es geschähe zum Besten der Menge, fürs Wohl des Landes. Man glaubte daß das Einzelne dem Vielen weichen müßte, daß der allgemeine Vortheil durch den Nachtheil der Individuen errungen würde, und daß sich der Einzelne trösten müßte und könnte, weil sein Unglück zum Glücke der Uebrigen diente. Dies glaubte der Fürst, das Land, der Aristokrat und die ganze Welt; keiner dürfte über Unbilligkeit klagen, jeder hätte den Trost zur Hand, womit er es ertrüge oder entschuldigte. Er ist gefallen? fragte man. Gut, er fiel fürs Vaterland, wäre die Erwiederung..... So lange also der Adel und Klerus nicht beweisen könnte, daß er den größten Theil ausmachte, so lange wären seine Forderungen unerwiesen, denn! es würden nur Partikulärforderungen seyn. Und was hätte man ihm eigentlich genommen? Dem Geistlichen die Macht das Volk unglücklich zu machen, d. h. es bey der Dummheit zu erhalten, ihm noch ferner vorschwatzen zu können, je mehr es eine Anzahl fetter Bäuche mäste, sich plage, martre und abarbeite für Klöster und Priester, Bischöfe und Prälaten; je williger es zugebe, daß ein Theil der Mitglieder des Staats nichts zu thun, nichts zu leiden, nichts zu zahlen brauche, um sich diese Lasten mit aufbürden zu lassen; je mehr es hier auf Erden entbehre und sich das Leben sauer mache: je mehr gewinne es in der Ewigkeit dafür, desto geschwinder werde es dereinst mit spanischen Schritten in den Himmel eingehen. Alles dies wäre auf die Blindheit und Unwissenheit des Volks gebaut worden und könnte nicht mehr Statt finden, sobald es klüger würde. Der erwachsne Körper könnte das Röckchen nicht mehr anziehen, das er in der Kindheit getragen hätte; es würde von allen Seiten zerplatzen. Es gäbe für die Reichthümer und die Existenz der Geistlichkeit in einem erleuchteten Zeitalter keinen Schutz mehr, als den Thron. Er machte noch das einzige Bollwerk gegen die Einbrüche der Vernunft aus; denn der Aberglaube, der einst ihre Macht gestützt hätte, begänne zu verschwinden; sie versammelten sich also rund um den Thron herum. Dies wäre die gegenwärtige Lage der Kirche bey allen europäischen Nationen. Die Kirche eiferte sonst öfters wider die Könige; jetzt ließe sie sich als eine Festung für sie gebrauchen. Ihre Werke müßten demnach geschleift werden und ihre Truppen zerstreut und niedergemacht, dann würden auch wohl Throne wie einzelne Rohrstengel dastehen, zertrümmt und bey Seite geworfen werden. Daran arbeiteten alle Völker mehr oder weniger, laut und heimlich. .... Und was hätte man dem Adel genommen? Seine Anmaaßungen, seine himmelschreyenden Rechte; man vertilgte ihn ganz, so wie man alle schädliche Insekten, Raupen und Heuschrecken überall zu vernichten suchte und niemand sich deshalb wunderte, weil sie, die Fruchtbarkeit des Landes zerstörten. Ueber die Unnützlichkeit, Zwecklosigkeit und Schädlichkeit des ablichen Standes wäre nur eine Stimme. Der Adel, diese leichtfliegende Spreu der Nationen, könnte auf keinen Fall mehr seyn, was er ehemals gewesen; seine guten Eigenschaften und Tugenden hätte er verlohren und mit seinen Lastern wollte er sich noch aufbringen und zur Last liegen. Man hätte ihn sehr richtig eine Bande politischer Janitscharen genannt, die einem Sultan ungleich mehr gölten als Miethsoldaten, weil sie ihm vermöge eines unveränderlichen Interesse und unauslöschlicher Empfindungen zugethan wären. (M. f. Makintosch Vertheid. der fr. Revolut. S. 53.) Weil der Ur- Ur- Urgroßvater ein Horn, oder einen Hahn oder Balken in seinem Schilde geführt, weil er sich von geschrieben und Schlösser und Güter gehabt hätte, die ihm geschenkt worden wären, oder welche er sich erst hätte zusammengestohlen; weil er tapfer gewesen, vielleicht auch bieder und sittsam .... deswegen verlangte ein Andrer, der doh allen diesen Dingen öfters nichts mehr besäße, als das Horn, oder den Balken auf dem Petschafte und das von vor dem Namen, einen Vorzug vor den übrigen Menschenkindern; wollte zu Ehrenstellen gelassen werden mit Ausschluß aller Uebrigen. ....

So weit möchte der Begünstigte wohl zuge-
hört haben; aber sich jeßt, bey der Gefahr
durch jede Antwort vielleicht etwas einzu-
räumen, was er als folgerechter Aristokrat nicht
dürfte, zu entfernen suchen. .... Jener könnte indeß so fortfahren: .... Und das alles vermöge seiner Titel. Was sind sie? (Paine S. 79.) Worin
besteht ihr Werth und wie hoch belaufen sie sich?
Wenn wir uns einen Richter oder General denken, so verbinden wir Begriffe von Amt und Charakter damit, wir denken uns Ernst bey dem einen,
und Tapferkeit bey dem andern: Wenn wir aber
ein Wort blos als Titel gebrauchen, können wir
keine Idee damit verbinden. In Adams ganzem
Wörterbuche finden wir kein solches Thier, als
einen Herzog oder Grafen; auch können wir keine
gewisse Idee mit diesen Worten verbinden. Wir
wissen nicht ob sie Stärke oder Schwäche, Weisheit oder Thorheit, ein Kind oder einen Mann,
den Reuter oder das Pferd ausdrücken sollen.
Was für Achtung kann man denn dem beweisen,

was nichts bezeichnet und nichts bedeutet? Die Einbildungskraft hat Centauren, Satyren und der ganzen Feenzunft Gestalt und Charakter gegeben; Titel aber spotten selbst der Kraft der Phantasie und können nicht einmal als Chimären beschrieben werden. .... Und wie? war Er überhaupt klüger als andre, machte ihn sein von und das Vetschaft weiser und besser? Gewöhnlich lernte er nichts oder nicht viel, aber dennoch behauptete er vor jenem, der mit Anstrengung seiner Geisteskräfte sich Kenntnisse zu erwerben verstand, den Rang; höchstens würdigte er ihn, sich seiner als Einhelfer zu bedienen, der ihm das A B C der Wissenschaften begreiflich machen sollte. War er allein weise? Nein, auch der Bürgerliche war es. Warum hatte er allein Aemter, wozu Weisheit erfordert ward? war er allein tapfer? Nein, auch jener war es. Warum bekleidete er ausschließlich Stellen, wozu nur Muth und Kriegswissenschaft allein berechtigen sollte? war das Konsequenz? .... Womit behauptete er seine Rechte? Mit Gebrauch und altem Herkommen; weil es einmal seit langer Zeit so gewesen war, mußte es auch ferner so seyn. War das ein Grund? Seit langer Zeit gab es mancherley Unsinn; folgte daraus, daß er für die Zukunft fortdauern mußte?*) Wo kein Zweck

---

*) Münchhausens Einwurf, (Ueber Lehnsherrn und Dienstmann, S. 100.) daß vor dem

ist hören die Mittel auf. In Frankreich gab es einen Oberbärenmeister, obgleich seit Jahrhunderten kein Bär im ganzen Lande mehr zu sehen war. Dennoch zog er einen Gehalt von mehrern tausend Livres. War es billig, daß man den kostbaren Titel abschaffte und der Nation die Tausende von Livres wiedergab? Und dennoch waren hier auch Gerechtsame vorhanden; denn die Stelle war erblich und gehörte einer Familie an. Der Sinn des Errichters zweckte doch gewiß dahin, daß ein Bärenjäger es mit den Bären zu thun haben sollte; wenn also diese fehlten, wozu der Jäger? Wenn eine Absicht nicht weiter erreicht werden sollte oder nicht konnte, so unterließ man die Arbeiten, welche dahin führten; und alle Unternehmungen, die sich darauf bezogen, waren unnütz. So oft es Friede ward, dankten die großen Herren ihre Freykorps ab und ließen sie betteln gehen. Als der Fürst von Anhalt Zerbst vor Jahr und Tag starb, ward seine Sol-

Adel zu vernichten strebe vorzüglich durch Neid dazu angetrieben werde und gern an seine Stelle treten wolle, um auch ein wenig zu herrschen, könnte zur Noth zugegeben werden, ohne daß weiter etwas daraus zu folgern seyn würde. Denn wäre es denn so unrecht, wenn der bisherige Träger nun auch einmal die Rollen zu tauschen verlangte?

bateéfe, mit welcher er auf fremdem Boden fpielte, verabfchiedet; fie konnte verhungern wenn fie wollte. Warum gefchah das? Weil fie keinen Zweck mehr hatte, weil das Land vertheilt und zerftückt ward und keiner eignen Soldaten mehr beburfte. Dieß thaten die Fürften und nahmen es den Neufranken übel, wenn fie die Bärenmeifterftelle abfchaffen und Aemter und Bedienungen aufhuben, die ihnen unnöthig fchienen; wenn fie Stände und ihre Privilegien einfchränkten oder ganz auflöfen, die ihnen nicht mehr anwendbar und unnütz, fchädlich und abgefchmackt dünkten. "Ja, dürfte man fagen, die Bärenmeifterftelle hätte man wohl abfchaffen mögen, aber den ganzen Abel; man bedenke! dies ift ein Unterfchied; fie übertrieben es." Was, heißt das? Wer wollte es beftimmen, das mehr oder weniger? Uebertrieben es die Holländer, Engländer, Amerikaner bey ihren Staatsrevolutionen; übertrieb es Luther, Calvin; und in wiefern konnte man in diefer Rückficht den Franken den Vorwurf machen? So konnte jeder, der um eine Ungereimtheit gebracht worden, der einen Misbrauch fahren laffen follte; jeder Stand, von dem Opfer um des allgemeinen Beften willen verlangt würden: alle diefe Theile könnten fehr künftlich ausweichen und zur Nation fprechen: du übertreibft es, laß es beym Alten in Beziehung auf uns. Denn jeder möchte zwar gern die Schwachheiten und Anmaaßungen andrer abgeändert wissen, aber die eignen möchte er gern beybehalten. .... Warum schnarchten Jene jeden an, der ihren Orden nicht mehr anerkennen wollte und ihrer Privilegien nicht achtete. Waren sie allein kultivirt, allein kraftvoll und tapfer, allein thätig? Nein, Andre waren es auch. Die größte Menge gewann die Schlachten; sie nicht. Ein bürgerlicher Feldherr verstand so gut Anordnungen zu machen, als ein Adlicher; seine Einrichtungen konnten so geschickt ausfallen, als die eines fürstlichen Feldmarschalls; man sah es den Kriegsplanen nicht an, ob sie ein Bürger oder ein Edelmann entwarf. Das Wappen hatte damit nie etwas zu schaffen. Jenes Urtheile und Konklusa waren so verständig als des letztern seine. Er konnte einen Gesandtschaftsposten so schicklich ausfüllen als dieser. Auch wahrhaftig als Domherr würde er sich so gut brüsten und mästen können, als der andre; eben so gemächlich faullenzen und sich futtern lassen, wenn er gleich nicht von Stiftsadel wäre. Sonderbares Privilegium! Natur, aus dir floß es wahrhaftig nicht, daß eine Menge Menschen, die da .... nicht sagen konnten: das war mein Vater, das mein Großvater; sondern nur: das war meine Mutter, und jenen halte ich für den Vater .... daß diese das Recht haben sollten, die Hände in den Schooß legen zu

können, sich von andern ernähren zu lassen, und noch überdieß ein Kreuz im Knopfloch tragen durften, damit jedermann sehe und rufe: Seht den Glücklichen, den die Natur auf Unkosten der Andern schuf; der nichts zu thun hat, als nur für seinen Bauch zu sorgen; der vermöge der Vorfahren, die er Ahnen nennt, sich für berechtigt hält, das Wildpret und die Kramsvögel allein zu speisen! .... Nur der Adel besetzte die geistlichen Kurfürstenthümer, als wenn ihm die Regierungskunst angebohren würde; woran er vorher allezeit weniger dachte als höhere und selbst Niedre; weil es nur wenigen, und größtentheils erst im hohen Alter glücken konnte einen solchen Stuhl zu besteigen. Und doch hieng allein das Wohl und Weh der Untergebnen von seiner Geschicklichkeit ab. Die edlen Herren mußten denken, daß ihnen die Regierungsweisheit auf einmal zuwachse, wie dem Krebse die Scheeren; oder innig von dem Spruche überzeugt seyn: daß wem ein Amt zu Theil werde, der Himmel auch den Verstand verleihe. ....
Wenn also der Adel und die Geistlichkeit reducirt wurden, so konnte nicht von Unbilligkeit die Rede seyn. Die Nation eignete sich die Rechte wieder zu, die sie gleichsam vorher verborgt hatte. Sie nahm nur was ihr gehörte und setzte Jene in ihren ursprünglichen Zustand zurück. Der Gedanke war ziemlich neu und ungewöhnlich und machte jene

Menschenklasse stutzig. In so fern war ihr anfänglicher Widerstand mit etwas Nachsicht zu betrachten, weil er aus Schwäche und festverwachsenen Meynungssätzen floß, die sie verhinderten, sich sogleich darein zu finden. Die Vorurtheile der Erziehung, die stolzen Begriffe, welche ihnen von Jugend auf beygebracht worden waren; der Eigendünkel und der Wahn, aus besserm Thone geknetet zu seyn, und daß selbst die Natur diesen Unterschied bestimmt und ihnen ihre Privilegien verliehen habe: ließen sie nicht ahnden, daß bloße Anmaßung zum Grunde liege. Alle diese Umstände, wodurch die bessern Einsichten eingewickelt wurden; das Ungewöhnliche in ihren Vorstellungen, die schieferhaltne Richtung in ihrer Jugend mußte ihnen beym Urtheilsspruche zu gute kommen; durfte aber keinesweges einen Rechtsgrund ausmachen, vermittelst welchem sie unangetastet zu bleiben verlangen konnten. Es lag nicht an der Nation, es lag nur an ihnen und ihren falschen Vorstellungen. Sie sollten nachgeben, aber sie mochten es nicht. Stolz und Trotz war überwiegender. Viele verdienten Mitleiden, aber ein Glied mußte eher leiden, als daß alle Glieder zu Grunde giengen. Sie erregten ewige Unruhen, schlossen sich an den König an und beförderten dadurch seinen Sturz. Denn jemehr Mühe sie sich gaben, die Nation wieder zu entwaffnen und die Mehrheit zu erlangen, je stärker mußte sich diese anstrengen, um ihr Vorhaben zu vereiteln. Kaum wenige Einzelne dachten wohl anfänglich daran, den Staat in eine Republik umzuformen; aber die Hofparthey leitete sie selbst auf diese Gedanken. So lange der König noch regierte, hofften die Begünstigten auch alles wieder ins alte Gleis zu bringen und suchten durch ihn den Plan der Nation allmählich zu vereiteln. Deswegen war auch keine Einheit im Handeln möglich; wie sich dies beym Ausbruche des Krieges sehr deutlich ergab. Luckner hatte kaum in Flandern vordringen lassen, als er auch schon heimlich Gegenbefehl erhielt. Die Nation sahe sich betrogen, so lange sie die ausübende Macht nicht selbst übernahm. Der König ward abgesetzt und sein unmittelbarer Einfluß gehemmt. Aber selbst dies war nicht hinlänglich. Je mehr die Hoffnungen seiner Anhänger schwanden, je verzweifelter wurden sie, und je mehr boten sie ihre Kräfte auf. Der König, der Mittelpunkt, worauf sie ihre Blicke richteten, war zwar im Gefängnisse, aber er war doch noch da. Sie arbeiteten was und wie sie nur konnten, und es war daher kein Wunder, daß das Volk mehr zu sehen glaubte, als es manchmal sah; daß es mistrauischer und strenger ward, und daß die Uebertreibung von beyden Seiten einen hohen Grad erreichte. Die Partheyen rasten. Nur der kaltblütige Zuschauer, der weit davon auf einem Hügel stand und mit halbem Interesse, oder wohl gar mit Haß und Neid und Einseitigkeit, inschaute; der den Wirbel und die Glut nicht in der Nähe sah, wodurch auch wohl der Vernünftigste im Auflodern erhalten wird; der alle die Motiven nicht kannte und die täglichen Raserenen und Kabalen der Gegenpartheyen nicht vor Augen hatte; die geringfügigen Umstände, die unzähligen Kleinigkeiten nicht fühlte, nicht hörte, nicht sah, die in jeder Straße, in jedem Hause vorfielen und den Theilnehmer von neuem ärgerlich und hitzig machten, wenn er eben glaubte, alles wäre vorbey.... nur ein solcher Zuschauer möchte mit kalter Entscheidung hervortreten wagen. Man hätte selbst mit auf dem Punkt gestanden haben müssen, das unvermeidliche der Vorfälle zu fühlen und dann ein gehöriges Urtheil fällen zu können. Es würde dann begreiflicher werden, daß der König habe fallen müssen, weil er die Firma gewesen sey, unter der so viele handelten und Prozente zu gewinnen hofften; daß dies Handlungshaus habe zerstört werden müssen, weil es der Sitz des Kontrebandhandels gewesen sey. So geschah es; er ward das Opfer seiner Schwäche, ein Opfer der Verbrechen seiner Parthey, weniger seiner eignen. Er ließ sich zum schlimmsten lenken. .... Ueberhaupt ließen die Franzosen dem Könige nach der ersten Konstitution noch viel zu weiten Spielraum und, aus zu weit getriebnen Nationalstolze, noch zu viel Geld für seine Civilliste. Der König, oder vielmehr sein verworfner Anhang und sein schändliches Weib, misbrauchten bald genug diese Großmuth so lange, bis sie herunter geschleudert wurden. Freylich geschah das durch eine eben so nichtswürdige Pöbelhäupterparthey; aber wen kann das wundern, wenn eben solche Wege, wie die des Hofes, nur entgegengesetzt, eingeschlagen wurden. Die Emigranten, Artois, das Braunschweigische Manifest, des Königs Feigheit und Einfalt selbst trugen gemeinschaftlich bey, ihn unter die Guillotine zu bringen. Ludwig war ein Verräther aus Feigheit, er war bösartig aus Schwäche, er war treulos gegen alle Partheyen aus Dummheit, er trachtete die Konstitution umzuwerfen, weil sein Anhang ihm es einblies. Er war zu bedauern, jedoch nicht unschuldig. *)

―――――――――――――

*) „In der ersten Konstitution hatte man einen König und die Freyheit auf Einen Stuhl gesetzt, daher vertrugen sie sich auch wie Hunde und Katzen. Uebrigens gab man dem Könige auch, um die Finanzen in Ordnung zu bringen und um das Deficit zu ersetzen, nicht mehr als eine Civilliste von 30 Millionen, die ihm gute Dienste leistete; und ein Veto, womit er nichts anzufangen wußte, oder vielmehr, womit er alles schimpfen konnte.

§. 3.

Aber gesetzt er wäre es gewesen. War er der erste der unschuldig starb? Tausende von Unschuldigen ließen unsere Könige von jeher hinrichten; öffentlich und heimlich, mittelbar und unmittelbar, absichtlich und zufällig, auf jede nur denkbare Weise. Es möchte also nicht so ganz unnatürlich seyn, wenn einmal ein König gewaltsam stirbt, der auch aus keiner andern Masse geformt ward. Was ihn so erhaben, so heilig, so göttlich machte, war unser guter Wille; wir selbst, indem wir ihn unsere Kräfte und Hände liehen, indem wir ihn mit einem Nimbus schmückten und einen heiligen Schein andichteten, der uns nachher einen Schauder abjagt. Alle diese Zauberstrahlen wurden ihm nur beygelegt, damit er mehr wirken und durch Ehrfurcht sich jenen Nachdruck verschaffen möchte, vermittelst welchen er unser Glück desto fester stellen, uns sichrer leiten und bey Ruhe, Ordnung und Wohlstand erhalten könnte.

Endlich gab man ihm auch den schönen Mantel der Unverletzlichkeit, unter welchem er alle Ritter von Koblenz, alle Verschwörer und alle misvergnügte Kläffer verbergen konnte, wie ein Huhn das über seine Jungen brütet, die es mästet." S. Minerva, Aug. 95. S. 250.

Ereignete sich nun einmal die Seltenheit, daß das Schicksel ihm sein königliches Kleid auszog, dann galt er nichts mehr als wir, indem er uns dann wieder ähnlicher ward und auf die Stelle zurück trat, wohin ihn die Natur eigentlich setzte, und von welcher er durch Kunst ein paar Staffeln höher stieg. Beym Königsmorde stärker zu schaudern als beym gemeinen, möchte noch von plattem Vorurtheil zeugen. Von jeher fanden sich Dinge, die den Mechanischgewöhnten zum Zittern brachten, daß er unwillkührlich die Kniee beugte, wenn er einen hölzernen Heiligenklotz erblickte. Es giebt Menschen, spricht Forster (Ansichten vom Niederrhein u. s. w.) die unwillkührlich aus angewöhnter Ehrfurcht vor dem bloßen Gallakleide des Ministers einen tiefen Bückling machen. .... Auch Königsmord war nur Menschenmord. Nicht halb so sehr schauderte man, wenn ein Andrer würklich Unschuldiger starb. Es war unrecht. Dieser hätte ja auch König seyn können, wenn das Glück gewollt hätte. War denn gehabtes Glück Verdienst, und berechtigte denn das zu mehrerer Theilnahme? Vielleicht umgekehrt. Ein gemeiner Mann sollte wohl mehr bemitleidet werden, wenn er unschuldig starb, denn er hatte weniger genossen und wenigern Ersatz in dieser Welt dafür gehabt. Beyspiele von hingerichteten Königen lieferten alle Zeiten eine Menge. Auf jedem Blatte der ältern Geschichte stöst uns einer auf, der vom glänzenden Throne in Staub und Elend stürzte. Ein König nahm den andern gefangen, ließ ihm die Augen ausstechen, den wilden Thieren vorwerfen, setzte ihn den schändlichsten Beschimpfungen aus und brauchte ihn zum Fußschemel. Davon ward so viel Aufhebens nicht gemacht, denn es that es gewöhnlich ein Einzelner. Wie? hätte denn eine ganze Nation nicht eben so viel Befugniß und Entschuldigungsgrund für sich, als ein Einzelner? Wäre es denn dieser nicht noch mehr zu verlephen, da kein Individuum unter ihr selbst König war? Jenen sollte es doch weit mehr zu verdenken seyn, daß sie ihres Vortheils so wenig eingedenk, ihre Würde untereinander so sehr erniedrigten, ihren Purpur wechselsweise so beschimpften und ihr Ansehen in den Augen der zuschauenden Völker herabsetzten. Vielleicht möchte eingewendet werden, daß dieses in den Zeiten der Barbarey geschehen sey. Aber nicht immer waren es Barbaren, die so handelten und die neuern Zeiten lieferten die stärksten Beyspiele des Gegentheils. Catharina II. stieß ihren Gemahl Peter vom Thron.*) Der König von Polen ward von ihr

---

*) „Nichts ist ihr (der rußischen Kayserin) heilig. Peter III., ihr Gemahl und rechtmäßiger Oberherr des Reichs, ward auf ihre Veran-

und von Preußen auf eine, im gesitteten Zeitalter, unschickliche Art behandelt; seiner Länder beraubt, gemißhandelt, gedemüthigt und wie ein Gefangener bewacht; zur selben Zeit, als dieselbe Catharine so schrecklich auf die Franzosen wüterte und eine Menge andrer Fürsten die Schmach des Königs von Frankreich blutig rächen zu wollen erklärte. Und doch schwiegen sie still bey den polnischen Greueln; wobey es am schlimmsten war, daß wir Thoren ihnen zu Gefallen dort mit schimpften und hier mit stillschwiegen. Also ihnen wäre es erlaubt, den Kaysern, Königen und Fürsten sich einander vom Throne zu jagen, wenns ihr Vortheil oder ihr Länderdurst erheischte; aber wir, die wir sie doch erst zu dem machten, was sie waren; oder vielmehr, die wir ihnen erst den Gegner vom Throne mit werfen helfen mußten, wir dürften es nie wagen. Hier ward es als das ungeheuerste Verbrechen betrachtet etwas

---

staltung im Kerker gewaltsam ermordet. Das Volk suchte man zu überreden, er sey vom Schlage gerührt worden und der Graf Orlow, der dem unglücklichen Ehemann und Kayser mit eigner Hand den Strick um den Hals schlang, ward zur Belohnung für diese Heldenthat in den Fürstenstand erhoben." Die Peripatetiker des 18 Jahrhunderts u. s. w. S. 188.

ähnliches für uns zu thun, wenn es auch einmal unser Vortheil so haben wollte. Ohne ihre Mitwirkung wäre es also unrecht, und nur dann, wenn sie es thäten d. h. wenn wir es auf ihren Befehl vollbrächten, oder auf den rußischen Fall angewandt, wenn es Catharinen glückte, daß sie sich so etwas unterstehen durfte, (jedoch nicht allemal; mit dem Herzog Regenten und Könige von Schweden scheiterte der Plan) und sie es dann für gesetzmäßiger erklärte: dann gälte es für Politik, Selbsterhaltung, Kriegsrecht, Abwendung der Gefahr, abgenöthigte Strafe, und wie die Einkleidungen alle heißen mögen. Wären die Völker des Erdballs nicht so große Thoren und sich solchen Unsinn vorsagen zu lassen, nicht schon von jeher gewöhnt; es würde nicht zu begreifen seyn, mit welcher Ruhe immer solche Handlungen unbekümmert mit angesehen wurden. Dieser ihre Handlungen brantmarkten Jene ohne Aufhören, ihre eignen Thaten huben sie himmelan. Man wendet sich im Kreise herum und findet es überall so. Hätten zu Karls V. Zeiten die Sachsen ihren Fürsten seiner Würde für verlustig erklärt, so würden sie durchgängig Verruchte seyn genannt worden. Als es aber der Kayser seinem Privatinteresse, das er mit dem Interesse des Reichs, wie gewöhnlich, vermengte, gemäß fand: so entsetzte er ihn der Kurwürde und sprach ihm sogar anfänglich den Kopf ab. Wäre jener Kurfürst ein Wütrich gewesen, der seine Unterthanen geschunden und mit den gräßlichsten Bedrückungen geplagt, und alles hervorgesucht hätte, um Land und Leute in Ruinen zusammen stürzen zu lassen; wäre er ein Unmensch gewesen, der zum ewigen Fluche aller Völker dargestellt zu werden verdiente, darum würde sich Karl wenig bekümmert haben, wenn jener nur sonst immer auf seiner Seite gewesen wäre und seinen Nutzen und seine Plane mit zu befördern sich hätte angelegen seyn lassen. Dann würde er ruhig auf seinem Stuhle haben sitzen können, das Volk hätte auch noch so stark winseln mögen und im Empörungsfalle würde man ihm schrecklich zu Leibe gegangen seyn, um die Majestät der Regenten zu rächen. Aber obgleich jener Fürst dies alles nicht war, so kam er doch in den Reichsbann und die Laune eines Mächtigern machte es rechtmäßig. Die Behandlung des armen Iwan, der blutige Tod des schwäbischen Konradins und unzählige Beyspiele alter und neuer Zeit stellen die vollständigsten Zeugnisse auf. .... Wenn nun Völker etwas ähnliches für sich thaten, galten sie für Barbaren, die nicht wußten, wie man mit Fürsten und Fürstenkindern umgehen müßte. Ueber die Behandlung des jungen Kapets und über die neunmonathliche Gefangenschaft der Königin ward laut geschrieen. Ja die verbündeten Fürsten gaben es gleich anfänglich als den vorzüglichsten Grund ihrer Bewaffnung an, daß sie die königliche Familie befreyen wollten. Warum gerade hier? Angenommen, Ludwig XVI. hätte so etwas selbst gethan und mit einem grausamen oder fanatischem Charakter begabt, etwan wie ein Philipp II. seinen Sohn abschlachten ließ, eben so seine Familie eingekerkert und zu Tode schmachten lassen: so würde wohl keiner der zuschauenden Fürsten ausgezogen seyn um diese Willkühr zu rächen, so wenig als man wegen Philipps That zu den Waffen griff. Solche Fälle wurden zur Staatspolitik gerechnet und niemand ließ sich beykommen nach Gründen zu fragen; man zuckte höchstens die Achseln über solche unglückliche Personen, aber niemand gürtete das Schwerdt um, eine solche That zu rächen. So schienen demnach die Großen stillschweigend übereingekommen zu seyn, über ihre Schandthaten die Augen zuzudrücken, sich ihre Verbrechen wechselseitig zu verzeihen, nicht aber die Vergehungen königsloser Völker. Sie gaben dem Urtheil der Uebrigen eine schiefe Richtung und ließen sie durch Gläser sehen, die sie erst selbst absichtlich dazu gefärbt hatten. Man staunte nur, wenn Jene wollten und wenn sie dazu aufforderten; man blieb ruhig, wenn sie daſſelbe thaten, oder wohl gar ſprachen, daß man ſich um ſolche Dinge nicht zu bekümmern habe. .... „Wer es wagt die Gewaltthätigkeit, der Großen zu beleuchten heißt Rebell (Wurmbrands polit. Glaub. Bekenntniß, S. 69,), wer aber den Speichel leckt, alle ihre Anmaßungen und Verordnungen lobt, auf jene ſchimpft und ſie im gehäßigſten Lichte darzuſtellen ſucht, iſt ein getreuer Unterthan. Ein Deſpot der Tauſende mordet, läßt ſich Ehrenſäulen ſetzen. Die Greuel beym Matroſenpreſſen im J. 90. werden im Namen der Regierung verübt und für rechtmäßig erklärt. Die Kriege der Pfafferey werden für heilig gehalten. Ein Landesvater erlaubt ſich Tauſende ſeiner Kinder zu verkaufen und jeder ſoll ihm noch für dieſe Gnade danken. Das Blutgeld verpraßt er mit Mätreſſen. Sie ſehen das Land mit ihren Unterthanen als Möbeln an, und verhandeln und verſchenken es nach Gelegenheit; niemand ſoll ſich dagegen regen, oder er iſt ein .... Aufrührer. Sie fordern Abgaben und fragen uns nicht, noch weniger legen ſie Rechenſchaft darüber ab. Sie ſchwelgen und ſaugen uns aus; ſie beſtrafen Beleidigungen als öffentliche Verbrechen. Sie mishandeln nach Willkühr; ſetzen Staatsbeamte ab, wenn ſie der Favoritin misfallen. Sie halten ſich über die Geſetze erhaben, ludern mit ihren Mätreſſen und erlaſſen

Befehle gegen Hurer und Ehebrecher. Um Familieninteresse und kleinlicher Kabalen willen führen sie mit unserm Blute Krieg. Sie privilegiren Stände auf Unkosten des Ganzen, und entscheiden über öffentliche Ehre und Schande; als wenn diese Schätzung ein Werk ihrer Schöpfungen wäre. Verdienst und Nützlichkeit kömmt nicht in Anschlag, die Gunst eines Einzelnen entscheidet über Werth und Unwerth eines Menschen. Schmeichler und müßige Hofschranzen werden Feldherrn und mit Reichthümern überschüttet, die hundert arbeitsame Familien aus dem Elende retten würden. Die unnützesten Bürger werden die reichsten, die andern sind Hunde und verachtet und dürftig; müssen aber zahlen. Wo es noch Repräsentanten giebt, sind es Jaherren; wer sich regt, wird zerdrückt. Mehrentheils haben sie das Privilegium, keine der Lasten mit tragen zu helfen, die man einführt, sondern sie wälzen sie mit auf jene Klassen, die keine Stimmen haben. Friedensschlüsse werden ohne Zustimmung der Nation beschworen und .... gebrochen; wer seine Meinung darüber sagt, ist ein Staatsverbrecher. Die Fürsten maaßen sich das Recht an, zu entscheiden, wie man über Gott denken und nach welcher Form man ihm seine Verehrung bezeugen soll; das nennt man denn die herschende Religion. Denn die Philosophie darf über alles grübeln, nur nicht über das, was dem Menschen am wichtigsten ist: Das sind die Inkonsequenzen unsrer Herrscher."

Ludwig war nicht böse, sagt man; Wer er war wenigstens sehr schwach und ließ sich zu Treulosigkeiten verschiedener Art verleiten. Seinetwegen konnte immer die Nation in Stücken zerrissen werden, er hätte über den Rest nach der alten Leyer regiert und sich weiß machen lassen, es müßte so seyn. Er fiel auch durch seinen blöden Verstand und durch seine eigne Unbehülflichkeit. Schwäche ward ja überall bestraft, und ein Regent untersuchte nicht, ob der Beamte aus Schwachheit gegen sein bittendes verschwenderisches Weib die herrschaftliche Kasse angriff, oder aus andern Gründen. Genug er ward gestraft; in Wien mußte er die Gassen kehren. Immer ward der Soldat, wenn er auf der Feldwache einschlief, auf der Stelle erschossen; man untersuchte nicht, ob es unüberwindliche Müdigkeit war, in die man ihn vielleicht erst durch vorhergegangene Strapazen versetzt hatte. Ueberall solle der Trägheit widerstanden werden, verlangte man. Der König schlief öfters d. h. er ließ seiner Gemahlin und ihrem Artois, nebst Anhange, vollen Spielraum; er begieng also Unrecht und Verbrechen mittelbarer Weise nur gar zu oft und gar zu sehr;

Unterlassungssünden, die bey andern Menschen nicht ungeahndet hingiengen, und wo Unthätigkeit, oder auch schon Stillschweigen, zum Verbrechen angerechnet ward und Strafe nach sich zog. Dies also that ein Fürst am Volke und das Volk sollte ähnliches nie am Fürsten thun, aus dessen Handlungen weit mannigfaltigers Unglück herfloß. Sündigte ein Unterthan wider das Gesetz, so war es immer weniger nachtheilig, als wenn sichs der Fürst erlaubte, der mehr Einfluß, mehr Nachahmung hatte, und auf den alle Welt sah und sich zum Muster nahm. „Aber der Fürst sey über das Gesetz erhaben; lautete es. Seine Gewalt sey von Gott." So sprechen sie freylich alle. „Von Gottes Gnaden (Willaume's Abhandl. das Interesse d. Menschh. und d. Staaten betr. S. 225.) schreiben sich die Fürsten und leiten dadurch klüglich ihr Recht zu herrschen vom Himmel ab. Menschliche Rechte vorschützen, dies wäre mislich, weil man sich in die Verlegenheit setzt, die Dokumente, worauf sie sich gründen, vorzeigen zu müssen. Man ist eher fertig, wenn man göttliche Rechte vindicirt. Der Gewinn ist zwiefach; denn einmal ist ein göttliches Recht etwas heiliges und unverletzbares; und dann ist es leichter in Ansehung des Ursprunges eines solchen Rechts, die Menschen zu blenden. Um die Göttlichkeit irgend eines Rechts zu beweisen, giebt es tausend Wege; aber nur einen einzigen, ein menschliches Recht zu beweisen; nemlich die Urkunde vorzuzeigen. Die Aechtheit eines Testaments macht mehr Schwierigkeiten, als die Formel: von Gottes Gnaden. Die Priester waren bereit, die Aechtheit dieser göttlichen Rechte zu bewähren, weil sie Theil daran hatten; denn auch ihre Rechte kommen, wie bekannt, unmittelbar vom Himmel her; und so waren die Priester immerfort die festesten Stützen der Thronen des Despotismus und aller Anmaßungen; weil geistliche und bürgerliche Vorurtheile einander brüderlich unterstützen. Daher kommts, daß die lasterhaftesten und verderblichsten Despoten mehrentheils große Eifrer der Religion, des blinden Glaubens und der Priester gewesen sind; sie sahen nämlich ein, daß die Menschen, wenn sie einmal anfiengen, das Joch des geheiligten Aberglaubens in Religionssachen abzuschütteln, bald auch das Joch des bürgerlichen Aberglaubens abwerfen möchten."

Also erhaben wäre er übers Gesetz. Das heißt, alle Welt soll nach Regeln handeln, nur er nicht. Er soll der erste Vertheidiger und Handhaber der Gesetze seyn, aber sie selbst nicht zu befolgen brauchen; er, dessen Leidenschaften weit ungezügelter sich benehme dürfen, der mehr Reiz und Gelegenheit zum Bösen hat und dessen böse Handlungen weit schlimmere Folgen erzeugen, weil sie allgemeiner wirken. Doppelte Gesetze sollte er zu befolgen haben, mit noch mehr Ketten sollte er eben deswegen umwickelt werden. Was würde man sagen, wenn ein Vater das Laster der Trunkenheit seinem Sohne mit den ädelsten Farben schilderte, indessen bey jedem Wort eine Flasche ausleerte und mitten in der Rede viehisch unter den Tisch taumelte? wäre es möglich, daß obiger Satz etwas gälte, dann brauchte es keines Menschen, keines Fürsten; da dürfte nur ein Tigerthier auf den Thron gesetzt werden, dies wäre auch über das Gesetz erhaben..... Wem fiel also alles Unheil zur Last? Doch wohl dem Könige, der es verhindern sollte, der sich weniger als Maschine benehmen durfte. Ob er dies so leicht konnte, daran steht freylich sehr zu zweifeln; denn eben diese Schwäche, Untheilnahme, Sorglosigkeit und wenige Kraft verhinderte das Können. Aber als völlige Entschuldigung dürfte dies nicht gelten, oder es ließe sich alles entschuldigen. Die Menschen ließen sich immer ihre Begriffe darüber verwirren, sobald von Großen die Rede war und es erschien ihnen da alles im goldnen Lichte. Ein königlicher Sünder aber ist ein weit stärkerer Sünder. War er ein Verschwenbet, so verschleuderte er den Schatz des Landes; der Privatmann konnte bloß sein besonderes Vermögen unter die Leute bringen. Welche Folgen hatte also die Verschwendung des Fürsten, welches Unheil erzeugte seine Wollust, seine Habsucht, seine Eroberungsbegierde, sein Ehrgeiz, seine Einfalt, Bigotterie, Goldmacherey und Geisterscherey, seine Liederlichkeit in allen Fächern. Das Laster des Unterthans streift bloß ein Blatt vom Baume des Staats, die Laster des Regenten reißen ganze Aeste ab, stürzen vielleicht den ganzen Stamm und Statskörper über den Haufen. .... Es gab aber sehr vernünftige Leute, die sich kreuzigten und segneten, wenn sie auf den Tod des Königs kamen und sprachen: die Franken möchten gethan haben, was sie wollten, nur den König hätten sie nicht sollen hinrichten. .... Und ward gefragt, warum? so lautete die Antwort: daß er unschuldig gewesen sey. Ward nun hierauf manches mit Grunde erwiedert, so hieß es weiter: Es sey keineswegs der Wille der Nation gewesen, sondern bloß Kabale einer Faktion; die Intrike Orleans und der Maratisten habe es dahin gebracht und alle Formen des Rechts dabey verletzt. .... Gewiß sie trafen es damit besser, als sie wohl damit meynten und entschuldigten die Nation hinlänglich. Dann durfte ihnen die ganze Sache nicht zur Last gelegt werden; sie lebten dann damals unter einem Partheijoche. Oder man müßte es auch uns zur Last legen, wenn wir hier und da und zu verschiedenen Zeiten durchlauchtige Tyrannen mit uns spielen, und von ihrem Wildpret unsere Saaten abweiden ließen. .... Warum schauderten sie nicht so beym Justizmorde manches andern? .... Aber auch dann, wenn Ludwig nicht durch Faktionenkünste umgebracht worden wäre, hätten die Franzosen zu ihm sagen dürfen: Es kann seyn, daß du unschuldig bist; wenigstens sollte es uns fast um deinetwillen lieber seyn. Aber wir bekennen vor aller Welt und vor allen Völkern, daß wir nichts anders mit dir anfangen können, so bald wir nicht Lust haben dich wieder auf den Thron zu setzen, von dem wir dich beym Anfange des Krieges herabreißen mußten, wenn unsere Armeen, denen du damals noch befahlst, nicht überall geschlagen werden sollten. Daß es dir kein Ernst mit der Konstitution war, liegt am Tage. Wenigstens haben wir gesehen, daß wenn du es auch damit redlich meyntest, du dich doch eben so leicht von der Prinzlichen und ausländischen Parthey umwandeln ließest und im Namen Gottes zum Verräther warst. Was bleibt uns also übrig, so lange wir dir keinen lebendigen Odem einblasen und mehr Unwandelbarkeit mittheilen können. Wir betheuern, keinen andern Ausweg zu wissen; daß deine Parthey uns dazu zwingt und daß du für unser Wohl aufgeopfert werden mußt; so gut als das Schicksal manches Individuum würgt, so gut als mancher Redliche durch den Blitz erschlagen wird, um, wer weiß, welche höhere Zwecke dadurch bewirken zu helfen. Täglich sterben Menschen eines gewaltsamen Todes; jeder ist ein Glied in der großen Kette der Dinge. Er darf nicht murren wenn Unglück ihn trifft, es mag für Andre gut seyn; Ja der Tod ist ein allgemeines Gesetz; der Weise stirbt so gut wie der Thor. Laß dich also aufopfern. Oder solltest du dich wohl weigern für fünf und zwanzig Millionen Menschen zu sterben, die, durch dein Daseyn in zwey Partheyen zerspaltet, sich wohl gar im blutigsten Mordkampfe um deinetwillen aufreiben werden? Sieh, durch das Herabschlagen deines Kopfes kann dies Unheil wahrscheinlicher Weise am leichtesten verhindert werden; und da wir nicht in die Zukunft mit Allwissenheit sehen, so müssen wir uns blos nach den Vorschriften jener Wahrscheinlichkeit richten. Du bist ein Zankapfel, den wir aus dem Wege räumen wollen; du taugst nicht mehr in unsern Plan, wohl aber in den Plan der Begünstigten, unsrer Feinde. Da aber diese ebenfalls nicht mehr für unsere Absichten taugen, und durch dich dieselben zerstören wollen, welche doch nach unserer Ueberzeugung die besten sind, wenigstens besser als diejenigen deiner Parthey: so bleibt uns nichts übrig, als jene zu entkräften und ihnen ihren Fahnenträger zu nehmen. Im Gefängniß bist du uns nicht sicher genug; da schwärmen sie um dich herum und kriechen durch jede Spalte. Sie machen uns täglich Unruhe und erschweren den Gang der Geschäfte. Selbst die Abwesenden und alle, welche weit davon leben, hegen noch Hoffnung, und dies darf nicht so fortdauren, wenn wir unser Glück durchsetzen wollen. Wollten wir dich exportiren lassen.... sag wohin? Kein Winkel der Erde wäre sicher, überall würden sie dich aufsuchen, dir von neuem eine Krone aufsetzen, dich herbey an unsre Gränze führen und uns das Leben sauer machen. Noch schlimmer wäre es, wenn wir dich so gerade zu losließen und den Fürsten, die gegen uns zu Felde liegen, ein Geschenck damit machten. Müßtest du uns auch vorher versprechen, nie etwas ferner zu unternehmen, allen Anforderungen zu entsagen; so weiß man ja, wie es geht; deine guten Freunde, die Priester, würden dich des Eydes entbinden und du wärest schwach genug zu glauben, daß sie im Namen und an Statt Gottes redeten. Sie würden dir ein Gewissen daraus machen den Eyd zu halten, vielleicht unter dem Vorgeben: daß der erzwungen sey; ob wir gleich nicht anders

handeln konnten und wenn es gleich noch die Frage wäre, ob er auch wirklich im Zwange geleistet und du nicht frey hierin gewesen seyst. An Beyspielen zur Bemäntelung und Nachfolge könnte es nicht fehlen; denn siehe dich um, überall auf den europäischen Thronen sitzen Menschen, die mit Eyden spielen, die ganze Nationen betrügen und ihre Ehre dabey zum Pfande setzen, erst einschläfern und sicher machen, und dann ihr königliches Wort zurücknehmen, und zu guterletzt ihre Schändlichkeit aus dem Gedächtnisse der Völker mit dem Degen in der Faust weglöschen wollen. ....
Aber wäreſt du auch ehrlicher als alle diese, und gewiſſenhaft genug dein Versprechen standhaft zu halten: so würdest du doch immer noch zum Sammelplatz dienen; die Umstehenden würden es dir nicht glauben wollen, sie würden stets von neuem angefeuert werden und sich untereinander ermuntern; sie würden für dich arbeiten. Und glaubst du, daß der Tod bittrer ist, als das Schicksal des Königs von Polen, deines Bruders; der wie ein zusammengestoppelter Lumpenkönig von den drey benachbarten Königen behandelt wird, in dessen Haabe sie sich unverschämt theilen und sein Königreich aus der Reihe der Staaten tilgen, indeß sie, diese neulichen Könige, wider uns in hellen Haufen herbeyziehen; um dich König wieder auf den Thron

zu setzen? Wenn du also mit uns umher schaust, wie sich alle diese Könige benehmen, daß sie arbeiten, dich wieder einzusetzen und indeß jenen ungescheut absetzen, daß sie sich also selbst erlauben, was sie den Völkern nicht erlauben wollen; wenn du dich erinnerst, daß das Haus Hannover nicht auf dem Throne von Großbritanien säße, wenn die Engländer nicht ihren König Jacob fortgejagt hätten; und daß folglich dieses Haus entweder einen Thron nicht hätte besteigen sollen, der mit Karls Blute und Jacobs, zweyer Könige! .... Schande befleckt war; oder wenigstens, wenn es hierüber die Augen zudrückte, um die angebotene Krone annehmen zu können, auch jetzt nicht so gewaltig wider ein königstürmendes Volk los ziehen sollte*); .... wenn du die Thaten und

---

*) „Als Schweden mit Karl XII. den Despotismus seiner Könige vergrub; so dachten seine Nachbaren an nichts weniger als die neue Konstitution dieses Volks zu bekämpfen. Die schrecklichen Staatsumwälzungen Englands, welche der Familie Stuart den Thron kostete, macht noch in unsern Tagen die Grundverfassung von England und von der eingeschränkten Macht seiner Könige aus. Da hielt es niemand für die gemeinschaftliche Sache der Könige für den flüchtigen Despoten die Waffen zu ergreifen. Könnt ihr es den Franken

Greuel aller dieser Könige überdenkst, die sich einander immer den Garaus zu machen trachten und sich nicht scheuen sich wechselseitig die Kronen zu stehlen, sobald sie es ungestraft können. .... Wenn du das alles überlegst: so wirst du es wohl weder uns, noch allen künftigen Nachfolgern verdenken, wenn wir für unser Theil dahin arbeiten alle Pflanzen dieser Gattung auszujäten und lieber dich auf eine ungewöhnliche Art fortschaffen wollen, als noch länger durch dich und die Deinigen unaufhörlichen Händeln ausgesetzt zu bleiben. Stirb also; wir bedauren dich! ....

So hätten sie reden können, ohne eben befürchten zu dürfen, so bald und so bündig widerlegt zu werden. Aber erreichten sie dadurch ihren Zweck; wurden sie ruhiger? .... Das letztere war

nicht vergeben, so müßt ihr auch die Schweizer, die Holländer und Nordamerikaner ausrotten, die alle königliche Gewalt bis auf den Namen unter sich vertilgt haben." S. Kreuzzug geg. d. Neufrank. Eine patriot. Rede u. s. w. S. 18. .... Die Großen gleichen überhaupt den Mühlsteinen, die sich selbst verderben, wenn sie nichts zu zerreiben haben. Um unter sich Einigkeit zu erhalten, müssen sie also nothwendig immer darauf denken, daß es ihnen nie an Stoff zum Zerquetschen fehle.

offenbar nicht der Fall, bewies aber nur daß sie nicht allwissend waren und die Schwingungen nicht vorher sehen konnten, denen die beweglichen Revolutionsfäden ausgesetzt waren.*) .... Also

---

*) Weit schlimmer ist es, das, was bereits geschehen ist, zu mißkennen und zu vergessen. So nahm die Unphilosophie der Engländer immermehr zu. Denn bey der Einnahme von Famars schrieen die englischen Soldaten (wie die Zeitungen verkündigten:) Keinen Pardon den Königsmördern! und ließen alles über die Klinge springen. Die Oesterreicher gaben Pardon; die Engländer nicht. Man denke! Der Vorwurf des Königsmords, wenn es einer wäre, trifft die Engländer mit dem nemlichen Rechte, denn sie sind Urenkel von lauter Königsmördern. „Was können sie für ihre Vorfahren" dürfte man einwenden. Wohl wahr. Aber was konnte ein armer Franzose in den Schanzen von Famars dafür, daß man den König zu Paris richtete? Hatte er mehr Theil daran und fragte man ihn vorher? Gewiß dem Britten stand so ein Räsonnement am wenigsten an; er war in gleicher Verdammniß. Wiewohl dies wäre nur ein Stäubchen von der Inkonsequenz Englands und der blinden Vergessenheit seiner Kinder. Von damals an begann es sich so ärgerlich despotisch zu benehmen, daß die Zuschauer lächelten, als bald darauf der Her-

Ludwig fiel, nicht wie schon unschuldige Große durch die Hand ihres Gleichen fielen, sondern weil er die Quelle vieles Uebels war, die gestopft werden mußte.

§. 4.

Die Großen sträubten sich gegen solche Auseinandersetzungen, denn die Gutwilligkeit der Völker verlieh ihnen gewöhnlich Indulgenz; sie wurden verwöhnt wie Kinder und dadurch noch schwächer gemacht. Doch zeigte sich nun dieser Wahn der Regierten im Abnehmen; die Forderungen wurden strenger. Sie wollten keine schlechten Fürsten mehr mit der demüthigen Treue aus der Hand des Herrn annehmen; gute könnten sie zur Noth entbehren, elende möchten sie gar nicht brauchen. Darum zitterte jetzt mancher Hermelinsünder und setzte Himmel und Hölle in Bewegung um den Fraulen den Sieg zu erschweren. Aber, so ist der Wechsel der Dinge! es konnte ihnen nichts helfen; das goldne Schlaraffenleben war vorbey, selbst auf den Fall, wenn Jene untergelegen hätten. Denn ihre Sätze waren einmal im Fluge;

---

jog von York in seiner stolzen Laune die Schlappe bey Dünkirchen erhielt. Der junge Königssohn brausete gar zu sehr.

mochte selbst die Nation zu Grunde gehen, Andre hatten sie eingesogen; sie konnten nun wachsen und immer köstlicher reifen. Am Beyspiele der Franken hatten die Zuschauenden Gelegenheit diese Ideen zu sichten und immer besser zu reinigen; sie fiengen an noch klüger als Jene zu werden und lernten in der Stille mit weniger Hitze das neue Gebäude zu beginnen und doch mit eben so derber Faust anzugreifen. Jene würden zittern müssen, und bliebe kein Stäubchen von allen Franken mehr übrig. Die Zeiten rollten schnell dahin, wo es noch den Herrschern erlaubt blieb nichts zu thun; sich nur füttern zu lassen und zu schwelgen, und zu bubeln. Wenn jeder arbeitet, so sollen diese nicht allein jeden Winkel mit ihrer unnützen Laune und Langenweile füllen, oder Ordensbänder austheilen, in ewigen Festen herumtaumeln oder mit dem Kammerherren im Schachtbret spielen und dann ihren Aerger über die Bittenden ergießen. Der schlimmern Dinge zu geschweigen. .... Und was sollte auch ein Regent dem Lande, wie der in Luxemburg vor einigen Jahren verstorbene Fürst von Anhaltzerbst. Seit langer Zeit war er mit keinem Fuße in sein Land gekommen und seinen Unterthanen gänzlich fremde; aber doch mußten sie für ihn arbeiten, er lebte zum Theil von ihrem Schweiße und verzehrte die

Geldes, die er bekam, im Auslande, daß auch nicht ein Stüber wieder dahin zurückfließen konnte. Durch Manifeste ließ er bekannt machen, daß sich keiner seiner Unterthanen unterstehen sollte zu ihm zu kommen oder ihn mit Bittschriften zu belästigen, und zwar „bey Zuchthausstrafe oder Verlust aller Benefizien und gänzlicher Ungnade."*) Daß dies die Nachwelt glauben werde, dafür braucht nicht gesorgt zu werden, unsre Zeiten möchten ihr nur zu viel dem ähnliches überliefern. Aber wofür war er eigentlich da, dieser Fürst? Vermuthlich nur um eine Handvoll Puppen im Auslande exerciren zu lassen. **)

---

*) Daher ward auch die Justiz in seinem Lande so gut verwaltet, daß Sintenis bekanntlich von dem geheimen Hofrath Haase durch den geh. Hofrath Haase an den geh. Hofrath Haase appelliren mußte.

**) Er hatte unter andern die Schwachheit, daß jeder der um Versorgung anhielt, hinzusetzen mußte: Es sey im Civil- oder Militärstande. Seine Kriegsmacht bestand ungefähr aus 3000 Mann, dadurch zeigt sich das lächerliche jenes Zusatzes, der um so ungereimter klang, wenn ein Gelehrter, z. B. ein Theolog vermög obiger Regel um Militärdienste ansuchen mußte. Nicht selten wurde einem solchen ein Theil der Bitte zu seinem größten

Unter solchen Umständen wäre der Tausch mit jenen heydnischen Zeiten nicht übel, wo das entzückte Rom seinem Trajan unter dem Zuruf: O, du bester der Fürsten eine Ehrensäule errichtet hatte. Er steigt ab vom Pferde, die Klage eines geringen Weibes zu untersuchen. Du bist König, sagte sie, und ich sollte Unrecht leiden? Ich fodere von dir Gerechtigkeit, als von einem

Leidwesen gewährt. So geschah es unter andern mit einem Rechtsgelehrten, den er nicht, wie dieser hoffte, zum Justizbeamten, sondern zum Feldwebel machte. Der Jurist stutzte und wußte nicht was er thun sollte; endlich mußte er einwilligen. Er ward auf Werbung geschickt und stand sich gut. Der Fürst starb und die ganze Kriegsschaar wurde auf das menschenfreundlichste verabschiedet. Der rechtsgelehrte Feldwebel hatte nun Weib und Kinder, sein Fach aber verlernt. Verzweiflungsvoll trieb er sich im Lande umher, die Kinder schrieen um Brod. Man ergrimmte gegen den fürstlichen Sünder und gegen die Erbschaftstheilnehmer. Er verlangte vom rußischen Hofe Versorgung, weil dieser mit geerbt hatte. Der Weg war zu weit. Vielleicht hat ihn eine mitleidige Kugel als gemeinen Soldaten am Rheine getroffen.

Schuldner. Nicht die Unbequemlichkeit des Orts, noch andre Umstände können ihn zurückhalten einer Pflicht alles nachzusetzen, die er als die vornehmste des Throns ansieht. .... Großmüthig betroffen kehrte einst Philipp der Macedonier nach seinem Pallast zurück, als ihm ein Weib die kühne Wahrheit zurief: Du mußt aufhören ein König zu seyn, wenn du nicht Zeit hast, die Klagen der Unterthanen anzuhören und dem Bedrückten Recht zu schaffen. .... Der anhaltische Fürst hatte dazu, so scheint es, keine Zeit. Wozu mochte ein solcher Mann wohl da seyn, der sein Land nicht kannte und nichts für dasselbe that? Mit welcher frechen Stirne ließ er sich Vater des Landes nennen? Ein feiner Vater, der schwelgt und umherschweift und seine Kinder in Zucht- und Waysen- und Lazarethhäusern verhungern läßt: der sie mit Füßen tritt, wenn sie sich ihm nahen, der sie zur Treppe herunterstürzt, wenn sie in seine väterliche Arme fliegen wollen. Eine Volksregierung bleibt wenigstens im Lande, nimmt sich doch einigermaaßen der Sachen an, und läßt sich nicht umsonst füttern. Wenn Frankreichs gesetzgebende Macht oder der vollziehende Rath auf den Einfall käme, auf Reisen zu gehen und ein paar Substituten hinzustellen: so würde nicht wenig auf Seiten der Widersacher gelächelt und gespöttelt werden. Jenes möchte derselbe

Fall seyn. Warum, könnte wirklich gefragt werden, ließ so etwas Kayser und Reich zu? In Ermangelung einer baldigen Antwort, ließe sich geschwind noch eine Frage thun: warum ward es verstattet, daß viele der teutschen Fürsten in fremde Kriegsdienste geben, sonach fremde Arbeit übernehmen durften, indeß sie mit der eignen nicht fertig werden konnten? Ein Herzog von Weimar z. B. wird Kürassier. Er übernahm das durch Lasten und setzte sein Land hintan. Eine Menge Anderer that das nemliche. Wie? Sollten sie wirklich zu Hause gar nichts zu thun, nichts aufs reine zu bringen haben; könnten sie nicht die Gelder, die ihre fremden Regimenter immer kosteten, auf eine nützlichere Art für die anwenden, von welchen jene Gelder erst herkamen? Vielleicht hielten sie ihre eignen Länder für zu kleine Gegenstände ihrer Sorgfalt, als daß sie sich mit dessen Wohl abzugeben die Mühe nehmen sollten. Aber wozu wären sie da, weswegen vertraute ihnen ihr Land sein Wohl an, gab ihnen alles, was nur entbehrt werden konnte in die Hände und legte sich freywillig Lasten auf? Nicht deswegen, daß der Fürst es glücklich machen und die Summe des Guten und des Wohlstandes immer mehr vermehren, sondern damit er sich mit fremder Mannschaft zu schaffen machen sollte, die seinen Unterthanen nichts half, noch helfen konnte, indeß er zu Hause alle Hände voll zu thun hätte: daß eine solche Rüge bisher immer noch statt finden konnte, ist mehr als schimpflich für Jene. Wenigstens so viel hätte von der Beßrung der Großen schon längst erwartet werden dürfen, daß kein regierender Fürst in fremde Dienste gienge. Denn dafür war er ja unser Fürst, nicht der Fürst der Preussen; wir, wir wollten ja seine Hülfe und Beystand haben, in der Voraussetzung, daß wir uns nicht selbst helfen noch regieren konnten; wir Vertrauten ihm gutmüthig unser Glück an, und zum Lohn dafür behandelte er uns als Bastarde, ob er gleich unsere Wohlthaten nicht verachtete, sondern nahm wo er etwas bekommen konnte. Erwiedern möchte er wohl schwerlich, daß seine Räthe an seiner Statt regierten; weil er dann selbst eingestünde daß er ziemlich überflüßig sey; daß wir ihn dann nicht brauchten, indem wir uns ja selbst helfen müßten und könnten; und zwar schleuniger, weil wir dann nicht immer Eilboten bis am Rhein zu schicken nöthig hätten, um uns Raths zu erholen. Mancher Thaler würde dann noch obendrein erspart, den er jetzt auf seinen Leib verwendete. .... Diese Unbilligkeiten schienen sie aber noch immer nicht zu fühlen, ein Gewimmel von Schreyern erhielt den Taumel, verbarg die Wahrheit und wie weit es schon gekommen war, gewissentlich und sah auf das übrige Menschenhäufchen so gnädig lächelnd herab, als könne dies ohne seinem Sonnenblick weder wachsen noch gedeyhen. Aber eingewurzelte Vorurtheile zauberten da etwas heiliges hin, wo es nie war. Was machte die Könige groß, was sie heilig; was machte, daß der gewaltsame Tod eines aus ihnen alle Welt erschütterte? Das Volk, das ihn hob; die große Menge, die ihn anbetete. Ein Geringerer geht gleichen Gang ohne Aufsehen zu erregen. So sehr wurden unsere Meynungen von unsern Weibern verdreht, daß das ärgste, was in dieser Hinsicht geschehen möchte, weit weniger Schauder erregt. Die Behandlung Polens von rußischer und preußischer Seite war wirkliche Majestätsschändung; es war Beschimpfung, Hinrichtung eines ganzen Volks, schlimmer als je die Enthauptung eines Einzigen werden konnte, der, er mochte seyn, was er wollte, doch nur ein einzelner Mensch war, dem das Volk vorher die Glorie um das Haupt genommen hatte. Bey Polen war noch alles vorhanden; ein König mit Würde und Ansehn begabt und eine ganze Nation, die sich glücklich machen wollte. Dies aber billigten unsre Fürsten, weil es Handwerksgenossen thaten; sahen wenigstens den Jammer ruhig mit an, ließen die armen Polen und ihren König an den lieben

Gott appelliren und ... logen gegen Frankreich für den König zu Felde.

§. 5.

Der gewöhnliche Einwurf (Makintosch Vertheidig. der fr. Revol. u. s. w. S. 82.) der Gegner der französischen Revolution ist, daß man in Frankreich nur nach und nach hätte reformiren sollten; da würde weniger Blut geflossen seyn. Alle diese Institute, die mit einer freyen Regierung unvereinbar waren, nemlich die adlichen, priesterlichen und gerichtlichen Aristokratieen hätten allmählich verbessert und nicht auf einmal vertilgt werden sollen. Der Geist der Freyheit würde stillschweigend in sie eingedrungen seyn. Die fortschreitende Weisheit einer aufgeklärten Nation würde mit Verlauf der Zeit ihren Mängeln ohne eine Konvulsion abgeholfen haben u. s. w. Auf diese Gründe, spricht Makintosch, antworte ich kühn, daß diese Institute die Freyheit vernichtet haben würden, ehe die Freyheit ihrem Geiste eine beßre Richtung gegeben hätte. Die Gewalt sprißt mit neuer Kraft hervor, wenn man sie so vorsichtig beschneidet. Eine kleine und langsame Reform hält das Volk hin und wiegt es in Schlaf. Der Enthusiasmus desselben läßt nach, nur der Augenblick einer wirksamen Reform ist auf immer verlohren. Noch nie ward eine Verbesserung von Wichtigkeit in einer Periode der Ruhe bewirkt. Das verderbte Interesse der Regenten ist so stark und das Geschrey des Volks so schwach, daß man vergebens darauf warten würde. Wenn man die Gährung in den Gemüthern des Volks ungenutzt hat verrauchen lassen, so würde es ja abgeschmackt seyn, jetzt das von der Ruhe zu erwarten, was der Enthusiasmus nicht durchsetzen konnte. Wenn man in einem solchen Augenblicke nicht eine Totalreform bewirkt, so sind alle einzelne Veränderungen in der darauf erfolgten Ruhe verlohren und vernichtet. Ignore-t-on, que c'est en attaquant, en renversant tous les abus à la fois, qu'on peut esperer de s'en voir délivré sans retour.... que les reformes lentes et partielles ont toujours fini par ne rien reformer: enfin, que l'abus, que l'on conserve devient l'appui et bientôt le restaurateur de tous ceux, qu'on croyoit avoir détruit? (Adresse aux François par l'Evéque d'Autun. 11. Fevr. 1790.).... Der allmählichen Reform widerspricht die Erfahrung aller Jahrhunderte. Alles vortrefliche, alles freyheitsathmende, was man jetzt in den Regierungen entdeckt, ist durch den Stoß einer Revolution

hineingebracht worden. .... Was gut ist, muß
man in dem Augenblicke zu bewirken suchen, wo
man Gelegenheit dazu hat; die öffentliche Stimme, die in einer Periode der Zuckungen unwider-
stehlich ist, wird ungestraft verachtet, wenn sie
sich mit der Lethargie äußert, in welche die Nationen durch den ruhigen Lauf ihrer gewöhnlichen
Geschäfte gewiegt werden. Die Hitze der Reform
sucht erkaltet bey ununterstützter Langsamkeit. Sie
verfliegt endlich ganz beym ohnmächtigen Sträuben
gegen Gegner, welche durch die Länge der Zeit
neue Stärke bekommen. Ich wiederhole es noch-
mals, nie darf man hoffen, daß eine große
politische Reform durch Ruhe bewirkt werden wird; denn ihre natürliche
Wirkung ist diese, daß sie diejenigen, welche bey
der Verewigung der Misbräuche interessirt sind,
stärkt. Die Nationalversammlung benutzte den Augenblick, um die Verderbniß der Misbräuche,
welche ihr Vaterland bedrängten, mit der Wurzel
auszurotten. Ihre Reform war eine Totalreform,
damit sie mit dem Uebel in gehörigem Verhältnisse stände und man schob keinen Theil davon weiter hinaus, weil, wenn man in einem solchen
Zeitpunkte irgend eines Misbrauchs geschont hätte,
dies eben so viel gewesen wäre, als wenn man
ihn geheiligt hätte. Denn der Enthusiasmus,
welcher die Nation zu solchen Unternehmungen

treibt, ist von kurzer Dauer und wenn man die Gelegenheit zu Reformen einmal vorbeygehen läßt, so könnte sie leicht auf immer verlohren seyn.

Die Veränderungen der Neufranken waren außerdem nöthig und mit Fug und Recht schafften sie so viele Misbräuche ab. Ohne Beeinträchtigung eines Dritten konnte dies nicht geschehen. Jede Verbeßrung zum allgemeinen Wohl unternommen, mußte Einzelnen schaden; die, welche im Besitze des Misbrauchs sind, begannen sich zu sträuben. Die deutschen Fürsten am Rheine fiengen auch deshalb gewaltig an zu schreyen. Ob sie zwar wohl einsahen, daß die französische Nation nicht anders handeln konnte ohne in ungeheure Widersprüche zu verfallen; so kehrten sie sich doch daran nicht. Gesetzt sie blieben im Besitze ihrer für jene schädlichen Anmaaßungen und Gerechtsame, welch eine Menge unaufhörlicher Kollisionen und Reibungen wären entstanden. Die Provinzen, wo es bey dem alten geblieben wäre, würden mit Recht sich zu beklagen Ursach gehabt haben: die übrigen Kinder, o Frankreich, machst du frey; bey uns aber willst du den alten Sauerteig lassen. Womit haben wir dies verdient! Du verlangst, daß wir dir ferner angehören sollen, und würdest uns im Weigerungsfalle als Abtrünnige züchtigen. Dennoch behandelst du uns als

Baſtarde, läßt uns die Feſſeln am Halſe, welche du unſern Mitbrüdern herunterrißeſt, und welche uns in den dunkeln Jahrhunderten der Unmündigkeit von rohen Völkerdrängern und ſchwelgenden Himmelsſchließern angelegt wurden. ....
Die Verwirrung würde bald ſo arg geworden ſeyn, um ihnen die Veranlaſſung zu eigenmächtiger Löſung der Stricke zu werden und alle dieſe fränkiſchen Rhein- und Moſelländer möchten ſich den anmaßenden Händen jener fürſtlichen und prieſterlichen Fremblinge entwunden haben. Sie hatten das Beyſpiel des Ganzen vor Augen, ihre glücklichen Brüder hätten ihnen kein Verbrechen daraus machen dürfen. Zu retten waren ſie demnach nicht, dieſe Anſprüche der deutſchen Regierer geiſt- und weltlichen Standes. In der That, es hätte mehr als Engelsgeduld dazu gehört, um den geiſtlichen Herren, Stiftern, Abteyen, und Klöſtern ferner Zehnden, Korn und Wein zur Maſt zuzuführen, oder überhaupt Dinge beyzubehalten, wovon wenigſtens der größte Theil Anmaaßung und veralteter Misbrauch ohne Fug und Recht war. Oeſterreich hob unter Joſeph II. Klöſter auf, beſchnitt ihre Gerechtſame und zog ihre Pfründen ein; aber doch wollte Oeſterreich dort nicht leiden, was ſich es ſelbſt in ſeinen eignen Staaten erlaubt hatte. Die Einziehung der geiſtlichen Güter in Frankreich ward als Raub betrachtet und nicht

bloß Josephs Beyspiel, sondern noch mehr die Jesuitengüter in den katholischen Staaten und die Säkularisirung so vieler geistlichen Länder und Stifter durch den westphälischen Friedensschluß zeigten das nemliche Schauspiel. Hier that es die deutsche Nation, der französischen aber ward es zum Verbrechen angerechnet. Dann mußte auch Preussen und so manche andere Fürsten, die vielen säkularisirten Güter heraus geben. Selbst in Schottland geschah zur Zeit der Abschaffung der bischöflichen Regierung das nemliche; die Einkünfte der Kirche fielen ruhig dem Landesherrn anheim und er verwendete einen Theil zur Aufrechthaltung der neuen Einrichtung. Der Grund aller dieser Gütereinziehungen war; daß man die Kirche nicht als Eigenthümerin, sondern nur als temporelle Pfründenbesitzerin betrachtete, die für gewisse Arbeiten besoldet ward, und daß man folglich ihren Sold aufheben könnte, sobald man ihre Arbeit nicht mehr haben möchte. Hielt man sich doch überall für berechtigt im Falle der Noth die Besoldungen der Staatsdiener und Beamten zu verkürzen und überflüßige Stellen selbst ganz aufzuheben; warum sollte es nicht mit den geistlichen Dienern geschehen können? Diese waren keines weges Eigenthümer, sonst hätten sie damit schalten und walten können, was sie aber doch nicht durften; denn es stand nirgends den geistlichen Pfründbesitzern frey, die Güter zu veräußern, zu verschenken oder zu verwüsten, indem sie nur als Nutznießer angesehen wurden. Und doch darf ein wahrer Eigenthümer irgend eines Gutes dasselbe selbst mißbrauchen und verschleudern; denn er ist Richter seiner Glückseligkeit und seines Wohlbefindens.

Aber die geistlichen Fürsten, hieß es, waren im Possess; es lagen wohlerworbne durch Traktaten, Verjährung, Observanz festgestellte und anerkannte Rechte dabey zum Grunde. .... Eben so konnten sich auch die Klöster, die man hie und da aufhob, mit einer Ausrede helfen; ihre Gerechtigkeiten, Räubereyen und Einkünfte hatten sie ebenfalls durch Kauf oder Schenkungen oder Betrug an sich gebracht. Die Ansprüche Beyder fließen aus Einer Quelle; die nemlichen Jahrhunderte gaben Beyden das Daseyn. Josephs Gründe waren sehr vernünftig und von der Zwecklosigkeit und dem überwiegenden Schaden im Vergleiche des geringen Nutzens hergenommen, und doch brauchte eben dies Oesterreich die französischen unabwendbaren Eingriffe als den Hauptgrund, warum es die Waffen ergriffen habe. Noch inkonsequenter würde Frankreich erfahren haben, wenn es sich dabey anders hätte benehmen wollen. „Aber Schadenersatz wenigstens in

Ansehung der liquiden Fordrungen konnten die deutschen Fürsten verlangen." Man bot sie ihnen an, aber sie warteten es nicht ab. Sie fühlten ihre Hoheit zu sehr beleidigt, als daß sie nicht gleich zu Rüstungen, Drohungen und Händelmachereyen hätten ihre Zuflucht nehmen sollen. Ueberhaupt betrachteten sie damals Frankreich noch als ein Ländchen, sich selbst als eine Macht; wobey sie nur mit den Augenwimpern zucken dürften um Schrecken zu erregen. Geduld wenigstens war ihre Sache ganz und gar nicht. Und doch war die fränkische Nation sich selbst am nächsten, sie mußte erst sich selbst vollständig organisiren und ihre eignen Angelegenheiten in Ordnung bringen, ehe sie an fremde denken konnte. Nicht so behagte dies den Anspruchmachern. Sie verlangten, die Nation sollte alles stehen und liegen lassen und sich nur mit diesen in Vergleich des übrigen unbedeutenden Dingen beschäftigen und mit jedem Schreyhals, der tausend unerweisliche Fordrungen auskramte, Abrechnung halten. Aber nein; wessen Gut in Flammen steht, der rettet erst die Hauptgebäude, an Ställe und Hünerhäuser kömmt es zuletzt. .... Doch war dies von Anbeginn das charakteristische der geistlichen Herren mit Kapuzen oder Kardinals oder Kurfürstenhüten auf den Häuptern, daß sie fürchterlich schrieen, sobald auch

nur ein Fechfer in ihren geiſtlichen Weinberge verlohren gehen wollte. Einſeitige Unerſättlichkeit
ſtörte jeden unbefangnen Ueberblick. Aber auch nie
wurden ſie wohl ſtärker dafür beſtraft. Es hört
ſchlechterdings jedes Verhältniß auf, zwiſchen dem
ungeheuren Unglücke und den gänzlichen Erſchö-
pfungen, die ſie ihren Ländern und Unterthanen
am Rheine zuzogen, und den Gerechtſamen, welche ſie ſich wieder erfechten wollten, und die ihnen,
wäre es möglich geweſen, ſie wieder zu erlangen,
nie die Zinſen des verſchwendeten Kapitals ein-
bringen konnten. .... Nie geſchah etwas böſes,
das nicht auch ein Prieſter gethan haben ſollte.
Sie waren es, die den Mordkrieg entzündeten
und die erſten Oeltropfen ins Feuer goſſen. Sie
waren es, die den flüchtigen Bourbonen ihren
Thron am Rhein ungeſcheut aufſchlagen ließen und
dadurch die Nation muthwillig auf den Kampf-
platz lockten.*) Als unbedeutende Punkte, als
krüppelhafte Zwerge, lagen ſie in der Nachbar-
ſchaft des Rieſenkörpers, aber ſo klein ſie waren,
ſo viel Stolz und Uebermuth zeigten ſie. Sie
flirrten mit den Waffen und forderten den Rieſen

---

*) Daß die Aufnahme und Begünſtigung der
Bewaffnung der Emigranten in Worms und
am Rheine hin wider die Reichsverfaſſung
ſey, lehrt Joſeph II. Wahlkapit. Art. 4.
S. 14. ff.

zum Kampf auf. Als nun dieser erschien und sie mit einem Paar Schritten in den Koth trat, riefen sie Gott, alle Heiligen und das römische Reich zum Beystand und zu Zeugen an, daß sie nicht daran Schuld wären und jede Art von Läfterung floß aus ihrem unreinen Munde; aber ihre Unbedachtsamkeit, ihre heimlichen Kniffe, ihre Verhetzungen, die so vielen Tausenden unsers Volks das Leben kostete, verschwiegen sie weislich. Einzelne fiengen nachher an, ihre Thorheit einzusehen und zu rufen: das hätte ich nicht gedacht! .... Freylich war dies wohl Menschen zu glauben, die hinter einer Verdunung des Geistes buckten, denen die Staatskunst fremd und Lebensweisheit und Vernunft Greuel waren; die nicht begriffen, wie ein entbranntes Volk zuschlage und sich anders benehme, als wenn es durch die Laune der Mätresse des Königs in fremde Länder geschickt werde; daß man anders fechte auf seinen eignen Gräuzen, als unter fremden Himmel. Der Mutterboden gab gleichsam Kraft in die Fäuste; das Bewußtseyn, hier rechtmäßig zu Hause zu gehören, stärkte den Menschen, indeß der verdußliche Söldner auf ausländischer Erde wie auf hohlem Krater stand und seine Tritte mit Ungewißheit fortsetzte. Ein einziger Blick im ganzen Laufe des Krieges auf die Preussen lehrte binlänglich, wie kraftlos sie auf frembem Boben sochten, und der Geringste unter ihnen den Gedanken nicht unterdrücken konnte, daß sie doch wohl eigentlich nicht für ihr Vaterland stritten. Und ein solcher Gedanke brachte von jeher das Blut ins Stocken, er verlöschte das Feuer und schwang sich über die andre Parthey her, wo jeder Troßbube lebendiger ward. .... Dies mit Weisheit zu überlegen, war dem Stolze der Krummstäbe zu klein, und eben so wenig dachten sie an Unterhandlungen mit der Nation. Auf der Stelle wollten sie ihre Fordrungen befriedigt sehen; ja sie pochten und lermten wie ein troßiges Kind, dem man die Nüsse zum spielen genommen hat. Kämpfen wollten sie, die Hirten des Volks; es komme auf ein leichtes Virteljahr an und man erhalts alles zehnfach mit dem möglichsten Wucher wieder. Daß ein Krieg sich eben so lange und weit ungewisser hinziehen könne, als die langwierigsten Verhandlungen; daß das Schicksal die Würfel des Krieges in seiner Faust schüttle und, wohin sie geschleudert werden, alles rings umher zerschmettre: das konnte Menschen nicht einfallen, die in so ganz eignen Schranken liefen und deren Fußsohlen von jeher den Grasboden versengten, wo sie nur auftraten. Sie dachten nicht an die Millionen Thränen, die sie ihren unschuldigen Unterthanen auspreßten; denen es gleich viel gel ten konnte, ob diese Hirten eine Pråbende mehr oder weniger hatten. Sie vergaßen, daß ihr Stand eingesetzt war Frieden zu stiften und die Zwietracht überall zu verjagen; daß es weit schicklicher für sie sey mit dem Oelzweig als mit dem Schwerdte zu spielen. Von jeher waren die Priester mehr Würgengel als Boten des Friedens. Ihre Hartherzigkeit, ihre Hartnäckigkeit und Habsucht war ärger als die des wildesten Ritters, der auf seinem Raubfelsen lauerte, gerade zulief und dem Kaufmanne seinen Pfeffersack abnahm. Aber jene kamen durch Schleifwege, durch Hecken und Gebüsche herum, mischten den Himmel und seine Heerschaaren mit ins Spiel; trugen Gift und Dolch in der Tasche, und drückten, wenn sie nicht gerade zu ankommen konnten, unter Umarmungen fein und unvermerkt dem ehrlichen Wandersmanne den Stahl in den Rücken. Daß ihre Gierde sich stets gleich geblieben und ihr schreckliches Geschrey bey jedem möglichen Verluste stets das nemliche war, daß Art nicht von Art lasse, bewies der charakteristische Zug, daß unter allen den Bittschriften und Sollicitationen, womit der Reichstag wegen Frankreichs Eingriffe angegangen wurde, allemal die der Geistlichen in weit heftigern Ausdrücken abgefaßt waren; daß diese weit ungestümer schrieen und sich geberdeten, als hänge das Wohl der Christenheit von ihrer Abtey, Stift, Pfründe und Prälatur ab, und daß sie allezeit betheuerten, wie sie auch nicht ein Tüttelchen von ihrem Rechte fahren lassen könnten; sie müßten alles, alles wieder haben. Dagegen nahmen sich die Schriften der weltlichen Stände und Ritterschaften weit vortheilhafter aus; ihre Ausdrücke und Vorstellungen waren bescheidner, unanmaaßender und leidenschaftloser abgefaßt, und sie thaten nicht gleich als brenne ihnen der Kopf, denn es blickte mehr Großmuth und Gelassenheit bey Hererzählung ihres Verlustes durch; da hingegen von allen diesen Dingen die Hirten keinen Begriff hatten. .... Aus solchen unreinen Quellen floß ihr Geschrey, und ihre Aufführung war diesem vollkommen angemessen. Sie nahmen Frankreichs Afterkinder auf, welche die Nation verstieß, oder vielmehr, die selbst davon liefen und auf den Heerstraßen betteln giengen, weil sie da ihrer Liederlichkeit mehr nachhängen zu können meynten, die man ihnen dort abgewöhnen wollte. Aber man folgte bloß seiner Leidenschaft aus Rachsucht gegen die Nation; wegen der vorgeblichen Kränkung nahm man ihre Bastarde auf, fütterte sie und lebte mit ihnen in Saus und Braus. Immer waren diese lustiger und guter Dinge und haßten jede neue Einrichtung, wo sie weniger leichten Humors seyn zu können glaubten. Sie trösteten sich mit der Hoffnung, bald wieder zurückzukehren und dann unter dem Schuze ihrer Prinzen und ihrer eignen siegreichen Degen mit aller möglichen Insolenz wieder zu herrschen. Ob gleich Frankreich zu wiederholten malen bat, dieses Gesindel wegzuschaffen, das sich muthwilliger Weise allen väterlichen Einrichtungen widersezte und nicht wolle, was viele Millionen wollten: so hörte man doch nicht; der Kurfürst von Maynz traktirte vor wie nach und tischte theure Suppen auf. Das Geld floß wie Wassertropfen aus den Händen; als wenn seine Länder und das ganze Völkchen nur da wären jene Brut zu füttern und auf Kosten seines Wohlstandes den Hirten in seiner Herrlichkeit darzustellen. Noch schlimmer war es, daß die prinzlichen Pilgrime darüber spotteten und thäten, als müßten es sich alle diese Völkerschaften zur Ehre anrechnen, daß dieselben so gnädig wären, das Fett des Landes mit verzehren zu helfen. So war der Lohn der gutwilligen Deutschen.

Das Betragen jener Ausschweifflinge war einzig. Es ist nicht gläublich und über alle Begriffe eines Deutschen, lautet es im neuen grauen Ungeheuer, St. 3. S. 146., welchen Unfug hier jene Leute, die französischen Prinzen, und unter

diesen der Graf Artois und sein Anhang getrieben
haben. Sie kamen als Vertriebene hieher und
machten doch einen Aufwand, der mehr als fürstlich war. Artois hielt sich mehr denn funfzig Reit-
und Zugpferde. Er hatte vier bis fünf Mätressen.
Als dies der hiesige Kurfürst (von Trier) hörte,
sprach er darüber mit dem Erminister Calonne und
sagte ihm: wie ich höre, lebt mein Vetter sehr
ausschweifend. Nein, Ihro Durchl., erwiederte
dieser; noch nie hat der Graf Artois so mäßig
und ordentlich gelebt als jetzt. Er hat ja nur vier
Mätressen, da er deren sonst wohl zwanzig und
mehr hatte, ... Die Kammerjungfer einer solchen
Mätresse gab alle Abend Soupers zu zwölf und
mehreren Kouverts. Nie verrichtete sie ihre Noth-
durft, ehe und bevor nicht in den Leibstuhl oder
ins Nachtgeschirr für ein oder zwey Livres Laven-
delwasser oder andere wohlriechende Sachen hinge-
schüttet waren. Täglich ließ sie sich die Scham-
theile mit gutem alten Wein auswaschen und ba-
dete sich in wohlriechenden Kräuterbädern. Das
that die Kammerjungfer, was mochte die Mätresse selbst nicht thun, ... Der Kurfürst hatte
dem Prinzen einstweilen sein Weißzeug vorgelie-
hen, allein wie sehr misbrauchten diese Weichlin-
ge seine Güte! Sie reinigten sich mit der feinsten Tischwäsche den .... Als diese Unholde
endlich durch den Feldzug der Preussen genöthigt

wurden Koblenz zu verlassen, fand die Regierung für gut, bekannt zu machen, daß sich alle venerische Frauenzimmer melden sollten um unentgeltlich kurirt zu werden. Es meldeten sich achthundert und einige sechzig! Und wie viele mochten deren noch seyn, die aus Scham stillschwiegen und lieber das Gift mit sich herumtrugen. Dafür sieht man auch jetzt unter Vornehmen und Geringen solche übertünchte Gräber mit trüben eingefallnen Augen, bleichen Wangen und bebenden Knieen umherschleichen. Die ganze Generation ist verhunzt und verdorben, und nicht blos der Leib, sondern auch die Seele. Das Laster hausete dort schrecklich. Die zweydeutigsten Reden und die gröbsten Zoten wurden gehört (Briefe eines Augenzeugen üb. d. Feldzug des H. v. Braunschw. 1tes Pakt, S. 32.) und die Sittenlosigkeit, welche die französischen Flüchtlinge in Worms und in der Pfalz einführten, war auch unter ihrer Anführung in Koblenz eingeschlichen; besonders war das Frauenzimmer in Grund und Boden verdorben. Diese heillosen Leute bezahlten ihre Ausschweifungen mit schwerem Gelde, öfters für eine Nacht zwanzig Louisd'or; und da gab es denn freylich Gegenstände genug. Die Buhldirnen (S. 40) fanden sich da gleichsam im Mittelpunkte von 20 und mehr Meilen zusammen. Die Emigranten waren so (S. 30,) wie man sie sich gedacht hatte; lustige Brüder, die aus Haß gegen die neue Einrichtung der Dinge, bey der sie ihre Rechnung nicht fanden, ihr Vaterland verlassen hatten, und sich mit der Hoffnung trösteten, bald zurückzukehren und dann unter den Schatten der prinzlichen Flügel mit aller nur möglichen Insolenz wieder zu dominiren. Man nannte in Koblenz viele Damen, deren Umgang mit den Franzosen sehr ruchtbar geworden war und zeigte mit Fingern auf andre, die man sogar auf der Gasse im vertrauten Umgange mit diesen Fremden ertappt hatte. Monsieur, der Bruder Ludwigs XVI., borgte 10,000 Franken zum Spiel an einem Abende von einem andern Emigranten, der nichts wieder erhielt. Die üppige Verschwendung dieser Franzmänner (S. 38.) gieng ins weite. Diese Sardanapale machten sich Fußbäder von Wein und warfen sich mit den Brosamen von Semmeln, wovon sie die Rinde abgeschält hatten! .... Die Buhldirnen kamen schlechtgekleidet und paradirten bald wie große Damen in den Straßen. Aus Achtung gegen den Wohlstand müssen die vielen erbaulichen Annekboten übergangen werden, ob sie gleich den großen Schaden, den die Herren Flüchtlinge den guten deutschen Sitten zugefügt haben, deutlich beweisen. .... Als der Augenzeuge einstmals über die Emigranten und den Schaden loszog, den sie in Deutschland stifteten, behauptete ein Koblenzer Herr, daß die Franzosen Nutzen schafften und berief sich auf das Beyspiel der Provinzen, welche im vorigen Jahrhunderte die ausgewanderten Hugenotten aufgenommen hatten. Aber er erwiederte ihm, daß dies nicht der Fall sey. Die Hugenotten wären ordentliche brave Leute, arbeitsame und stille Bürger gewesen; die jetzigen Emigranten aber wären durchaus verdorbene Menschen; stolz, tollkühn, ohne Achtung fürs Gesetz, ohne Sitten, ohne Kenntnisse, ohne Künste, ans wollüstige Leben und an Ausschweifungen gewöhnt. Welchen Vortheil sich also wohl eine Provinz von solchen Leuten versprechen könnte? Er setzte hinzu: ob nicht jeder ehrliebende Mann, der Tugend und Rechtschaffenheit liebte und der sie für die Stützen der Länder u. f. den Grund des Wohlstandes der Nation ansähe, eine Menschenhorde verabscheuen müßte, die eben deswegen schon das Brandmark an sich trüge, weil sie sich den guten Gesetzen ihres Vaterlandes widersetzte, weil sie sich wie unsinnig sträubte, Kleinigkeiten aufzuopfern, um das Wohl des Ganzen festzugründen und zu fördern. Der Herr ward böse und gieng fort. .... Die Emigrirten selbst ließen schlechterdings keinen ihrer Gegner Gerechtigkeit wiederfahren und räsonirten in den Tag hinein. An allem hatten sie etwas zu tadeln und wußten Laster zu entdecken. Und nun denke man an die Manifeste und Memoirs dieser Herren, an ihre Klagen über den Verfall der Religion und der guten Sitten in ihrem Vaterlande, an ihre Ermahnungen zur Religiösität und Buße thun.... welches alles sie mit gewaffneter Hand wiederherstellen wollten, indeß sie selbst in Lastern schwammen. Man entscheide nun selbst, ob solches gesetzloses Herdenvolk das verdiente, was man ihrentwegen unternahm. Beynahe (S. 50) möchte man die Feder niederschmeißen über die Lügen der Erfranzosen, die so viel Unglück über unser Heer und Vaterland gebracht haben. Es ist unmöglich ein ehrlicher Deutscher zu seyn und hierbey kalt zu bleiben. .... Und für diese Menschen führte Pitt Krieg, opferte Geld und Menschen auf! .... Zu allem diesen kömmt, daß sie für ihre gastfreundliche Aufnahme über die Deutschen spotteten, sie verachteten, eigenmächtige Justiz übten und überhaupt glaubten, jene müßten sich für eine Ehre rechnen, so vornehme Gäste zu haben. Man denke an Veit Weber. .... Sie dünkten sich überhaupt (S. 61.) Herren der Welt zu seyn; dafür waren sie auch einst Prinzen, Markis und Barons, oder sonst ein hochwohlgebohrner Anhang von diesem Ausschuß der Menschheit in Frankreich! .... Unter ihren Truppen herrschte auch eine wahre Anarchie; an keine Disciplin war zu denken und jeder wollte sein eigner Herr seyn. So führten nun die Prinzen mit dem ganzen Troße ihrer nichtswürdigen Höflinge in Deutschland eben das Leben im Kleinen fort, welches sie in Frankreich im Großen geführt hatten; belohnten schwache deutsche Fürsten mit Spott und Hohn, verführten Weiber und Mädchen; steckten sie mit dem Gift an, das in ihnen lag; richteten die Moralität zu Grunde und verwickelten Deutschland in einen Krieg der Millionen kostete, den Handel ruinirte und vielen Tausenden von Menschen das Leben raubte. .... Als hier die französischen Windbeutel ihr Wesen trieben (n. gr. Ungeh. St. 3. S. 149.) war kein ehrlicher Mann vor Mißhandlungen sicher. Sie stießen und schlugen den Bürger, der ihnen ihrer Meynung nach zu nahe kam, und fuhren und ritten so schnell auf den Straßen, daß mancher überfahren und niedergeritten wurde. Sie glaubten nicht, daß sie irgend im geringsten sich nach den Polizeygesetzen des Landes richten müßten, in welchem sie sich aufhielten, und thaten daher alles, was ihnen gutdünkte.*)

---

*) Fernere Beyspiele der bekannten unglaublichen Verschwendung und moralischen und physischen Verdorbenheit der französischen Prinzen und übrigen Ausgewanderten s. m. in d. Reise von Mayntz nach Köln i. Frühj. 94. im 3ten

110.

Solche Menschen nun waren es, von denen die deutschen Journalisten so außerordentliches Aufhebens machten, sie lobpriesen, sie für den Ausbund aller Tugenden und für den allein ge-

---

Briefe. .... Das Condeische Korps am Rheine bestand nur aus 160 gemeinen Soldaten, wohl aber noch aus 150 Kammerdienern, Küchenmeistern, Köchen, Stallmeistern und andern Domestiken. Das hieß das Geld zu ihrer Verpflegung und Besoldung gut angewendet. Sollten diese fechten? M. f. das „Fürstl. Speyersch. Promemor. Die Einquartier. Freyh. der Residenzen, besonders aber die Einquartir. des Prinz Condeischen Truppenkorps zu Bruchsal betr. d. d. Bruchsal d. 5. Jan. 95." wo der Fürstbischof der Reichsversammlung meldete, daß aller vorhergegangener Vorstellungen ungeachtet am ersten Jenner desselben Jahres zwey Condeische Offiziere in Bruchsal anlangten, um für den Prinzen von Conde und noch drey andere bey ihm befindliche Prinzen, nebst 311 Pferden und 553 Personen, worunter vier Damen vom ersten Range und zwey und funfzig andere Frauen waren, in gedachter Stadt ohne weitre Umstände Quartier zu machen. M. f. noch „Promemor. des Fürstbischofs v. Speyer b. Einquart. des Prinz Cond. Truppenkorps besonders aber die von diesen Truppen in d. Hochstiftslanden

„sundgebliebenen Theil der Nation erklärten. Ja vom innern Frankreich wollten sie nichts mehr wissen, weil das auswärtige nur allein Respekt verdiene, indem des Landes tugendhafte Männer nun am Rheine ständen und deutlich bewiesen, wie sehr Verdienst mit durchlauchtigem Blute verbunden sey; bald werde auch das innre Frankreich dem Auswärtigen wieder in die Arme fallen. .... So unglaublich reden unsre Schrachisten und Girtannerschen Marktschreyer!

Wenn aber nun ein unbefangner Mann so in den Straßen von Koblenz oder Mayn; herumgieng, und sah den Jubel und die Herrlichkeit mit an, und überlegte, wem zu Ehren es geschah und fragte, wie lange das dauren solle, wie viel es wohl wöchentlich koste; was der Fürst dabey gewinne; was überhaupt diese Edelleute alle wollten; warum sie denn nicht im Lande blieben und sich ehrlich nährten, ob denn der Fürst nicht Edelleute genug in seinem eignen Lande zu ernähren

---

verübten Unordnungen, Jagd und Holzfrevel, wie auch sonstige Excesse betr. desgl." Nachtrag zu dies. Promem. die den Speyerschen Gemeinden und Unterthanen von diesen Truppen zugefügten Nachtheile, Mißhandlungen und sonstige Excesse betreffend.

habe, daß er sie aus fremden Landen herbey kommen lasse; wo denn das geschrieben stehe, daß er als so ein unbedeutender Punkt in Rücksicht des übrigen Deutschlands und Frankreichs, sich gerade als Beschützer dieser Leute aufwerfen müsse; ob es denn gar nicht mehr in Frankreich auszuhalten gewesen sey, da doch ein fünf und zwanzig Millionen andrer Menschen noch dort leben könnten; ob es denn ganz ausgemacht sey, daß diese Leute zu Hause unbillig behandelt worden wären? .... Wenn ein Mann von schlichtem Menschenverstande diese und andre kützliche Fragen mehr aufwarf, und niemand sie ihm beantworten konnte oder wollte, und der Erzbischof des heiligen Stuhls von Maynz bey deren Beantwortung wohl selbst in sichtbare Verwirrung gerathen wäre; so mußte auch der Wunsch sehr verzeyhlich seyn, der hier so leicht aufsteigen konnte, daß die Franken kommen und dem Unfuge ein Ende machen möchten. Sie müßten sie freylich auch füttern, aber sie nähmen doch wohl mit Hausmannskost vorlieb und bedankten sich wenigstens, wenn sie von Tische aufständen; dagegen diese adlichen Herren mit stolzen Schritten auf und zu liefen und sich über die deutschen Venets halb zu Tode lachten. .... Wenn alles dies der Maynzer Revolution wo nicht zur Vertheidigung wenigstens zur gütigen Entschuldigung gereichte, so lieferte es einen neuen Beweis, daß die Großen nie nach Recht, sondern immer nur nach willkührlicher Laune entscheiden. Genug, der Fürst führte sie herbey; durch die Aergernisse,*) die er gab, brachen ihre Würkungen aus.

---

*) Einige waren noch strenger. Als nemlich derselbe Kurfürst sich auf dem Eichsfelde aufhielt, wurden für seine Tafel aus einer Fasanerie bey Erfurt Fasanen durch Kouriere herbey geholt, welches allezeit ein paar Dutzend Gulden zu stehen kam. Da sagte man freylich, es sey nicht fein, daß ein Fürst der flüchtig umherirre, nichts zu vergeuden mehr habe und gleichsam von der Gnade seiner übrigen Provinzen leben müsse: in seiner mißlichen, unglücklichen und gedarmten Lage doch seine Lüsternheit so wenig mäßigen könne und, indeß tausende seiner Unterthanen an Bettelstab gebracht umherliefen und hungerten, sich mit Fasanen gütlich thue, die aus der Ferne mit besondern Unkosten herbeygeholt werden müßten. In diesen Zeiten hätte er sich mäßigen, wenigstens enthaltsam scheinen und vor den Andern sich stellen sollen, als wisse er Aufopferungen zu ertragen, da durch ihn seine Rheinländer so vieles aufopfern müßten. Was habe man sich von einem Fürsten zu versprechen, der selbst unter der schweren Hand des Schicksals und Unglücks in sorgsamer Gemächlichkeit fortlebe, und das so mühsam aufgetriebene Geld für seine Gierde wieder

H

Kein Wunder daß die Maynzer Bürger, die schon von Frankreich her etwas Licht erhalten hatten und doch zur nemlichen Zeit von fremden Edelleuten belästigt wurden, ihren Hirten mit allen seinen Edelmännern gern über die Gränze gejagt sahen.

Aber alles ward auf Rechnung der Aufrührer geschrieben, der Undeutschen, der Verräther, der Klubisten. Dies Geschrey möchte wenig helfen, wenn der Fürst dadurch, daß er sich selbst undeutsch betrug, sie erst zu Undeutschen machte. Nie würden Revolutionen erlebt werden, wenn Jene sie nicht herbey zögen und durch Druck und Ungebundenheit die Bande der Gesellschaft lösten. Ward die Sache übertrieben, so ertönte Verdammniß; uneingedenk, daß sie es waren, die den Anfang des Uebertreibens machten. "Sie sind Menschen und haben ihre Fehler." Jene auch. Man durfte nicht verlangen, daß dieselben dann Engel seyn

———

so leicht hingäbe? Dagegen ließe sich aber erinnern, daß es ein alter Mann gewesen sey, an Wohlleben und an die Freuden der Tafel gewöhnt, von dem jene Resignation nicht wohl habe gefordert werden können, so lange er noch einen Heller in der Tasche habe. Auch ist's noch die Frage, ob er wirklich von unnützen Aufwande gewußt hat, als man solche Gerichte auf die Tafel setzte.

sollten, wenn sie, von den fürstlichen Bremsen
gestochen und gereizt, sich in die Höhe bäumen
lernten. .... Ueberhaupt war die Behandlung der
Klubisten so einzig in ihrer Art, als auf der andern Seite die Aufführung der Emigranten, die
jene erst durch ihr schnödes Benehmen zum Gegentheile antreiben und zum geheimen Bündniße verleiteten. Auch jubelten über die schändliche und
empörende Behandlung derselben bey ihrer Einziehung die Zeitungsschreiber so sehr, als es nur
der Pariser Pöbel über seine Aristokraten thun
konnte. Girtanner nahm sich heraus, sie gerade
zu Schandbuben zu nennen. Und doch konnten durch die Annahme öffentlicher Aemter die
Klubisten nicht strafbar seyn. Ihr Widerstand wäre fruchtlos gewesen, und als Patrioten mußten
sie bleiben um Schurken und Räubern die Stellen
nicht zu Theil werden zu lassen. Man war aber
einmal übereingekommen sie als Rebellen zu behandeln, weil sie sich fremder Macht unterworfen
und in die neue Ordnung der Dinge gefügt hatten. Die Polen hingegen unter Kosziusko behandelte man ebenfalls als Rebellen, weil sie sich
fremder (rußischer) Macht entgegensetzten und
in die neue Ordnung nicht fügen wollten. So
waren die Aussprüche des launischen Despotism
beschaffen, und die Bestrafung jener Maynzer

H 2

wurde der Willkühr des Pöbels ohne Urtheil noch Recht überlassen, während man über die Pöbeljustiz in Frankreich schrie. Als Geisseln kamen sie in die Hände der Deutschen, denn sie waren in die Verträge mit begriffen, die wegen Uebergabe der Festung Maynz abgeschlossen wurden. Nichts ward aber in Ansehung ihrer gehalten. Sie wurden geplündert und hernach in die Ehrenbreitsteiner Kerker geworfen, wo sie die durch verwesende Leichname verpestete Luft einathmen mußten. Jeder Tyrann in Uniform hatte das Recht, diese unverhörten zum Theil auf bloßem Verdacht verhafteten Menschen, zu mishandeln. Der geistliche Rath v. Winkelmann trat als Prokurator, um das beste der Geistlichkeit zu besorgen, aus Patriotismus und mit einstimmiger schriftlicher Erlaubniß der Kollegiatstifter zu Worms, in den Klub. Er war so vorsichtig, daß er sich von allen förmliche Erlaubnißscheine ausstellen ließ und sein Beytritt ward von diesen Stiftern mit Unterschrift der Dekane genehmigt, für gut und rathsam befunden; ja man hatte ihn sogar darum ersucht. Aber dennoch, um das Maaß des Widerspruchs und der Ungerechtigkeit voll zu machen, schleppte man ihn bey der Uebergabe fort, und ließ ihn im schmählichsten Elende vom Ungeziefer fast auffressen. .... Selbst Menschen, die sonst auf Kultur Anspruch machten, vergaßen hier ihre Menschlichkeit und verläugneten ihre Würde. Der General Kalkreuth benahm sich als kalter Despot und redete den Professor Metternich mit Ihr an, als er ihn in sein Quartier mit Ketten behangen vor sich schleppen ließ. Junge Prinzen, Offiziere und andere Buben von Kadets, witzelten auf eine unerträgliche Art über die Unglücklichen, redeten bloß von Hängen und Gnadenstößen, schlugen ihnen die Handschuhe um den Mund herum, wenn es einer wagte zu reden und wandten sich lächelnd gegen den insultirenden Pöbel, ob er auch ihre Heldenthaten billigte, der denn nicht unterließ jedesmal ein freudiges Zujauchzen von sich zu geben. Dies geschah im Hauptquartier Kalkreuths zu Marienborn. Unedler konnte überhaupt die Aufführung einer Kalmuckenhorde nicht ausfallen, als sich hier nicht bloß gemeine Preussen, sondern auch Offiziere gegen diese Gefangenen benahmen. (N. gr. Ungeheuer, Heft 1.) Man wetteiferte in pöbelhafter Behandlung mit einander. Ueberall traten selbst die Offiziere an den Weg, wo der Zug durch zwey Lager gieng; schimpften sie Kanaillen; ermunterten die Begleitung, die aus Reutern bestand, zuzuschlagen, wenn sie (die Ermatteten) nicht fort wollten, und einer dieser Ungeheuer stach dem Professor Metternich mit dem Säbel in den Rücken, als er die Schuhriemen, die ihn wegen der geraubten Schnallen am Gehen hinderten, befestigen wollte. Offiziere schlugen vor, sie an die Schweife der Pferde zu binden, wenn sie nicht fort wollten. Verläugnung alles menschlichen Gefühls schien bey den Preußen ehrenvoll zu seyn. Die Hitze und der fürchterlich brennende Staub, den die Pferde ihnen ins Gesicht trieben, ließ kaum zu, daß sie sich sinnlos fortschleppen konnten. Aber alle Bitten, langsamer zu reiten, waren umsonst. .... Das schlimmste bey allem diesen war, daß es, wie unter Robespierren, ordentliche Mäynzerrevolutionsankläger gab, und daß unschuldige Menschen in der Pfalz und am Rhein als Klubisten von ihren Feinden aus Rache angeklagt wurden; wo denn die deutschen Militärgewalten zufuhren, mißhandelten, plünderten und einkerkerten. Wer nur Lust hatte sich an einem Widersacher zu rächen, gab ihn als einen Klubisten an. Die Preußen exekutirten das Urtheil ohne Untersuchung. Briefe ein. Ausgew. S. 204.

§. 7.

Ob durch alle die Unbesonnenheiten der kleinern und größern Fürsten und der übrigen Revolutionsgegner, das ganze deutsche Reich mit in den

Krieg gezogen werden durfte, möchte jedermann gleich nahe vor Augen liegen. Aber das Haus Oesterreich legte selbst mit Hand an, und so kam es gleich zum allgemeinen Brande. Das böse Gewissen der Großen war der Hauptumstand von allem. Sie und ihre Räthe, welche die Ursachen der Unruhen nicht in sich selbst suchten und finden wollten, schoben alles auf eine erdichtete Propaganda und auf den Illuminatiśn. Dies war ziemlich natürlich, denn wer klagt sich wohl selbst gern an. Sie suchten in Frankreich Verwirrung und Unordnung auf alle Weise aufzuregen und nahmen es alsdann übel, wenn wirklich dergleichen erfolgte. Ueberhaupt betrachtete der kaltblütige bloß zuschauende Ausländer die Sache bloß theoretisch; schüttelte den Kopf, wenn die handelnden Personen nicht regelrecht verfuhren und lästerte, wo sie unglücklich genug waren zu straucheln. Manche waren hocherbittert, daß die Neufranken nicht gerade so handelten, wie sie es in ihren Kompendien festgesetzt hatten, ohne zu überlegen welche Abänderungen jede Theorie bey der Ausführung mit sich führt; als wenn ein Schlachtplan gerade so genau ins Werk gesetzt werden könnte, als der Feldherr auf dem Papier vorschrieb!.... Nichts ist alberner (Wurmbr. im polit. Glaubensbekenntn.) als wenn man sich in moralischen und politischen

Gemeinsprüchen über die Befugnisse und Nichtbefugnisse einer ganzen Nation, ihre Regierungsform zu ändern, ergießt; wenn man darüber räsonnirt, was ein Volk, wenn es sich empört, hätte thun sollen, und wie es hätte besser und gelinder handeln können, und ob zu viel oder zu wenig Blut dabey vergossen worden. .... Noch eine sonderbare Folgerung der Aristokraten und Obscuranten war: daß sie die Unordnungen in Frankreich aus der Freyheit herleiten wollten; verletzte eine Faktion daselbst die Menschenrechte, so schrieen sie über diese Verletzung und sagten doch auch zugleich, daß es die Folgen der Menschenrechte wären. Die Franzosen hatten versucht jene Rechte geltend zu machen; war es ihnen damit auch ganz und gar nicht gelungen, so folgte doch daraus nicht, daß jene Rechte nicht existirten und es bewies nichts wider die Wahrheit.

Aber man zeigte mit Fingern darauf hin und blies zum Kriege. Auch beym glücklichsten Ausgange desselben würde das deutsche Reich nichts gewonnen, noch einen Theil vom zerstückten Frankreich erhalten haben. Dies arme Reich mußte jedoch immer thun, was einige Mächtige wollten, und sobald dieselben einstimmig handelten, gab es für ganz Deutschland keine Reichskonstitution mehr. Der Anfang ward dann leicht gefunden. In allen Kriegen dieses Jahrhunderts (Minerva Septbr. 95. S. 515. ff.) waren die kriegführenden Mächte bemüht, nicht als die Angreifer angesehn zu werden, und wenn eine Macht losbrach, so war sie doch immer besorgt, die Veranlassung dazu als den eigentlichen ersten Angriff des Gegners aufzustellen und ihn so mit der Schuld des Krieges zu belasten. .... Es konnte nicht fehlen, daß dies auch bey einem so schrecklichen und schmählichen Kriege, als dem gegenwärtigen, nicht unterblieb; nur mit dem Unterschiede, daß man diesmals nur einseitig schrieb. In Zimmermanns (zu Braunschweig) Buch: Ernste Hinsicht auf sein Vaterland u. s. w. ließ man von "kayserlichen Erklärungen gegen die Bewaffnung der ausgewanderten Franzosen, von dringenden Schreiben des Reichsoberhaupts an diejenigen Reichsfürsten, die ihren Versammlungen und Uebungen durch die Finger sahen." Wahrscheinlich hat hier der Verfasser nicht an den Tractat von Pillnitz gedacht; auch sagt er: "das Eingreifen in die Rechte Deutschlands, war doch wohl so viel werth, als das Aufnehmen von ein paar hundert Vertriebenen?" Die trüben Aussichten für den Ruhm Deutschlands erzeugten ein unwillkührliches Lächeln beym Gedanken an jene Rechte, die man damals so hoch kalkulirte und für welche alle von den beyden ersten Nationalversammlungen angebotene Schadlshaltungen mit Verachtung verworfen wurden. .... Es frägt sich, waren die Franzosen oder die Deutschen, Urheber des Krieges? Die Geschichte sagt, daß die Rechte der Fürsten im Elsaß verletzt wurden, daß auch jene zuerst gegen den Kayser die Waffen ergriffen und daß nachher die Reichsfürsten zu Unterstützung ihres Oberhauptes ein gleiches thaten. Aber die Nachwelt wird entscheiden, ob man wohl erwarten durfte, daß die Franzosen bey der allgewaltigen Fortwälzung ihrer Revolution, zu welcher die wohlthätige Abschaffung des Lehnsystems durchaus gehörte, sich durch so kleine Bedenklichkeiten, als das Misbehagen auswärtiger Personen war, würden oder könnten irre machen lassen, und ob die Lehnsrechte einiger Fürsten einen solchen Krieg verdienten? Die beklagenswürdige Verblendung der Höfe machte, daß alle Souveräne im J. 91. gar nicht im Geringsten an der Gewißheit einer nahen und leicht zu bewirkenden Revolution zweifelten. In dieser festen Zuversicht wollten die Fürsten gar keine Vergleichsvorschläge anhören, sie wollten ihre alten Rechte unbedingt und in ihrem ganzen Umfange in kleinen Bezirken ausüben und dies .... kaum wird die Nachwelt einen solchen Unsinn glauben .... mitten in einem großen Reiche, wo diese Rechte allgemein verhaßt waren und wo, wäre auch der Wiederbesitz bewilligt worden. Streitigkeiten und Kollisionen ohne Ende, ja gewaltsame Auftritte erwartet werden mußten. Dieser Zustand einer unausbleiblichen Fehde war zu einleuchtend; nur allein die Gewißheit, alles bald in Frankreich auf den alten Fuß zu sehen, entschied für die Beharrsamkeit. Der Kayser ward in Belgien angegriffen; allein, suchten die Franzosen den Krieg mit diesen Monarchen, oder kamen sie ihm blos zuvor? Die Geschichte wird ihre Rechte behaupten und die Wahrheit ohne Schminke erscheinen. Jetzt ist man selbst in Wien überzeugt, daß Friedrich der Gr. nicht Urheber des siebenjährigen Krieges war, ob er gleich zuerst zu den Waffen griff. …. Der Kriegsschauplatz ward im Frühlinge 92. eröffnet; die Entwürfe einiger Mitglieder der Nationalversammlung beschleunigten die Kriegserklärung und Ludwig XVI. stimmte aus bekannten Ursachen sehr gerne mit ein. Die konstituirende Nationalversammlung hätte, wo nicht den Samen des Kriegs erstikken, doch dies Unglück entfernen können; sie unterließ es, weil …. mit so viel innern Angelegenheiten zu thun hatte, und die Gefahr von außen so gering schätzte. …. …. Die Gelegenheit war aber dazu in Rücksicht der Lage der andern Mächte günstig. …. …. In diesem Zeitpunkte trieben die Emigranten ihr Wesen am Rhein und fanden an den dortigen Höfen einen ausgezeichne=

ten Schutz. Sie warben Truppen, kauften Munition, exercirten ihre Soldaten, legten Waffenplätze und Magazine an; ja die französischen Prinzen schlugen endlich zu Koblenz förmlich ihren Thron auf. Nichts gieng ihnen ab, als allein die Krone. Sie hatten einen glänzenden Hofstaat, alle Arten von Garden zu Pferde und zu Fuß, Minister und Büreaur, eine Schatzkammer und eine ihren Lettres de cachet immer offne Bastille; ja eine Jurisdiktion selbst im Trierschen Lande, von wo aus ihre Befehle nach Frankreich an die Verbündeten geschickt wurden. Man lachte in Paris über die Komödie und nahm keine Notiz davon. Durch diese Unterlassung wurden die Emigrirten sowohl als ihre Beschützer am Rheine dreister gemacht und als nachher Vorstellungen und Klagen aus Paris kamen, wurden sie nicht geachtet; ja es wurde in diesen, Frankreich so nahe liegenden Rheinländern die neue französische Regierung bey allen Gelegenheiten mit einer ausgezeichneten Verachtung, mit einem sonderbaren Troze behandelt; sogar daß zu Maynz auf hohem Befehl die dreyfarbigte Flagge von einem französischen Rheinfahrzeuge herabgerissen wurde. Die Nachwelt dürfte dieses füglich einen wirklichen Anfang der Fehde nennen und wird gewiß über die Urheber derselben sehr einstimmig seyn. Wenn wurde der Traktat in Pillnitz gemacht? Im August 91., als trotz des Unwesens am Rheine noch nie in Frankreich von einem Kriege mit den Deutschen die Rede gewesen war und die Nationalversammlung ihn so wenig wünschte, daß sie auch nicht einmal die Empörung in Belgien unterstützt hatte, so leicht es ihr auch gewesen war. Leopold übersah dies achtungswerthe Betragen und alle andern den Franzosen günstige Umstände, wegen der muthmaaßlich leichten und geschwinden Operation, den Zustand der Dinge in Frankreich zu ändern; und diese Gesinnungen dauerten noch fort, nachdem Ludwig XVI. im Septbr. 91. die Konstitution angenommen hatte; und auch nachher ward dies System nicht abgeändert. Um den Frieden mit Deutschland zu erhalten, war damals von dessen Oberhaupte nichts erforderlich, als ein ernstlicher Wink an die so eifrigen rheinländischen Beschützer der Emigrirten, verbunden mit der Erklärung, daß man im Weigerungsfalle auf keine Hülfe zu rechnen habe und die Folgen allein auf sich nehmen müsse. Die Geschichte jener Jahre zeigt uns zwar diplomatische Ceremonien und politische Fechterspiele, aber keine Spur von einem solchen Ernste; dagegen mehr Spuren von einer Uebereinstimmung der Meynungen machthabender Personen an der Donau und Spree, so wie am Rheine, welche nach dem Traktate von Pillnitz noch größer wurde. Zu den Betrachtungen, die Macht Ludwigs XVI. herzustellen gesellte sich die Hoffnung von Ländererwerb, besserer Arrondirung u. s. w. Noch im J. 92. wünschten die Franzosen keinen Krieg. Der französische Minister Noailles in Wien erhielt deshalb die angemessensten Aufträge. Aber die ausdrücklichen Bedingungen, unter welchen man auf die Fortdauer des Friedens hoffen sollte, waren nichts geringers, als eine gänzliche Vernichtung der neuen Konstitution. Es waren drey Punkte: die Wiederherstellung der alten Lehnsgewalt im Elsaß, die Einsetzung des Königs in seine ganze vor der Revolution besitzende Macht und die Rückgabe von Avignon an den Pabst. Dies war der Inhalt einer officiellen Note, die der kayserliche Minister Cobenzl dem Gesandten Noailles übergab und die nach Paris und in der Nationalversammlung verlesen wurde. Dies war das Signal zu einem Kriege, den die Franzosen nun zuerst anfiengen und nach einer kurzen Lehrzeit mit einem nie geahndeten, nie geträumten Glücke führten.

Wären aber auch nicht so viele Bewegungsgründe der Großen vorhanden gewesen, um ihre Völker wider die Königshasser zu treiben, so hätte es doch Oesterreich auch schon im Nothfalle allein durchsetzen können, um einem Reichskriege das Daseyn zu geben. Denn was das Haus Oesterreich wollte, mußte auch allezeit das deutsche Reich wollen. Der siebenjährige Krieg lieferte den Beweis und ein Blick in die Geschichte, zeigte, daß Oesterreich seine Privatkriege und Feinde zu Kriegen und Feinden des deutschen Reichs umstempelte, um dann jederzeit durch jenes Unterstützung das Werk mit mehr Kraft angreiffen zu können. Oesterreichs Hauptfeinde, die es von jeher hatte, Frankreich, die Pforte, Schweden, Preussen, waren Feinde des Hauses Oesterreichs allein, nicht aber des deutschen Reichs. Um die Uebermacht des erstern zu stören wurden jene Reihe von Kriegen geführt, wozu jedesmal das arme deutsche Reich mit Gewalt hineingezogen ward. Oesterreich hatte immer viel Glück in Erweiterung seiner Länder durch Heyrathen, Verbindungen und durch Künste des Friedens, denn mit dem Schwerdte konnte es nie sonderlich viel ausrichten.*)

Die Möglichkeit des übermäßigen Anwachses fielen aber beym deutschen Reiche ganz weg. Es konnte nicht wohl größer werden, wohl aber einzelne Fürsten in demselben, die durch Aussterben

---

*) Daher: Bella gerant alii, Tu, felix Austria,
nube;
Nam quae Mars aliis, dat Tibi regna
Venus.

verwandter Häuser Zuwachs erhielten; wobey doch das Reich in seinem Umfange blieb und sich wenig oder nicht um die neuen Eintheilungen oder partikuldren Vergrößrungen, die im Innern vorgiengen, bekümmern durfte. Zusammengesetzt aus einzelnen Fürsten, deren Länder und Besitzungen genau bestimmt waren, hatte es nie etwas durchs Schwerdt erworben, öfters aber verlohren. Nie trug es sich mit eroberungssüchtigen Planen und konnte auch vermöge seiner ganzen Einrichtung kelne haben; denn die Unfähigkeit desselben, je einen glücklichen Krieg zu führen, lag schon im Systeme seiner Verfassung. Beleidigen konnte es eben so wenig, und ein solcher Fall ließ sich nur von einzelnen Ständen dieses moralischen Körpers denken, der etwan irgendwo Händel bekäme. Alle Türkenkriege galten das Haus Oesterreich; das deutsche Reich stand weder mittel- noch unmittelbar mit der Pforte in Verhältnissen, wodurch Reibungen hätten entstehen können. So öfters aber nun das Wiener Kabinet sich mit jener Macht in Streit verwickelte, dessen Ursprung die Gränzprovinzen, die Ungarschen und Illyrischen Länderstriche waren: so öfters suchte es die Last mit dem deutschen Reiche zu theilen. Deswegen auch solche Kriege keine deutschen, sondern österreichische, oder vielmehr ungarsche, siebenbürgsche u. s. w. genennt zu werden verdienten; ob gleich immer deutsches Blut jene Provinzen mit vertheidigen helfen mußte. Fast der nemliche Fall war es mit Frankreich. Wenn Osterreich seine Absichten sich zu vergrößern und Deutschland zu verschlingen, allzu deutlich merken ließ: so kamen entweder einzelne Glieder des deutschen Reichskörpers zu Frankreich gelaufen und baten um Schutz, oder dies kam auch wohl von freyen Stücken um den Wiener Hof daran zu verhindern, oder auch, wenn es möglich wäre, die Beute lieber für sich zu nehmen, als sie dem ewigen Nebenbuhler zu gönnen. Frankreich griff zum Waffen, um die Vergrößerung des kayserlichen Hofes zu verhindern oder wegen andrer Zänkereyen, die darauf Bezug hatten. Es waren also Handkriege, die aus Oesterreichs Anwachs flossen. Aus Neid und Politik unterstützten demnach die französischen Könige das deutsche Reich, weil ihre eigne Ländersucht keinen Ländersüchtigern über sich lassen wollte. Es erhellet demnach, daß sich diese beyden Häuser wechselseitig aufzureiben und sich den Rang abzulaufen suchten, nur daß das eine immer das deutsche Reich mit darin zu verwickeln wußte.

§. 8.

Es möchte daher wohl schwerlich angehen, die Franzosen Reichs und Erbfeinde zu nennen; weil sie es so wenig sind als die Türken, gegen die man in der Litaney bittet. Erbfeinde des Kayserhofes waren sie, aber mehr, wiewohl aus unreinen Ursachen, des Reichs und der übrigen Fürsten Freunde und Beschützer; ob diese gleich selbst öfters in zwey Theile gespalten blieben. Der Name Erbfeind war eine Geburt der österreichischen Politik, die sich öfters nicht anders zu helfen wußte, als den guten Deutschen mit solchen Donnerworten einen Schauder, und dann ihr Geld und ihre Kinder abzujagen. Der Begriff bringt es schon mit sich, daß jene Benennung nur dem zukömmt, der sich beständig feindselig gegen uns zeigt. Wenn die Franzosen also auch Feinde des Reichs im Kriege von 1702. und 1733. heißen konnten, so waren sie es doch nicht im 7 jährigen Kriege, wo sie für Oesterreich und das deutsche Reich fochten, nachdem dieses von jenem, wie gewöhnlich, mit war hierin verflochten worden. Folglich sind sie nicht immer Feinde gewesen, noch weniger also Erbfeinde; dennoch paßt diese Benennung nicht auf sie, wenn anders nicht mit den Begriffen ohne Aufhören gespielt werden soll. Sie waren also in jenem Kriege unsere, des deutschen Reichs, Freunde, und Preussen dagegen war der Reichsfeind, folglich unser Erbfeind; da die Franzosen, die nicht immer unsere Feinde waren, Erbfeinde hießen, so muß Preussen ebenfalls unser Erbfeind seyn; weil jeder, wie es scheint, diesen Namen überkömmt, der wider Oesterreich auftritt, ob er gleich zuvor und auch wieder nachher unser Freund gewesen ist. Nun aber wird sich es wohl Niemand im Ernste beyfallen lassen zu glauben, daß Friedrich I. jemals wider das deutsche Reich etwas im Schilde geführt habe; jedesmals war es nur auf das Haus Oesterreich abgesehen, eben so wie von Seiten Frankreichs. Es würde überhaupt, sollte jene einseitige Benennung gelten, noch ein anderer sonderbare Umstand eintreten: In den beyden ersten schlesischen Kriegen war Preussen für und mit Frankreich wider Oesterreich verbunden; im dritten dagegen wider Frankreich und Oesterreich gewaffnet; da nun also Frankreich ein Erbfeind des Reichs heißt und Preussen folglich auch so heissen muß: so folgt die Ungereimtheit, daß jene Beyden des heiligen römischen Reichs Erbfeinde seither wider einander zu Felde lagen; daß also der eine Erbfeind des Reichs, dasselbe vertheidigte, der andere aber, wie es auch dem Begriffe gemäßer ist, dasselbe anfiel. So wenig nun überhaupt dem deutschen Reiche alle die Kriege angiengen, die das österreichische Haus in seinen Erbschaftsangelegenheiten, im spanischen Successions = im französisch = österreich = polnischen, im österreichischen Successions = und den daraus ent=

springenden französisch - preußisch - schlesischen Kriegen, führte; und so sehr es sich jedesmal leidend verhalten, Blut und Geld dazu hergeben und immer mit ausziehen mußte; so wenig läßt sich auch zeigen, daß dieses harmlose Reich einen persönlichen Feind gehabt haben sollte. Es wischte sich dann erst schwerfällig den Schlaf aus den Augen wenn schon die Waffen klirrten und schloß sie auch bald wieder, wenn es nicht von Zeit zu Zeit gerüttelt und in Spannung gehalten ward. Nie gewannen die mindermächtigen Stände etwas dabey und griffen nur dann gezwungen zum Schwerdte, wenn man ihnen von oben herab mit der Erekution drohte; wie auch noch der jetzige Krieg auf das klarste bewies. Nie kam es dem Hause Oesterreich in den Sinn, dem Reiche etwas von der Beute abzugeben; denn es sollte überhaupt in allen jenen Kriegen nicht mit erben, wohl aber jenem die ganze Erbschaftsmasse ungetheilt überliefern helfen. Es mußte sich überall zu einem Erekutor einsetzen lassen, der es niemanden zu Danke machen konnte, immer leer ausgieng und sich noch glücklich pries, wenn ihn die Erbnehmer ohne blutigen Kopfe wieder nach Hause schickten.....
So waren es denn immer und ewig Privatangelegenheiten des österreichischen Hauses. Als die blutdürstigen Ferdinande ihre Plane schufen, kam hier Schweden von der einen Seite und rettete die

Deutschen, und Frankreich von der andern. Keine von beyden Mächten zog wider das Reich zu Felde. Hier war Oesterreich der wahre deutsche Reichs- und Erbfeind. Nur dieses machte seine eignen Feinde künstlich zu allgemeinen, nur dieses tanberte durch eignen Betrieb und Nöthigungen solche herbey. Daher also war von jeher jeder Reichskrieg unnütz, unvortheilhaft, ungerecht und zwecklos, und ein bloßer Kunstgriff des Hauses Oesterreich. Aber es hatte es von jeher in der Gewohnheit mit seinen Angelegenheiten die ruhigen Nachbaren zu bemengen, und aus jeder Mücke um sein selbst willen einen Elephanten zu machen. Daher schilderte auch das österreichische Kabinet den Einfall des Königs von Preussen in Schlesien im J. 40. damals überall auf das gefährlichste und Maria Theresia ließ erklären, daß es nicht bloß ihr Interesse, sondern auch des ganzen Reichs, ja der ganzen Christenheit Wohl betreffe. *) Eben so blutete auch der arme Deut-

---

*) „Daß die damaligen Zeitumstände gefährlich waren, ist richtig. Aber sie waren nur allein in Absicht des Hofes zu Wien gefährlich, dem es an Volk und Gelde fehlte. Der König (von Preussen) konnte sich bey diesen Umständen allerdings die Ausführung seines vorgesetzten Zwecks versprechen. Er ließ sich auch

sche in den österreichischen Niederlanden, deren Einwohner doch nur Afterbrüder waren, und nicht einmal etwas zu den Lasten des Reichs beytrugen. Noch nie hatte eine Macht dem Hause

nicht irre machen und machte wichtige Eroberungen. Die Königin von Ungarn schrieb bald her an die Garants und ins besondere auch an die Herrn Generalstaaten. Der Einfall des Königs war in diesem Schreiben ungemein gefährlich vorgestellt. Unter andern hieß es daselbst: „die sich günstig erzeigende Gelegenheit, die Begierde andere Länder anzufallen und die Ruhe seiner Nachbarn zu stören, hat mehr als alle andern Erwägungen gegolten. Woraus deutlich abzunehmen, was für ein Schicksal andere zu gewarten haben. Diese Prophezeyhung ist so deutlich, daß bey niemanden darüber ein Zweifel entstehen kann. Es betrift nicht allein mein Interesse, sondern auch des ganzen Reichs, ja der ganzen Christenheit." Gefährlicher hätte wohl die Sache nicht vorgestellt werden können; aber es war damals den österreichischen Schriftstellern ganz eigen. Es war bey ihnen, da ihr Souverän das Oberhaupt des römischen Reichs war, Mode geworden, die Hausaffären des Wiener Hofes zu Reichsaffären, und diese zu einer Affäre der ganzen Christenheit zu machen, welche wenn es nöthig sie zu vertheidigen, jedes rechtschaffnen Christen Pflicht und Schuldigkeit ist. Der für

Oesterreich als Inhabern der Kayserwürde und als Chef des deutschen Reichs den Krieg angekündigt; nie war es den Türken eingefallen, jenes auf eine andre Art zum Kampf zu fordern, als

das Haus Oesterreich eingenommene Gesandte des Bischofs von Bamberg sagte daher auch damals, als wegen der Garantie der pragmatischen Sanktion auf dem Reichstage deliberirt wurde: daß derjenige, der die väterlichen Absichten Sr. kayserlichen Majestät nicht unterstützen würde, weder ein guter Christ, noch ein wahrer Deutscher sey. Die Generalstaaten die in Europa sammt ihren Unterthanen Christen sind, ob sie sich wohl in einem andern Welttheile nur für Holländer ausgeben: glaubten nun wohl nicht, daß der von Preussen unternommene Einfall in Schlesien eine die ganze Christenheit betreffende Sache sey, u. s. w." In einer Note heißt es ferner: Herr la Lande, der sich durch das Leben Karls VI. bekannt gemacht hat, macht hierbey diese Anmerkung: Wenn ein Minister auf dem Reichstage die allgemeine Annahme der Garantie der pragmatischen Sanktion für ein wesentliches Stück des Christenthums hält, ohne welches man kein guter Christ seyn kann; so muß man sichs nicht befremden lassen, wenn der Kayser jederzeit als eine,

nur insofern es Beßter von Ungarn und der angränzenden Länder war. So kam also die Kayserwürde des österreichischen Hauses dem Reiche theuer zu stehen; dies schmückte dasselbe aus und verherrlichte es, mußte sich aber dafür von dessen Privatfeinden öfters zu Boden schlagen laßen. Wer möchte nun wohl von jeher der Schutzgeist der deutschen Reichsverfassung gewesen seyn. Oesterreich? Die Geschichte weiß auf Frankreich, Schweden, und zuletzt auf Friedrich II. Der Fürstenbund war nicht gegen das deutsche Reich, sondern gegen Oesterreich gerichtet; bis der jetzige preussische Hof jenes Band auflöse. Ob nun zwar auch gleich schon

---

ich will nicht sagen, zur ewigen Seligkeit, doch wenigstens zur Erhaltung der Ruhe und des Gleichgewichts von Europa - unentbehrlich nothwendige Sache angesehen hat. S. Histoire d. Charles VI. T. IV p. 326." Ferner: „Die Umstände wurden immer gefährlicher. Die Generalstaaten, die da wußten, daß es beim Wiener Hofe damals am besten, nemlich an Volk und Geld fehlte, und denen nicht unbekannt war, daß sich dieser Hof auf Kosten Andrer zu vertheidigen und zu aggrandiren gewohnt sey u. s. w." S. über alles dieses: Herschelmanns polit. Statistik der vereinigten Niederlande. S. 163 · 56.

wieder die für das Reich alte und nöthige Uneinigkeit zwischen beyden Mächten hergestellt ward, so konnte es doch nicht mehr von dem Belange seyn; denn Preussen hatte durch sein Betragen Treu und Glauben gänzlich verlohren.

§. 9.

Eine ähnliche Beschaffenheit findet statt beym Namen Rebell. Der Stärkre belegte jederzeit den Schwächern damit, wenn er nur irgend Hoffnung hatte ihn zu bezwingen. Also auch hier erzeugte Uebermacht den Namen und schleuderte Donnerworte für Furchtsame umher. Wer gewann, hatte immer (politisch) Recht; der Verlierer behielt Unrecht, er mochte sich sträuben wie er wollte. Kein Zeitalter liefert so viele Belege hierzu, als das unstige. Nur der kleinere Theil hieß Aufrührer, so lange er nicht zum grössern sich erheben, sich in die Mehrheit verwandeln, oder sonst sich durchzuschlagen vermochte. So erzählt die Geschichte die Staatsveränderungen der Völker aller Zeiten. Jede Reform war eine Rebellion, denn sie ward von ihren Widersachern so genannt, und nur der mehr oder weniger glückliche Ausgang mußte beweisen, ob jenes Wort in einen Ehrennamen umgeändert, oder mit Schande auf das

Haupt der Anfänger zurückfallen sollte. Immer machte der kleinere Haufen oder wohl gar ein einzelner Mann den Anfang; die Uebrigen waren ihm zuwider und alle Schritte wurden gemisbilligt; bis endlich durch Glück und Umstände die Mehrheit auf Seiten des reformirenden Theils trat und dessen Existenz gesetzmäßig wurde. Der Name Rebell galt also nur so lange, als er dem schwächern noch nicht anerkannten Theile angehörte; sobald dieser wuchs und auf seine Seite das Uebergewicht trat, so daß seine Plane durchgesetzt wurden, kehrte sich auch schnell alles um und es ward dann dieser Titel der Gegenparthey zu Theil, die vorher die herrschende abgab und jene damit belegte. Hätten damals in der Wallachey Horja und Kloska gewonnen und ihren Zweck durchgesetzt, so würde sie niemand mehr Rebellen nennen und ihre Parthey würde gesetzmäßig anerkannt worden seyn. Kein Reich, kein Land, kein Staat, seitdem die Welt stand, existirte, wo nicht dies anzuwenden seyn sollte. Ueberall gab es Veränderungen, überall Umwälzungen, wegen der viele scheel aussahen und über Aufruhr schrieen. Der englische Hof schalt die revoltirenden Amerikaner Rebellen, lagen sie damals unter, so behielten sie diesen Namen ohne Widerspruch. Als aber ihre Unabhängigkeit anerkannt werden mußte; als es England zugab, daß sie eine selbstständige Verfassung aufstellten, nennte sie niemand mehr so und sie hießen bald die edlen nordamerikanischen Freystaaten. Als die Niederländer das spanische Joch abwarfen, galten sie für Rebellen, und wurden, so lange man sie noch zu dämpfen hoffte, auch so behandelt, die Großen Egmont und Horn als Rebellen hingerichtet und überhaupt die strengsten Strafen über alle, die man bekam, verhängt. Nachdem aber Macht und Anhang sich vermehrten, schwand auch der Name; nun hieß sie alle Welt Ihro Hochmögenden Herren und jene Großen galten für Märtyrer der batavischen Freyheit. .... Wir sind alle Rebellensöhne, vom Kayser bis zum Bettelmann, denn unsre Väter formten und ändern und schlugen sich herum, und der glückliche Sieger bestieg den Herrscherstuhl; bis noch ein glücklicherer kam und ihn wieder herunterstieß. Die Royalisten in der Vendée, die Chouans und Mörder, wenn sie gesiegt hätten, würden mit verneuetem Glanze aufgestanden seyn, ob sie gleich bey den Republikanern für Rebellen galten; dafür aber diese eben so benennten. .... So sehr nun also das Relative dieses Ausdrucks entschieden ist, so möchte sich doch niemand wundern, wenn der gemeine Mann sich leicht irre machen und da sich ein Gespenst hinmalen ließ, wo eigentlich keins angetroffen werden konnte. Denn alle Beziehungsbegriffe waren immer seiner Fassungskraft zu schwer, und er vermischte eins mit dem andern zu sehr, als daß er nicht den einseitigen Erläuterungen hätte glauben sollen, die man ihm zum Besten gab. Wenn aber Catharina II. das neutrale Schweden und Dänemark unter Drohungen warnt, den Handel, besonders den Getreidehandel, mit den Franzosen einzustellen „weil sie Rebellen seyen, denen man alle Mittel zur Subsistenz abschneiden müsse:" so hat dies von so einer klugen Frau gesagt, nicht auf sich und man hätte ihr eine solche Sottise nicht zugetraut. Also sie sind Rebellen! folglich auch die Holländer, die Amerikaner, die Engländer, die Schweizer; denn sie entzogen sich ihren alten Staatsverfassungen, formten und kneteten neue zusammen, verweigerten ihren Königen Philipp II., Jacob II. und Georg III. den Gehorsam und .... setzten es durch. Und doch schloß nach Gelegenheit Catharina mit allen diesen Völkern Bündnisse, suchte ihre Freundschaft und erkannte sie für selbstständige und rechtmäßige Staaten an; Auch die Türken waren sehr öfters Rebellen, denn sie erdrosselten manchen ihrer Sultane und setzten einen andern auf den Thron; und doch machte jene Friedensverträge mit ihnen, nahm ihre Gesandten an u. s. w. Das alles durfte sie nicht thun, wenn sie nicht äußerst inkonsequent verfahren und in den kräftigsten Wiederspruch hätte verfallen wollen. Das sonderbarste aber war, daß sie selbst, diese Catharina, für eine Rebellin in der schäußlichsten Bedeutung des Worts gelten mußte. Sie stieß Petern vom Thron und setzte sich darauf. Wie überkam sie den Schein der Rechtmäßigkeit? Nur dadurch, daß die blinde Volksmasse sich alles gefallen ließ; beym verunglückten Anschlage würde sie eine Missethäterin gescholten worden seyn in Ewigkeit. Dieses Weib also wollte von Rebellion reden! .... doch sie hätte es thun und der Neufranke darüber lächeln mögen. Den empörendsten Mißbrauch aber mit diesem Worte hat sie in Polen getrieben: ein unschuldiges Volk, das sich ihren Klauen zu entwinden suchte, lag unter und mußte sich von dieser Volksmörderin einen solchen Namen geben lassen; der nur ihr auf dem weiten Erdboden allein zukam. Dunkel sind die Pfade des Schicksals!

§. 10.

Noch eine andre Namenkonsequenz, welche vorzüglich häufig vorkam, lag in den Worten: Feinde der Menschheit und Ordnung. .... Die Franzosen waren Feinde der Menschheit, der Menschheit nemlich, die in Kronen und Hermelinpelzen, rothen und violetten Hüten, Kreuzen,

Sternen und Bändern einherging. Daß man, wenn einmal gelästert werden sollte, den Mund recht voll nahm, durfte nicht befremden, und die Zeitungsblätter konnten auch nicht wohl anders: aber daß Kayser Franz selbst sich mit solchen jämmerlichen Ausdrücken befaßte und dadurch zu überzeugen hoffte, war schon seltsamer. Er verlangte Unterstützung, Geld und Volk von den Ungarn gegen die Franken, weil er „hoffe, daß sie ihm mit allen ihren Kräften wider die **Feinde der Ordnung** beystehen würden. ..." Feinde der Ordnung! Jeder der die alte Ordnung umändern wollte, galt freylich in den Augen des Freundes der alten Ordnung, für einen Feind der Ordnung überhaupt; weil dieser die alte nur für die rechte Ordnung annahm. Daher hießen die Franken Feinde derselben schlechthin. Was der einen Parthey nicht anstand, ward falsch und schlecht und ordnungswidrig genannt.*) Der Große durfte so

---

*) In dem bekannten Armfeldschen Memoire, das bey der von Catharina II. angezettelten Verschwörung wider den schwedischen Hof, zum Vorschein kam, hieß es: die Kayserin von Rußland möchte mit edler Uneigennützigkeit der schwedischen Regierung erklären lassen, daß sie, um **die Ordnung wieder herzustellen**, gewisse neue Einrichtungen verlange; und zur Unterstützung dieser Unternehmung sollten rußische Truppen bey Dalarö

reden, so lange er das Uebergewicht in Händen hatte; verlohr er dies, so war es aus mit der ganzen Ordnung, eine neue begann, und jener ward nun, wenn er nicht gehorchen wollte, Feind der Ordnung schlechtweg genannt. Oder er müßte behaupten wollen, daß bey seinem Gegner jedesmal gar keine Ordnung zu finden gewesen sey. Aber kein Volk, kein Staat, keine Gesellschaft könnte ohne Ordnung einen Augenblick lang bestehen; alles würde sich auflösen, in Stücken zerfallen und dem ersten besten zum Raube werden. So lange es einen solchen Raubgierigen noch schwer wird, zeigt es noch von einer gewissen Ordnung und Festigkeit bey der Gegenseite. Folglich meynte Franz wohl nur einen Gewissen Grad oder eine gewisse Modifikation der Ordnung, und dann konnte es wohl leicht kommen, daß diese bey Jenen anders ausfiel; weil eine eigne Ansicht der Sa-

---

landen. Also nicht einmal in Schweden war nach den Begriffen des Armfeld catharinschen Komplotts Ordnung zu finden; es durfte also weniger befremden, wenn Franz beym Feinde, mit dem er im vollen Kriege begriffen war, keine Ordnung gewahr werden konnte und sich es heraus nahm, dieselbe bey Republikanern wieder herzustellen, da selbst Catharina ihren gekrönten Kollegen mit einer solchen Ordnungsherstellung nicht verschonen wollte. Man vergl. damit §. 20.

che, die Sache leicht selbst zu ändern scheinen kann. Und nun läßt sich fragen, warum er gerade darüber bey einem fremden Volke entscheiden wollte, was für eine Ordnungsstaffel es haben müßte; oder warum gerade die beliebte Ordnung des Kaysers, der Könige und Fürsten allgemein gelten sollte? In den kayserlichen Staaten herrschte zur nemlichen Zeit so viel Ordnung, daß jeder wie am Klotze angeschmiedet war, und alles sehr regelmäßig gieng; niemand möchte aber wohl gerne ein Glied dieser ordentlichen Maschiene seyn. Wer es wagte eine helle Idee nur halb zu zeigen, ward für einen Aufklärer und Illuminaten, folglich Staatsverräther gehalten, und im finstern abgeschlachtet. *)

*) In Wien gieng es sonderbar zu. Alles sehnte sich nach Frieden, eine Sehnsucht, die man so wenig als irgend eine andere politische Meynung laut werden lassen durfte, da die Regierung das Denken verpönt zu haben schien und man hier in einer ewigen Angst vor der Philosophie lebte. Man hörte hier täglich von so viel Verschwörungen, von Philosophen- und Jacobinerbündnissen, daß niemand, da die Angaben davon sehr unbestimmt waren, zuletzt seinem eignen Schatten mehr traute. Die Regierung schien ganz besonders den größten Abscheu gegen die Philosophie zu haben und die Exjesuiten triumphirten. Alles was

Franz glaubte also er könne es erzwingen, daß jenes Volk seine, durch Kardinal Migazzi festgesetzte, Ordnung annehmen müsse, und die bisher gewöhnliche als Unordnung verwerfe. Sobald

---

Adelsgeist, Pfaffenthum, Jesuitism, Intoleranz, Dummheit und Unsinn scheußliches hervorbringen mag, traf man jetzt in Wien zusammen an. Auto da Fes gab es alle Tage. Ein gewisser D. Plank spottete etwas unbesonnen über das angestellte Jubileum; um ihn zu überzeugen, wie nützlich diese Anstalt sey, lieferte man ihn als Rekruten zur italienischen Armee; und in den Zeitungen ward diese That hochgepriesen. Preßzwang und Bücherverbote wurden täglich höher getrieben. Hebenstreit, Wollenstein u. s. w. fielen und wurden verbannt als unschuldige Opfer niedriger Kabale; keine Verschwörung ward bewiesen und ihr Verbrechen blieb im Dunkeln, im Dunkeln ward ihr Urtheil gesprochen. Täglich verschwanden auf diese Art hier Menschen, deren Vergehungen niemand erfuhr, deren Strafe heimlich vollzogen ward und deren Richter niemand kannte. Niemand konnte hierin den Zögling Josephs erkennen. Wie der Alp einen Träumenden, so drückte der lichtscheue Geist der Verfinsterer ihn und sein Land schwer. Unzählige wurden als Folge hiervon robespierrenmäßig auf bloßen Verdacht eingekerkert. Professor Wollstein war gewiß unschuldig. Hätte man auf ihn auch

K

aber die Zwangskraft aufhört, werden auch sogleich die Begriffe umgewechselt und dann ist nicht mehr vom Feinde der Ordnung die Rede. So entschied das Uebergewicht allenthalben in der Welt und setzte die Meynungen fest, welche angenommen und befolgt werden sollten. Die Franken behaupteten, ihre Ordnung wäre die beste und die deutsche hingegen Sclaverey. Franz aber versicherte dies den Ungarn von der seinigen und verlangte ihr Geld nebst etwas Blut, um Jener ihre zu zerstören. Wer dürfte da entscheiden als der Sieger. Wären Hessenkassel Zeit und Umstände günstiger gewesen und hätte es Uebermacht in Händen gehabt, um den Raub der Graffschaft Lippe-Bückeburg durchzusehen: so wäre alles der Ordnung gemäß gewesen, das Land ihm anheim gefallen und die Sache für Recht anerkannt worden. Da es aber nicht glückte, so war es ordnungswidrig; es wurde sehr übel ausgelegt, daß man Dinge unternahm, ohne der überwiegenden Macht versichert zu seyn; Dinge, die man sich zwar immer

nur den Schatten eines Verdachtes bringen können, er würde haben hengen müssen, anstatt daß man ihn mit seinem Vermögen abziehen ließ. Denn überhaupt jeder, der im Ruf von Kenntnissen und heller Denkungsart stand, ward genecht, gereizt, bis er unterlag.

ſelber erlaubte, einem Andern, beſonders Schwächern, aber keines weges verſtatten wollte. So
durften Preuſſen und Rußland hinzugreifen, weil
niemand da war, der noch höher ſtand und es
ihnen verbot; Heſſen aber mußte ſich für diesmal
die Luſt vergehen laſſen, weil andere vorhanden
waren, die noch längere Finger hatten und es
nicht in der Ordnung zu ſeyn erachteten. ....*)
Am wunderbarſten aber war es, daß die franzöſiſchen Feinde der Ordnung, den ordentlichen
Kayſer mit ſeinen Armeen öfters ſo ſtarke Niederlagen beybrachten. Hat es je ſchon die Unordnung

---

*) So durfte Oeſterreich wider alle Reichsgeſetze
ſich der Reichslehen des Hauſes Gonzaga
zueignen, die Fürſten aus dem Beſitze vertreiben, ſogar von ihren übrigen Ländern eins
nach dem andern an ſich reißen und dem Erz-
hauſe zuwenden; da doch alles, wenn ein
Rechtsgrund vorhanden geweſen wäre, wenigſtens dem deutſchen Reiche, und nicht dem
Hauſe Oeſterreich, hätte anheim fallen müſſen. In allen wichtigen Friedensſchlüſſen dieſes Jahrhunderts wurde die Wiedereinſetzung
beſchloſſen und zuerkannt; aber was helfen
Verwendungen und Rechte gegen den Beſitz
des Mächtigern. Oeſterreich ließ ſich nicht
einmal auf eine Widerlegung ein; da es nur
zu gut wußte, daß niemand mit Gewalt die
Reklamation betreiben könnte.

mit der Ordnung aufnehmen können? War es möglich, daß Harmonie und Pünktlichkeit der Zerrüttung und Auflösung unterliegen sollte? Wo dachte Franz hin mit seiner Schilderung; wie kam es, daß er diese zügellosen Rebellenhaufen nicht unaufhaltsam vor sich her jagte und seinen Eyerkuchen lieber in Paris aß? .... Der Uebergang von Despotism zur Freyheit geschah auf dem Wege der Anarchie. Keine Republik konnte ohne Anarchie ihre Form erhalten, wenn diese vorher im Despotism bestand. Das hätte Franz wissen, verzeyhen und seine Ungarn zu Hause lassen sollen. .... Ueberhaupt aber, wären auch nur einigermaaßen die jämmerlich bezahlten und von oben herab privilegirten Zeitungsberichte und Schilderungen unsrer Schwäche wahr gewesen, hätte es wirklich so viel Unordnung, so viel Anarchie, Indisciplin, Unkunde, Niederlagen, Geldmangel, Uneinigkeit u. s. w. gegeben, als diese Schreyer treuherzigen Leuten vorspiegelten: o, so hätten die Verbündeten, Engländer, Preussen, Oesterreicher sammt dem ganzen Reichsanhange, das elendeste Gesindel seyn müssen, wenn sie nicht jene in steter totaler Verwirrung nach ihren Berichten sich befindenden Neufranken sogleich ganz vom festen Lande weggesprengt und Paris, laut des Braunschweigischen Manifests, in einen Steinhaufen verwandelt hätten. Das möchten aber jene Verfechter der

Fürsten und ihrer Schaaren nicht zugeben wollen; wie war es also möglich, wie konnten sie glauben auch nur einen Augenblick lang jemanden zu übertölpeln und zum Glauben zu bringen, und wie konnte es Unordnung gegen die schönste Ordnung so lange aushalten? Und dies gehörte immer noch unter die erträglichsten Inkonsequenzen unsrer Schirache und Konsorten. Andere halfen sich mit dem Vorwande der Verrätherey aus, durch dessen Hülfe die Neufranken so große Fortschritte gemacht hätten. Dies einmal gesetzt, so bewiese es ja eben die große Vorliebe der deutschen Gegenden, wo der Kriegsschauplatz war, für die Neufranken; denn wo viel Verrätherey ist, hängt man der Gegenparthey an und will ihr helfen. Sollten also dadurch die Gegner nicht gewitziget worden seyn, ein Spiel einzustellen, wobey sogar ihre Untergebnen, d. h. sie selbst, das Ziel verrückten und allen Entwürfen in den Weg traten?

§. II.

So geschah es also daß die Großen und Franz an ihrer Spitze, die Ihrigen auf allerley Art anreizten wider den Reichserbfeind, wider die Rebellen, wider die Feinde der Ordnung und

Menschheit in hellen Haufen heranzuziehen und alle Kräfte zur Bezwingung dieser Halbmenschen darzubringen. Man brauchte jene künstlichen Zusätze, um zu zeigen was für Ungethüme die Franken wären, und daß es jedes Christen Pflicht sey, wider sie das Schwerdt zu ziehen. Denn wenn man die Seinigen durchädngig und in so weiter Ferne blos deswegen hätte zum Kriege auffordern wollen, weil die fränkische neue Konstitution nicht zu billigen sey und die alte Einrichtung der Dinge mit Gewalt der Waffen und dem Blute benachbarter Völker wieder hergestellt werden müsse: so möchte es doch wohl geschehen seyn, daß gefragt worden wäre: (Kreuzzug geg. d. Neufr. S. 7.) Ist die Konstitution ihr Glück, warum sollten wir sie ihnen misgönnen? Eine Verfassung, bey welcher der Franke glücklich ist, oder es doch zu seyn glaubt, ist deswegen noch kein Glück für andere Nationen, die auf einer ganz andern Stufe der Kultur stehen, und der Wunsch glücklich zu seyn, ist doch wohl keine Verletzung des europäischen Völkerrechts, keine Sache, wozu es die Einwilligung der Nachbaren bedarf. Ist ihr Glück ein Traum, wo ist der Traktat, der euch das Recht giebt, sie darinnen zu stören; der den Schutz des Despotismus von euch fordert?........ Die Nation hat euch nicht herbey gerufen, und hättet ihr wirklich das Recht euch in die innern

Angelegenheiten der Franken zu mischen: so wäre es doch Thorheit diese Nation mit dem Blute unserer Kinder und mit dem ihrigen bekehren zu wollen. Zeit und Erfahrung mögen dann ihr Amt thun, und diese Bekehrung wird uns dann kein Blut und kein Geld kosten. Sie sind es, welche die Schweden bekehrt haben, und schon zweymal hat diese Nation in dem gegenwärtigen Jahrhunderte ihre Staatsverfassung geändert, ohne daß darum das Blut der Nachbarn geflossen ist. .... Was kann uns Nachbarn auch daran liegen, ob Frankreich nur einen oder zwölfhundert Gesetzgeber habe; ob die Nation von Mätressen, Ministern und ihren Kreaturen, oder von Volksdeputirten regiert werde; ob die französischen Priester künftig fett oder mager sind; ob die Franken künftig die Menschen nach Thaten, Wissenschaften und Talenten schätzen oder nach besiegelten Stückchen gegerbter Eselshaut; ob es in Frankreich noch Herzoge gebe, die nichts zu kommandiren und Grafen, die nichts zu richten haben, oder nicht; ob die Nation von Finanzpächtern geschunden, oder von gewissenhaften Verwaltern bedient werde; ob die Franken künftig klug genug sind, sich durch Friedensrichter vergleichen, oder durch Richter und Advokaten ausziehen zu lassen? Werdet ihr glücklicher seyn, wenn die Pompadours und du Barry's das Ruder dieses Reichs führen, wenn ein despotischer Minister die Opfer seiner Rache, oder seines beleidigten Eigennutzes, zu ganzen hunderten in der Bastille faulen läßt; wenn sich die Verordnungen der französischen Könige mit einem: car tel est notre plaisir …. schließen? Wird eure Macht mit den Bäuchen der französischen Prälaten wachsen? Wird der Handel eures Landes gestört werden, wenn der Herr Prinz von Conde künftig Herr Conde schlechtweg genennt wird? „Aber, schreyen die französischen Aristokraten, unsre Sache ist die gemeinschaftliche Sache der Könige u. s. w." So reden sie, die so gern auf Kosten ihrer Nachbarn ihre Hände im Blute ihrer Landsleute waschen möchten; die nur da ein Vaterland zu haben glauben, wo sie ungestraft plündern und ihren Raub mit Buhlerinnen und Dienern ihrer Wollüste verprassen können. Was sie die Sache der Könige nennen, das ist ihre eigne Sache. Wie? für die Könige? Nein, für Mätressen, für Kuppler, mit und ohne Kreuz und Stern, für den königlichen Nachtstuhlträger im Sammetkleide, für unwürdige Favoriten, für despotische Vesiere am Hof und eben so despotische Pacha's in den Provinzen, für raubgierige Finanzpächter mit ihrem Anhange, für aufgeblasene Parlementer, die so gern wechselsweise die Vormünder der Könige und der Nation seyn

möchten, um über Beyde zu herrschen; für garnä-
stete Prälaten, die sich Repräsentanten der Gottheit und eben deswegen Herrn des Staats und der
Regenten zu seyn dünken, deren Diener sie sind,
die durch Weigerung des Bürgereyds mit unver-
schämtem Stolze öffentlich erklärt haben, keine
Bürger und Unterthanen des Staats zu seyn, der
sie lohnet und schützet; für unthätige Mönche
und Nonnen, welche, was ihr mit Zuchthaus
und Landesverweisung bestraft, Müßiggang und
Bettley, für Gottesdienst ausgeben und der Industrie die Hände lähmen; für die Wappen und
Büffelhörner solcher Edelleute, die zu träge sind,
sich eigne Verdienste zu erwerben, und die nur
um ihrer Vorfahren willen geehrt seyn wollen, den
sie so unähnlich sind .... für die sollt ihr fechten.

Ja manche möchten vielleicht noch stärker geredet und gar (S. 12.) ausgerufen haben: Eine
Staatsverfassung zu schützen, wo es keine Sicherheit mehr für das Eigenthum, die Ehre und
Freyheit des Staatsbürgers gab; wo Millionen
Menschen hungrig zu Bette gehen, auf Stroh
schlafen und sich in Lumpen kleiden mußten, um
die Sinne entnervter Wollüstlinge zu kitzeln; wo
für den königlichen Jagdhund besser gesorgt wurde
als für den Soldaten, der Blut und Leben fürs
Vaterland wagt .... wo man den Menschen das

Brod nahm um es den Kaninchen vorzuwerfen .... wo der Fleiß eines ganzen Jahres von tausend und mehr Familien, oft auf einigen Karten stand .... eine solche Staatsverfassung zu erhalten, dies kann wohl die gemeinschaftlichste Sache orientalischer Despoten seyn, die ihre Unterthanen wie eine Heerde Vieh behandeln; aber nicht die Sache europäischer Könige, welche mit Friedrich dem Einzigen ihre Völker nicht um des Regenten, sondern den Regenten um des Volkes willen geschaffen glauben und sichs für eine Ehre halten, an der Spitze vernünftiger Menschen zu stehen.

Und das würden immer noch nicht die stärksten Ausdrücke gewesen seyn, die man hiebey hätte gebrauchen können. Denn das Land war eine Zusammenhäufung von Greuel und Elend. Die Großen prunkten in goldnen Sesseln und der gemeine Mann trug hölzerne Schuhe und vertrocknete zur Mumie. Der Edelmann ließ zur Frohne von seinen müden Bauern des Nachts das Wasser in seinem Schloßgraben schlagen, damit das Quaken der Frösche den Despoten nicht am Schlafe hindern möchte. Tauben hielten sie allein, und die Felder wurden durch dieselben verwüstet. Eben so war es mit dem Wilde. Tödtete ein Bauer ein Rebhühnchen oder Kaninchen, so schmiedete man ihn auf die Galeere. Den besten Theil der Erndte den Pfaffen geben, zum Straßenbau frohnen, Briefe tragen, Wagen und Pferde zur Frohne liefern und .. die Abgaben allein tragen, indeß Adel und Geistlichkeit frey waren, und obendrein Verachtung und Spott ihr Lohn...... Das war die Beschaffenheit einer Verfassung, welche unsre Fürsten zum Segen Frankreichs und zur Ehre Gottes wieder einführen wollten, und wozu ferne und nahe Völker und neutrale Staaten überall eingeladen und um Geld, Schweiß und Blut angesprochen wurden. Um nun diese dunkeln Seiten zu verwischen, nahm man seine Zuflucht zu jenen Ausdrücken und überschrie jeden, der seine Bedenklichkeiten zu äußern hätte Lust haben mögen. Daß man alles anwendet um seinen Feind in ein häßliches Licht zu stellen und ihm alles Unrecht auf den Hals zu schieben, ist in der Regel und niemanden nimmt dies Wunder; aber daß unsre Herren gar nicht an die Möglichkeit dachten, doch vielleicht einmal nothgedrungen mit diesen Menschheitsfeinden zu unterhandeln und Frieden schließen zu müssen, welches dann um so schmachvoller war, je häßlicher sie jene vorher erst abgemahlt hatten: ist weit befremdender an solchen klugen Staatsmännern, die doch wenigstens Einen Blick in die Zukunft hätten thun sollen. Wenn nun so überlegt wird, was eigentlich die Worte und Reden der Fürsten bedeuten wollen, und wie sie sich bald so bald anders ausdrücken, so möchte wohl alle Welt an ihnen irre werden. Der Berliner Hof zeigte sich hierin zuerst und machte mit der Inkonsequenz den Anfang. Denn in der Erklärung an das deutsche Reich sprach der König von Preussen, als man ihn nicht unterstützen und seine Armeen beköstigen wollte, folgendergestalt: ,,Der Zweck war den zerstöhrenden Unternehmungen einer wüthenden Nation Gränzen zu sezen. .... Es galt keinen Krieg mit einem gesitteten Volke und ordentlich disciplinirten Kriegsheeren; sondern einen Krieg mit rasenden nie zu vermindernden Volksschwärmen, die nicht um bloße Eroberung kämpfen, sondern um den ganzen Umsturz der bürgerlichen Verfassung in Deutschland durch Feuer und Schwerdt und das Gift ihrer Lehre. .... Dieser Krieg zeigt das Bild der schreckbaren Ueberschwemmungen eines alles zerrüttenden, alles zerstöhrenden Feindes. .... Die Besorgniß bringt sich jedem auf, daß dieser übermächtige, rasende Feind unaufhaltsam hereinstürmen und mit seinen raub- und mordsüchtigen Horden, die keine Schranken, keine Zügel mehr kennen, den Boden deutscher Kultur und Ordnung überschwemmen und verheeren, die Verfassung der deutschen Staaten in anarchische Greuel verkehren, Fürsten und Stände vernichten, die Kirche zertrümmern, und in den deutschen Unterthanen die glückliche Liebe

zur Tugend und Ordnung durch den wuchernden
Keim der Gesetzlosigkeit und der gefühllosesten Im=
moralität verdrängen möchten. .... Hinterdrein
rühmte er seine um das deutsche Reich erworbnen
unsterblichen und reinen Verdienste, seine lautern
und patriotischen Gesinnungen, und daß er es
unter seiner Würde halte, die Gerüchte von preus=
sischen Vergrößerungs = Unterdrückungs = und Secu=
larisationsabsichten zu widerlegen; *) er habe selbst
seine geheiligte Person und seine Prinzen den gefahr=
vollen Ereignissen ausgesetzt, und nur der muth=

---

*) Versuchte aber dennoch eine solche Widerlegung
in der Note an die fränkische und oberrheini=
sche Kreisversammlung, wo er gegen das
Gerücht protestirte, als wolle er die Seculari=
sirung einiger Hochstifter und deren Einzie=
hung befördern oder sich gewisse Reichsstädte
zueignen und auf das ernstlichste betheuerte,
daß er den Krieg bl. s zur Vertheidigung des
deutschen Reichs und zur Sicherstellung der
Verfassung führe. Aber wie konnte er Glau=
ben verlangen, wenn man sich an Polens
Schicksal und den dabey eben so heilig erklär=
ten Versprechungen seinerseits erinnerte! Jene
Protestation war aber nöthig, denn der preus=
sische Hof bettelte bey den vordern Reichskrei=
sen und beym Reichskonvente bekanntlich um
Unterstützung in fast demüthigen Ausdrücken;
bis endlich die Subsidien von England ihm
wieder etwas halfen.

volle, heldenmüthige Widerstand seiner Armeen und seine eigne Großmuth habe Deutschland gerettet. Und nun

Trotz dieser unsterblichen Tapferkeit und der gewonnenen Lorbeern seiner Truppen, machte er mit jenen raub- und mordsüchtigen Horden und alles zerstörenden Volksschwärmen, mit jenen, die Fürsten, Stände und Kirche zertrümmernden und mit der gefühllosesten Immoralität würgenden Barbaren .... Friede und Freundschaft; erkannte ihre Konstitution, ihre neue Einrichtung der Dinge, ihre Anarchie und das Gift ihrer Lehre an. Wäre es nun nicht offenbar, daß nach seinen eignen Schlußfolgen Deutschland ein Schutthaufen werden und nächstens einem ausgebrannten Krater gleichen mußte; ein Leichenfeld auf dem jene gefühllosen Kannibalen zähnefletschend tanzen würden? Besser also das Kabinet von Preussen hätte weniger geschimpft und an die Zukunft gedacht .... eine Vorsicht die schon von einem halben Staatsmanne zu verlangen wäre .... so würde der glorreiche Friede, wie es in der Hofzeitung hieß, nicht so zerstörend nach seiner eignen Prophezeyhung werden können. Wie? oder hatten sich denn nun auf einmal jene Barbaren, jene Unmenschen und Feinde alles bürgerlichen Glücks, jene aller Ordnung und Kultur unfähigen Horden, in edle Freunde, in eine gefühlvolle Nation, in menschlich denkende Männer umgewandelt? Unstreitig; denn wie hätte es sich sonst Frieden zu machen entschließen können, und was sollten einem Karaibenminister Barthelemy prächtige Vasen und porcellane Tafelservice, wie ihm von Berlin aus geschickt wurden; und wie wäre es möglich das Friedensinstrument mit solchen Horden im prächtig blausammtnen Futteral zu übersenden. Umgewandelt mußten sie sich also haben, plötzlich und mittelst eines ungeheuren Wunders. Wäre aber dies Vorgeben zu lächerlich um selbst von einem preussischen Staatsmanne in den Mund genommen zu werden, so bliebe nichts übrig als ihn bey seinen vorherigen Behauptungen übertriebener Schilderungen und grober Unwahrheiten zu zeyhen; oder er müßte, wollte er sich dieses nicht zu Schulden kommen lassen, vorgeben, der Friede sey durch den Drang der Umstände und der großen Erschöpfung der Macht seines Staates herbey geführt worden, welches denn freylich den ganzen Schritt am bündigsten entschuldigte, weil über seine Kräfte niemand verpflichtet werden kann. Aber wo blieb dann der glorreiche Friede? wie es in der Hofzeitung lautet. Man hätte doch dann durch eine neue Lüge die alten nicht wieder gut zu machen suchen sollen. So sehr sind die Scenen der Kabinetter ein Gewebe von Narrheiten und Widersprü-

chen, daß nun auf einmal der preußische Hof
Schriften auf alle Weise begünstigte oder im stillen
verfertigen ließ, worin diese Schritte gelobt und
sein und Frankreichs Interesse als unzertrennlich
vorgestellt wurden. Sätze die beym Ausbruche des
Krieges für die ärgste politische Ketzerey und für
Hochverrath galten, durften nun öffentlich behauptet werden. Nun sahe man auf einmal unzertrenn-
liche Freunde, wo vorher nichts als Todfeinde
waren.

So redeten sie also vom Feinde und wider-
sprachen sich hinterdrein so schmählich; so spiegel-
ten sie den Blinden vor, sie föchten fürs Vaterland, indeß blinde Laune über das Wohl und
Wehe desselben nach Belieben entschied. .... Der
bekannte Zuruf an Deutschland, der in alle Zeitungen eingerückt war, fieng an: Auf, ihr Deutschen, euer Vaterland, eure Freyheit ist in
Gefahr! .... Und dennoch sucht man die Freyheit in einem Reiche umsonst, wo nur Freyheit
der Fürsten aber nicht Freyheit der Uebrigen zu
finden war. *) Und unsre deutsche Verfassung ist

---

*) Die deutsche Freyheit ist nur Freyheit der
Stände, nie Freyheit der Unterthanen. Folg-
lich kann sich der Unterthan für die deutsche
Konstitution nicht interessiren. Sobald sie ihm

eine Tonne, welche man der Volksbestie zum Spielen hinwirft: die Großen selbst scheuten sich nicht sie auf alle Weise, wo es ungeahndet geschehen

---

also gleichgültig wird, sobald hat ein Kayser, der den Zeitpunkt wahrnimmt, gewonnen Spiel; er macht den Fürsten ihre Unterthanen abwendig und dann bringt er die Fürsten selbst unter das Joch der Monarchie oder des Despotismus. Vergeblich würden sie dann auf auswärtige Hülfe trauen können; man ist nie sicherer, als durch sich selbst, spricht Machiavel. Was würde ihnen übrig geblieben seyn, wenn im 30 jährigen Kriege die Sachsen, Hessen, Pfälzer und das ganze protestantische Deutschland, sie nicht eben so geliebt, als Karl V. und die beyden Ferdinande gehaßt hätten? Denn was können mindermächtige Stände von fremder Hülfe hoffen, wenn ihnen ihre Unterthanen nicht anhangen, sondern gleichgültig sind, wer sie beherrsche? Folglich müssen die deutschen Fürsten ihre Landeshoheit bescheiden ausüben, damit die Unterthanen durch jeden Einbruch in die deutsche Reichskonstitution eben soviel zu verliehren fürchten, als sein Landesherr. Sehr unweise riethen daher manche Räthe ihren Herren, die Landstände abzuschaffen, zu schikaniren u. s. w. Sie wurden mehr Despoten; aber es war sehr unweise die Landeshoheit zu Erpressungen und übermäßigen Steuern anzuwenden; denn

ß

konnte, zu durchlöchern, sobald irgend ein Vortheil auch nur in der Ferne sichtbar ward. Chur-
brandenburg schloß den konstitutionswidrigen Frie-

---

wenn ein Unterthan von seinem Herrn eben
das oder beynahe mehr leiden muß, als er
von dem despotischen Kayser zu leiden haben
würde, was kümmert ihn dann die deutsche
Konstitution? Wenn andere Räthe ihren Fürsten rathen, ihre Unterthanen bald hier bald
dorthin zu verkaufen, oder Handel, Gewerbe
und Ackerbau an sich zu reissen, zu monopo-
lisiren, ihr Land aus Sparsamkeit oder Leichtsinn mit schwachen, ungerechten Tribunälen
zu versehen, oder durch Jäger, Opern,
Mätressen, Reisen, glänzende Hofhaltungen
ihre Einkünfte zu verschwenden und zu ver-
schulden: kurz, wenn dergleichen unweise
Räthe nicht dafür sorgen, daß dem deutschen
Unterthan die Landeshoheit seines Herrn ungleich weniger drückend sey, als die Majestät
und Despotie eines Kaysers und eines Königs
der Erde: so kann der Nation die deutsche
Konstitution nicht heilig seyn und so werth
gemacht werden, daß sie nur einen Wunsch
dafür thue. Wenn aber die Fürsten ihre Länder so behandeln, als wie sie von dem Kayser behandelt zu seyn wünschen, dann hat
die Konstitution Kraft und Wirkung." S.
d. Merkur 89 St. 4. .... Obiger Zuruf also
hätte höchstens an die Fürsten gerichtet werden
sollen, nicht an die Unterthanen; und was
das schlimmste war, er schloß sich mit einer

ben, *) Hessenkassel folgte nach und Sachsen zog
sein Kontingent zurück. Obgleich alle diese Fürsten
sammt und sonders erklärten, daß sie alles zum

Betteley; worauf es wohl auch nur angesehen
war. Aber man vernahm nicht, daß es große
Wirkung gemacht hatte; nur das Domkapitel zu Regensburg lieferte 6000. Fl. ein und
ward brav dafür gelobt. Es hatte es allenfalls auch Ursache, denn bey einer andern Einrichtung der Dinge würden alle solche fetten
Domherrnbäuche bald fortgejagt worden seyn.
Aber wir Uebrigen, die wir nicht umsonst
gefüttert werden, was hätten wir dazu beytragen sollen, daß diese unnütze Herren in
ihren Würden blieben?

**) Die Inkonsequenzen dabey und dessen nachheriges Betragen und Erklärungen, wurden
vom angeblichen Grafen Strengschwerd
im „Beurtheilung der Note, welche der
churbrandenburgische Gesandte Graf Görz
den 13. Septbr. 95. dem Reichstage übergeben hat" deutlich und scharf gerügt; so einseitig er auch sonst bey seinem Räsonnement
verfuhr und blind auf Oesterreichs Seite hieng;
welcher Vorwurf überhaupt den meisten Schriften zur Last gelegt werden dürfte, die über
politische Gegenstände zum Vorschein kamen.
Immer neigten sie sich auf eine Seite, schmei-

Beßten der deutschen Freyheit und Reichsverfassung unternommen hätten und im Reichsgutachten vom 3. July versicherten, daß sie einen allgemeinen Reichsfrieden dem Reiche in **ungetheilter Vereinigung mit dem Reichsoberhaupte im Wege der Konstitution** zu erhalten wünschten; so sprang doch einer nach dem andern ab und zog unangefragt seine Truppen zurück, oder machte Seperatfrieden und Neutralitätstraktate. Kurz, Alle thaten alles, um zu zeigen daß ihnen keinesweges die Reichsverfassung, die sie ihren Unterthanen durch unzählige Proklamationen und Aus- und Anrufe vorher unaufhörlich hatten anpreisen lassen, am' Herzen läge; sondern daß sie dieselbe überall zu durchlöchern bereit wären, sobald sie es ungestraft thun dürften, und beschuldigten sich selbst untereinander öffentlich solcher Inkonsequenzen, wodurch auch dem blindesten Fürstenknechte die Augen eröffnet wurden. Denn während das unter seinem Oberhaupte vereinigte Reich (hieß es im

---

chelten dem einen Hofe und redeten für ihn, wie z. B. die Strengschwerdischen Werke, Sprachs Sendschreiben, nebst einer unübersehbaren Menge andrer für das österreichische Kabinet fochten; oder wie „Europa in Bezug auf den Frieden" oder „polit. Lage und Staatsinteresse Preussens" und andre, dem preussischen Hofe zu gefallen einseitig wurden.

kayserlichen Hofdekret, d. d. Wien vom 18. Septbr.) mit Herstellung eines allgemeinen Reichsfriedens konstitutionsmäßig beschäftigt war: wurden indeß zu Basel von des Herrn Landgrafen zu Hessenkassel Durchl. mit einem französischen Bevollmächtigten besondre Unterhandlungen zu einem Separatfrieden gepflogen; worüber Sr. kayserl. Majestät alle gerechte Empfindungen über einen Vorfall dieser Art unterdrücken, den wohl allerhöchstdieselben nach der angeführten so feyerlichen Zusicherung der allgemeinen Reichsversammlung vom 3. July, nicht einmal vermythet hätten. Dieser Vorfall kann noch andre, ähnlichen Gepräges, nach sich ziehen, wodurch die Vertheidigung des Reichs immermehr erschwert wird, sobald es gelingen kann, daß einzelne Stände nach eigner Willkühr von dem gemeinsamen Reichsverbande austreten, ihr Interesse durch Separatfrieden und geheime Artikel vom gemeinsamen Reichsinteresse trennen u. s. w. ....

Diese Eingriffe also erlaubten sie sich in ihre eigne Verfassung, indeß sie gewapnet wider Frankreich zu Felde lagen, weil es sich an der seinigen vergriffen hatte. Während sie erklärten, nichts dürfe an der französischen monarchischen Konstitution geändert werden und alles müsse auf den alten Fuß kommen: fand Braunschweig in einem an den kayserlichen Gesandten am niederrheinischen Kreise unterm 30. Septbr. erlaßnen Schreiben das hessische reichswidrige Verfahren für verzeyhlich, und versuchte es, gleichsam ein gutes Wort für Hessenkassel einzulegen, indem es hieß: daß wenn die mißliche Lage Deutschlands, Abweichungen von der Reichskonstitution veranlaßt und selbige unvermeidlich gemacht habe, solches in den Augen des allerhöchsten Reichsoberhaupts und eines jeden **unbefangnen** Reichsstandes hoffentlich verzeyhlich und dem wahren Wohle des deutschen Vaterlandes gewiß weniger nachtheilig seyn würde und müßte, als eine ohne kräftige Unterstützung unausführbare Beharrlichkeit auf **Verfassung und Gebräuche**, wodurch nur die von allem Schutze entblößten Gegenden von Deutschland in ein unnennbares und nicht zu berechnendes Verderben versetzt worden seyn würden. Sr. Durchl. schmeichelten sich daher, daß kayserl. Majest. die in diesem speciellen dringenden Falle zur Rettung der Lande unvermeidlich gewordnen Maßregeln nicht als verfassungswidrig ansehen würden, zumal, da nach wiederhergestellten Frieden alles, was jetzt dem Anschein nach abweichend wäre, ins gehörige Gleis wieder gebracht und mit der Reichsverfassung vereinbart werden könnte u. s. w.

So wurden die eignen Schritte entschuldigt, aber zu den Waffen gegriffen, wenn die Nachbarn etwas ähnliches in ihren eignen vier Pfählen thaten! In Franken gab es seit der Besitznehmung der Anspach-Bayreuthischen Lande preussischer Seits Auftritte, welche gegen die durch Gesetze und Verträge fest bestimmt und gesichert seyn sollende Verfassung Deutschlands Zweifel erregten. Im fränkischen Kreise durchkreuzen sich die Gebiete der Stände auf mannigfache Weise. Es giebt Oerter, woran 4 und mehr Herrschaften Antheil haben und einzelne Unterthanen, die mitten in einem Orte unter eine andre Landeshoheit gehören, als ihre Nachbaren. Häufig ist der Fall, daß eine Herrschaft die völlige Landeshoheit und eine Andere die peinliche Gerichtsbarkeit besitzt. Allein königl. preussischer Seite schien man den Grundsatz anzunehmen, daß die peinliche Gerichtsbarkeit das Recht der Besteurung so wohl, als die polizeyliche Aufsicht in sich schließe, welche die übrigen Stände für Ausflüsse der Landeshoheit erklärten und als solche bisher in den Orten, wo beyde getrennt waren, ausübten. Nun ließ im November 96. das königlich preussische Amt zu Dachsbach die fürstlich Bambergischen unter der peinlichen Gerichtsbarkeit dieses Amts begriffnen, dem Hochstifte Bamberg aber bisher mit der Folge,

Musterung, Steuer und andern Unterthanspflichten zugethanen Angehörigen durch den Amtsknecht aus den zum fürstlichen Territorium gehörigen Laden holen und vor Amt bringen, wo ihnen angekündigt wurde: „ sie wären nunmehr königlich „preussische Territorialunterthanen, müßten den „ königlichen Landesschutz anerkennen, also künftig „ keine Steuer, Zehnten, Gülten, Wegegeld „ u. s. w. nach Bamberg abgeben; kein Getreide, „ Vieh, Holz, Schmalz dahin führen, die königlich gesetzte Taxe der Lebensmittel befolgen und „ preussische Soldaten ins Quartier nehmen. ....''
Für diese Bekanntmachung mußte jeder, der durch Arrest vor Amt gebrachten Unterthanen 1 Fl. 8 Kr. Gebühren entrichten! Zwey Einwohner zu Meilach wurden sogleich wegen Ungehorsam gegen diese Amtsverfügung eingezogen und bestraft. Auch ergieng an die frembherrischen sowohl als Bayreuthischen Unterthanen, welche in Rothendorfer und Nonndorfer Flur Bambergische steuerbare Lehne besaßen, ein strenges Verbot, keine Steuer mehr an das fürstliche Amt Hochstadt zu zahlen, und das Amt Dachsbach erstreckte diese Unterwerfung auch auf eine Mühle, wo das Hochstift Bamberg außer der Landeshoheit auch die Cent hergebracht hatte. Aehnliche Verfügungen wurden auch vom preussischen Amt Bayersdorf über die, in dessen Bezirke wohnenden frembherrischen Unterthanen

getroffen, und im Bambergischen Orte Roßmanns-
bach verschiedne Polizeyverordnungen gegeben.

Wegen dieser Vorfälle wandte sich die Bambergische Regierung an die preussische Regierung und verlangte schleunige Abhülfe. Auch wurde dem kayserlichen Minister Anzeige davon gethan und alle übrigen Regierungen in Franken, z. B. Würzburg, Eichstädt, Mergentheim, Schwarzenberg, Nürnberg u. s. w. wurden aufgefordert in dieser, die sämmtlichen Kreisstände betreffenden Angelegenheit, gemeine Sache zu machen.... Alles dieses geschah nicht ohne ausdrücklichen Befehl und Erlaubniß vom Berliner Hofe an die Beamten. S. Nationalzeit. der Deutschen, 3tes St. 21 Jan. 96. S. 62 ff.

Die Behandlung der Reichsstadt Bremen durch die Hannoveraner lief wider alle deutsche und bestimmte Reichsgesetze von der güldnen Bulle und dem westphälischen Frieden an, bis auf die neueste Wahlkapitulation. Man verlangte die Oeffnung der Thore. Der Anführer der Hannoveraner, du Plat, stellte beym Einzuge in die Stadt die schriftliche Versicherung aus, daß nur ein Rastag gehalten und dann weiter marschirt werden sollte. Kaum war er darin, als er widerrief und eine geheime Ordre dieserhalb vorzeigte. Unmöglich konnte dies

sehr geschickt seyn, den kleinern dentschen Reichs-
ständen Zutrauen für eine Verfassung einzuflößen,
deren Verletzung die Mächtigern sich so ungescheut
erlaubten. Auch war diese Mishandlung doppelt
für Bremen schädlich, indem dessen Kommerz als
einer Handelsstadt auf das drgste dadurch gehemmt
werden mußte, und wofür doch immer in allen
Wahlkapitulationen besonders Sorge zu tragen versprochen wurde. Am schlimmsten war es, daß sie
sogar das englische Hospital aufnehmen, und sich,
eine vollgestopfte Hanseestadt, der gefährlichsten
Ansteckung aussetzen sollte, obgleich ringsumher
eine Anzahl Bremisch-hannöverscher Städte vorhanden waren, wo es weit bequemer geschehen
konnte. Der Prinz von Mecklenburg sprach in
einem deshalb erlassenen Briefe im Ton eines Ge-
bieters mit diesem Reichsstand, der mehr wie er
war, und dem er nicht das geringste zu befehlen
hatte. Wehe also dem Schwächern im Reiche, der
nichts als die Gesetze für sich, und keine Armeen
zu seiner Vertheidigung hat! M. s. Minerva,
Septbr. 95. N. 3., wo der Einsender des Schrei-
bens S. 452. mit den Worten schließt: „diese
Behandlung eines freyen dentschen Reichsstandes
giebt Stoff genug über Räson de guerre, über
Staats- und Völkerrecht und über den Werth
der heiligen deutschen Reichskonstitution nachzudenken...." Aber sie könnte gut seyn, wenn sie

beobachtet würde; doch geschah dies zum Unglück nie. Die Mächtigern spielten damit wie mit einem Balle und durchlöcherten nach Willkühr ihre Formen, oder zwangen die Kleinern zu thun, was sie haben wollten. So mußte Hamburg auf Zunöthigung der Militärkonföderirten, die sich gleichsam Souveränitätsrechte über die schwächern Reichsstände anmaßten, den französischen Gesandten Le Hoc von sich weisen, so sehr es auch wider die Rechte der Reichsverfassung, der Neutralität und des Völkerrechts verstieß. .... Nie benahm man sich jedoch unverschämter als jetzt. Wer etwas auch nur wahrscheinlich ungestraft wagen durfte, der that es nicht mehr als gern. Fast entstand ein Wetteifer, es dem Andern darin zuvorthun zu können. Nur die armen Reichsstädte und winzigen Fürstenbndler respektirten die Konstitution noch, weil sie mußten und weil man ihnen das Gegentheil als Hochverrath ausgelegt haben würde. Sobald Hülfe und Geld von Nöthen schien, ward mächtig von der Verfassung geredet z. B. beym Quintuplum und den Römermonaten, deren man hundert verlangte. Aber wenn Frankreich getheilt werden sollte, wenn man benachbarte Reichsstädte gern haben mochte und sie schikanirte, wenn man fremden Prinzen einen Wafenplatz erlaubte, was geradezu wider die Wahlkapitulation lief: kam sie nicht in Erwähnung. Nie ward ihrer gedacht, wenn vom Vortheile die Rede war; gieng es aber schief und gab es Lasten zu tragen, dann ward das arme Ding, genannt Reich, mit ins Spiel gebracht und mußte bluten und zahlen. Nie bekam es seinen Antheil von der Ehre, wohl aber von der Schande im vollem Maaße. Diese unglücklichen Verhältnisse zeigten ihren Einfluß auf die deutschen Völkerschaften auf eine niedrige Weise. Der Landgraf von Hessenkassel durfte bis jetzt seine Menschen stückweise verlaufen und er ließ sich für einen abgeschoßnen Finger, Arm, Fuß, Kopf seiner Unterthanen ein gutes Stück Geld bezahlen. Zugleich verlangte dieser Fürst Respekt und ließ ein Edikt ergehen, worin es hieß: weil auch diejenigen, welche durch frechen Tadel in öffentlichen Reden, Schriften oder bildlichen Darstellungen Misvergnügen gegen Landesverfassungen und Staatsgewalt ausbreiten, die Ehrerbietung, welche sie dem Regenten schuldig sind, verletzen .... so sind dieselben, die Männer mit dem Eisen zweyter Klasse, die Frauensperson aber mit dem Zuchthause auf fünf bis zehn Jahr zu bestrafen.

Die bessern Völker thaten auch immer mit unter etwas für die Freyheit, nur der Deutsche zeigte sich seit Jahrhunderten als ein arger Hasser derselben, und wo es auf Unterdrückung ankam, war er als Lohnknecht ein Werkzeug dazu. Wo es darauf angesehen war Sklavenfesseln anzulegen, in Amerika, in Holland, in Polen, in Frankreich; da kämpften deutsche von Tyrannen erkaufte Knechte. Deutschland diente von jeher zur Menschenquelle, aus der andre Staaten schöpften, und es war noch bis jetzt das berühmte Bevölkerungsmagazin, welches die ganze Welt mit Pflanzen versah*) und den Kriegslustigen mit seinen

---

*) Ein sonderbares Schicksal, daß es seine Jünglinge allenthalben hin verkaufte und seine Fürstenmädchen jedem fremden, auch dem verschrobensten Prinzen mit einer Kalmuckennase, zum Zeugungsgeschäfte Preis gab. War irgend ein Herrscherstamm deshalb in Verlegenheit, so schickt' er nur nach Deutschland, wo man dem Heyrathslustigen eine Anzahl auf einmal, wie eine Koppel Stuten, zum auslesen zuschickte. So machten sich noch unlängst drey Koburgische Prinzessinnen nach Rußland auf den Weg, demüthig erwartend welcher von ihnen der Großprinz das Schnupftuch, wie ein Sultan, zuwerfen würde. Eine schamlose Aufführung unsrer deutschen Fürstenhäuser, ihre Kinder en masse einem asiatischen Despotenknaben zur Auswahl zu übergeben! Noch verabscheut wenigstens die Privatwelt diese Hintansetzung der weiblichen Wohlstandsregeln, welche schon die Natur dem Weibe ins Herz grub, und nur die Fürstentochter dünkt sich über dieselben so erhaben,

Kindern aushalf. Es war die Maus in der Fabel, die so viele Thiere zählte, welche auf sie lauerten: Raubvögel, Fuchs und Iltis, Marder, Wiesel und Katze. Fast war kein Staat vorhanden, der irgend eine Kolonie hatte nnd Menschen brauchte, der nicht seine Schlingen in Deutschland angelegt haben sollte. Es versah beyde Indien, Hungarn, Dänemark, die Wüste von Sierra morena und Astrakan mit Menschen. In keinem Winkel der Erde möchte wohl ein Krieg geführt werden, wobey nicht deutsches Blut fließen sollte. Dies wußten auch andre Staaten sehr gut; sobald sie einen Krieg ahndeten, schickten sie vor allen Dingen ihre Unterhändler zu uns d. h. zu unsern Fürsten, und baten um etliche hundert Schock Menschen gegen klingende Münze, die ihnen denn auch Heerdenweise verabfolgt wurden. Ueber Hessenkassels, Würtembergs, Auspach = Bayreuths und der noch kleinern Despoteiens schandmäßigen Menschenhandel wurde soviel gesagt, daß nur die große Verderbtheit und der Tyranneusinn Jener, der Grund seyn konnte, wenn sie noch immer nicht davon

---

daß sie sichs herausnehmen darf sie, als kleinstädtisch, mit Füßen zu treten; sie stellt sich zur Besichtigung ein und .... proterva fronte petit maritum.

abſtanden. *) .... Keine Beziehung aufs Vaterland konnte hierbey Statt finden; ſondern wie der Unterthan mit Ochſen handelt, ſo betrachtete auch

---

*) Noch im Jahr 93. verkaufte Heſſen eine Anzahl von 1200 braver rüſtiger Unterthanen förmlich an England, um Dünkirchen mit erobern zu helfen. Sie kamen zwar zu ſpät, wurden aber gleichwohl nachher größtentheils aufgerieben. Als nachher bey Gelegenheit des allgemeinen heſſiſchen Aufgebots Einige im Lande zu verſtehen gaben, daß die Gefahr doch nicht allzugroß ſeyn könne, weil der Landesvater doch ſo viele ihrer Brüder fern vom Vaterlande an eine fremde Macht verborge: ſo .... wurden ſie in Eiſen geſchmiedet.

Die meiſte Gewalt hat das Gold Englands in den kleinen Fürſtenthümern Deutſchlands, bey dieſen kleinen militäriſchen Souveräns, die wie ehedem die Condottieri oder Banditti Italiens, für den ganzen Krieg zu miethen ſind; welche die Tapferkeit als eine Waare anſehen und deren Muth nach Pfunden Sterling geſchätzt wird. In Gottes Namen mögen ſie ihren Muth verkaufen, ſo lange ſich Niederträchtige finden, die ihn kaufen, und denen der ihrige nicht genug iſt; mögen ſie ſich den Preis ihres Lebens bezahlen laſſen und es zu verlieren wagen, das Leben von Räubern hat einen geringen Werth und ihr Blut iſt nicht koſtbar genug. Aber

ein solcher Fürst den Unterthan als eine Waare, die er dem Meistbietenden loßschlug. Es fand sich kein anderweitiger Unterschied zwischen einem Men-

wer wird nicht die Völker, die unschuldigen Opfer dieses infamen Handels beklagen, sie, die nur die Gefahr und nie die Belohnung dafür kennen, sie, die elendiglich dem Käufer überliefert, das Loos ihres Lebens nur durch die Beschleunigung seines Ziels mildern und bey ihrem erbärmlichen Sold vor Hunger umkommen, während sie den Schatz ihres Souverains mit Gold anfüllen. Wie ein Fleischer von dem Schäfer begleitet auf die Felder geht, wo die ruhige Heerde weidet, mit dem Auge und mit der Hand diejenigen bezeichnet, die er haben will, und den Preiß dafür festsetzt: eben so handeln die Engländer in Deutschland um das Leben der Menschen mit den strafbaren Regierern, die die Völker sich gegeben haben.

(Ein Augenzeuge sahe, wie die letzten 4000 Hessenkasselschen Truppen, die an England verkauft waren, im Anfange des Jahrs 94. zu Hanau von mehrern englischen Kommissärs gemustert wurden. Nicht blos Pferde, Geschirr und Sattelzeug, sondern Soldat und Offizier wurden von hinten und von vorn betrachtet, ob auch für den stipulirten Preis richtige und gute Waare geliefert werde; deßwegen dauerte

schenverleyher und Pferdevermiether, als daß es
dieser mit Pferden, jener aber gar mit Menschen
zu thun hatte. Schon die überall gewöhnliche Be-

---

die Musterung von nicht mehr als viertau-
send Mann drey volle Vormittage.)

„Wir haben seit langer Zeit, sagen
sie, unsern Markt in Deutschland.„ Gerechter Himmel, und welch einen Markt denn?
Sind es Thiere, die zu eurer Nahrung
geschickt sind, oder Rindvieh zur Bearbeitung
eurer Felder! oder sind es etwan die mannichfaltigen Produkte des fruchtbaren Landes von
Deutschland, die ihr auf diesen Markt erhan-
delt? Nein, Menschen sind es; Menschen! Abscheuliche Bluthandelsleute, ihr
kauft also Menschen in Afrika, um sie zur
Arbeit zu brauchen, und in Europa, um
sie würgen zu lassen. Ungeheuer, die ihr
von Menschenblut triefet, möchte die Menschheit einst an euch eine schwere Rache nehmen und in euerm Blute ihre Schande und
ihr Unglück abwaschen! Edelmüthige Deutsche, wie lange werdet ihr noch dieser hoch-
müthigen Nation, die mit euerm Leben spielt,
zu Fechtern dienen, wie lange wird eure
muthige und herrliche Jugend diesem dummen
und grausamen Volke zum Werkzeug oder
Spielzeug wie seine Kampfhähne dienen? Oder,
wenn ihr das Gold liebt, gehet hin, erobert
diese Insel, welche eure Väter erobert haben;

M

nennung „deutſche Miethtruppen" war empörend, und ſollte jedem Deutſchen das Blut für Schaam in die Wangen jagen. Ein Miethvolk iſt wie eine

---

ihr werdet da die Reichthümer der Welt in niedrige Hände aufgehäuft finden, aus denen es hervorgeht, um ſie mit Blut zu beſpritzen. Zerbrechet jene Schatzkammer, in welcher man euer Leben und ſelbſt eure Wunden berechnete; wo jedes eurer Glieder, wie die Glieder eines reißenden Thieres, taxirt ward. Verbrennt jene Bank, dieſes ſtrafbare Werkzeug der Sklaverey der Welt. Deutſche Weiber, bis wie lange werdet ihr nichts als Sklaven gebähren? Wann werdet ihr Eheweiber und Mütter freyer Männer ſeyn? Ihr, die ihr mit einer ſo ſanften und rührenden Stimme euer Unglück und jene dumpfen traurige Lebewohle eurer Brüder und Ehemäuner ſingt, die einen ewigen Abſchied nehmen, um in einer neuen Welt freye Völker zu unterdrücken oder unter ihren Streichen zu ſterben, wann werden eure melodiſchen Stimmen der Freyheit Lieder ſingen? Wer ſeufzt nicht beym Anblick ſo vorzüglicher Völker Deutſchlands, die gekeilſcht und gekauft werden wie das Vieh, und zu nichts beſſerm dienen, als daß man ſie zur Schlachtbank führt. Wer noch menſchliches Gefühl hat, und je dieſen ſchönen Schlag von Menſchen ſah, kann dieſen Unglücklichen weder ſeine Achtung, noch ihrer bedauernswerthen Lage ſein innigſtes Mitleiden verſagen.

feile Dirne, die dem Ersten dem Pesten fürs Geld ihren Leib verkauft. .... Wenn man nach solchen Betrachtungen die kayserlichen Avoiatorien und In-

In diesen gesegneten Ländern sind unter den drückendsten Despotismus die Menschen dennoch tapfer, stark, gutherzig, großmüthig und begabt mit jenem feinern Gefühl, das sie der größten Erhabenheit in den schönen Künsten und des größten Tiefsinns und Scharfsinns in allen Zweigen der Wissenschaften fähig macht. Die Einfalt der Sitten behauptet noch unter ihnen ihre schöne Herrschaft. Sie sind gleich geschickt in den Künsten des Friedens wie des Krieges, gleich geschickt die Erde zu bebauen, wie zu erobern. Sie haben nur einen Fehler, aber er ist ungeheuer in seinen Folgen .... sie schätzen sich nicht selbst. Als höhere Wesen betrachten sie die Tyrannen, von denen sie verschachert werden, und die fremden Menschenkrämer, die um sie feilschen. Nur keinen edlen Stolz, sonst besitzen sie alle übrigen Tugenden in ihrer ganzen Einfalt. Nur das Gefühl der Freyheit fehlt ihnen zu allen diesen herrlichen Vorzügen, nur die Freyheit; denn der Despotism macht sie ihnen unnütz oder zernichtet sie wohl gar. Die nemlichen Menschen, die unter einer freyen Regierungsform fremden Völkern zum Vorbilde dienen und ihren Neid erregen würden,

bibitorien durchlas, wo so viel von deutschem
Sinn und deutschen Herzen geredet ward, mußte
einem wunderlich zu Muthe werden, und die Frage
sich unaufhaltsam herbeybringen: wo doch wohl
dem Deutschen der Sinn und die Reichsliebe herkommen solle, wenn man mit ihm spiele und ihn
an alle Nationen verkaufe; wie ihm Vaterlandsliebe beygebracht, und sein Nationalstolz angefacht
werden könne, wenn sein Fürst ihn heerdenweise
verschicke, um sich Mätressen, Jagdhunde, Moh-
rentambours dafür anzuschaffen; wenn er seine
Sprache und Sitten verachte und nichts deutsches
an sich habe, als nur das Geld, welches von ihm
einzustreichen er sich noch herablasse? Als aber
zeither der Herrnstuhl wankte, forderte man ihn
auf, gegen die Undeutschen hervor zu treten;
und doch wußte der Arme nicht, ob er im nächsten Augenblicke nicht an die erste beste undeutsche
Nation verhandelt und einem fremden Herrn zu
dienen gezwungen würde. So borgten die Holländer von jeher Deutsche, um ihre vertrackte Frey-

---

sind jetzt noch der Gegenstand des tiefsten Mit-
leids sogar der allerelendesten Völker; denn
keins ist es im höhern Grade als sie. ....
T h e r e m i n von dem Interesse der Mächte
des festen Landes in Bezug auf England.
S. 74 ff.

heit zu vertheidigen. Wir müßten ja Thoren seyn, sprach der fette Kaufmann, uns todtschießen zu lassen, so lange wir noch für baare Dukaten solche Schießmaschinen von dem und jenem fürstlichen Hungerleiber haben können. So ist ihm geholfen und uns. .... Im amerikanischen Kriege ward der Menschenhandel durchaus Mode und erreichte den höchsten Gipfel der Abscheulichen. Einige von ihnen sahen das Schändliche davon insgeheim ein und hatten wenigstens so viel Ehrgefühl, z. B. Braunschweig, um der Sache einen äußern Anstrich zu geben. Sie sagten nemlich, es wären nicht ihre Unterthanen, sondern geworbene Ausländer, die sie zum Nutzen und zur Erleichterung ihres eignen Landes verkauften. Sie machten es also wie jener Heilige, der das Leder zusammen stahl, um den Dürftigen Schuhe davon zu machen. Dies war sinnreich genug. Auch gab es noch andre Entschuldigungen. Denn, hieß es, es sind größtentheils unnütze Knechte, Laubläufer, die den Staat belasten, und folglich mit Fug und Recht .... todtgeschossen werden. .... Dies war noch sinnreicher. Man nahm daher jeden armen Handwerksburschen, der so unglücklich war, sich in ein solches Ländchen zu verirren, geradezu weg, erklärte ihn für einen Landläufer und .... verkaufte seine Haut. Dies war gewiß am aller sinnreichsten. Hieraus bestanden nun die freywillig gewordenen Ausländer, die aus lauter Freywilligkeit, wenns irgend möglich war, entliefen, ehe sie eingeschifft wurden. Aber so etwas nahm man sehr übel; wer ertappt wurde, bekam die Kugel vor dem Kopf. Wer hier über Unrecht klagen wollte, verstände vielleicht die Sache nicht. Das Recht über Leben und Tod hatte man sich einmal über solche Freywillige aus triftigen Rechtsgründen erworben; es konnte also gleichviel seyn, ob eine fürstlich-deutsche oder republikanisch-amerikanische Kugel dies Recht zur Ausübung brachte. Auch der andre Grund war gut ausgedacht! Es ist keine Obrigkeit ohne von Gott; des Fürsten Wille ist daher Gottes Wille. Der Fürst wollte, daß man sich nach Amerika sollte verkaufen lassen, folglich war dies Gottes Wille. ... Der deutsche Soldat selbst könnte sich leicht trösten, wenn er so zu sich spräche: Es ist gewiß, daß der triftigste Grund, warum man dem Streiter die Gefahren des Krieges und alle Beschwerlichkeiten im Felde, Wunden und Tod zumuthet und ihn zum Kampf und Tapferkeit aufmuntert, im Vaterlandswohle und im Bewußtseyn bestehet: für die Erhaltung und das Beste des Landes zu fechten. Nun kann zwar nicht behauptet werden, daß dies jetzt hier der Fall wäre; denn weder Amerika, noch England ist dein Vaterland. Allein der Weise denkt weiter. Die Welt und die menschliche Gesellschaft könnte nicht bestehn, wenn nicht Gesetze und Regierungen da wären. Da giebt es nun unter andern auch eine hessische Regierung und einen Fürsten, der sich auszeichnen und Ansehn zu verschaffen wissen muß. Hierzu gehört, daß er sich durch Hoheit, Pracht und Glanz wichtig mache; welches vorzüglich durch prächtige Schlösser, Weissensteine, kostbare Gärten, Fasanerieen und andre Anlagen zu Wilhelms-Bad, Opern, Mätressen u. s. w. bewirkt wird. So etwas kostet Geld. Ueberdies sind auch immer Schulden vorräthig, welche die Schwelgerey des in Gott ruhenden Vorfahren erzeugte, und die wollen auch bezahlt seyn. Es müssen also Mittel ausgedacht werden, wodurch die Kosten herbey kommen. Handel und Wandel ist gewiß eine ehrliche Art sich Geld zu erwerben. Was thut also der Fürst? Er nimmt dich unnützen Knecht von der Straße weg, wendet ein funfzig Thaler zu deiner Ausrüstung an, schickt dich dann fort und läßt sich hundert Thaler dafür wieder bezahlen; wie der Kaufmann, der rohe Producte nimmt und sie verarbeitet klüglich ins Ausland sendet. So gewinnt er also funfzig Procent und hat auf einmal Geld. Das ist billig und ehrlich. Was hälfe dir denn überhaupt dein bischen Körper. Gemartert wirst du einmal in der Welt und mußt dich schmiegen und biegen. Ob du hier stirbst oder dort, ist wohl gleichviel. Wahr mag es seyn, daß noch Mancher dazu ein Ausländer ist, dem die Sache ganz und gar nichts angeht. Aber was schadet es? Man zählt ihn doch jetzt unter die tapfern Heſſen, und er hilft den Nationalruhm vermehren. Das ist zehn Leben werth. Was nutzt deine Haut überhaupt? Nehmen sich denn die schönen Schlöſſer und Gärten nicht beſſer aus, die man sich dafür anschafft? Und wider die rebelliſchen Amerikaner geht es noch obendrein. Nein! Rebellen dürfen nicht in der Welt ſeyn; es muß beym Alten bleiben; was sollte da heraus kommen? Auf! Wer sich hier noch besinnen mag, hat keinen deutſchen Sinn noch Herz. *) „Die ganze heſſiſche Nation weiblichen Geschlechts scheint

---

*) Auf den Einwurf des Leviathans (Fausts Leben, Thaten und Höllenfarth. S. 59.:) die Deutſchen glaubten ganze Kerls zu seyn, wenn sie sich für ihren Fürſten todtschlagen, oder zum Todtschlagen an Andre verkaufen ließen, erwiedert der Doktor Juris von seiner Höllenrednerbühne: „Auf das erste antworte ich nicht, denn dafür sind sie da, wie wir Juriſten beweiſen. Aber warum sollte er ſie nicht verkaufen? Verkauft nicht jeder sein Eigenthum, es sey Ochs, Rind, Pferd, Kuh, Schwein oder Kalb? Und wenn ihm nun sein Land nicht Gold genug geben kann, es

in Trauer zu seyn, ob wegen ihrer in Amerika abgeschlachteten Männer und Söhne oder wegen der Uebereinstimmung des Schwarzen mit der Farbe ihrer Haut und Haare, weiß ich nicht," schreibt Kampe in seiner Reisebeschreibung.

§. 12.

So wäre denn das Glück der deutschen Verfassung beschaffen. Die Verweigerung der Justiz in derselben, war überhaupt so etwas allgewöhnliches, daß nur ein blinder Griff dazu gehörte, um überall Beyspiele hiervon zu finden. Die Jacobinerriecherey war so arg und ward auch in den kleinern Ländern fast so unverschämt getrieben, als zu Wien und im übrigen Oesterreich, wo das Schreckenssystem zur Tagesordnung gehörte. Die Freyheit des Redens und der wechselseitigen Mittheilung der Gedanken blieb verpönt. Wie könnte sie auch despotischen Fürsten gefallen. *) Hierin

---

andern Fürsten in Tracht und Aufwand gleich zu thun? Doch ich schäme mich über eine so klare Sache vor einer Versammlung unsterblicher Geister ein weiteres zu reden."

**) Was unterscheidet die Republik von der Monarchie? Eine einzige Sache; die Freyheit

hatten nun überhaupt die Thronmarats einen grossen Vortheil, sie durften schreyen und schimpfen; ihre Schmähungen waren vom Landesregenten gleichsam sanktionirt; die Andern mußten schweigen. Fast könnte man sagen, daß das Verfolgungssystem die Gestalt fester Regeln so gut ange-

zu sprechen und zu schreiben. Laßt in Moskau die Preßfreyheit zu, so ist Moskau morgen eine Republik. So hat die Preßfreyheit troz Ludwig XVI., den beyden rechten Seiten und der ganzen konspirirenden und royalistischen Regierung, allein gleichsam bey der Hand bis zum 10. August geleitet und eine Monarchie von 15. Jahrhunderten über den Haufen geworfen. .... Was ist die beste Brustwehr der freyen Völker gegen die Ausfälle des Despotismus? Es ist die Preßfreyheit. Und nachher die beste? Die Preßfreyheit! Und dann die beste? Die Preßfreyheit; (Camille Desmoulins im alt. Cordelier. s. Minerva Septbr. 95. S. 400.) Ohne die Freyheit zu sprechen und zu schreiben kann es keine Republik geben. Diese Freyheit kann nie gefährlich werden, sie ist ein Spiegel für das Laster. Wenn man Unrecht hat, so muß man sich bessern, und es ist gut, daß es durch ein Journal geschehe. Habt ihr ein gutes Gewissen, was fürchtet ihr euch für Blätter, die gegen das Laster gerichtet sind? Frankreich wird eine Republik bleiben, so lange jene bleibt.

nommen habe, als es im despotischsten Auslande nur Statt fände. Die Unterdrückung der Freyheit der Meynungen überhaupt gieng immer gleichen Schritt mit der Unterdrückung des Volks. Die Tyrannen verfolgten die freymüthigen Männer allenthalben. So haßte Dionys den Plato, Nero den Seneka, Pitt Paine'n, Robespierre Philippeaur'n, Wöllner Schulzen, der Markgraf von Baden Leuchsenringen. Unsre Verfassung schützte so wenig gegen diese Greuel, als wäre die Willkühr im nemlichen Grade zu Hause, wie bey der Selbstherrscherin aller Reussen. Das traurige Loos des Wiener Geistes war allbekannt, aber auch anderwärts ließ man sich durch Partheywuth zur Verläugnung alles Rechtsgefühls hinreißen und schämte sich nicht über alles gerade zu, im Angesicht der zuschauenden Nachbarn, abzuurtheln, ohne es nur der Mühe werth zu halten, die Sache zu untersuchen. Ein vorzügliches Beyspiel hiervon lieferte die englisch-hannöverische Regierung. Mit zwey Offizieren v. Bülow und v. Mellenburg ward hier auf eine unglaubliche Art verfahren. Der Feldmarschall Freytag denunciirte Beyde beym Könige von England als Illuminaten,*) und sie wurden aus

---

*) Bey seiner Anwesenheit in London, wo er sich mit dem Könige über den Illuminatismus nach Zimmermanns Eingebungen unterhalten

dem Felde zurückgerufen und von ihren Stellen suspendirt. Freytag gestand nachher dem Herrn v. Mecklenburg selbst, daß er sich anfangs in ihm geirrt (und ihn deswegen angeklagt) habe; schlug ihm aber gänzlich ab, sich für ihn beym Könige zu verwenden, oder sein Memorial an ihn, durch seine Hände gelangen zu lassen; denn „der König würde sich sehr wundern, wenn er damit ankäme," (natürlich! weil er ihn ja selbst erst bey jenem angeschwärzt hatte) und er wolle ihm nur heraus sagen, der König halte ihn, Mecklenburgen, für einen Illuminaten." Der Herr v. Mecklenburg versicherte, er wisse gar nicht, was ein Illuminat eigentlich sey, und ob es wirklich welche gebe? Der Feldmarschall erwiederte: daß er auch nicht wisse, was es für Leute wären, er halte ihn keinesweges dafür. „Aber, fuhr er fort, läugnen Sie nur nicht, daß es welche giebt; woher kämen sonst alle die Unruhen, die jetzt Statt finden? Warum gieng es sonst mit uns so krebsgängig, wenn die Illuminaten nicht wären. Ich kenne ihrer genug (und kurz vorher wußte er nicht, was es für Leute wären!) und in Göttingen ist

---

und tapfer darauf los denunciirt hatte. Man gab ihm, dem Feldmarschall! bey seiner Rückreise ein Meßgewand zur Bestellung an das Osnabrückische Domkapitel mit.

ihr wahrer Sitz. (Vermuthlich hielt er jeden Gelehrten dafür, der es wagte ein wenig mehr und gescheuter zu denken, als er, der Herr Feldmarschall.) Meklenburg antwortete, daß ihm davon nichts bekannt sey. Der Feldmarschall sagte weiter: „hier in Hannover giebt es ihrer auch eine Menge, ich habe eine ganze Liste davon (die ihm Ritter Zimmermann aufgesetzt hatte;) man kann es ihnen nur nicht beweisen (ganz natürlich;) dieses ist so schwer, weil man nichts schriftliches von diesen Leuten erhalten kann; aber lange soll ihr Reich nicht mehr dauern. Die hohen Häupter haben ein Bündniß gegen sie gemacht. Sie haben gewiß auch schon gehört, was bey der kayserlichen Armee vorgefallen ist; allein in kurzem sollen sie alle aus Deutschland geschafft werden....." Aber wie ist es möglich, fragte v. Meklenburg, Leute ohne Beweis zu verdammen? Wie mancher Unglückliche steht wohl nicht auf der Liste Ew. Erzellenz, dem es bald wie mir, ganz unverschuldet ergehen wird.... „Das thut nichts, fiel der Feldmarschall ein; bey gegenwärtigen Zeitumständen ist es besser, daß Einer unschuldig leide, als daß das Ganze in Unordnung gerathe. Herrschen die Unruhen nicht aller Orten? u. s. w.

Und dieser Freytag, an Geist und Herz gleich stark verkrüppelt, war Feldmarschall. Welch Unheil

konnte so ein Schächer anrichten, indem er einen
jeden vernünftigen Mann, der sich ein wenig über
den großen Haufen erhub, zum Illuminaten stem-
pelte und bey seinem schwachen Könige denunciirte.
Eben derselbe drückte die Universität Göttingen
außerordentlich; die Professoren wurden ganz ver-
dußt und scheu; keiner durfte es mehr wagen,
auch nur einigermaaßen mit der Freymüthigkeit zu
reden, die dem Denker geziemt. (M. s. Meine
im hannöv. Dienst erlittne Behandlung an das
unpartheyische Publikum, von Karl v. Meffen-
burg, vormal. Hauptmanne bey d. hannöv. Garde
zu Fuß. Rostock und Leipzig 95.) Es blieb, da
man die Gerechtigkeit so ganz verweigerte, nichts
übrig, als den Rekurs ans Publikum zu nehmen,
und sich wenigstens hier zu rechtfertigen, da der
König seinen Unterthan nicht hören wollte! ....
Aber gleichen Despotism zeigte der General Graf
Wallmoden-Gimborn, und aus einer Antwort
desselben an v. Mellenburg schien sich zu ergeben,
daß dieser den Knoten durch Verabschiedung der
Angeklagten zu lösen gesucht hatte. Also Freytag
hatte sie angeschwärzt und Wallmoden ihre Entlas-
sung bewirkt. Der Herr von Bülow stellte seine
Angelegenheit ebenfalls dem Publikum anheim in
der Vertheidigungsschrift: Meine Dienstentlassung,
Hamb. bey Herold, 95. „Die französische Revolution, spricht er S. 10., gab das Signal zu

einem ganz neuen wunderbaren wechselseitigen Kampfe in der ganzen kultivirten Welt. Mistrauen und verketzernde Intoleranz nahm überhand. Die Stimmung der übrigen Welt, war auch die allgemeine Stimmung in meinem Vaterlande und besonders zu Hannover. Man bewunderte den gelungnen Kampf einer großen Nation gegen langjährigen eisernen Despotismus und drohenden Untergang; man wünschte der neuen Konstitution den besten Fortgang. Bald aber änderte sich dieser herzerhebende Gesichtspunkt. Die durch wenige Bösewichter veranstalteten Vorgänge zu Versailles und Paris, der mislungene Versuch Ludwigs XVI. Frankreich und die angenommne Konstitution zu verlassen, das laute Geschrey und die kriegerischen Gaukeleyen des ausgewanderten Adels, der Ausbruch des Krieges zwischen Frankreich und Oestreich und Preussen, bewirkten, daß ein großer Theil derjenigen, die bisher die Revolution so vortheilhaft beurtheilt hatten, diese Begebenheit jetzt als das verabscheuungswürdigste Ungeheuer verschrieen. Bey der Parthey derjenigen, welche sich laut und unbedingt gegen die Neufranken erklärten, gedieh es allmählich zu einem unverzeyhlichen Verbrechen über die Sache Frankreichs mit kalter Erwägung der gegenseitigen Gründe blos betrachtend bleiben zu wollen. Die entferntesten Zweifel, ob Ludwig XVI. gut und recht gethan habe, sein Königreich verlassen zu wollen? Ob es den Verhältnissen und dem politischen Interesse des Kaysers und des Königs von Preussen gemäß sey, sich der Sache Frankreichs auf d i e s e Weise anzunehmen, w i e es geschah? Ob nicht die gesammten europäischen Staaten vielleicht mit Gewalt dazu gebracht werden müßten, der französischen Nation die vormalige Regierungsform wieder aufzubringen?.... jeder leiseste Zweifel über diese und andre Gegenstände der Art, ward von jener Parthey als äußerst gefährlich verkehret. Wer etwan die Möglichkeit voraussetzte: daß Frankreich, auch ohne die Rückkehr seines bis dahin ausgewanderten Adels, Frankreich bleiben werde; wer es nicht laut als ein verdienstvolles Werk pries, die blühendsten französischen Provinzen mit Feuer und Schwerdt zu verheeren und vor allen Dingen Paris in einen Schutthaufen zu verwandeln; wer nicht dahin einstimmte, daß dies Werk von den Verbündeten mit federleichter Mühe in wenig Wochen ausgeführt werden könne; wer menschenfreundlich und kaltblütig genug dachte, um zu glauben, daß eine Unmenschlichkeit darum nicht weniger verabscheuungswürdig und in ihren Folgen nachtheilig sey, weil dieselbe g e g e n e i n e n Franzosen verübt werde.... der ward von den, wenigstens d a m a l s noch völlig unberufnen Widersachern der französischen Nation, als ein Feind der bürgerlichen

Ordnung, als ein Propagandist, Aufwiegler, Illuminat, Landesverräther, oder kürzer, unter der Benennung, die alles dies in sich fassen sollte, als ein Demokrat verschrieen und in sofern es thunlich war .... denuncirt. Läge es nicht so sehr außer der Gränze des gegenwärtigen Zwecks, so würde es leicht seyn eine lange Reihe, von beynahe unglaublichen Fällen aufzustellen, in welchen diese politische Verfolgungssucht Männer von der bewährtesten Rechtschaffenheit, von unwandelbarer Treue gegen ihr Vaterland und ihren Landesherrn traf, und sie für den ersten Eindruck ihren Mitbürgern und Obern aufs äußerste verdächtig machte. Es würde dargelegt werden können, daß die angesehensten Personen, welche dazu nicht den entferntesten Beruf hatten, aufs Gerabewohl so genannte Demokratenlisten verfertigten; besonders im Militär Spione und geheime Denuncianten anstellten; die Obrigkeiten auf eine unerträgliche Weise mit den bodenlosesten Anträgen zur Arretirung unbescholtner Personen bestürmten, und wenn man dies nicht glauben wollte, sich sogar durch eigenmächtiges Verfahren die unerhörtesten Eingriffe in die bürgerliche Ordnung und Landesverfassung zu Schulden kommen ließen."

Dadurch glaubte man den Geist der Zeit unterdrücken zu können. Der Herr v. Bülow tadelte

N

dies Betragen laut und .... er ward zum Illuminaten gemacht und sein Fall beschlossen. Der Feldmarschall Freytag, dieser politische Zionswächter; der Herzog von York, dieses despotische, unwissende, verzärtelte Söhnchen, ward ungnädig und .... entschied; weil v. Bülow in der Beurtheilung mancher die öffentlichen Vorfälle betreffender Gegenstände von der Ueberzeugung der Parthey abwich, die sich intolerante Einseitigkeit zum Gesetz gemacht hatte, und die schlechterdings eine kaltblütige Erwägung gegenseitiger Gründe zum Verbrechen stempeln wollte. Die Freymüthigkeit, die jedem rechtschaffnen Manne zum Verdienst gereichen sollte, ward die Veranlassung seines Unglücks. Freytag verbot die Sprach- und Denkfreyheit durch eine besondre Ordre! und rufte sogar jeglichen Offizier zum Denunciiren auf, wenn er von Andern solche proscribirte Aeußerungen hören sollte. Wie niedrig und wie beleidigend für das ganze hannöverische Militär, bey dem Ehrgefühl ein Grundzug seyn mußte! .... v. Bülow sah es nun in vollem Lichte (S. 18.,) wie gefährlich für das Glück auch des rechtschaffensten Mannes, eine freymüthige Aeußerung über die dermaligen Weltvorgänge werden könnte, wenn dieselbe den höchst arbiträren Unwillen eines .... nicht gleichdenkenden Gesellschafters erregte, und schwieg. Aber dies half nichts. Durch den Flügeladjutanten des Herzogs von York, einen gewissen Löw von Steinfurt, schien er vorzüglich angeklagt worden zu seyn, weil er sich über die Abscheulichkeiten der englischen Truppen mit Unwillen äußerte; und jener Barbar antwortete: daß er sich immer freue, wenn es diesen Kanaillen (den Franzosen) recht übel gehe; daß man sie nicht schlecht und hart genug behandeln könne, und er fände das größte Vergnügen daran, Rache zu nehmen (S. 27.) So ungefähr spricht der Irokese und .... der Herr Löw von Steinfurt, ... So geschah es, daß der despotische York Beyde von der Armee mit Verdacht beladen zurückschickte. Denn dieser konnte „das Räsonniren nicht leiden" wie er sich gegen den General von dem Busche äußerte. „Ach, edler Freund, schrieb letzterer an Bülows Vater, es geht nicht mehr so vernünftig und edel zu, wie in unsern Jugendjahren." Natürlich; denn wo solche Yorks den Oberbefehl führten, konnte es nicht anders seyn.

Sie wurden endlich frey gesprochen aber .... verabschiedet. Gerade dem hannöverischen 126sten Kriegsartikel entgegen, wo es heißt: daß kein Offizier ohne hinlängliche Untersuchung und Vergehen verabschiedet noch begnadigt werden soll. Und doch geschah dies hier; ein Verfahren, das für einen Offizier, dem vorzüglich die Begriffe von militärischer Ehre am Herzen liegen, nächst der Todesstrafe, das härteste ist, was ihm wegen der schwersten Verbrechen treffen kann. Und doch war kein Schatten von Verdacht vorhanden und jeder vom Kriegsgerichte losgesprochen. Ueberdies mußten sie sechs Monate lauern ohne verhört zu werden, ihre Gesuche wurden nicht beantwortet, und es ward schikanirt. Endlich kam es zu Hannover zum Verhör. Dem Herzog von York, hieß es, sey zu Ohren gekommen, daß sie Urtheile und Meynungen über den Krieg zu frey geäußert hätten. Deswegen habe er sie zurückgeschickt..... Ihre Erwiedrung: daß der Herzog von York dazu kein Recht gehabt habe, weil das hannöverische Korps unter dem speziellen Befehle des Feldmarschalls Freytag gestanden, und dieser sich eigentlich hätte widersetzen sollen .... ward nicht angehört. Es ward ihnen sogar die Abschrift des Verhörprotokolls von Gerichts wegen verweigert. Ueberhaupt zeigte sich die ganze Untersuchung heillos lächerlich. Nach Jahren wurden sie über Reden vernommen, die in freundschaftlichen Gesprächen geführt worden waren, und auf die sie sich nicht mehr besinnen konnten. Die Sache zog sich in die Länge und das Generalkriegsgericht blieb taub gegen alle Vorstellungen und würdigte die Klagen der beleidigten Familie und Bitten um Gerechtigkeit, nicht einmal einer Antwort. Eine der dem Herrn v. Bülow vorgelegten Fragen war: haben Sie geäußert, die französische Einrichtung sey in der Hinsicht schön und gut, daß jeder ohne Ansehn der Person, des Adels und des Vermögens, blos durch Verdienst, zu allem gelangen könne? .... Nur ein Unsinniger und die englisch-hannöverische Regierung konnte das Gegentheil behaupten.

Hieraus erhellt überhaupt auch deutlich, weß Geistes Kind dieser Feldmarschall Freytag war. Ein niedriger Mensch, der durch Heuchelep und Verläumdung sich in die Gunst des Hofes zu St. James auf Unkosten seines Vorgängers eingeschmeichelt hatte. Er war der Urheber aller der mannichfaltigen despotischen Schritte und der Verfolgungen rechtschaffner wahrheitsliebender Männer. Er stand in Verbindung mit dem Ritter Zimmermann und ließ sich von ihm zur Jacobinerriecherep und Illuminatenjagd abrichten.*) Ueberall verläumdete

---

*) Die Hannoveraner unterm Herzog v. Y. bey Valenciennes u. s. w. wurden wie Bastarde behandelt, bekamen immer den schwersten Stand und nichts zu essen, indeß in den englischen und österreichischen Lagern alles voll auf war. (Bülows Dienstentlass. S. 23. in der

er auf die feigste Weise; dann kamen unversehens solche elende Neckereyen wie mit Knigge zum Vorschein. Er war es, der die unvernünftigen Verordnungen gegen Denk- Sprach- und Preßfreyheit veranstaltete. Ihm flucht so mancher würdige durch ihn angeschwärzte und verdächtig gemachte Mann.

Ein andres Beyspiel von Illuminatismusgeschrey und Obscurantenunfug, findet sich in N. 246. Jahrg. 95 des Reichsanzeigers, eines Blattes, das gewiß unter die sehr behutsamen und gemäßigten gehört und überall im Reiche verkauft werden durfte: „Eine Frage an Alle, denen die Ruhe und der Wohlstand ihres deutschen Vaterlands theuer ist." „Gesetzt es sey den Feinden aller weitern Kultur und Aufklärung vermittelst ihrer beständigen und täuschenden Hinweisung auf die französische Revolution (und besonders unter

---

Note.) Das ganze Korps ward dadurch sehr mismüthig, denn es mußte noch Beschwerden erdulden, die sehr leicht hätten abgeändert werden können und für keine unvermeidliche Folgen dieser kriegerischen Züge angesehen werden konnten. Diese Unzufriedenheit nun schob man .... auf die Illuminaten. Wie lächerlich! ..... einmal brach jener Mismuth auch wirklich in Widersetzlichkeit aus.

der Firma des Schreckens vor einer ähnlichen in Deutschland,) wirklich gelungen, einen unserer deutschen Fürsten von höherm Range und Einflusse dergestalt für sich einzunehmen, daß sie ihn sogar überreden könnten: Alles was auf irgend eine Weise die Aufklärung oder weitre Ausbildung der Menschheit befördre, sey gefährlich; es leite wenigstens mittelbar und in seinen Folgen zur Revolution, man müsse daher alle die Männer, die auch nur entfernter Weise zur weitern Kultur und Aufklärung beytragen, von wichtigen oder Einfluß gebenden Stellen entfernen, ohne Rücksicht auf ihre Verdienste, Talente und Tugenden, wenn ihnen auch hierbey einigermaaßen Unrecht geschehe; wenn auch in gewisser Hinsicht die Gesetze der Wahrheit und Gerechtigkeit dadurch verletzt werden, so müsse man darüber hinwegsehen, und dies für das kleinere Uebel nehmen, das man wohl zulassen dürfe, um jenem großen und furchtbaren Uebel auf eine sichere Art vorzubeugen; sie mögen es wohl gut meynen, jene bessern Aufklärer, aber im Grunde und in der That selbst seyen sie darum nicht weniger schädlich; .... ja es sey mit ihrer Mäßigung und überhaupt mit ihrer Tugend innerlich auch nicht immer so gut bestellt, wie es äußerlich scheine; die Aufklärer, die feinern Illuminaten können sich verstellen und .... was sonst

bekanntlich schlechterdings menschlicher Weise nicht
möglich ist .... Jahrelang das rechtschaffenste und
in jeder Hinsicht untadelichste Leben führen, blos
um sich und ihren verderblichen Grundsätzen Eingang zu verschaffen: .... Gesetzt also dieses von
jesuitischen Obscuranten und feilen Höflingen aus-
geheckte System habe wirklich irgendwo Beyfall
gefunden und es werden nun wirklich diesem Plane
gemäß:

1) Verdiente, geschickte und rechtschaffne Männer ohne weitres von ihren Lehrstühlen entfernt und zwar a) ohne Schuld von ihrer
Seite, b) ohne daß man im Entlassungsdekrete
nur das geringste von einer ungegründigten oder
nur im mindesten verfänglichen Aufführung
gegen sie anführen konnte; c) ohne daß man
sich getraute, die politische Absicht, in der
man handelt, mit einem Worte zu nennen,
folglich auf eine Art, die blos willkührlich
erscheint; d) ohne Rücksicht auf ihre bisherigen Verdienste und e) ohne die mindeste Ent-
schädigung für das, was man ihnen nimmt
und etwan nur mit der Anweisung an diese
oder jene Nebenstelle, die sie vor einiger Zeit
zur Belohnung ihrer damals anerkannten Verdienste erhalten hatten. Gesetzt

2) eben die Parthey, welche sich auf jene Art Zutrauen und Einfluß erschlichen hat bringe es dahin, daß nur Männer von ihrer Denkungsart befördert und die wichtigsten Stellen mit Zöglingen von ihrer Hand, oder mit ihren Kreaturen besetzt werden, und zwar mit Menschen a) von weit geringerem Werthe des Talents und des sittlichen Charakters; b) ohne alle gehörige Vorbereitung zu dem Fache, wozu sie angestellt werden, c) mit offenbarer Hintansetzung der Landeskinder und überhaupt solcher, die vermöge ihres Talents, ihrer vorläufigen Bildung und ihres Alters ein weit näheres Recht haben; die aber freylich von beßrer Hand gebildet zu ihrem Plane nicht stimmen; kurz mit kühner offenbarer Verletzung derjenigen Gesetze, die im Reiche der Gottheit allein gelten, und folglich auf eine Art, aus welcher die bloße Willkühr und die Leidenschaft sichtbar hervorscheint. Endlich

3) vorausgesetzt, daß eben durch eine solche willkührliche, kränkende, alle Gesetze der Wahrheit und Gerechtigkeit verletzende Handlungsweise, die Unzufriedenheit vermehrt, jeder Wohldenkende beleidigt, der Keim des Unwillens und der Entrüstung gerade in die Seelen der besten, der edelsten, talentvollsten

Menschen eingesenkt, die Ruhe unsers deutschen Vaterlandes untergraben und der Stoff zu eben dem Unheil, das man entfernen will, von mehr als einer Seite herbeygeführet wird (M. vergl. im Journ. Geist unf. Zeitalters, die Abhandl. haben wir in Deutschl. eine Revol. zu befürcht.? .... im May und Jun. stücke 95.)

Was soll in diesem Falle der ächte deutsche Patriot anfangen .... derjenige, welcher seinen Fürsten und sein Vaterland wahrhaft liebt? wie soll er das Blendwerk zerreissen, womit heuchlerische Bösewichter und kurzsichtige Fanatiker die Augen und das Herz seines Fürsten umstrickt und umfesselt haben?

„Er trete hin vor seinen Herrn und rede mit Ehrfurcht, aber nachdrücklich und wahr!"

Wenn aber die jesuitische Parthey im neuen Bunde mit Höflingen, die aus Eigennutz der Wahrheit, der Aufklärung und allem Lichte gram sind, oder denen daran liegt, den Blick ihrer Herrn von den wahren und eigentlichen Ursachen der Revolution immerfort abzulenken, dem Biedermanne den Zutritt versperrt?

"So gebe er seine Vorstellungen schriftlich ein."

Wenn sie aber niemals an Ort und Stelle gelangen; wenn sie unterwegs, bald da bald dort aufgefangen, unterdrückt und vernichtet werden?

"Die Männer, welche dergestalt willkührlich behandelt oder gekränkt werden, sollten ihre Klagen vor die Reichsgerichte bringen."

Wie kann dies der Edlere der lieber das Unrecht männlich dulten, als gegen seinen Fürsten auftreten will, den er wegen seines Schicksals in solche Hände nur bedauern kann. Wo wäre da auch was zu gewinnen? Sollten nicht vielmehr alle, denen die Ruhe und der Wohlstand unsers Vaterlandes theuer ist, in einem solchen Falle ihre Stimmen öffentlich vereinigen und die Fakta selbst unverhohlen, mit ihres Namens Unterschrift zur allgemeinen Publicität bringen und dadurch jene gottlose und fanatische Gegner alles Bessern, einer Seits schrecken und auf der andern Seite unsre wohldenkenden Fürsten und die edlern Männer aus dem Stande des Adels, die Vormauern jener heillosen Parthey durchbrechen und den Nebel zerstreuen, welche dieselben zum Verderben Deutschlands fein und künstlich genug ausgebreitet hat?"

Diese Thatsache war gewiß richtig; denn der privilegirte Reichsanzeiger, der es natürlich mit den Großen nicht verderben durfte, würde es sonst nicht aufgenommen haben. Aber die Sache selbst war eigentlich etwas alltägliches; man brauchte jetzt nicht zu fragen: wo geschieht so etwas? Sondern vielmehr: wo geschieht so etwas nicht? Denn jenes klägliche Faktum paßte auf alle deutsche Fürsten. So gieng es in Sachsen zu, in Hessen, in Hannover, in Preussen, in Oesterreich, in Bayern u. s. w. Aber es war gut, daß es so zugieng; es war gut, daß sie gar nicht nachgeben, sich nicht in den Geist ihres Zeitalters fügen wollten; dadurch wurden die Gemüther immer schwieriger und die Explosion konnte früher erfolgen! anstatt daß durch etwas Nachgiebigkeit doch nur Palliativmittel gegeben wurden und uns, noch weit länger weder recht krank noch recht gesund, schmachten zu müssen die traurige Aussicht offen stand. Man hätte sich allezeit freuen sollen so öfters, und das geschah täglich, man hörte, wie hier oder dort ein neuer Druck und eine neue lichtscheue Ungerechtigkeit, eine Anwendung der Willkühr und der despotischen Laune sichtbar ward. Gut, durfte man sagen, es ist ein Grad mehr des Unwillens und ein Schritt näher zur Explosion und zur Erlösung.

§. 13.

Diese Obscurantenparthey erlebte nun an den Höfen ihr goldnes Zeitalter. Vielleicht ward sie noch nie so begünstigt als eben jetzt, wo jeder Große schreckhaft nach dem Haupte griff zu sehen, ob er auch das Diadem noch habe. In dieser Bangigkeit glaubten sie alles und hörten überall Schlangen zischen, die ihre Gottesgnadenmandate zu zerfressen drohten. Die Großen wollten zwar Licht, aber es sollte der Blendlaterne eines Diebes gleichen, die alle äußre Gegenstände erleuchtet, ihn selbst aber im Dunkeln läßt. Sie beförderten die Aufklärung am Menschen, um nur Nutzen dadurch für sich zu ziehen, wie man ein Thier Kunststücke lehrt; vorzüglich aber, um dadurch ihre Rechte gegen den Uebermuth herrschsüchtiger Priester oder des Adels zu vertheidigen und zu vermehren. Alles dies ward nun anders. Vor zehn Jahren redete man freyer als jetzt, ohne Aufsehen zu erregen; nun ward der nemliche Satz und die nemliche Wahrheit für jacobinisch und verderblich ausgeschrieen, denn sie wichen jetzt in die Dunkelheit mit ihren Kindern zurück und versuchten es, wiederum jene ägyptische Finsterniß um sich her zu zaubern, wo alles unerörtert bleibt und das tappende Menschengeschlecht das Flittergold ihres Schmucks und die Theaterlappen um ihre Stühle nicht näher untersuchen kann. Sie erlaubten ehemals alles zu beleuchten, nur ihre eigenen Rechte sollten stets im heiligen Dunkel bleiben; aber als nun auch die hellleuchtende Fackel ihre Strahlen bis dahin warf, begannen sie dieselbe mit vollem Odem wieder auszublasen, oder überall, wo es zu tagen und das Chaos der wechselseitigen Anmaaßungen sich zu ordnen begann, Feuerbrände hinzuwerfen, damit, wenn alles in Flammen und Feuer stände, die armen Menschenkinder selbst Wasser herbeytragen und alles bald wieder in Graus und Nebel, in Finsterniß, Kälte und Todtenstille versetzen möchten. Man schleppte die alten heiligen Ketten des Glaubens wieder herbey, die man ihnen doch erst hatte mit weysbötteln helfen (denn nie zeigten sich die Fürsten und alle Begünstigten frömmer als jetzt, um den Leuten ein gutes Beyspiel zu geben und durch die wieder hervorgesuchte Gläubigkeit dem Unglauben an ihre Allmacht kräftigst zu steuern; man wollte sie ihnen mit zwiefachen Knoten um den Nacken schlingen, weil dann das Nähertreten und das Beleuchten sich von selbst verliehren würde. *)

---

*) Ein gedrücktes und tyrannisirtes Volk betet gern, ein freyes greift nach philosophischen Schriften. Ziemlich natürlich; denn Noth

So laut nun allenthalben der Unwille über dies veränderte widersinnige Betragen ward, so wenig achteten Jene der öffentlichen Stimme. Sie stützten sich auf ihre Söldlinge und straften lieber, als daß sie sich hätten bessern sollen. Man übergab Narren, Gecken, süßen Herren und Fanatikern das Wohl der Nationen zu besorgen, weil ihnen nicht die Verwaltung eines Dorfs anvertraut werden durfte. Doch jede Meynung gewinnt durch Druck und auf diese Art wollte der Plan der Vorsehung die Völker zur Reife bringen. Denn indem sich die Fürsten bestreben den Thron eines Einzigen zu befestigen, erschütterten sie die Throne Aller. Ihre Gespensterfurcht vermehrte sich dadurch und einige Unsinnige ließen sie überall die Fackel der Propaganda erblicken, wo manchmal kaum ein Oelflämpchen zu sehen war. Die Propaganda, diese berühmte Chimäre unserer Zeit, das Schrecken der Großen, die Belustigung der Vernünftigen, gleich jenen fabelhaften Ungethümen der Vorzeit, denen jedes Jahrhundert eine Kralle

---

lehrt beten. Deßhalb brauchte der König von Preußen nicht so sehr für die Wiederherstellung der Andacht zu eifern, er dürfte nur so fortfahren und sein Volk durch die bisherige Wirthschaft bettelhafter machen, dann würde Armuth und Druck erfolgen und .... es würde beten lernen.

mehr anbichtete; unsre Kindeskinder werden noch von ihr singen und die Furcht jener Allmächtigen spotten. .... Ueberall wähnte man neufränkische Abgesandte zu sehen, und jeder Mann, der vom Hergebrachten- und Handlungsschlendrian nur einigermaaßen abzuweichen die Miene hatte, mußte in ihrem Solde stehen. Die Proselptenmacherey der Republikaner sollte gleich einem Gespenste schon überall in den Pallästen der Großen hausen und durch die Schlüssellöcher der Kabinetter schlüpfen. Man legte ihr eine Arglist bey, die gar nicht in der Natur solcher Wirkungen liegen konnte. Da es den Neufranken mit der Puppe ihrer Freyheit (Br. ein. Augenzeug. 3tes Paft, S. 273.) anfänglich beynahe eben so gieng, wie es einer Gebährerin mit der Frucht ihrer Entbindung geht, die sie jedem gern vorzeigt, gern viel davon schwatzt, sie jedem in die Arme zu geben sucht und sich desto inniger darüber freut, jemehr man sie lobt, bewundert, küßt und an sich drückt: so war es den taumelnden, wonnetrunknen Leuten wahrlich zu verzephen, daß sie die Frucht ihrer politischen Entbindung auch überall anpriesen und überall wie aufzubringen suchten, nach Art aller gutmüthigen Seelen, denen ein Gut um desto schätzbarer wird, je mehrere es beglückt wie sie. Daher die übertriebnen Dellamationen über Despotismus und Freyheit, daher die bald ernsthaften bald lächerlichen Aufforderun-

gen an andre Völker ihrem Beyspiele zu folgen. ....
Diese Aeußerungen der berauschten republikanischen
Jugend kamen den Großen ganz recht; sie ließen
jedes ihrer unbesonnenen Worte sammeln und so
lange in die Länge und Breite unnatürlich dehnen
und verzerren, bis das gräßliche Ungeheuer da
stand, dem unsre privilegirten Cerberusmahler,
die Reicharde, Schirache, Hofmänner und Girtanner, Schweif und feuerspeyenden Rachen anpin-
selten. Aber so lächerlich, abgeschmackt, enteh-
rend und schändlich sie den ganzen Plan der Neufranken auch fanden und schilderten, so natürlich
mußte er doch wohl eigentlich bey einem lebhaften
und feurigem Volke sich darstellen, das eben aus
der schrecklichsten Sklaverey zu der ungebundensten
Freyheit übergegangen und daher sehr geneigt war,
seine Glückseligkeit der ganzen Welt mitzutheilen.
Die Fürsten hatten sich zu den heiligsten Widersachern aufgeworfen; es sah nun in ihnen nichts
als Tyrannen und Unterdrücker und wollte auf
Einen Schlag und durch dieselbe That ein Werk der
Menschenliebe an Andre verrichten und seine Gegner außer Stand setzen, ihm weiter zu schaden. .... Aber die Behauptungen der Thronschreyer
waren nun ausgemacht und entschieden, das Heil
der Welt stand auf der Spitze; umgekehrte Schre-
ckensysteme entstanden überall, sie mußten das

O

Wohl der Völker ritten, die Bücherverbote waren nun gerechtfertigt und die Kataloge davon schwollen zu dicken Bänden an. Auf diese Art sollten die Menschen zur Erden- und Staatsglückseligkeit zurückgeführt werden, denn sie standen am Abgrund und es war Verdienst, ihnen das eingesogne Propagandengift wieder heraus zu pressen. Die Vormünder bewiesen ihnen, daß sie sich selbst nicht zu helfen vermöchten und das Blendleder nöthig wären, um sie des Weges nicht verfehlen zu lassen, von da sie durch Irrlichter verleitet abspringen wollten. Wer sich es herausnahm seine Bedenklichkeiten über diese wunderliche Proceduren zu äußern, ward für das Wohl der Uebrigen unter Heulen und Zähnklappen in die Finsterniß hinaus gestoßen. Umsonst wagte man es, diese unzeitigen Maaßregeln einer strengen Prüfung zu unterwerfen; umsonst zeigte jemand hie und da das Unzulängliche derselben, denn eben ein solcher ward unter die Volksverführer, Aufklärer und Rebellen gerechnet. Die Uebermacht entschied, obgleich behaupten „die Völker seyen nicht im Stande sich selbst zu regieren und man müsse ihnen Führer setzen, mit andern Worten heißt: wir müssen den Haufen unter das Joch bringen, weil wir ihn so tief unter die Menschheit niedergedrückt haben, daß er nicht mehr frey seyn kann und bey der Freyheit nichts gewinnen würde "'(Villaume's Abhandl. das Interesse

d. Menschh. u. d. Staat, betr. S. 38.) Man kann sich (S. 53.) des Gedankens nicht erwehren, daß es nicht allein der Natur und Gerechtigkeit vollkommen gemäß, sondern auch dem Gemeinbesten sehr zuträglich wäre, wenn jedes Volk sich selbst seine Staatsverfassung, seine Gesetze machte, und wenn alle Bürger gemeinschaftlich an der Wohlfahrt des Ganzen Theil nähmen und arbeiteten, da doch diese Wohlfahrt im Grunde nichts anders ist und seyn kann, als ihre eigne Wohlfahrt. In der That, warum sollte ich mich wegen meines Schicksals auf einen andern verlassen? Welcher Andre wird mit eben dem Eifer, mit eben der Treue, als ich selbst, meine Angelegenheiten zu Herzen nehmen? Was soll jenes Zubringen, die Völker wider ihren Willen zu regieren, bedeuten? Ist wohlthätiger Eifer für das Wohl der Menschheit, welche sich selbst nicht regieren kann? .... Sie mußten es am besten wissen, nur sollten sie durch ihre übergroße Aengstlichkeit und durch die strenge Verzäunung ihrer Gerechtsame nicht verrathen, was ihnen dabey eigentlich am Herzen lag. .... Denn überall sieht man noch solche Staatskörper (S. 152. ff.) in welchen die Nation für nichts gerechnet wird, und nur wie eine Heerde Schaafe für ein Pertinenzstück des Domänenguts gilt; wo sie nichts als das Werk jenß der eigensüchtigen Unternehmungen derjenigen ist, welche ihre vorgeblichen Rechte von Gott herleiten, um sich das Geständniß zu ersparen, daß sie dieselben der menschlichen Dummheit oder ihrer eignen Arglist verdanken; derjenigen, welche den Namen der Wohlthäter der Völker sich anmaaßen, weil sie in der That sich der Nation so sorgfältig annehmen, wie ein kluger Landwirth sich seiner Ochsen und Pferde annimmt, damit sie ihm so lange und so gut als möglich dienen. Hier möchte man sich der Verzweiflung überlassen. Denn was soll man zu einem Volke sagen, dessen unsichre Existenz den Händen und Launen eines Alleinherrschers überliefert ist; der als unumschränkter Gebieter und Herr, sein Wohl allein zum Zweck, und seinen Eigensinn zur einzigen Richtschnur seiner Unternehmungen hat; der unter dem vielversprechenden Namen eines Beschützers, eines Führers, eines Vaters, und unter dem Vorwande des Gemeinwohls über alles waltet, alles anordnet, ohne irgend jemanden um Rath zu fragen, ohne irgend Jemandes Genehmigung einzuholen; der den Staat beruhigt oder verwirrt nach seinem gnädigen Willen, oder nach dem Eigensinn eines Ministers; der von der Nation sich alles, was ihm gefällt, geben und leisten läßt, ohne zuzulassen, daß man dagegen auch etwas von ihm fordre; ohne daß man ihm seine Forderungen, so übertrieben sie immer seyn mögen, versagen oder von ihm Rechenschaft fodern oder ihm Vorstellungen machen dürfe, der ungestraft seine eitle Ehrsucht, seine Begierde nach Eroberungen, seine thörichte Prachtliebe, seine ausschweifenden Wollüste an die Stelle des Gemeinbesten und das Wohl der Nation setzt; der allein für sich, für seine Vergnügungen und seine Eitelkeit einen großen Theil der Staatseinkünfte und das Eigenthum des Volks verschlingt, noch einen andern Theil davon verwendet, um sich der Mittel zur beliebigen Unterdrückung des Volks zu versichern; noch einen dritten Theil vergeudet in eitlen Unternehmungen, die nicht allein der Nation nichts nützen, sondern das Gemeinwohl vernichten; und noch einen vierten Theil wegwirft, um die Habsucht derjenigen zu füllen, um sich von der Zudringlichkeit derjenigen loszukaufen, um die Gefälligkeit derjenigen zu lohnen, welche ihn verderben, ihm Kopf und Herz verbrehen und ihn tief genug verachten, um ihm gröblich zu schmeicheln; welcher einen kleinen Theil der Nation auf Kosten der großen Menge begünstigt, die Einen von den nothwendigsten Pflichten losspricht und dadurch die Last der Andern erschwert, ohne daß jemand fragen durfte: warum thust du das? ....

"An dieser letztern Frage war ihnen aber nie etwas gelegen und das Aufpasserwesen wurde täglich stärker organisirt, damit kein Nachbar dem Andern irgend eine Antwort darauf zuflüstre; obgleich die heillosesten Greuel dadurch entstehen und das vorgebliche Volkswohl eben erst dadurch eingeklemmet werden mußte. .... So vermehrte (Hamburg. Correspond. 95. N. 137.) die Regierung in Neapel die Anzahl der Spione, welche für jeden Strafbaren, den sie entdeckten, eine ansehnliche Belohnung erhielten. Um ihren Gewinn zu vermehren, steckten diese Angeber öfters den bravsten und rechtschaffensten Leuten aufrührische Zettel in die Tasche und arretirten sie hierauf. Dieser boshafte Kunstgriff ward so weit getrieben, daß fast alle Einwohner sich genöthigt sahen zugenähte Taschen zu tragen. Schlimmer war es wenigstens unter Robespierren nicht, und das Ganze zeigte überhaupt von der schönen Methode, die Menschen in Gehorsam und Treue zu erhalten. .... So bearbeitete man auf allen Seiten das Volk durch Schrecken, stürzte es in die widersinnigste Sklaverey, um es vor dem neufränkischen Joche zu bewahren. .... Der Churfürst von Trier verbot in seinem Lande alle Lesegesellschaften aufs strengste. Einem solchen Manne, der sich dem Pabst in der Kirche zu Regensburg demüthig zu Füßen warf, und in einer solchen Gegend regierte, mochte es verziehen werden, wenn er Lesen und Denken unter die unerlaubten Dinge setzte und nicht fühlte: daß sich der Mensch durch Lesen und Denken und gegenseitige Mittheilung der Ideen aus dem Ocean der Vorurtheile, der Irrthümer, der Unwissenheit, des Aberglaubens und des Elends heraus winden müsse. Aber weit schwerer lastete eine Unthat dieser Art auf den Herzog von Weimar, der kurz nach seiner Zurückkunft aus dem Felde, die kleinlichsten Anordnungen und Polizeybefehle wider die Lesebibliotheken in Eisenach ergehen ließ, wo jedes Buch gestempelt werden und keiner dem Andern ein unbesehenes mehr leihen sollte. Da er am Rheine wider die Neufranken nichts ausgerichtet hatte, so wollte er wenigstens zu Hause ihren Grundsätzen pro virili mit steuern helfen, wie es scheint. Dieser Unfug ward jedoch bald wieder abgedudert; vielleicht durch die zu späte Ueberlegung: wie beschämend für einen Hof und für ein Land so etwas sey, wo Wielande, Herder und Göthe anzutreffen sind. .... In Berlin durfte ein Censor bey Gelegenheit der Drucksverweigerung der Villaume'schen Abhandlungen sagen: daß die Empfelung des Patriotismus nur zum Staate der Neufranken passe und wider den Staat und die deutsche Verfassung sey. (S. Villaumes Vorrede

S. 5. ....) Ueberall ward über Irreligiosität geschrieen. Selbst in den ersten Tagen der Entpriesterungen unter den Neufranken, als sie ihre Marienbilder und den ganzen Schwarm der heiligen Hallunken, die in Stein und Holz, auf Kalch und Leinwand in allen Winkeln und auf Gassen und Strassen angeklebt und angehämmert waren, herabnahmen, und den Verlauf von Agnus Dei und dergleichen Possen einstellten, machte man sie zu Gotteslästerern. Und doch thaten sie damals nichts anders, als was die Protestanten schon vor Jahrhunderten gethan hatten; und diese Götzen, die zur Kultur des Volks nicht mehr paßten, waren überflüßig. In den Augen des katholischen Pöbels andrer Länder mochte so etwas freylich Gotteslästerung seyn; aber daß protestantische Zeitungsschreiber, wie z. B. der Frankfurter, so unprotestantische Urtheile fällten, das gehörte unter die Zeichen der Zeit; denn es ward von demselben das Dekret des Konvents gegen die Marienbilder ein „gotteslästerliches" genannt. Solcher Unsinn ward den Fürsten zu gefallen behauptet und überall der alte Sauerteig wieder hervorgesucht. Englands Pitt beförderte auf alle Art Aberglauben, Fanatismus und Religionsraserey; er ließ einen unsinnigen Almanach drucken, worin die Wunder aufgestellt wurden, welche die gebliebnen Chouans gethan haben und Nachricht von einem Briefe ertheilen, den Gott an die Bourbonen mit goldnen Buchstaben geschrieben haben sollte (N. gr. Ungeheuer, S. 75.*)) Welche Zeiten lieferten wohl ärgere Beyspiele des Widerspruchs? Denn zur nemlichen Zeit, als Pitt dieses that und überhaupt öffentlich erklärte: daß in Frankreich die Altäre d. h. Papismus und Mönchsthum wieder hergestellt werden sollten, drückte er die Katholiken in Irrland auf die intoleranteste Art, und wollte die nemlichen Altäre hier nicht einmal unterstützen, die er dort mit engländischem Blute zu begründen suchte. Er verweigerte ihnen die natürlichen Rechte der Bürger und rief sogar den billiger denkenden Vicekönig (Fitzwilliam) von da deswegen zurück. .... Preussens Regent brachte seine Zeit mit Wollüsten, Vergnügun-

---

*) Als Koszinsko staatsklug genug war mit Hülfe der Religion die Bauern an sich zu ziehen, und öfters im Angesichte derselben mit einem Krucifix in der Hand betete, nennten ihn die Reicharde einen zweyten Thomas Münzer; wenn aber die Vendeer von ihren fanatischen Priestern mit Monstranzen und Rosenkränzen in den Händen angeführt wurden, (wovon sogar im Revolutionsalmanach ein Kupfer zu sehen!) da hieß es, daß diese frommen Männer für die Religion und Ehre Gottes föchten.

gen *) und mit der Sorgfalt für die Erhaltung der Religionsfabeln hin. Wenn er von seiner Favorite kam, so gab er Edikte, worin er den Unterthanen befahl, was sie glauben sollten und ihnen verbot, klüger zu werden als ihre Vorfahren. **) Oesterreichs Herscher in ewiger Angst, seiner Schwachheit sich bewußt, ließ seine Priester und Minister herrschen, hinrichten und einkerkern wen sie wollten und sein ganzes Leben bestand in einer fortgesetzten Unterhaltung mit Aufpassern, welche ihm i h r e Feinde als Rebellen gegen den S t a a t bezeichneten. Diese Parthey war so dumm oder unverschämt oder listig, daß sie dem, noch wahr-

---

*) Alle Laster der Regierung erzeugen nothwendig in dem Volke ähnliche Laster. Wollust, Weichlichkeit, Fahrläßigkeit bey Erfüllung der Pflichten und Besorgung der Geschäfte, Härte, Verschwendung, Eitelkeit, Sinn für Tand und Kleinigkeit gehen alle von einem Stande zum andern über und erzeugen noch lächerlichere oder noch schwärzere Laster. Villaume S. 185.

**) „Die sogenannten Aufklärer wissen selbst nicht, was sie wollen" sprach Fr. Wilh. II. in der bekannten Kabinetsordre und „der Zöllner dauert mich; ihr habt ihn von seinem Irrglauben ab und zum w a h r e n zu führen."

lich ganz kleinen, Häufchen von Denkern und hellen Köpfen Preßfreyheit und Verführungsmittel Schuld geben wollte, wie der elende Göchhausen in seinen „Wanderungen durch die Rhein = und Maynsgegenden u. s. w. zu beweisen unternahm:" „Man ist von oben (von Seiten der Fürsten) noch zu indolent und saumselig, man bleibt gleichgültig gegen die Preßfrechheit und Verführung;" (der Himmel weiß es mit welcher inquisitormäßigen Ungerechtigkeit man jede Wahrheit zu Berlin und Wien und.... allenthalben verbot;) „man zeigt so wenig Energie im Ganzen." (gegen die Aufklärer und Illuminaten, meynt Göchhausen") daß zuletzt nichts mehr dem kräftigen deutschen Manne übrig bleibt als sein Schwerd" (wie ungereimt!); „man befürchtet Volksaufstand, wenn die Schriftsteller, so bald man ihre Unbändigkeit einschränken will, mit Schriftstelleraufstand drohen; man buldet es, daß sich die frechsten als die **gesetzgebende Macht** betragen; man wird durch diese Nachsicht den Bürgerkrieg hervorrufen" (Wie elend! dem Herrn v. Göchhausen war also der jetzige Preßzwang noch nicht genug; man sollte noch weit strenger seyn und vermuthlich also das Schreiben und Lesen geradezu verbieten. Denn wahrhaftig, dies würde noch die einzige Art seyn, seine Forderung zu befriedigen. Er möchte doch nur das monatliche Verzeichniß der in Wien verbotnen Bücher im Intell. Bl. der A. L. Z. nachgesehen haben, um einzugestehen, daß es in Wien unmöglich höher getrieben werden konnte. Aber doch war es ihm nicht genug.

Eben so dachte ein Herr v. Gagern, Nassau-Weilburgischer Regierungsrath im „Zuruf eines deutschen Edelmanns an seine Landsleute.", „Ruhe, Verfassung, Eigenthum, Leben, Religion und Daseyn selbst, alles, alles steht auf dem Spiele. Und wir zaudern noch und sind nicht einig!" Wie so? Schlimmer würden sie es doch wohl, die Franken, nicht mit Deutschland gemacht haben, als mit den Niederländern und mit Holland. Und haben diese Länder und Menschen Eigenthum, Leben, Religion und Daseyn verlohren?.... Dieser Unsinn des Herrn v. Gagern war groß; aber noch größer, was er über die Absicht der Pariser und über die ganze Lage der Sache sagte. Am größesten zeigte sich derselbe, wenn er von den erhabenen Männern redete, die an der Spitze des „zu Frankfurt zu errichtenden Nationalbundes„ stehen sollten; deren Namen, deren Leben, deren Fähigkeiten dem Vaterlande nicht unbekannt seyen; und nun unter diese großen Männer rechnete: den Kurfürsten v. Sachsen, den Herzog v. Weimar, den Landgrafen v. Hessenkassel, den Prinzen v. Hohenlohe-Kirchberg, den Obristen Mack, Göthe und Rehberg, und von welchen allen er glaubt

„daß sie die elende Schaar der Aufwiegler und Aufklärer bald zum Schweigen bringen würden. Fürwahr da hätte Göthe auf einmal um seinen Ruhm kommen können, so wie man trauerend und voller Besorgniß dastand, als es einen Augenblick lang den Anschein hatte, Wieland, der Mann der Nation, könnte seinen Namen durch ähnliche Zweydeutigkeit einige leise Flecken zugezogen haben. .... Der Landgraf von Hessenkassel und Rehberg, erhabne Männer; Man denke!

So sonderbar zog die Obscurantenparthey wider ihre Gegner zu Felde, nannte sie Jacobiner, Illuminaten, Aufklärer und Aufwiegler, alles in Einem Odem; und sprach: „daß die Lichtparthey nichts so sehr fürchte als Deutschen Gemeingeist, weil nichts das ganze deutsche Vaterland gegen die französischen und deutschen Jacobiner retten könnte, als Gemeingeist...." So witterte sie auch überall Propagandisten und nahm kräftigst und lächerlich ihre Maßregeln darnach; ungereimter aber vielleicht nirgends als in der „Verordnung des Fürstbischofs von Passau im Dec. 94.," worin gesagt ward: „Es sey vielfältig wahrzunehmen gewesen, daß mehrere von höchstdero Dienerschaft sich beygehen lassen, nach Art gewisser Klubisten, anstatt der sonst allgemein gewöhnlichen Kopffrisur, in das Gesicht und

um den Kopf glatt herumhangende, blos durchgekämmte Haare und an den Füßen Schuhe mit einem übergezognen und an der Seite, mittelst einer kleinen Schnalle, besetzten Riemen zu tragen. So wenig ein so gestalteter Anzug bey Bürgern, Handwerks- und derlei Leuten auch jetzo noch zu bedeuten haben möge: so ungewöhnlich und bedeutend schiene solcher bey Personen von Stande zu seyn, welche immer dabey nur die Absicht haben könnten, sich dadurch auszuzeichnen und ungescheut zu erkennen zu geben, von welcher Gedenkungsart sie seyn u. s. w."....
Hinterher ward nun alles dieses so bedeutsame Tragen unter Geld, auch achttägiger, ja monatlicher Arreststrafe, sogar der Dienstentlassung verboten. So etwas zeigte den Geist der Regierungen vollkommen und ihre mühsame Aengstlichkeit der entferntesten Volksirrung zuvorzukommen; aber nur einem Pfaffenfürsten war es vorbehalten, sogar in den Schuhriemen jacobinisches Gift zu wittern. .... Nichts blieb bey allen diesen Dingen übrig als die Roßische Peitsche in

Der Kauz und der Adler.
Keine Fabel.

„Ein Kauz, in düstern Synagogen
Des Oberuhu's auferzogen,

Kam früh in grauer Dämmerung
Zum König Adler hergeflogen."

„Treu, krächzt' er, treu der Huldigung
Rüg' ich den gellenden Trompeter
Der unglücksschwangern Aufklärung,
Den Hahn, dir, König, als Verräther.
Wann sanft dein wohlbeherrscher Staat
Noch schläft und träumet und verdauet,
Und unser Lieb, was wacht, erbauet;
Schnell kräht aus der Illuminat
Die Sonn' empor, um aufzuklären,
Und Ruh' und Andacht uns zu stören:
Fink, Lerche, Schwalb' und Meis' empören
Gefild und Wald in freyen Chören;
Man kann sein eigen Wort nicht hören!
Die tolle Rotte singt gar Hohn
Der mystischen Religion,
Die wir in heil'gem Dunkel lehren:
Und, König, strafst du nicht, so drohn
Aufruhr und Hochverrath dem Thron.
Herr König, laß dir doch gefallen:
(Wie Kauz' und Eulen stehn gesammt!)
Dem Hahn und seinen Schreyern allen
Zum Bändiger im Censoramt
Den frommen Uhu zu bestallen!"

„Der Adler that als hört' er nicht,
Und sah' ins junge Morgenlicht."

Aber wo gab es jetzt solche Adler? Kauze, Uhus und Eulen huckten überall in den Winkeln, und trachteten jedem die Augen auszuhacken, der besser sähe als sie. Dies war den Großen eben recht, die überall mit eignen hohen Händen die Vorhänge vor die Fenster zogen, damit kein Unbefugter hie und da hineinlauschte und gewahr würde, was sie begännen. Daß sie deßhalb jeden Lichtstrahl jetzt doppelt haßten, war kein Wunder; aber desto empörend lächerlicher im Grunde jeder Fürstenlärm über Aufklärer-Propaganden-Rebellen und Illuminatenzirkel, da sie selbst gerade ihre Emissärs überall aussendeten und Verräther und Aufhetzer an allen andern Höfen hielten; eine Sache, die für ganz bekannt von ihnen angenommen und zur modernen Politik gerechnet ward. In Frankreich strebten sie alles untereinander zu rütteln; Catharina II. suchte durch Armfelden Rebellion in Schweden anzustiften, und Neapel beschützte diese feine Intrike, indeß Beyde heftig über die gottlose Rebellenbrut der Neufranken schreyen ließen. Der preussische Hof sandte unter Leopolds mißlicher Regierung, während des Türkenkriegs, Aufwiegler nach Ungarn; entzündete die Lütticher und unterstützte die Brabanter Insurgenten zur nemlichen Zeit so ungescheut: daß er ihnen sogar den General Schönfeld zum Anführer überließ. Daß Bestechungssystem aller dieser Höfe war in Konstantinopel so ganz in der Regel, daß man es gar nicht mehr der Mühe werth hielt, anders als auf Schleifwegen dort zum Zwecke zu gelangen, und es nur immer darauf abgesehen war, einander zu überbieten und die Divansglieder für seine Zwecke zu Verräthern zu machen. Die Politik Rußlands und Preußens begann zum Sprüchworte zu werden und keine Schandthat war so groß, keine Treulosigkeit so ungeheuer, die man nicht anwandte; keine Versicherung so heilig, die man zu brechen hätte Bedenken tragen sollen. Das gemordete Polen schrieb mit blutenden Händen Beyspiele jeder Art davon ins Buch der Nachwelt ein. Wenn Catharina mit Hülfe der Großen gegen ihren Gemahl rebellirte, sollte Niemand auch nur den Kopf schütteln, wenn aber das französische Volk ein gleiches that, war es die **gottesläfterlichste** Rebellion. Bewirkte sie es allein; desto schlimmer. Wollte sie sich **damit** ausreden, daß es mit ihr zugleich das ganze rußische Volk that: so war es ganz der französische Vorfall und sie durfte nicht hier über Aufruhr schreyen. .... So spottete man des Verstandes der Völker und drückte ihnen den Nacken zur Erde, damit sie nicht sähen, was hinter ihnen vorgienge; daß sie nur stillanbetend die Aussprüche dieser Selbstherrscherin verehrten! Aber man

wollte auch nur Glauben und strafte jede Fackel-
beleuchtung mit dem Tode. Alexander setzte Asien
in Flammen, weil die Perser, wie er sagte, hundert und funfzig Jahre vorher die Griechen beun-
ruhigt hatten. Es war ein bloßer Vorwand; die
Herrschsucht aber hat nichts und kann nichts als
Vorwände haben und überläßt es der Gewalt ihren
Gründen die fehlende Gültigkeit zu geben. Ein
Manifest, immer lächerlich, wenn man geschlagen wird, ist überzeugend, wenn man siegt. So
machte es der Herzog von Braunschweig im Namen des Kaysers und Königs; das Projekt ver-
unglückte und Spott ward sein Lohn. So machte
es Catharina II. mit Polen, es gelang ihr und
siehe da! die Polen hießen Rebellen. Der Grund
warum sie Polen mit Krieg überzog, war nach
ihrem eignen Ausdrucke: das feindseelige Betragen
der Polen im letzten Türkenkriege und verschiedene,
der Würde der Kayserin zugefügte Beleidigungen,
die ganz Europa mit angesehen habe.
Bewiesen ward dies nicht: aber auch nicht nöthig;
es kam darauf, daß sie das Uebergewicht erhielt;
dies war mehr als alle Beweise. Ein andrer von
ihr angeführter Beschwerdepunkt bestand darin: daß
die Polen den Gesinnungen der französischen Aufrührer gefolgt wären, die das göttliche Gesetz
verworfen hätten. Dies Gift habe vertilgt werden müssen und dies habe die Theilung Polens

zur Folge gehabt. .... Alles sehr deutlich. .... Sobald nun diese durch die Nothwendigkeit erzwungne Maaßregel ins Werk gestellt worden sey, habe sie gehofft, die Polen würden nun bey engern Gränzen, weislich für die Ruhe des ihnen nachgelaßnen Landes Sorgen und habe deßhalb ein Schutzbündniß mit der Republik geschlossen „in welchem alle Vortheile auf Seiten der Polen gewesen wären." Ueber diese Behauptung gieng nichts. Und dies sagte sie im Angesichte von ganz Europa, dem sie den unsinnigsten Köhlerglauben zutrauen mußte; wenn ihr dies alles nicht gleich viel wäre. Es sollten ja nur Vorwände seyn, und die Raubgier hat nichts anders als solche.

Was wären also alle diese Machthaber, Herrscher und Herrscherinnen, wenn dieser Glaube wanken sollte, und wer verdachte es ihnen, wenn sie mit eisernem Fuße auf die Kehle derer traten, die einige Laute unter das Volk zu flüstern wagten. Bey seiner Unwissenheit des Rechts, bey seinen Vorurtheilen von Unterthänigkeit und Verbindlichkeit seiner Seits, von Größe und Recht von Seiten der Begünstigten, hielt das gute in Rohheit lebende Volk seine jetzigen Verhältnisse gegen seine Bedrücker für eine nothwendige und natürliche Ordnung der Dinge, für das Werk und die Anordnung der Vorsehung. Sein Gehorsam gegen eine vorgebliche göttliche Einrichtung und seine Ehrfurcht für vermeyntlich höhere Wesen, machte, daß es sein Elend geduldig ertrug, weil es sich dazu geschaffen glaubte.

§. 14.

Einen würdigen Pendant zu diesem Glauben, auf den man sich so sehr verließ, lieferte die wundervolle Proklamation Ludwigs XVIII. an die Franzosen. Hier athmete alles Salbung und jede Zeile verlangte die Gefangennehmung der Vernunft, wenn auch nur Ein Satz darin nicht gänzlich in Nebel zerfließen sollte. Ludwigs XVI. Testament ward in derselben ein unsterbliches Testament genannt und „eine unerschöpfliche Quelle von Bewundrung und Betrübniß." Gerade so wie Calonne den Grafen Artois einen „würdigen Sprößling Heinrichs des Großen" und ein „neues Muster der französischen Ritterschaft (ce digne rejeton du grand Henri .... un nouveau modele de la Chevalerie françoise ") hieß; so nannte hier Ludwig XVIII. die Chouans und Räuber und Mörder in der Vendee „unüberwindliche Helden, die Gott bestellt hat, den Altar und den Thron herzustellen, deren Sendung durch eine Menge außerordentlicher Thaten bestätigt ist; deren reine und siegende Hände im Herzen Frankreichs die Fackel des Glaubens und das heilige Feuer der Ehre brennend erhalten haben" u. s. w. Die Königinn ward gepriesen als eine „Prinzessin, welche der Himmel gebildet hatte, das vollkommenste Muster jeder Tugend zu seyn." Die monarchische 1400jährige Verfassung hieß „das Produkt des Genie's, das Meisterstück der Weisheit, und die Frucht der Erfahrung; die heilige Lade, an der man sich nicht vergreifen darf; die alte und weise Konstitution, die glücklicher Weise ihm (Ludwigen) die Fähigkeit bekommen hat sie zu verändern....."

Aller dieser Wahnsinn im Ausdruck wäre nun zwar wohl den verzweifelnden Bourbonen zu verzeyhen, aber daß Pitt so etwas gut hieß und drucken ließ, war nur dann zu erklären, wenn man annahm, es sey sein Wille gewesen, daß die Expedition auf Quiberon und die andern Landungsentwürfe*) scheitern, und zum

---

*) De l'expédition de Quiberon par un officier françois à bord de la Pomone. Londres.

(s. Frankf. i. J. 95. St. 10. S. 182. ff.)

Diese Schrift, welche eine genaue und unverdächtige Erzählung der merkwürdigen Er-

Spotte der Welt werden sollten. Denn selbst den wenigen in Frankreich zurückgebliebnen Anhängern der flüchtigen Bourbons mißfiel dies Manifest so

---

eigniſſe auf der Halbinſel Quiberon enthält, giebt zugleich hinlängliche Data an die Hand, um allen Expeditionen der Emigranten gegen die franzöſiſche Küſte ein ſicheres Prognoſtikon zu ſtellen. Was läßt ſich wohl erwarten, wenn England es an den erforderlichen Maaßregeln fehlen läßt; wenn übermüthige, unwiſſende und träge Aufrührer an der Spitze ſtehen; wenn es den Truppen ſelbſt an aller Diſciplin, an Muth und Ausdauern gänzlich fehlt; wenn man auf keine Art von Unterſtützung von Seiten der royaliſtiſchen Landeseinwohner ſicher rechnen kann; und wenn vor allem dieſen das Gegentheil im höchſten Grade bey den republikaniſchen Truppen angetroffen wird. .... Zum Belege nur einige Züge aus der in dieſer Hinſicht durchaus intereſſanten Schrift; deren Verf. wohl nicht ohne Grund vermuthete, der ihre ruhige unpartheyiſche Darſtellung der Sache keiner der bey dieſer Expedition intereſſirten Parthey und Perſon gefallen möchte.

Die Expedition ward von England auf das Treiben des Herrn v. Puiſaye und ſeiner Emiſſarien beſchloſſen, und es wurde zur Ausführung geſchritten, ohne mit den Aufführern in Bretagne einen feſten Plan verabredet, ja ohne wegen des Orts, wo die Lan-

ſetzt, daß ſie anfangs behaupteten es ſey unterge-
ſchoben, um den angeblichen Verfaſſer deſſelben
lächerlich und verächtlich zu machen. Das Depar-

dung geſchehen ſollte, eine feſte Idee zu haben. 4000. Mann werden eingeſchifft, und
man vernachläſſigt ihnen Zelte und Feldgeräthe
irgend einer Art mitzugeben. Zwiſchen der
Inſel Dieu und Noirmoutier bietet ſich
ein ſchicklicher Ort zur Landung und Vereinigung mit Charette an; aber Puiſave's
dummer Stolz fürchtet bey der Vereinigung
mit Charette die Hauptrolle zu verliehren.
Aufs gerathewohl wird nun bey Quiberon gelan-
det. Dem herzulaufenden Geſindel, Männern, Weibern und Kindern werden auf das
bloße Wort vive le Roi, ohne Verſtand in
Wahl und Anordnung die mitgebrachten Waffen ausgetheilt. In der allgemeinen Unordnung werden ſogar Waffen und Montirungen
der Truppen weggegeben. .... Drey tauſend
dieſes alſo bewaffneten Geſindels werfen beym
bloßen Anblick von hundert Republikanern die
Waffen weg und laufen davon. .... Die höchſte
Unordnung herrſcht bey der Vertheilung der
Lebensmittel; der Soldat bekommt oft erſt um
ſechs Uhr des Abends ſeine Portion; der Vorrath wird nicht einmal gehörig bewacht, ſondern von den Chouans geplündert. Graf von
Puiſaye lebt unterdeſſen im Hauptquartier
mit aſiatiſchem Luxus; ein ganzes Majalis

tement von Paris soll es wirklich zu mehreren tausend Exemplaren haben drucken und vertheilen lassen, weil es sich davon eine gute, der Absicht des

muß ausgeräumt werden, um unter den Ballen ein Netz hervor zu holen, das seiner Tafel Fische verschaffen kann; er nimmt an allen militärischen Operationen durchaus keinen weitern Antheil, als daß er denen Orden und Medaillen austheilt, die sich bey den Rückzügen distinguirt; selbst bey dem Ueberfall, der der ganzen Expedition ein Ende machte, war der General von Quisave nirgend zu finden und schon beym ersten Allarm auf die Schiffe geflüchtet, von wo aus er mit den wenigen hundert Flüchtlingen doch noch einen neuen Versuch gegen die Republikaner zu machen, nicht übel Lust hatte.....
Von der Disciplin bey den Truppen kann man sich daraus einen Begriff machen; daß in der Nacht des Ueberfalls alle Soldaten, ja sogar ganze Wachen, von ihren Posten gelaufen waren und ein Obdach gegen den Sturm und Regen gesucht hatten; so daß die Republikaner ohne einiges Hinderniß bis mitten in die Festung bringen konnten.

Da nun Pitt jene lächerliche Proklamation und solche untaugliche Menschen zu Hülfe nahm: so mußte er, wenns nicht Absicht war, mehr Hirnlosigkeit haben, als ihm gewöhnlich beygelegt ward.

Verfassers aber ganz entgegengesetzte Wirkung ver,
sprach. M. s. Frankreich im J. 95. 7tes St. S.
262. ....' Die Erklärung des Bürgers Trouvé über
dieses Glaubens artikelmäßige Manifest Ludwigs
XVIII. im Moniteur vom 5. Septbr. 95., welche
auch im angeführt. Journ. Frankr. St. 7. N.
8. zu finden ist, beleuchtete es auf mehr als
Einer Seite. „Wenn irgend etwas, so lautet
es daselbst, das Lächeln der Verachtung und des
Mitleidens erregen kann, so ist es die Erklärung
des sogenannten Ludwig XVIII., welche, wie man
sagt, in großer Menge gedruckt worden ist, um
in Frankreich verbreitet zu werden, wo, wie man
ohne Zweifel hofft, sie die Gegenrevolution zu
Stande bringen soll, welche die „ruhmvollen
christkatholischen und königlichen Armeen" nicht
haben bewirken können. Um diese wundervolle Umwandlung hervorzubringen, wendet man jetzt Geschicklichkeit und Klugheit an, in Erwartung des
Zeitpunctes, da man frey mit Gewalt wird verfahren können, und diese Schrift voll Beredtsam-
keit und guter Gründe wird unter dem Mantel
umhergetragen, und weiß sich diebischer Weise bis
unter die Thüren der Kraut und Fischweiber ein-
zuschleichen. Seltne und erhabne Erfindungskraft!
denn es ist gar nicht daran zu zweifeln, daß ihre
Unterredungen, ihre Auslegungen, ihre Klagen,
ihre Zusammenstellungen nicht gar bald Frankreich

elektrisiren und es zu den Füßen „des guten Königs" zurückführen sollten, der ja verspricht „in den bloßen Irrthümern keine Verbrechen sehen zu wollen und selbst solchen Verbrechen, die aus bloßen Irrthümern hervorgegangen sind, Gnade angedeyen zu lassen." Ehe man uns indessen ein so großmüthiges Erbarmen hoffen lassen konnte, mußte man wohl zur Erhaltung der Würde des Throns einige Vorwürfe voranschicken; sie kommen aus einem väterlichen Herzen und werden dahin sicherlich auch die allerunempfindlichsten rühren. Wenn aber, wie der neue Monarch sagt, „weil wir dem Gotte unsrer Väter abtrünnig geworden sind und uns gegen die Gewalt, die er eingesetzt hat uns zu regieren, rebellisch aufgelehnt haben; dieser Gott, vom gerechten Zorn entbrannt, uns auch das ganze Gewicht seines Zorns hat fühlen lassen," wie sehr müssen wir dann nicht wieder durch diese milden Worte getröstet seyn: „Ihr müsset wiederkehren zu dieser heiligen Religion, die ehemals alle Segnungen des Himmels auf Frankreich herbey zog; wir wollen ihre Altäre wieder errichten. Sie muß wieder hergestellt werden, jene alte Regierung, die Frucht des Genies, das Meisterstück der Weisheit, das Resultat langer Erfahrung; sie, welche während vierzehn Jahrhunderten Frankreichs Ruhm und das Ergötzen der Franzosen war: wir wollen sie euch wiedergeben." Man findet demohngeachtet einige Misbräuche darin, weil, sagt man, „die Misbräuche jederzeit im Gefolge des Ruhms und des Heils einhergehen." Man verspricht auch sich mit ihrer Abstellung zu beschäftigen, man versichert selbst, daß man damit zu Stande kommen werde; aber vor allen Dingen müssen wir erst zu Kreuza kriechen und uns an Händen und Füßen gebunden der Gnade eines so guten, so gnädigen, so wohlgesinnten Prinzen überliefern. Und wer könnte die Wirkung eines so schönen Vertrauens in uns hemmen? Alle Welt will uns ja verzeyhen; ja, alle Welt, „die Franzosen, die unter ihren Landsleuten zurückgeblieben sind, um ihnen ein Beyspiel der Treue zu geben; die Diener des Gottes des Friedens, die sich den Gewaltthaten der Verfolgung nur entzogen haben, um uns den wahren Glauben zu erhalten; die Gerichtshöfe, die sich jederzeit durch ihre Rechtschaffenheit in der Verwaltung der Justiz ausgezeichnet haben; dieser Adel, der das Vaterland nur verlaffen hat, um es desto beffer zu vertheidigen; der uns selbst dann eine hülfreiche Hand bietet, wenn er gezwungen ist uns zu bekämpfen. Wahrlich, setzt man hinzu, wer würde es wagen, sich zu rächen, wenn euer König euch verzeyht. ...." Laßt uns denn eilen, so vieler Großmuth theilhaftig zu werden! Könnten wir noch einen Augenblick anste hen? Ein König stellt uns zum Bürgen seines Wohlwollens und der Gesinnungen seines lieben und getreuen Adels, wen? "diese Klasse der Ausgewanderten, die zwar der Geburt nach seine Untergebnen, aber durch Tugend seines Gleichen sind." Sollten wir fürchten, daß die republikanischen Truppen eben nicht geneigt seyn würden, ihre siegreiche Stirne unter das monarchische Joch zu beugen? Man hebt auch diese Schwierigkeit, denn man ist versichert "daß die französische Armee ihrem Könige nicht lange feind seyn kann; weil sie ihre alte Tapferkeit erhalten hat, wird sie auch zu ihrer ersten Tugend wiederkehren. Bald, wir zweifeln nicht daran, wird sie mit Unterwerfung und Reue zurückkommen, unsern Thron befestigen, selbst ihren Ruhm abbüßen," (endlich erzeigt man ihr doch die Gnade diesen anzuerkennen und zuzugestehen!) "und in unsern Blicken Vergessenheit für ihre Irrthümer und Verzeyhung für ihre Fehler lesen." Kommt man nicht in Versuchung zu glauben, Ludwig XVIII. betrachte die Freyheitshelden als so viele Komödiendiener, die ihren Herrn wegen der unglücklichen Stockprügel um Verzeyhung bitten, die sie die Ehre gehabt haben ihm zu geben? Indessen entwischen dem "Könige von Frankreich" neben diesen schmeichelhaften Hoffnungen zu dieser glänzenden Aussicht, auch einige Zeichen der Unruhe, und alsobald droht er uns mit seinem Muthe. „Er will durchaus den Thron seiner Vorväter haben, die Vorsehung befiehlt ihm ihn zu besteigen; und sollte er gezwungen seyn ihn zu erobern, so wird er keck der Eroberung entgegen gehen. ...." Wir mögen also zittern! „Doch nein! er wird nicht gezwungen die Waffen gegen verirrte Unterthanen zu führen. ...." „Schon, sagt er, zeigen die religiösen Gesinnungen, die sich in allen Provinzen des Königreichs mit Macht hervorthun, den beseligten Blicken das Bild der schönen Jahrhunderte der Kirche wieder. ...." Der Ungeschickte! wie er seine Freunde verräth! waren wir nicht schon bereit uns zu überreden, daß nichts so rein, nichts so ächt republikanisch sey, als ihr Eifer, ihre Verehrung der Religion? Ihr unkluger Monarch hat also ihr Geheimniß entwischen lassen? Sollte es nicht auch ein Komödiengeheimniß seyn? .... Die Erklärung endigt mit Bezengung der Dankbarkeit „für die ruhmvollen christkatholischen und königlichen Armeen. ...." Mit wie großem Antheil diese Art von Manifest auch in Mühlheim gelesen werden mag, so glauben wir doch, daß sein ganzer Erfolg in Frankreich in einer allgemeinen Verachtung bestehen werde; denn es ist wahrlich des Unwillens nicht würdig u. s. w.

„Wenn etwas fähig wär (Archenholz in der Minerva Septbr. 95. N. 4. S. 482.) in unsern an sonderbaren Erscheinungen reichen Tagen, Verwunbrung zu erregen, so war es die Proklamation des Grafen von Provence, oder, nach seiner Anmaaßung, Ludwigs XVIII., an das französische Volk, von welcher die Engländer eine ganze Schiffsladung nach den französischen Küsten mitgenommen haben. Wie soll man die Behauptungen nennen, wenn im Angesichte des ganzen Europa die vorige Glückseligkeit der Franzosen bis zum Himmel erhoben wird? Man sieht augenscheinlich, daß ein sechsjähriges Unglück zur Belehrung dieses Prinzen noch unzureichend gewesen; denn er ist so voll der großen Hoffnung, in Frankreich alles sehr bald auf den alten respektabeln Fuß zu bringen, daß er jetzt sogar seines Herzens Gesinnungen nicht verbirgt, nemlich, die noch immer furchtbaren Machthaber in der neuen Republik alsdann von seiner Gnade auszunehmen. Ich habe gelernt an politische Wunder glauben, allein an die Thronbefestigung dieses Mannes glaubte ich nimmermehr. Keiner von der ganzen Bourbonischen Familie ist in Frankreich wegen seines Privatcharakters so verachtet, als er u. s. w." Nun stellt Archenholz Vergleichungen seines Betragens zur Zeit der ersten Revolution mit seinem jetzigen an, woraus sich dann ergiebt, daß er ehemals wirklich den Eyd in seiner Seltion leistete; daß er zum Beweise seines Revolutionseifers den Batail-

Ions der Pariser Nationalgarde Kokarden und Fahnen austheilte u. s. w. Welcher Kontrast und welche Schändlichkeit, wenn er nun in seiner Proklamation von Verrätherey und Meineyd gegen den König und die alte Ordnung der Dinge redete, da er doch in seinem Schreiben an den Präsidenten der Nationalversammlung vom 30. Dec. 89. von seinen **höchstwahren und aufrichtigen Gesinnungen für die Revolution** sprach, und sich einen Pariser Bürger nannte, einen Freund der Revolution, und im Bürgereyde von seiner Sektion, versprach: „aus allen Kräften die angenommene Konstitution des Reichs zu vertheidigen, die Nation, dem Gesetze u. s. w. treu zu seyn. Dieser Mensch nun wollte in seiner Proklamation durchaus die alte heilige Verfassung, jenes Meisterstück des Verstandes und der Erfahrung hergestellt wissen u. s. w.

Auch der schriftstellernde Dumourier lieferte Bemerkungen über die Deklaration Ludwigs XVIII., und bediente sich der Wendung, daß er, empört über den Inhalt derselben, die nur ein Tollhäusler entwerfen und ein Idiot unterzeichnen konnte (Minerva Octbr. 95. S. 190.,) die Schrift für falsch erklärte und so den Unsinn darin aufdeckte.*)

---

*) Dagegen kamen ganz mit dem Geiste dieser Ludwigschen Proklamation überein die Hand-

Alle diese Dinge nun werden einmal in einer Glaubensgeschichte des 18. Jahrhunderts und in einer Schilderung der Unverschämtheiten und Zumuthungen der Großen an ihre Völker nicht unerwähnt bleiben. Auch Pitts Sophistereyen würden nichts mehr durchzusetzen vermögt haben, wenn er nicht so viele Glaubensanhänger auf seiner Seite gehabt hätte. Die ewige Schlußfermel aller seiner Reden war immer: „Wir sind friedlich gesinnt, wir wollen Frieden; aber nur mit einem Gou-

lungen der Frau von Stael, dieses fremden, aller Decenz höhnenden Weibes, das unter dem Schutze des respektabeln öffentlichen Charakters ihres Gatten, uneingedenk der Pflichten der Gastfreundschaft, Ausgewanderte beschützte, mit ihnen konspirirte, feile Zeitungsschreiber um sich versammelte, sie besoldete und sich ihrer Feder als Giftpfeile der Verläumdung bediente, die man gegen Philosophen und Republikaner abdrückte. Eben so nahmen sich Jvernoi's „Betrachtungen über den Krieg" aus, und Mounier's „Adolph"; zwey Schriften, wo ganz der alte heilige Unsinn ausgekramt, vertheidigt, mit Salbung anempfohlen, Königthum, Priesterschaft, Zehnden, Herrendienste und alle die unheiligen Heiligthümer in Schutz genommen und auf den alten Fuß wieder hergestellt zu werden, dringend verlangt ward.

vernement, das Festigkeit hat, das Sicherheit der Traktaten gewährt und welches im Stande ist die gewohnten Verhältnisse der Freundschaft zu beobachten. ...." Auch nach Robespierre's Sturze blieb Pitt bey seinem Ausspruche. Auf diese Art hieng es immer ganz von ihm vermittelst seines Dilemms ab, ob er Frieden nehmen oder verweigern wollte. Im erstern Falle durfte er nur sagen: das französische Gouvernement wird zuverläßig; im letztern; es ist es nicht. Bald konnte und wollte er nicht negoziiren „weil Frankreich in den letzten Zügen läge," bald, „weil es zu mächtig wäre und das Heil Europens bedrohte." Immer standen ihm ähnliche, auch noch so sehr im Widerspruche sich befindende, Ausflüchte zu Gebote. Bald sahe er überall Aufrührer und Jacobiner in England; bald ergoß er sich in die unbedingtesten Lobeserhebungen über Großbritaniens glückliche und freye Konstitution und über die Zufriedenheit und Ruhe seiner Bürger; obgleich Irrland Scenen des ärgsten Aufruhrs zeigte, die Defenders überall hauseten und selbst zu Cork das 10te und 113te Regiment, so wie zwey andre zu Dublin, sich empörten und überhaupt aus ganzen Landschaften die wohlhabendsten Leute nach Nordamerika auswanderten. Nach seiner Behauptung leuchtete diese Konstitution wie ein Stern erster Größe, indeß man täglich neue

Flecken, durch seine Hand erst hervorgebracht, daran entdeckte. .... Alle Regierungsformen, die zur Zeit in der Welt existirten, wurden zufälliger Weise gebildet. Sie waren ohne die Vorsicht und Hülfe der Weisheit, blos durch zufällige Umstände verändert, geschwächt, verbessert und vernichtet worden. Ihre blos gegen zeitige Nothfälle auf einander gethürmten Theile machten kein systematisches Ganzes aus. Keine ruhige Ueberlegung, keine Theorie gieng voraus, und Regierungskunst und Staatsweisheit wurden nicht zu Rathe gezogen. Aber doch ergossen sich die Fürsten und Minister über die Güte ihrer Verfassungen. Nur das vereinigte Amerika nahm Rücksicht auf einige Sätze des Nachdenkens und erlaubte den Einfällen Einzelner, so wenig wie dem Zufalle, eine Stimme bey Begründung seines Staats. Nun kam der französische Staatskörper, disputirte und probirte die Sache noch weiter, und suchte, so weit es menschenmöglich war, eine noch reinere Theorie auf, und veränderte und feilte täglich. .... In allen bisherigen Staaten möchte man vergeblich nach einer Zweckseinheit suchen (Fichte's Beyträge zur Berichtig. der Urtheile des Publik. üb. d. franz. Revol. Th. I. S. 36,) in ihnen, die der Zufall zusammenfügte, an denen jedes Zeitalter, mit schüchternem Respekte für die Manen der vorhergehenden, flickte und ausbesserte; in ihnen, deren lobenswürdigste Eigenschaft es ist, daß sie inkonsequent sind, weil die Durchführung mancher ihrer Grundsätze die Menschheit völlig zerdrückt und jede Hoffnung eines einstigen Auferstehens in ihr vernichtet haben würde; in ihnen, in denen man höchstens nur diejenige Einheit antrifft, die die verschiednen Gattungen der fleischfressenden Thiere zusammenhält, daß das schwächere vom stärkern gefressen wird und das noch schwächere selbst frißt. .... Pitt dachte nicht also und Ludwig XVIII. hielt die französisch-monarchische Form für ein Meisterstück des Verstandes, und kein andrer Fürst mochte an der seinigen etwas bessern und schrie über Rebellion, wenn es geschehen sollte. Auch Barrere's herbe Formen befolgte Pitt in seinem Reiche noch sehr genau und die Robespierreschen Hochverrathsprozesse spielten auch bey ihm eine wichtige Rolle. Den beyden sogenannten Staatsverbrechern O'Connor und Griffin ward das Urtheil zuerkannt, daß sie gehenkt und ehe sie noch todt wären, wieder abgenommen werden, ihnen vor ihren Augen das Eingeweide herausgerissen und verbrannt, sie selbst hierauf geköpft und dann geviertheilt werden sollten. Und so ward auch der Erste wirklich am 7. Septbr. 95. hingerichtet, mit allen im obigen Urtheile angegebnen Umständen der barbarischen Vorzeit. .... Pitt redete viel von der Freyheit und vom Glücke der englischen Verfassung, und ließ doch den Buchdrucker Holt verhafften, weil er gewisse Resolutionen, die Pitt selbst und der Herzog von Richmond im Jahr 83., da sie beyde auf Seiten der Opposition waren, zu Erhaltung einer Parlamentsreform machten, aufs neue gedruckt hatte. Daß er es mit den Buchhändlern Robinsons eben so machte, weil sie den zweyten Theil von Paine's Rechten des Menschen verkauften, war also desto weniger zu verwundern. Noch scheußlicher war der Kriminalprozeß gegen den schottischen Rechtsgelehrten Th. Muir, der wegen seiner Gesinnungen für eine Verbeßrung des Parlaments zur Verweisung nach Botanybay verdammt ward; und worüber man den Genius der Zeit vom J. 94. 6tes St. nachschlagen kann. „Man sieht hier einen Mann (A. L. Z. v. J. 95. N. 288.) nach Botanybay um Beschuldigungen willen wandern; die sich wahrlich ein andrer Gerichtshof geschämt haben würde, nur anzuhören." Alles war absichtlich darauf angelegt ihn schuldig zu finden und man war schon vor der Untersuchung darüber einig. Ein solches Betragen durfte bey einem Gerichte nicht wundern, das blind in Pitts Solde stand und dessen Lordrichter in seiner Rede erklärte; daß die brittische Staatsverfassung die beste sey, welche seit Erschaffung der Welt existirte, und daß es unmögsich sey, sie besser zu machen." Der unglückliche Muir starb bekanntlich unterwegs.".... Es ließen sich also dem Pariser Revolutionsgerichte Pitts Hochverrathsprozesse füglich entgegensetzen. Auch der Mordbrand zu Birmingham gegen Priestley ward von Pitt und seinen feilen Anhängern im Parlamente bemäntelt, entschuldigt und die Untersuchung verwirrt. Noch schlimmer war es, daß er sich auch so im großem betrug, wie hier im kleinen. Welcher von den kleinern Staaten seine Neutralität nicht aufgeben wollte, ward, wenn ihm nur einigermaaßen beyzukommen war, mit einer Unvernunft behandelt, die nur ihm allein eigen seyn konnte. Das Benehmen gegen Genua's friedfertig handelnde Bürger, und die kriegdrohenden Erklärungen und völkerrechtswidrigen Mißhandlungen ergrimmten selbst die lauern Zuschauer des fränkischen Systems; und die gewaltsam erpreßte Neutralitätsaufsagung *) des Großherzogs

---

*) Das Recht eines Staates neutral zu bleiben kann nicht angetastet werden ohne die Unabhängigkeit der Nation zu verletzen. Nur vermöge des Rechts des Stärkern wollte England Genua zur Aufhebung dieser Neutralität zwingen, was desto ungerechter und grausamer war, weil letzteres auf keine Art einen Vortheil dadurch erlangen, wohl aber sich zu

von Toskana und anbedrohte Bombardirung seines Hafens Livorno, wobey ihm nur einige Stunden Bedenkzeit gegeben wurden: beförderten die Sa-

Grunde richten und ganz unnützes Blut ver, liehren konnte. Genua blieb deßhalb stand, haft, ward blokirt und insultirt. Eben so die nordischen Reiche, denen die Schiffe wegge, nommen wurden. Uebermacht war der Titel zu allen diesen Schritten, und doch wollte eine solche Regierung von Gerechtigkeit reden. Aber da sie nach Alleinherrschaft zur See strebte, so ordnete sie diesem Zwecke alles unter. Ganz Europa sollte diesem Rei, che unterthänig seyn; seine Kaufleute würden dann Fürsten, und die Uebrigen gehorsame Krämer und Beförbrer seines Geizes seyn.

„Die Neutralität ist in allen Kriegen das natürliche Recht jeder Macht; (von dem In, teresse der Mächte des festen Landes in Bezug auf England, v. Karl Theremin, Paris 95. S. 39 ff.;) sie ist ein Vortheil für Alle, selbst für die, welche im Kriege begriffen sind; denn vermittelst der neutralen Mächte erhal, ten sie unter sich die Verbindung und erleich, tern die Wiederaussöhnung. Ein Krieg, bey dem man die Neutralität einiger Mächte nicht zulassen wollte, würde ein Krieg seyn, der das Menschengeschlecht mit dem Tode, und die Völker mit einer gänzlichen Vertilgung bedrohen würde. Die Nation, die sich uns

die der Koalition so wenig, daß mancher Staat in heimlichen Zorn gerieth, und sich auf die andere Seite zu neigen begann. Denn was half es, wenn

---

terstcht, ein solches System einzuführen, wird strafbar gegen alle und verdient von Allen proscribirt zu werden. Dies hat England gethan. Es hat gesagt, daß es bey den jetzigen Umständen keine Neutralität dulden würde, und es hat diese neue und abscheuliche Anmaaßung durch alle Mittel, die demselben zu Gebote standen, geltend zu machen gesucht. Spanien hat zuerst seinen Drohungen nachgegeben; hier ist der Hauptinhalt der Sprache, die es gegen dasselbe geführt hat: Ich bin die furchtbarste unter allen Seemächten und der Zufall giebt mir eine Gelegenheit meinen gefährlichsten Nebenbuhler zu Grunde zu richten, ich will die Raçe dieser feindlichen Nation bis auf den Namen vertilgen, damit ich allein regiere, und damit niemand mehr mir widerstehen könne. Ich ziehe alle Höfe Europens in meinen Streit und sage ihnen, daß mein Feind nach der Umstürzung aller gesellschaftlichen Ordnung trachtet, er, der sich rühmt diese Ordnung zu vervollkommnen; deßwegen fange ich damit an, den zu proscribiren, dem ich den Tod geschworen und lasse ihm keinen Freund. Es steht euch frey seinen Sturz zu theilen oder ihn zu befördern; jeder, der in diesem Kriege nicht für mich ist, ist gegen

Pitt die Welt vor dem fränkischen Joche bewahren wollte, um allen Völkern sein eignes dafür aufzulegen; was konnte es helfen, wenn er die

mich. Ich lasse keine meinem Interesse entgegengesetzte Neutralität zu Ihr, eifersüchtig auf meine Größe, werdet das Werkzeug oder das erste Opfer davon seyn......"

Die englische Regierung ließ lieber die Schiffe in Toulon verbrennen, als daß dieselben mit Spanien hätte theilen oder nach Karthagena, wie dieses verlangte, schicken sollen; aber damit Spaniens Seekräfte nicht irgend etwan vermehrt werden möchten. Hierdurch muß Spanien zuerst die Binde vom Auge fallen und die englische Treulosigkeit offenbar werden. M. s. auch Theremin. S. 42 = 43.

„Wir haben hier also (eb. derselb. S. 53. 54. ff.) drey Mächte (Portugall, Spanien und Holland,) die England gegen ihren Willen und Interesse in einen Krieg verwickelt hat, der bloß der seinige ist, und den es zu einem allgemeinen Kriege machen wollte. Man weiß nicht wen man unter den Opfern seines Despotismus am meisten beklagen soll, ob die, welche demselben gehorchten, oder die, welche unter seinen Drohungen oder Beleidigungen eine unruhige und ungewisse Neutralität beobachteten; denn es ist hart, die Ruhe seines Landes, seine Schätze und das

Anmaaßungen der neuen Republikaner bändigte, indeß er selbst mit allen minbermächtigen Staaten willführlich umsprang; was durfte seine Befrey-

---

Leben seiner Bürger dem Egoism eines viel fordernden Bundesgenossen aufzuopfern, der sich nicht einmal die Mühe nimmt seine geheime Feindschaft zu verbergen; allein es ist auch hart, die Beleidigungen, die Genua und Florenz erduldet haben, die gegen die vereinigten Staaten, gegen Schweden und Dänemark ausgeübten Ungerechtigkeiten zu dulden, den unverschämten Ton seiner Erklärungen zu ertragen und alle seine Kauffartheyschiffe in den Häfen Englands zu sehen. Was ist denn aus der Freyheit der europäischen Nationen bey der von einer einzigen Macht ausgeübten allgemeinen Räuberey geworden? Wo ist denn der alte Ruhm der Völker, die alle in ihrer Geschichte glänzende Epochen gehabt haben und jetzt alle einmüthig das Haupt unter das Joch beugen, welches England ihm auflegt. Was sind diese vermeßnen Trotzreden, die man in allen Theilen von Europa, wie in so viel eroberte Provinzen, wiederholen hört? Geht nach Norden, geht nach Süden, so ist es England, welches donnert und droht; und man leidet es geduldig! und man verbindet sich nicht gegen dasselbe, um seinen unverschämten Stolz zu demüthigen und in seinen Händen das Scepter des Meeres, mit

ung Europens, wie er vorgab, für Nutzen bringen, wenn er es den Schwächern nicht frey ließ, ob sie neutral bleiben wollten oder nicht, wenn er nach bloßer Laune unter Zwang und Gewalt Krieg oder Frieden auf den Küstenländern Italiens umherstreuete, und ihre Selbstständigkeit durch seine Kanonen untergrub, indem er dieselbe gegen die Waffen der Neufranken zu sichern versprach? .... In Toulon bestand die erste Handlung der Engländer, nachdem sie ihres Königs Manifest, das Glück und Heil versprach, die erste Konstitution garantirte und die benachbarten Provinzen zu ehnlicher Rückkehr einlud, bekannt gemacht hatten, darin, daß der Maire gehenkt wurde. Dieser Kontrast mit den Versicherungen im Manifeste war etwas stark; man hatte wohl nicht überlegt, wie viele Tausende da gehangen werden müßten, noch weniger, daß ein Kriegsgefangner nie an Galgen komme, wenn man Anspruch auf ein kultivirtes Benehmen machen wollte. Pitts Redewendungen und künstliche Darstellungen giengen so weit, daß, als der erste Friede zwischen der Vendée und dem Konvente geschlossen war, er versicherte von sicherer Hand zu wissen, wie derselben die Unabhängigkeit zugestanden worden, folglich die ganze Land-

---

welchem er alle Nationen züchtigt, zu zerbrechen?"

schaft für Frankreich hinführo so gut wie verlohren sey. Man trauete seinen Augen kaum, wenn man ihn sich solcher Ausreden öffentlich im Parlamente bedienen sah und er seine Nation für so gar einfältig hielt, um an solchen, im höchsten Grade unwahrscheinlichen Beruhigungsgründen Geschmack zu finden. Ein ungeheures Feld, voll von diesen feinen Bemäntelungsarten öffnete sich den Gaunern den Zuschauern in diesem Zeitraume. Von den groben Lügen der im Zwange lebenden Zeitungsschreiber bis zur künstlichen Verworrenheit, womit ein lauschender Beichtvater seinen frommen Herrn umschlang, und von da wieder bis zu Kaburgs öffentlichem Berichte von der Schlacht bey Maubeuge, wo er nur wenige hunderte verlohr und sich zufolge eines tiefen Plans zurückgezogen haben wollte .... zeigte alles den so sonderbar gemodelten Geist der Zeit und des Benehmens der handelnden Personen. Kochendes Gift strotzte in den Adern und in den gespannten Muskeln las man ihr Vorhaben und ihre Ueberzeugung von dem Satze: jetzt oder nie! Es ward deßhalb öffentlich ungescheut von ihnen erklärt, sie würden nach dem (eigenmächtig hingestellten) Grundsatze handeln, daß wer nicht für sie sey, als wider sie zu seyn erachtet und auch so behandelt werden würde. Das her die Beleidigungen gegen ruhig gebliebne minbermächtige Staaten, und Hofstätter in Wien durfte in seinem Magazin plumpe Epigrammen auf die neutralen nordischen Höfe einrücken und über alle Staaten witzeln, die keinen Antheil am Kriege nehmen wollten; indeß jedes Wort dawider doch verpönt war und während man doch Respekt für Regierungen und gekrönte Häupter mit Strenge anbefahl. Aber der Partheygeist er...ubte sich immer alles und handelte nie konsequent.

Niedrige Schmeicheleyen gehörten von jeher zur Ordnung des Tages bey den Großen. Aber wenn man einen Graf Herzberg öffentlich in der Berliner Akademie der Wissenschaften über die Zurückkunft der beyden preußischen Prinzen vom Rheine seinen Glückwunsch so abstatten hörte, daß er sie die mit Sieg und unverwelklichen Lorbeern gekrönten Helden (sie kamen eben von Landau, das sie nicht einbekommen konnten) nannte, und dann wegen ihrer Vermählung mit den meklenburgischen Prinzessinnen sie mit den Argonauten des Alterthums verglich, die von fernen Ländern die goldnen Schätze zu erlangen müßten (aus dem ein paar Meilen entfernten Meklenburg....) wenn man so etwas von so einem Manne mit anhörte, dann durfte es einem doch wehmüthig ums Herze werden; oder man müßte annehmen, dieser abgesetzte große Mann habe solche Brocken in der Bitterkeit seines Herzens wegen der preußischen Aufführung hingeworfen und es im Belieben eines jeden gestellt, die Sache zu nehmen wie er wolle. Die übrigen niedrigen Schmeicheleyen der (feindseligen) Berliner Akademie auf den König, wurden in einem englischen Journale scharf gerügt, und wenn dann in den preußischen Zeitungen die personificirte Unwahrheit vorkam, durfte es nicht wundern. „Gestern, so hieß es, wurde das hohe Geburtsfest Sr. pr. Majest. mit den freudenvollsten Empfindungen eines dankbaren Volks gefeyert. Des Vormittags hielt die Akademie der bildenden Künste zur Feyer dieses Tages eine außerordentliche öffentliche Sitzung, welche mit der Gegenwart verschiedner Personen der königlichen Familie beehrt ward. Abends wurde auf dem Nationaltheater ein zu dieser Feyerlichkeit ausdrücklich verfertigtes Schauspiel: der große Kurfürst aufgeführt; voll feiner Anspielungen so wohl auf die jetzigen Begebenheiten, als vorzüglich auch auf die Parallele des Charakters des großen Kurfürsten und Friedrich Willhelms, des Vielgeliebten! ....“ Das schlimmste aber mochte seyn, wenn sich ein Einzelner ohne Noth zu Schulden kommen ließ, was wohl beym öffentlichen Aktus, wo einmal alles Ehren halber übertrieben werden mußte, verziehen werden könnte. So schrieb Herr Achard mit seinem neueingerichteten Telegraphen bey der, in Gegenwart des Königs, veranstalteten Probe von

Bellevüe nach Charlottenburg: Es lebe Friedrich Wilhelm, der seinen Feinden so schreckbar ist, als er von seinen Freunden gepriesen wird!.... welche niedrige Denkungsart gehörte dazu, um, (da es doch nicht ironisch genommen werden durfte,) so ganz ohne Noth mit solchen Unverschämtheiten sich abzugeben. Anderwärts würde alles dies wenig oder nicht auffallen, aber in Berlin, wo man in allem wer weiß wie hoch zu stehen wähnte und über fremde Völker die Nase rümpfte, ließen sich alle diese Gelehrten feiger Weise bis tief wieder in den Sumpf hinab. Dies auf der einen Seite; und dagegen strich die Akademie den Volksrepräsentanten Condorcet aus ihrer Liste!.... So wenig die Wiedereroberung von Mayn den Preußen eben große Ehre machte, man müßte denn Bestechungen als Ehre gelten lassen wollen, ward doch sogleich von dem allzeit fertigem Berliner Medailleur eine Medaille geprägt, auf welcher der König v. Pr. durch die Thore von Mahnz reitet, mit der Umschrift: ejecto hoste, recuperata Moguntia u. s. w. Die ejectio hostis, wo man ihn mit Sack und Pack und Kanonen abziehen ließ und noch obendrein Reisegeld gab, schien weit her zu seyn. Es ward aber dieser Vorfall als eine Großthat gepriesen, und alles Gefühl für Wahrheit so sehr verläugnet, daß man schrieb: „Der König v. Pr., dessen b e k a n n t e Helden= und Herr=

scheertugruben die ganze Welt bewundert, ruht jetzt von seinen Großthaten (der Einnahme von Maynz) aus, und stärkt sich dadurch zu neuen Thaten." Dies Ausruhn bestand bekanntlich darin, daß er alle Tage in einer andern Stadt oder Residenz der Nachbarschaft umherzog, den Dine's und Soupe's beyzuwohnen geruhte, sich mit Lorbeerzweigen bekränzen ließ und das Geld unter die Leute brachte. Wenn ein entscheidender Streich bey der Armee ausgeführt werden sollte, wußte man ihn manchmal kaum aufzusuchen, und es gieng Zeit und Gelegenheit verlohren. .... Mit solchen ekelhaften Lobeserhebungen hielten die anderweitigen Uebertreibungen gleichen Schritt. Alle Völker, die mit zu Felde lagen, galten in unsern Blättern für Riesen, indeß die Franken die Haasen waren, die man nur jagen durfte. Immer, hieß es von erstern: „auch jetzt behaupteten diese Männer ihren alten Waffenruhm," wenn gleich von manchem dieser Fürstler noch in der ganzen Geschichte kein Beyspiel davon vorgekommen war, „sie bewiesen ihre alte Tapferkeit, von ihnen blieben wenig, vom Feinde desto mehr." „Wir mußten uns zurückziehen, sagten die Engländer und Erbstatthalterischen Holländer, bey dem Schlage vor Dünkirchen wegen der feindlichen Uebermacht, aber gefochten haben wir wie die Löwen." Dennoch

ließ hinterdrein der Erbstatthalter eine Menge Offiziere und Soldaten verhaften und ihnen den Proceß machen, „weil sie nicht Stand gehalten hätten." Noch drollichter klang die Beschreibung der Schlacht bey Pirmasens unter dem Herzog von Braunschweig, wo es geschienen habe, als sey „aus jedem Knopfe der preußischen Krieger Feuer gesprungen" und wo die Franzosen „fünftausend Mann verlohren hätten" und jene ....„ sieben und zwanzig!" Der Feind schoß mit Erbsen und die Deutschen mit Felsstücken. Dennoch folgte gerade hinterdrein: der Herzog v. Br. habe sich nach diesem Treffen in die alte Stellung zurückgezogen. Der Rückzug bey Maubeuge war nicht Folge einer verlohrnen Schlacht, sondern geschah mit Fleiß, und hatte eine ganz besondre weislich ersonnene Veranstaltung zum Grunde; und doch las man in der folgenden Zeile, Koburg bemühe sich die Blokade von neuem wieder vorzunehmen, und einige Tage darauf verkündigte man ein Vorpostengefecht mit dem Zusatze, die Kayserlichen hätten die Scharte bey Maubeuge bereits wieder ausgewetzt! Fast scheint es, als wenn unsre Großen zu dumm wären, um auch nur auf eine erträgliche Art lügen zu können. ....
So öfters als die Alliirten nach einer Schlappe in vollem und verwirrtesten Rückzuge waren, hieß es: der Rückzug sey in der besten Ordnung gesche-

hen und mit solcher Vorsicht, daß alles, alle Magazine, Lazarethe, Gepäcke und sämmtlicher Train in Sicherheit gebracht sey. Nicht eine Kanone, nicht ein Rad sey in die Hände des Feindes gekommen und diese Retraite ein Meisterstück gewesen. So lautete es z. B. bey der Flucht aus dem Elsaß unter Braunschweig und Wurmser. Wenn eine Affaire zu ganz unbedeutend war, um auch nur mit einiger Wahrscheinlichkeit Aufhebens machen zu können, wenn schlechterdings nichts gewonnen noch gefangen ward, so hieß es: Gefangene haben wir dabey nicht gemacht, denn wir gaben keinen Pardon.

Alles dies wirkte das Gegentheil; es kam bald so weit, daß an ihren Berichten auch da gezweifelt wurde, wo wirklich der Vortheil auf ihrer Seite gewesen war, und daß man sich in der Ferne die Republikaner ganz als unbezwingliche Riesen im hellsten Lichte vormahlte; weil der allen Glauben verliehrt, der seinen Feind durch entehrende Erdichtungen herabzuwürdigen sucht. Aber was am schlimmsten dabey war, selbst die Kraft gieng verlohren. Denn so sehr die Franken als nacktes, elendes, undisciplinirtes Gesindel geschildert wurden, so sahe sich doch Koburg nach wiederholten Niederlagen genöthigt die Völker am Rhein aufzurufen, seine Armeen zu vertheidigen.

Hielten die Großen ihre Völker nicht für so gewaltige Kinder, so ließe sich fragen; wozu so viel Worte, handelt doch lieber wie ihr wollt, und schweigt. Aber dieser Kützel reichte ihnen nicht hin, auch wissen sollte man, daß sie ihren Menschen den Verstand auf den Rücken drehen könnten, ohne fragen zu dürfen, ob er auch da an seiner rechten Stelle sey. Achtung für ihre Brüder war ihnen fremd; nur die Wahrheit sollte gelten, die ihren Gaumen behagte und mit Stirnrunzeln ließen sie die Regeln darüber in die Welt hineinwerfen. Der Schwachkopf und der Despot hielten überhaupt von jeher nichts für leichter als Gesetze zu geben. Ihnen dünkte es gehöre nichts dazu, als Befehle über Befehle ausgehen zu lassen. Henker waren ihnen die sichersten Grundpfeiler des Throns; Sie kannten keine andre Quelle der Gerechtigkeit als ihre Gesetze. In Japan würden sie die eifrigsten Bewundrer des sinnreichen Einfalls jenes Kaysers gewesen seyn, der seine größte Ehre darin setzte, kein Gesetz, auch das ungerechteste nicht, zu widerrufen und sich hierzu der unedlen Vergleichung bediente: Meine Befehle gleichen meinen Erkrementen, die nie wieder in meinen Körper zurückkehren, sobald sie einmal heraus sind. ....

Alles schleppte sich mit der Kette der Schmeicheley und der einseitigen Begünstigung, indem Jene dann ein Recht daraus herleiteten, das mit ihnen gebohren werde. Die Stillen aus verschiednen Predigten preussischer und andrer Kanzelredner, deren Amt es seyn sollte, Wahrheit mit Mund und Herzen zu bekennen und zu vertheidigen, waren zu auffallend, als daß sie nicht zur Aktengeschichte unsrer Zeitzeichen dienen dürften; so wie sie auch der Genius der Zeit im Februarstücke 95. S. 180. ff. aufgezeichnet hat.

„Der Glaube, sprach der Berliner Prediger Robland, stärkte uns in dem freudigsten und unbedingten Gehorsam gegen die Obrigkeit, die uns Gott selbst gesetzt hat, gegen unsern verehrten König. ....“ „Gesetzt, sprach der Berliner Prediger Richter, es wären manche Einrichtungen nicht allgemein heilsam und nützlich, o so ist es dennoch Christenpflicht stillschweigend zu gehorchen und sich auch nicht durch Murren und Ungehorsam an den König zu versündigen; denn der große Paulus schreibt: Jedermann sey Unterthan der Obrigkeit, die Gewalt über ihn hat; denn es ist keine Obrigkeit ohne von Gott verordnet. Wer sich nun wider die Obrigkeit setzt, der widerstrebt Gottes Ordnung; die aber widerstreben, werden über sich ein Urtheil erfahren. Denn die Gewaltigen sind nicht den guten Werken, sondern den Bösen zu fürchten. Willst du dich aber nicht fürchten, nun so thue Gutes, thue Recht, so wirst du Lob von derselben haben. Denn sie ist Gottes Dienerin dir zu gut; thust du aber böses, so fürchte dich, denn sie trägt das Schwerd nicht umsonst. Sie ist Gottes Dienerin, eine Rächerin über den, der böses thut. .... Wer war aber der römische Kayser, gegen dessen Befehl der Apostel Gehorsam fordert? Nero war sein Name, ein Tyrann und schrecklicher Wütrich; demungeachtet verlangt er von den gedrückten Christen, sich diesen Gewaltigen nicht zu widersetzen, sondern alle seine Bedrückungen mit Hinsicht auf Gott geduldig zu ertragen. *) .... " „Un-

---

*) Der Satz: Jedermann sey unterthan der Obrigkeit u. s. w. ist recht gut; gilt aber eben so wohl für den Fürsten als für jeden andern. Denn er bedeutet: jeder gehorche den (guten) Gesetzen, weil und so lange er sie freywillig annimmt, oder weil sie die Mehrheit will, welcher der Einzelne folgen muß. Der Fürst muß aber auch nach den Regeln und Vorschriften der Landeskonstitution sich richten. Vom leidenden und unbedingten Gehorsam kann hier nicht die Rede seyn. Paulus wollte sagen: Wenn ihr ein-

ſer König, ſprach der Mannsfeldiſche Prediger Leiter, iſt der beſte und liebenswürdigſte König und ein wahrer Landesvater; und der Krieg, wel-

---

mal Geſetze annehmt, ſo befolgt ſie auch, weil ſonſt Anarchie und Greuel entſtehen, die wider Gottes Ordnung d. h. wider die Einrichtung in der Natur laufen. Denn die Gottheit gab uns Verſtand um einzuſehen, daß zur Staatsverfaſſung Ordnung gehört und folglich Handhaber derſelben oder Gottes Dienerin, Obrigkeit. Sie iſt alſo ein Werk der Vorſehung. Wer ſich ihr widerſetzt, wird verdammt. Der Souverän (Fürſt, Monarch, ariſtokratiſcher Rath, Volksſenat, Vollziehungsdirektorium u. ſ. w.) iſt demnach der Statthalter der Gottheit. Seyd alſo ihm, d. h. dem Geſetze, der Ordnung, der Obrigkeit, folgſam; ſonſt werdet ihr geſtraft, und das von Rechtswegen. Paulus verbot aber nicht dadurch das Recht zur Inſurrektion und zum Widerſtand gegen Unterdrückung. Die Bürger zu Rom, deren Häuſer Nero über ihren Köpfen anzünden ließ, um ſich das Schauſpiel einer brennenden Stadt zu verſchaffen, wollte er durch ſeine Worte nicht zur ſtupiden Ertragung zwingen, oder, wenn ſie ſich widerſetzt hätten, zu Aufrührern im Staate Gottes ſtempeln, wie der Herr Richter heraus exegeſiren möchte. Wenn das

chen er jetzt führt, ist ein **höchst** nothwendiger und **gerechter Krieg**. Wir dürfen uns nur an seine **königlichen Tugenden** erinnern, so

Volk die vorhandne Obrigkeit nicht mehr **will,** kann der paulinische Ausspruch keine Anwendung mehr finden; denn dann macht ihr ja eben das Volk den Namen der Obrigkeit streitig, und darf also widerstreben ohne ein Urtheil zu empfahen. Der **blinde Gehorsam** fällt demnach weg; zu geschweigen, wie schwer es immer war, glauben zu machen, der Mordbrenner Nero (und seines Gleichen bis auf diesen Tag) sey ein von **Gott Gesetzter**, dem man nicht widerstreben dürfte. Die damaligen Christen waren im Verdachte **neuer Lehren** (folglich auch .... unruhiger Gesinnungen und gefährlicher Absichten; so wie noch jetzt unsre Reichardte schließen;) es gab Christenriecher, wie jetzt Aufklärer = und Jacobinerriecher. Paulus ermahnte sie daher behutsam zu seyn und die vorhandnen Satzungen zu befolgen, so lange sie .... beständen; sprach ihnen aber nicht das Recht ab, sie umzustoßen, und etwas andres und beßres dafür hinzusetzen; oder der große Poulus würde etwas sehr unkluges behauptet haben. Denn die damalige Staatslage des römischen Reichs bestand im ewigem Aufruhre und Wirrwarr, die Soldaten lernten allmählich die Kayser ab und einsetzen und die Obrigkeit verord-

werden wir gewiß die Bündigkeit des Schlusses fühlen. Ein Krieg den Friedrich Wilhelm führt, muß ein höchst nothwendiger und gerechter Krieg

———————————————

ren; ein Tyrann begann bald den andern zu verdrängen: Bey diesem Spiel der Leidenschaften und der Verderbtheit hätte man unbedingt und ehrfurchtsvoll gehorchen sollen; da man sah, aus welchen unreinen Händen die Thronbuben empfangen werden mußten, die das Scepter führten?.... Fiel es aber auch jemanden ein, den Ausspruch vom blinden Gehorsam erklären zu wollen, so gewänne der Despot dadurch gleichwohl nichts; denn wie kam er auf den Thron? Allemal erst dadurch, daß seine Vorfahren wider die vorhergehende Ordnung hinaufgestiegen waren, oder wohl gar vermöge des Rechts des Stärkern sich drauf gesetzt hatten und folglich der vorigen Obrigkeit und Einrichtung der Dinge nicht unterthänig geblieben waren. Indem es so vor der jetzigen Regierung andre gab, die jener im Laufe der Zeit weichen mußten, so streiten alle jetzt vorhandnen, laut der eignen Exegese der Herrscher, wider die Göttliche Ordnung. Das Haus Hannover z. B. müßte also wieder vom englischen Thron herunter; denn die Engländer durften sich nicht der Ordnung Gottes widersetzen und ihren König Jacob II. fortjagen, folglich auch nicht

seyn. Denn so ein gottesfürchtiger und menschenliebender Herr kann keinen unnöthigen noch ungerechten Krieg führen; sondern seine mit Recht ge-

---

Oranien, und nachher Hannover, an seine Stelle heben. Catharina II. mußte ebenfalls der Obrigkeit d. h. dem Kayser Peter III. unterthänig bleiben; da sie ihn aber stürzte und so der göttlichen Ordnung widerstrebte: durfte sie auch jetzt nicht an den paulinischen Spruch appelliren (wie sie ihren Barbaren unaufhörlich vorschwatzte) und böse werden, wenn sich jemand im Reiche der Obrigkeit d. h. ihr, widersetzen wollte. Da überhaupt in jedem Staate Obrigkeit vorhanden ist, auch in Freystaaten, auch in Frankreich, und da es keine Obrigkeit giebt ohne von Gott verordnet: so sündigte jeder, auch in Frankreich, wider das göttliche Gesetz, wer es wagte sich ihr zu widersetzen und die Emigranten waren Sünder, welche der Gottheit widerstrebten und von den fremden Mächten nicht hätten unterstützt werden sollen. Der Revolutionär konnte also den Spruch eben so trefflich für sich brauchen. Ich habe, durfte er sprechen, jetzt die Obrigkeit eingerichtet; da nun jede von Gott ist, so muß auch die meinige befolgt werden. Die Holländer, Nordamerikaner u. s. w. sprachen auch trotz den Einwendungen Philipps und Georgs wirklich so, und alle vernünftige Menschen mit ihnen.

rühmten Eigenschaften müssen ihn gerade auch zu
den friedliebensten und friedfertigsten Monarchen
von der Welt machen. Davon hat er der Welt
die ſtärkſten Proben gegeben. Wer hatte ſo wie er,
die ſchönſte Gelegenheit die Gränzen ſeines Reichs
anſehnlich zu erweitern und beträchtliche Eroberungen zu machen und benutzte ſie nicht? ....
Und koſtet der gegenwärtige Krieg auch viel Geld
und Leute, ſo wollen wir zuförderſt Gott danken,
daß Geld dazu da iſt, und uns feſt überzeugen,
daß das Geld gar nicht beſſer und auf
keine andre Weiſe mehr zum Wohl der
Unterthanen verwandt werden können,
wie jetzt; denn es wird für des ganzen Landes und
jedes einzelnen Unterthanen Wohl, Ruhe und
Sicherheit verwandt und alſo viel Gutes damit
geſtiftet. Zudem hatte unſer große Friedrich dies
Geld zu künftigen Kriegen geſammelt, es wird
alſo doch wohl deſto beſſer und ſeiner Beſtimmung
um ſo würdger und gemäßer angewandt, jemehr
der dafür zu führende Krieg ein Krieg für des Landes Wohl und Sicherheit iſt. Und kann das ein

---

Es hat nicht leicht ein Spruch eine einſeiti-
gere Anwendung erlitten, als dieſer. Die
Großen erklärten ihn immer zu ihren Gunſten,
und wollten keinem andern denſelben Vortheil
erlauben.

Krieg mehr seyn, als der gegenwärtige? Ja, unser großer Friedrich würde sich nie mehr über seinen Schatz gefreuet haben, als wenn er eine so würdige und für sein Land so gesegnete Anwendung desselben vorhergesehen hätte. Und wer kann es läugnen, daß ihn nicht die Vorsehung Gottes gerade zu diesem einzigen besten Endzwecke habe sammeln lassen?.... O, welch ein gesegneter Schatz und welch ein würdiger Gebrauch desselben. Tausend Segen dem Sammler, aber auch tausend Segen seinem Nachfolger, Friedrich Wilhelm, daß er ihn gerade so zweckmäßig, würdig und landesväterlich für uns verwendet...."
"Die Zeiten sind vorbey, sprach der Oberhofprediger Reinhard zu Dresden, wo man ungereizt und aus Eroberungssucht, wo man ohne allen Schein des Rechts und der Billigkeit ruhige Nationen überfallen und unterjochen konnte. Viel zu lebhaft und allgemein ist das Gefühl der Gerechtigkeit geworden, als daß man ein unschuldiges Volk nicht schonen sollte. Die Verfassung unsers Vaterlandes (Sachsens) ist jene schöne Mischung von Freyheit und Einschränkung, von Selbstständigkeit und Abhängigkeit, bey welcher die Völker am glücklichsten sind...." "Der Vernünftige und Billigdenkende, sprach der evangelische Superintendent Fock zu Wien, ist über-

1.

zeugt in dem Staate, in welchem er lebt, ein solches Maaß von Glückseligkeit zu finden, als die Vorsehung gerade für ihn bestimmt hat, und überläßt die Staatsverbeßrung ihrer höhern Leitung. Denn in christlichen Ländern erkennt die Regierung die göttlichen Gesetze als die **unverletzliche** Richtschnur der ihrigen an. Wäre die Regierung des Landes (Oesterreichs) hart und drückend, hätte man für **Menschenrechte keinen Sinn**, nur dann könnten Zweifel in uns aufsteigen. Aber wir leben in einem Lande, wo Menschenrechte als ein **unverletzliches Heiligthum geschätzt** werden und Menschenwohl das höchste Ziel der Staatsverwaltung ist." "Schon haben, spricht der Generalsuperint. Velthusen im Herzogthum Bremen, die Unholde (die Franzosen) der gesammten zu gegenseitigem Schutz verbündeten Macht des deutschen Reichs den Krieg aufgedrungen und ohne Scheu öffentlich ihre höllische Absicht angekündigt: allenthalben durch Waffen und fliegende Blätter, Gesetze und Grundverfassungen, wovon die **Sicherheit der Völker** abhängt, über den Haufen zu werfen; **alle Bande der bürgerlichen Verbindung zu zerreißen**, die glücklichen Verhältnisse der einander kräftig zu Hülfe kommenden **verschiednen Stände gewaltsam aufzuheben;** friedlich beyeinander wohnende Bürger und Landleute

zu entzweyen. Namentlich haben sie den Thron unsers Kaysers und unsrer Könige, und jeden mit landesväterlicher Sorge über die Aufrechthaltung der Grundverfassung seines Volks wachenden Regenten tödlichen Haß geschworen. ...."
„Welch ein Trost, sprach der Doktor Thieß zu Kiel, für den Gottergebnen Krieger: So du ins Feuer gehest, spricht der Herr; so du ins Feuer gehest, will ich bey dir seyn, daß die Flamme dich nicht versehre! .... Warum toben die Heiden und die Leute reden so vergeblich? Ist nicht heidnisches Toben was dort (in Frankreich) getrieben wird in Verschließung, Plünderung und Zerstörung der, sonst der Andacht geweiheten Häuser? Und ists nicht so vergeblich, als thöricht, was die Leute reden, die Sprecher dieses gesunknen Volks sind? .... Ein Volk das auftreten und sich laut für gottlos erklären kann, ein solches Volk ist weder mit Ernst zu bändigen, noch durch Schonung zu gewinnen. .... Es muß durchaus entnervt und erschöpft, es muß bis aufs Blut ausgesogen seyn, wenn es ruhig seyn soll. Doch wird es das erst, indem es vor Ermattung hinsinkt und andern Völkern zum Raube wird. Denn wo das Aas ist, dahin fliegen die Adler. Mit dem tiefsten Sittenverderben bricht auch die Strafe allemal mit Macht herein, nicht mehr

als väterliche Züchtigung Einzelner, sondern als fürchterliche Landplage für so gehäufte Schuld. In einem Lande, das der Fluch der Sünde trifft, stehen, um diesem Fluche noch mehr Eingang und Gewicht zu verschaffen, die Bethäuser leer. „Siehe euer Haus soll euch wüste gelassen werden." Viel, sehr viel ist mir übrig geblieben von dem, was ich hier noch sagen konnte und wollte: aber ich fühle mich doch erleichtert durch das, was ich gesagt habe, was auch ich glaubte sagen zu müssen und nicht laut genug sagen zu können; ich fühle mich erleichtert am Schlusse eines solchen Vortrags.

Sollte man nicht fast glauben unsre Prediger wären arge Satyriker!

Wo nun aber noch solche feste Meynungen im Schwange giengen, blieb jeder andern das Bürgerrecht verboten, so wollten es die Obern. So wie den 28. August 95. zu Rom durch die päbstliche Verdammungsbulle fünf und achtzig Sätze in den Akten und Dekreten der Synode zu Pistoja verbannt und vermaledeyet wurden: so ward auch noch in Sachsen das Anathema über Sachen des Geistes gesprochen. Zufolge eines Reskripts an die Leipziger Bücherkommission ward am 10 Septbr. 95. des Konsistorialassessors und Archidiakonus zu

Lübben in der Niederlausitz, sein „Versuch die Wundergeschichten des N. T. aus natürlichen Ursachen zu erklären" bey zwanzig Thaler Strafe in Sachsen und bey dreyßig in der Lausitz verboten, und dem Verfasser ein Prozeß an den Hals geworfen. Die Regierung schien alles Einfache und Natürliche noch wie die Sünde zu hassen und strafte jeden erklärenden Versuch dieser Art, das wichtigste Geschäfte der gesammten Menschheit. Welch ein armes Volk, das nur dann vielleicht eine Wahrheit sich zu eigen machen durfte, wenn es dreyßig Thaler dafür bezahlt hatte. Eben daselbst ward Erhards Buch „über das Recht des Volks zu einer Revolution" geächtet; eine Schrift, die sich nur mit bündigen Schlüssen zu schaffen machte, dabey aber zur Lektüre für den gewöhnlichen Mann so wenig geeigenschaftet war, daß nur ein Unsinniger Gefahren für den Staat daraus besorgen konnte*).... Diese Geistespressungen waren überhaupt

---

*) Wer von der lichtscheuen Politik des Dresdner Hofes, von seinem geistlosen Benehmen gegen jeden besorglichen Satz und von der Aengstlichkeit, womit gegen jede helle Idee die Fenster verklebt wurden, einen Begriff haben will: schlage die Wandrungen und Kreuzzüge durch einen Theil Deutschlands S. 167. und 232. nach; und wer noch ein

die ſonderbarſten Nothfälle, die in jedem Lande eine andre Geſtalt hatten. Hier ward etwas verboten, und dort erlaubt, und ſo umgekehrt im

beſondres Beyſpiel davon ſo wie vom Leipzi‐
ger Despotism und Jacobinerriecherey, wo
mit kalter Willkühr der Fremde behandelt
wird, wo grober Unverſtand und hinterliſtige
Verfolgungsſucht mit ängſtlich ſcheuen Macht‐
ſprüchen gepaart erſchien, zu wiſſen verlangt,
wird alles dies im reichlichen Maaße in De‐
mengeons „Geſchichte meiner Vertreibung
aus Leipzig, 1794.", beſonders S. 14. und
38. finden. (Schleßwig. Journ. 93. Jun.
S. 200. ff.)

„Sachſen, das Land, von dem einſt die
Freyheit zu denken in Deutſchland ausgieng;
das Land, wo Luther ſeinen großen Kampf
für Menſchenrechte ſtritt, und in deſſen vor‐
züglichſter Handelsſtadt die Literatur Deutſch‐
lands ihren Mittelpunkt in merkantiliſcher
Hinſicht fand, iſt gegenwärtig eine von den
Provinzen Deutſchlands, wo faſt keine frey‐
müthige, irgend einen Gegenſtand der Religion
oder Politik beleuchtende Schrift mehr ge‐
druckt und verkauft werden darf. ..... In
Leipzig ſtreicht die Cenſur die Worte: Despot,
Menſchenrechte, Druck u. dergl. geradezu aus,
ohne ſich darum zu bekümmern, in welchem
Zuſammenhange ſie ſtehen, verſtümmelt ganze
Manuſcripte nach Gutdünken und läßt in

bunten Wechsel. Nur der Eigensinn des Fürsten konnte die Ursache seyn, der mit dem tollsten Stolze von der Welt die Regel der Wahrheit festzustellen sich anmaaßte; denn alles was er verbieten ließ, erklärte er doch dadurch für unwahr, schändlich und schlecht; er müßte denn gar glauben, die ewige, heilige, erhabne Wahrheit verbieten zu dürfen. So thöricht ist wohl noch nie ein Menschenkind gewesen. Er that es also, weil er es für böse hielt. Und doch ward es in jenem Lande erlaubt, also für unschädlich und gut erklärt. Einer von Beyden mußte sich demnach an der Wahrheit versündigen, denn jeder wollte sie formen. Der Eine that ihr zu viel Ehre an, der andre zu wenig. Ein Maaßstab fehlte gänzlich. Nur immer das Land war glücklich, wo die Preßfreyheit sich zu Hause fand. Die Wahrheit konnte dann durch alle die Schleyer und englherzigen Wichte hindurch

---

einzelnen Stellen den Verfasser Unsinn schreiben. In Dresden kann durchaus nichts gedruckt werden, was nur irgend auf kirchliche oder politische Gegenstände Bezug hat. .... Sachsens Regent benahm sich immer, als habe er kein gutes Gewissen, und hätte doch in der That ruhiger seyn können, als mancher andre. Durch seine Aengstlichkeit litt aber der Geist des Landes zu sehr, als daß diese Zwingherrschaft nicht höchst verwerflich wäre.

bringen, die gewöhnlich die Stufen des Throns belagert hatten; der Fürst durfte nicht viel böses thun, denn es kam sogleich öffentlich zur Sprache. Für dies Kleinod also sollten die Menschen wie rasend kämpfen. Der Regent, der es wegwarf, zeigte unverschämt seinem Volke, daß ihm nichts am Glücke desselben läge, daß er nicht Lust hätte sich nach dem Geiste der Zeit zu bequemen und daß alle Welt sich nach ihm und seinen verschraubten Grundsätzen krümmen sollte. Er erklärte öffentlich, daß ihm die Wahrheit nicht über alles gehe und daß er vor der Beleuchtung ihrer Fackel zu sittern Ursache habe. Er hatte nicht Lust sich zu bessern noch fortzuschreiten im Guten. Er warf sich zum Gewissensrath Andrer auf, so wie er selbst wieder unter einem solchen stand. Er bewachte ängstlich, wie ein Geizhals seine Schätze hütet, das nur allein privilegirte Häufchen seiner untrüglichen Meynungen und hielt sorgsam die Hände darüber, daß niemand sich daran vergriffe. Seiner Laune, seiner Leidenschaft, seiner Herrschsucht, seinem beengten Systeme war die Denkkraft entgegengesetzt, und er suchte sie deßhalb bey andern zu ersticken. Der Einwurf des Mißbrauchs verdiente nie einer großen Erörterung. Irrthümer und schädliche Sätze sind wie Eis, und schmelzen an der Sonne der Wahrheit. Sie widerlegen sich von selbst, es ist nicht einmal nöthig dagegen schreiben zu lassen. Dann aber wurden sie wichtig, wenn sie mit dem Baune belastet umherschlichen und sich das Ansehn der unterdrückten Unschuld gaben. Dies bedacht, so schien es fast darauf abgesehen, die Uebel geflissentlich hervorzubringen, die man verhindern wollte. Und wo wäre überhaupt die Gränze, wo sich das Gute vom Bösen schied und wo man also ohne Nachtheil Sperrungen wider die Freyheit der Meynungsmittheilung anwenden könnte? Auch das wohlthätige Feuer thut Schaden und legt Städte in die Asche; das Wasser überschwemmt ganze Landstriche; niemanden fiel es deswegen noch ein, diese nützliche Elemente verbannen zu wollen. Sollte sein Misbrauch Statt finden, so wäre es am besten den Völkern die Zunge auszuschneiden; dann würde freylich nichts böses mehr geredet werden.... aber auch nichts gutes. Und wenn sich doch nur Vorschriften festsetzen ließen; aber der Willkühr eines Einzigen oder Weniger wird und muß es dann überlassen bleiben, was Kontrebande im Reiche der Wahrheit seyn soll oder nicht. Deswegen gieng es auch überall so scheußlich damit her. Es war eine Lust und ein Jammer, die verbotnen Bücher in Wien zu überschauen. Die Anmaaßungen des pfaffenbeherrschten Geisteszwingherrn und der rohe Frevel der Censoren hatte da in den Kriegsjahren die höchste Stufe erreicht. Es sollte durchaus nur eine gewisse Klasse von Meynungen daselbst herrschend erhalten werden, und jeder Angriff dagegen ward zum Verbrechen gemacht. Die Revisionskammern waren eben so viel heimliche Gerichte, wo das Urtheil im Finstern gesprochen ward. Die Männer darin waren die Dominikaner der Litteratur; Willkühr war ihr Gesetzbuch und blinder Gehorsam der Geist ihrer Zunft. Scheußlich war es anzusehen, sobald nun Einzelne durch den Druck fremder Willkühr leiden und das Opfer elender Verstandeslähme werden müßten, wie dies ebenfalls in Sachsen mit den neuangehenden Universitätslehrer Krug geschah. Wegen seiner Schrift „Briefe über die Perfektibilität der geoffenbarten Religion" ward er auf Befehl des geheimen Konsilii zu Dresden von dem Wittenbergischen akademischen Senat vorgefordert, auf sein Eingeständniß verketzert und mit schädlicher Eigenmacht der fernern akademischen Aussichten für verlustig erklärt.... Wer es wagte über solche Verfälle die Stirne zu runzeln, auf Duldung zu dringen, oder überhaupt Grundsätze von hellerer Einsicht und veredeltern Begriffen zu äußern, ward für einen Jacobiner, oder aufs gelindeste, für einen freygeisterischen Illuminaten gehalten und fiel unsern Reichardten und Konsorten in die Hände.

Diese Menschen giengen in der Wuth ihres Verfolgungsgeistes so weit, als nur die blinden Jahrhunderte der Vorzeit sichs erlaubten. Sie stürzten auf Jeden los, der irgend einen Tadel gegen sie wagte, und schrieen den schon für einen Hochverräther und Aufrührer aus, der ihren Machwerken keinen Beyfall zunickte und ihre Proceduren nicht für die rechte Art halten wollte, wodurch Ruhe und Frieden im Lande befördert werden künnten. Mit den unsinnigsten Schmeicheleyen rühmten sie alle Große, und schrieen über Religionsschändung und Gotteslästerung, wenn sich jemand hierüber einige andre Gedanken erlaubte. Die Greuel in Frankreich schilderten sie mit Feuerfarben, dagegen schwiegen sie wohlbedächtig von den Abscheulichkeiten in Polen, durch Catharina und ihren Würgengel Suwarow verübt, stille. Pitt galt ihnen für einen Halbgott; Georg und Franz waren die Weisen, die großen und erhabnen Kronenträger der Welt und der Vor- und Nachzeit. Preussen verdarb es gewaltig bey ihnen durch den Frieden, und sie empfahlen jede Brochüre, die wider dessen konstitutionswidrigen Traktat zu Felde zog; so sehr sie auch vorher allesammt den Patriotism, das preiswürdige Beyspiel und die Vortrefflichkeit aller Schritte und Maaßregeln des preussischen Hofes bewundert hatten. Alles was die Fürsten und Herren dieser Erde sich ungerechtes erlaubten, ihre Inkonsequenzen, Widersprüche und Schändlichkeiten, ihre royalistische Schreckenssysteme, ihr Druck, Despotismus, Laune, Stolz, Dummheit und judischniedrige Aufführung, alles dies verschwiegen sie sorgfältig oder vergruben es unter den Bombast ihrer Ausrufungen. Wenn in Neapel, Turin und Rom Verschwörungen entdeckt wurden, so ward schon beym ersten Gerücht davon, alles ohne Umstände den Propagandisten Schuld gegeben und die Welt zur blutigsten Rache aufgefordert; wenn aber die Selbstherrscherin aller Reussen eine Verschwörung in Stockholm anzettelte, oder in Kopenhagen den Mordbrand leitete: da stellten sie sich so unwissend bey der Sache, als müßten sie sich erst den Schlaf aus den Augen reiben; indeß war der Vorgang verraucht und sie brauchten nicht weiter davon zu reden. Ueber die Grausamkeiten Frankreichs kreischten sie sich heiser; und wenn es die eroberten Länder behalten wollte, spotteten, tadelten und zitirten sie alle Kapittel des Natur- und Volkrechts und bewiesen die alles zu verschlingen drohende Unersättlichkeit der Republikaner. Wenn aber Polens drey Nachbarn mit Feuer und Schwerdt hauseten, Schwüre brachen, das Land in Fetzen zerrissen, den König absetzten, den Herzog von Kurland fortschickten und jede Regel der Humanität beleibigten: priesen sie alles als Großthaten und vergötterten Rußland, je mehr es wie ein bösartiger Krebs um sich fraß und sich den deutschen Gränzen näherte. ....

Der Marktschreyer Girtanner dürfte hier oben an stehen; ein verächtlicher Mensch, der seinen Koburgischen Hofrathstitel durch eckelhafte Partheylichkeit abzuverdienen suchte, und ihm folgt ein Heer von noch ärmern Schächern hinterdrein. Wie in England der feile Burke, so hat sich in Deutschland der närrisch stolze Zimmermann ausgeschrieen, und auch die Lebenden mußten nach dem Frieden Heiserkeit verschützen. Rehberg in Hannover, Schirach in Altena, Reichard in Gotha, Hofmann, Hofstetter, Hoschka und Delüc in Wien, Göchhausen in Eisenach, Benecken in Hannover, D. Stattler in München, Malet du Pan in der Schweiz, Grosmann in Giesen, Dok in Leipzig, Kozebue in Reval, Graf Stollberg in Eutin, Gleim in Halberstadt, Wiflorius in Großrudestedt, Schilling in Bremen vergaßen alle zu überlegen, daß ihnen im Augenblicke das Handwerk *) gelegt

---

*) Burke hat seinen Namen der Nachwelt als ein Elender überliefert, der fähig war sich für Gold dingen zu laßen und als ungestalteten Despotenknecht mit Wuth gegen seine

werden mußte, als man den Frieden unterzeichnete, und daß eben die Mächte, denen sie so niedrig schmeichelten, ihnen alle Verwünschungen ge-

eignen Grundsätze aufzutreten. Sehr ähnlich war ihm Girtanner, wie er sich in seinen politischen Annalen, in den Beyträgen zur Revolution, in Ludw. XVI. Lebensgeschichte, im Almanach der Revolutionscharaktere u. s. w. zeigte; wo er unausgesetzt mit der unverschämtesten Einseitigkeit zu Felde zog. .... Zimmermann, treuer Mitarbeiter an der Wiener Zeitschrift, und vorzüglicher Spießgeselle der Obscurantenparthey in Deutschland und Oesterreich. Durch seine politische Fragmente über Friedrich II. verlohr er schon allen Kredit, und es bemächtigte sich seiner von da an eine Art von Wahnsinn, so daß er in seinen letzten Tagen zum Spott jedes vernünftigen ward. .... Rehbergen übertrug die A. L. Z. das Richteramt über alle Revolutionsschriften, ihm, der im Dienste des erklärtesten Feindes der französ. Revolution stand. Die Früchte zeigten sich auch in den, jede Art von Partheylichkeit und Unbilligkeit übertreffenden, unreinen, überall aburtheilenden und überall verdrehenden Kritiken, sobald es jemand gewagt hatte, nicht durch das nemliche Meynungsglas zu sehen oder

S 4

gen Frankreich verbieten würden, sobald sie den neuen Freystaat hatten anerkennen müssen. Sie vergaßen, daß sie selbst in den Augen ihrer Herren

sich eine eigne Ansicht der Sache zu erlauben. Jene Zeitung verlohr durch diesen Menschen viel von ihrem Rufe. Seine Unter such un gen üb. d. franz. Rev. entsprangen da her, worüber ihn Fichte nach Verdienst züchtigte. Auch in seiner Schrift über die Erziehung zeigte er sich als Wicht. .... Schirachs politischer Unsinn (wie sich die A. L. Z. ausdrückte,) plumpe Partheylichkeit und elende Ketzermacherey mußte nur verachtet werden. Mit der Wahrheit sprang er so eigen willig um, daß Knigge ein neues Wort for men konnte, die Wahrheit beschirachen, d. h. auf Schirachische Weise verdrehen. Der Haupt kessel, wo er sein politisches Kräuterwerk kochte, war das übelhörende politische Journal, wo er immer die Mine annahm, als könne er prophezeyhen und beständig schrie: Es kann nicht so fortwähren, es muß anders werden! woran doch gar niemand gezweifelt hatte. .... Reichard; ein niedriger Mensch, der die Mannheimer Bürger bey Kayser und Reich wegen angeblicher aufrührischer Memoires in den fliegenden Blättern denuncirte (einem Kloak für Jakobinerriecherey, Denun ciationen und Auffodrungen der Regierungen andersdenkende Schriftsteller .... Campe, Knig

und Heldengötter nur als Klösser erschienen, die man brauchte, wofür und so lange sie gut waren, und sie von sich jagte, wenn sich die Verhältnisse

---

ge, Hennings .... zu verfolgen, zu sieden und zu braten, und woran er der vorzüglichste Mitarbeiter war.) Sein Revolutionsalmanach galt für einen Sammelplatz von übertriebnem, lügenhaftem, einseitigem oder unsinnigem Gewäsche; wo jede Thatsache unnatürlich wie mit Zangen ausgereckt ward, um sich so zu zeigen, wie es dem Verfasser beliebte. Frankreichs Laster wurden erzählt, aber nicht seine Tugenden; er nahm es als Ariom an, daß diese gar nicht Statt finden könnten; von dem französischem Unwesen ward jeder Zug auf das sorgfältigste ausgemahlt, dagegen von den russischen Greueln in Polen auch nicht eine Solbe vorkam. Er war auch als politisches Wetterglas vortrefflich zu gebrauchen; denn so öfters als die Franzosen über den Rhein kamen, packte er in Gotha ein und stand auf dem Sprunge. .... Hofmann, Hofstetter und Haschka, jene drey berüchtigten Schreyer, Jacobinerriecher und Kezermacher. Des erstern Dreyfuß war die Wiener Zeitschrift, wo die Vernunft gehöhnt und der hellern Denkungsart auf allen Seiten frech gespottet wurde. Die A. L. Z. begieng den Fehler die Ankündigung davon, ein umgelehrtes Muster von Mäßigung und Anstand, worin jeder denkende Kopf denun-

der hochgebietenden Despoten haberten. Dies
zeigte sich nur zu bald. Eckard erhielt in dem
einen Jahre für seinen Revolutionsalmanach vom

eine und ihm schrecklich gedroht ward, und
jede Zeile von „fortdauernder Verschwörung
des Aufklärerbundes und der sehr honetten
Herren Jacobiner," von „Kniffen und Ver-
zweiflungsstreichen, welche diese Ehrenmänner
in der tiefsten Verlegenheit ausbrüten" „verheerenden Grundsätzen von falscher Freyheit,"
Insubordination und Irreligiosität, Partisa-
nen und Götzendienern des Zeitalters, Auf-
ruhraposteln" .... wiederhalle, in ihr Int.
Bl. aufzunehmen. In diesen „höchstnöthigen
Erinnerungen" trieb er seine Verläumdung
systematisch und jagte die Vernunft aus ihrem
letzten Winkel. Hofstetter Marktplatz war
vorzüglich sein Magazin der Kunst und
Litteratur, wo er im Eifer und aus Abscheu gegen die häßliche Aufklärung, so weit
gieng zu behaupten, die Buchdruckerkunst
habe mehr Schaden als Nutzen gestiftet und
könnte wohl abgeschafft werden. Haschka
und auch Ratschky waren schreckliche Dichter,
die das in Versen sagten, was Jene in Prosa
sagten. Wie diese Männer der Finsterniß mit
Wiens hellern Köpfen verfuhren, ließ sich nun
leicht denken. Meyer, Denis, Sonnen-
fels und das kleine Häuflein der Vernünftigen hatten einen schweren Stand, und konnten sich ihrer wiederholten Angriffe kaum er-

Kayser eine goldne Medaille und im folgenden ward derselbe durch ein kayserliches Handbillet im Lande verboten. So lohnt und straft die blaue

---

wehren; achselzuckend durften sie von Zeit zu Zeit nur einige Hiebe wagen, um nur nicht ganz für Hochverräther vom kayserlichen Hofe gehalten zu werden.... Göchhausen, geheimer Kammerrath, gehörte unter die infamtollen Obscuranten, dessen Augen schlechterdings kein Licht vertragen mochten, und der also par metier gegen sie zu Felde zog. Seine Ausfälle auf Gelehrsamkeit und Gelehrte rissen nicht ab und seine Schandschrift: Beyträge zur Lebensgeschichte des geheimen Raths Bode zu Weimar zeigte ganz den unedlen Menschen, wie er wüthend verfolgte und hämisch lästerte; desgleichen sein Buch: meine Wandrungen durch die Rhein und Mayngegenden im Febr. 94.... keine Reise, wie man denken könnte, sondern ein Abtritt von niedrigen Verläumbungen und Verketzerungen, wo auch die bessern literarischen Institute Deutschlands mitgenommen wurden, und er sich viel mit der A. L. Z. und der A. D. Biblioth. zu schaffen machte und sie vel quasi denunciirte. Der Beschuldigung des Intelligenzblattes der A. L. Z. wo er als Verfasser der Schmähschrift: Endliches Schicksal des Freymaurerordens, aufgestellt ward, suchte er in einer besondern in die öffentlichen

Willkühr wie es ihr einfällt. Die preussischen Koryphäen dieses Schlages wagten es bald nicht mehr etwas nachtheiliges von den Franken zu be-

Blätter eingerückten Antwort, auf eine solche künstliche Art durch lauter auf Schrauben gestellte Worte auszuweichen, daß nun kein Zweifel an der Wahrheit der Anklage mehr übrig blieb. Am wenigsten konnte er und seines Gleichen so etwas vertragen, wo blos mit Gründen gefochten werden mußte und ihm die Gelegenheit abgeschnitten war, von der Sache sogleich auf den Gegner mit Persönlichkeiten überzugehen und diesen für einen Jacobiner auszuschreyen. Eine solche Anonymität war diesen Leuten daher auch in den Tod zuwider, weil sie hier die Hochverrathsanklage nicht anbringen konnten. Deswegen redete er viel von Ungenannten, von namenlosen Menschen (die sich natürlich von ihm nicht zu verketzern Lust hatten;) von unsichtbaren Obern und Subalternen (die hinter der A. L. Z. stecken sollten;) von grauen Ungeheuern (in welcher Zeitschrift seine böhmischen Kniffe gerügt wurden;) von seltsamen Anfragen (worauf eine ehrliche Antwort ihm sauer ward) u. s. w. Auch arbeitete er und sein Bruder, der Oberkonsistorialrath, nebst Hoffmann und Hoffstetter in Wien, dem Oberhofprediger Starke in Darmstadt, Regierungsdirekt. Grolmann zu Giesen, einem Legationsrath Riese in Frankfurth am

richten, und in der Berliner Zeitung mußte Jourdans Niederlage am Rhein so ängstlich bemäntelt

Mayn und Schmid in Gießen an dem Journal Eudämonia, das zu Leipzig erschien, aber schon in der Ankündigung verrieth, wes Geistes Kind es seyn würde, und seine Brüder, die Zeitschrift, die fliegenden Blätter, neue fliegende Blätter u. s. w. unterstützen und ersetzen sollte..... Beneken gehörte unter die armen Sünder und angehenden Schriftsteller, die durch blinde Schmeicheleyen auf die Regierungen und unbedingte Lobpreisungen ihrer Maaßregeln sich Vortheil und Aemter verschaffen wollten, und gegen andre Einrichtungen, Systeme und Menschen sich elende Verdrehungen erlaubten..... Sattler, jener berüchtigte hirnlose Gegner Kants, der das Wehe der Menschheit, den Umsturz alles Glücks, aller Religion und aller Ordnung aus den kritischen Werken jenes unsterblichen Mannes, wie aus der Büchse der Pandora, abzuleiten versuchte. Sein thun und treiben und seine Thaten ließen sich zum Theil aus Nicolai's Vorrede zum 10ten Bande seiner Reise durch Deutschland kennen lernen, wo ihm und seinem Troße einige Geißelhiebe zugetheilt wurden. Fast geschah aber dadurch diesem Mückengeschmeiße, gegen dessen Stiche ein ehrlicher Mann kaum seiner Haut wehren konnte, zu viel Ehre. Wenn im Wechsel der Zeit die deutsche Hofsonnengunst, die es aus-

werden, als vorher dergleichen unter Glockenklang, Einreitung von blasenden Postillions und Fackelträ-

---

brütete, untergienge, würde dieses ephemerische Insektengeschlecht von selbst in nichts schwinden und seine Städte nicht mehr gefunden werden..... Mallet du Pan's Schriften waren bekannt genug; er hatte vielen Aerger im Herzen und schilderte deswegen „die Gefahren, welche Europa bedrohen" u. s. w. Grolmann, ein Matador der Obscuranten und wüthender Verfolger Andersdenkender. Gegen seinen Grimm ward D. Greineisen gezwungen sich zu vertheidigen, in der Schrift: Eine Geschichte politischer Verketzerungssucht in Deutschland, im letzten Jahrzehend des 18ten Jahrhund. Ein Beytrag zur Geschichte des Aristokratismus in den Hessen-Darmstädt. Landen und der dasigen Obscuranten, v. D. Greineisen. Nebst einig. Aufschlüssen üb. d. ehemal. Verbindung des Regier. Direkt. von Grolmann zu Gießen mit den Illuminatorden. 1796. Dol, dieser Magister und Buchhändler, war sonst ein ganz räsonnabler Mann, nur wenn er auf die Revolution übersprang, verlohr er den Kopf; sein Eifer kannte dann keine Gränzen, er führte Windstreiche und hielt es nicht für einen Raub den Schiracristen gleich zu seyn. Das Gefäß, wo er seine Seifenblasen blies, war vorzüglich die Leipziger gelehrte Zeitung, ein Blatt, das die Obscurantenschildträgerey

ger verkündet ward. So gieng es diesen Menschen; man machte aus den Ingredienzen ihrer Rede eine

unterſtützen mußte, wenn es nicht in den ſächſiſchen Cenſurkaſtan gethan werden wollte und woran mehrere Seelen mit arbeiteten. ... Kotzebue; über dieſen Menſchen waren die Akten ſchon lange geſchloſſen; er war Pasquillant pro und contra, wenns verlangt ward. In der Flucht nach Paris mahlte er ſeine zärtlichen Empfindungen hin, und im Bahrd mit der eiſernen Stirne beurkundete er die unempfindlichſte Schamloſigkeit für immer. In ſeinen Schauſpielen zog er wider Adel und Ahnenſtolz auf alle Weiſe los, und im Buche über den Adel zeigte er ſich als einen Verräter, der alles wieder gut machen wollte. Seine bekannte Atbitte verwandelte den Abſcheu gegen ihn in Mitleiden mit dieſem ſo Tiefgefallnen. Er gehörte unter die moraliſchen Mißgeburten. ... Graf **Stollberg** und Kanonikus **Gleim** fochten in Verſen wider die Neufranken; erſterer lieferte eine ſchreckliche Ode auf die neufränkiſche Vernunft, von welcher er überhaupt nicht viel hielt; denn er ärgerte ſich in ſeiner italieniſchen Beſchreibung über die Ungläubigen, die bey der legio fulminatrix zweifelten, ob auf ihr Gebet wirklich der Donner vom Himmel gefahren wäre, und verrieth ſich noch durch andre Poſſen eben das ſelbſt als einen finſtern Vatikanskopf. Letzterer, alt und ſchwach geworden, reimte doch noch ohne Aufhören in der Minerva, wo er

Zeit lang einen Zaubertrank zur Betäubung der
Uebrigen, und warf sie hinterdrein als ausge-

---

kreuzzugsmäßig zum Sturme blies. Seine
Verse nahmen sich z. B. so aus:

Für Freyheit streitet ihr, Franzosen, nicht;
         ihr streitet
Für dreyer Teufel Tyranney!
Ihr werdet alle gleich am Narrenseil geleitet;
Von euch ist keiner frey!

Ach, wenn ihrs einst erwägt, wie werdet
       ihr euch schämen,
Daß ihr, so sehend sonst, so blind gewesen
      seyd!
Ach, möchte, möcht' ein Gott euch eure Blind-
       heit nehmen!
Wer Mensch noch ist, dem graut vor eurer
      Thorheit.

So blind seyd ihr gemacht! Ihr opfert den
      Tyrannen,
Die eure Könige sich opferten, die Blut
Wie Wasser trinken, euch ins Joch der Knecht-
      schaft spannen;
Ihr opfert ihnen euch und euern Heldenmuth.

O wie so blind seyd ihr! die Nachwelt wirds
     nicht glauben!

drückte saftlose Schalen weg. Die Zukunft sammelt sie als dürres Laub in den Ofen der Kritik.

Ihr wart einmal ein Volk voll Leben und voll
    Licht!
Jetzt aber laßt ihr euch Gott, Geld und Le-
    ben rauben;
Die Räuber sehen euch, ihr seht die Räuber
    nicht!

O wie so blind seyd ihr! das Seil, an dem
    geleitet
Ihr alle werdet, ist so sichtbar! Wer es
    sieht,
Beklagt euch, daß ihr noch für die Tyrannen
    streitet,
Und schon ins dritte Jahr in ihrem Joche
    zieht!

Der alte Gleim war in seinem jungen Eifer zu belächeln. Der alleinsehende Mann schien eben so blind zu seyn; das Seil der Meynungen war eben so sichtbar, an dem er sich leiten ließ..... Pistorius, Verfasser des Schauspiels nach den neuesten Begebenheiten u. s. w. mochte die Aufklärung nicht leiden; Wahrheitsforscher, Illuminaten, Jacobiner und Hochverräther waren ihm eins; seine einzige Freude wäre gewesen, wenn die Deutschen in Masse auf

T

oder sie müssen als Scheibe des gemeinschaftlichen
Spottes dienen, worauf Alt und Jung seine

gestanden und an den Rhein mit Schwertern
und Spießen gezogen wären. An dieser Idee
schürte er ohne Aufhören: Eigennuz war bey
ihm der Grund des Gedankengewebes, Furcht
vor etwanigem Verluste, wenn die Franken
kämen, spornte ihn zum Massenaufstandsvor-
schlag an. Der Verfasser der Wandrungen
durch die Rhein= und Meynegegen-
den, den Herrn von Göchhausen, woraus
oben S. 219. einige Proben vorkamen, nannte
er S. 1006 v. J. 94. einen deutschen Patrioten. .... Der Herr Rektor Schilling plau-
derte allerley im N. Hannöv. Magazin durch-
einander und denuncirte Salzmanns Thü-
ringer Boten als ein Aufklärungs (folglich
auch) unruhestiftendes gefährliches Blatt. ....
Der Umstand verdiente noch bemerkt zu werden, daß die Zeitschriften und Journale aller
dieser Männer nicht recht gehen wollten, immer bald aus Mangel an Absaz aufhörten
und daher sehr öfters durch Auffrischung der
Titel und durch andre Hülfsmittel im Gange
erhalten werden mußten (die Eudämonia ward
den Käufern durch ganz Sachsen postfrey zuge-
sandt.) Viele wurden blos gelesen, um der
darin enthaltnen Ungereimtheiten wegen zur
Belustigung zu dienen, z. B. Reichards,
Hoffmanns, Schirachs Journale. Der Revolutionsalmanach des erstern war vorzüglich
wegen der Kupfer amüsant; da zeigten sich
z. B. die Vendeer, wie sie Herr Reichard

Pfeile richtet. Es gab kein mislicheres Handwerk als den Völkern zu Troß ein Waffenträger der

mit bekluteten Mönchen und meßgewandbehangnen Pfaffen an der Spitze, unter Vortragung von Kreuzen, Fahnen, Monstranzen und andern Insignien des Aberglaubens in eine eroberte Stadt einziehen ließ; und auf dem Blatte, wo die Tapferkeit der Oesterreicher vorgestellt werden sollte, ward man nichts gewahr als jene That des Kaysers Franz, wo er zu Pferde einen Eyerkuchen verzehrte. Diese That war schon das viele Blut werth. …
Das Auszeichnende aller dieser Menschen war ihre Angeberey, die sich bey ihnen in ihrer ganzen Verdächtlichkeit darstellte und zugleich ihren eigenthümlichen Gehalt verrieth. Man durfte nur die Menschen näher beleuchten, die sich solcher Niedrigkeit schuldig machten, u. allemal mußte man Leute finden, die ohne gründliche Kenntniß, ohne alle edle Eigenschaften, ohne Gaben des Geistes und Herzens insgeheim für sich selbst hätten erröthen müssen, wenn sie nicht ihre Selbstscham ungestüm in den Schmähungen zu ersticken gesucht hätten, womit sie unbescholtne Männer überhäuften und dadurch sich selbst künstlich die Gelegenheit benahmen, einen Blick in ihr eignes Innre zu thun. Mitten in ihren ungestörten hochnothpeinlichen Halsgerichtssitzungen bedienten sie sich dennoch der besondern Wendung, daß sie vorgaben, sie dürften nicht wider das

Großen zu seyn, die immer so undenkbar waren einen solchen auf dem platten Hofboden so gut

---

neustdntische System reden, und es sey leichter für als wider alle diese Dinge zu schreiben. Diesen Misgriff versuchte Reichard in der Vorrede zum 93ger Rev. Almanach, so wie die Ankündiger des Journals Eudämonia u. s. w. Aber wie höchst unedel! denn daß sie reden durften, und leider sie nur allein, zeigten ihre diffamatorischen Libelle; daß den Andern nicht gleiches Recht zu gute kam, bewiesen die Folianten der verbotnen Bücher und die Hochverrathsprozesse weit und breit. Zur nähern Kenntniß dieser Männer der Finsterniß diente der Aufsatz N. 4. im Schleswigsch. Journ. Novemb. 93., wo es unter andern S. 362. hieß: „Es war im Ganzen ein gewisser Hang zu geheimen Verbindungen auch Genius des Zeitalters geworden, so daß sogar auf Universitäten engere Verbindungen entstanden. Es verbanden sich aber wieder Männer einer andern Gattung und bildeten eine Sekte, deren Zweck es ist, alle übrigen geheimen Gesellschaften verdrängen zu wollen. Hier soll nun geheime Verbindung durch geheime Verbindung, oder der Teufel durch Beelzub vertilgt werden. Es ist dieses die vielwirkende Sekte der Eklektiker oder eine Sekte der Verbundnen, welche unermüdet darauf arbeitet, das dreyzehnte Jahrhundert wieder in seine Form und Gestalt herzustellen; ein Jahrhundert, welches sie für deutschem Charakter für das passendste halten. Kayser

wie jeden andern Schranzen unbekümmert auszgleiten zu lassen. Die Verwünschungen der Zuschauer

---

Leopold war Chef des Ordens der Eklektiker geworden; die Mitglieder, welche meistens um ihn waren, bestanden größtentheils aus Schwärmern, aus manchen, bey welchen es im Kopfe nicht richtig war, aus aufgebrachten Schriftstellern, welche mit der übrigen Welt in Fehde lagen u. dgl. Es war freylich am leichtesten aus solchen Menschenklassen Mitglieder für einen misanthropen Orden zu werben. Leopold suchte von ihnen Gebrauch zu seinen Absichten zu machen. Ein Theil diente ihm zu Spionen z. B. unter den deutschen Prof. Hoffmann, D. Rob. Jacob Königsberger u. s. w., welche sich in Wien aufhielten. Andre sollten gegen Aufklärung und Philosophie zu Felde ziehen. In dieser Rücksicht war er mit Ritter Zimmermann, Markard und Kotzebue in Konnexion gekommen. Zimmermann trug ein Geschenk vom Kayser Leopold davon, und mußte nun an Hoffmann Materialien zu seiner Streitschrift liefern, wozu er auch, wie Hoffmann sagt, die erste Anleitung gab. Hoffmann rühmt sich, gegen hundert Briefe von diesem Ritter zu besitzen. Manche Exjesuiten waren als Mitglieder und Mitwirker der eklektischen Gesellschaft anderlesen. Besonders wurde der verstorbene P. Hell,

schallten dann hinterbrein und die unterdrückte Wahrheit rächte sich an ihm fürchterlich. Kein

unter dem Namen Marcophilus als ein vorzügliches Mitglied des Ordens betrachtet.. Die Eklektiker suchten sich bis in entfernten Reichen Verbindungen und Anhang zu verschaffen. Ihr allgemeines Lösungswort war, gegen die Weltverwirrer zu arbeiten. Weltverwirrer waren alle andre geheime Gesellschaften, alle Philosophen und Dichter, und jeder ehrliche Mann, welcher Menschenverstand besaß und sich nicht zur Sekte der Eklektiker bekannte. Die Raserey dieser Gespensterseher war ohne Gränzen. In jedem neuen Werke, schon auf dem Titel jedes Buchs, in Komödienzetteln, in jedem muntern Liedchen, in dem männlichen Betragen eines unbefangnen Menschen, in jedem Schritte eines angekommnen Fremdlings konnten sie Spuren von Komplotten oder Weltverwirrern lesen. Alles wurde verdächtig gemacht, alles mit Spionen besetzt. Kurz, es wirkte nun der albernste und niederträchtigste Sektengeist, welcher je auf Gottes Erdboden gewesen war. Kayser Leopold verabscheute äußerst den Krieg und mochte, aus Berechnung seiner Finanzen und Verabscheuung der vom Kriege entstehenden Uebel, nichts so sehr, als die Beybehaltung des Friedens wünschen. Er wollte sich gern guter Schriftsteller bedienen, welche unvermerkt, und unter fremden Vorwande zu seinen Absichten auf

Mensch gedachte dann mehr seiner Dosen und Medaillen, überglücklich wenn er sich, wie

das Publikum wirken sollten; hatte aber das Unglück, anstatt zur Verbreitung seiner edlen Grundsätze sich Männer von Gewicht anzuwählen, manche seiner Absichten den elendesten Stümpern, einer Spionentruppe d. i. den Etleltikern in Wien anzuvertrauen. Sie sollten Schriften von allerley Rubriken heraus geben, und immer Gründe gegen den Krieg einzuschieben suchen. Es wurden aber armselige Broschüren, Schriften voll Schwärmerey und Unsinn angekündigt und heraus gegeben z. B. eine Witterungslehre pro 92. In dieser Broschüre kam die feine Bemerkung vor, „daß schädliches Donnerwetter, Hagel, Sturm und Landplagen (vermuthlich auch Raupen und Heuschrecken) meistens daher rührten, wenn in der Welt Krieg, und unter dem Volke Empörungsgeist und Revolution entstünden." Es wurden einstens 2,500. Exemplare der Ankündigungen oder Titelblätter von solchen sinnlosen Broschüren abgedruckt und mit jedem Zeitungsblatte ausgegeben. Hofmann, welcher für den schriftstellerischen Herkules dieser dürftigen Kohorte passirte, zog in seiner Zeitschrift und Bürgerchronik gerade gegen Aufklärung, Philosophie, Menschenverstand und alle Nichteleltiker zu Felde. Menschen wie er, suchten diese Zeitschrift auf alle mögliche Art

scheue Käuze und Eulen, belade mit der Indignation der Zuschauer, hinter die Rui-

---

zu verbreiten und besonders im deutschen Reiche bekannt zu machen. Einige beßre Köpfe rügten Hoffmanns Unwissenheit und Unverschämtheit. Hoffmanns Verwegenheit gieng einstens so weit, daß er alle diejenigen für Jacobiner, Illuminaten und verdächtige Menschen erklärte, welche nicht auf seine Zeitschrift, die Tuba magna der Eklektiker, subscribiren wollten. Die Jenaische Litteraturzeitung rückte dieses schändliche Avertissement andächtig ein, ohne es mit der geringsten Note zu begleiten. So lange Leopold lebte, ist dieser Mensch mit allem Nachdrucke unterstützt worden. Auch nach dessen Tode hat er sich zu erhalten gewußt. Schwachköpfe, deren Anzahl immer die größte ist, waren meistens auf der Seite Hoffmanns, so sehr er auch von bessern Schriftstellern in seiner Blöße gezeigt, oder auf eine lächerliche Seite vorgestellt wurde. Er schwadronirte links und rechts, und war endlich ganz überzeugt, daß die französische Revolution und so alles Unheil in der Welt, blos von den Illuminaten hergekommen wäre. Ueberall sahe er Illuminatismus: so wie man in .... jeden ehrlichen Mann, bey welchem man Kenntnisse und Menschenverstand muthmaaßen kann, alsbald für einen Illuminaten erklärt; oder so wie in andern Gegenden des deutschen Reichs, jeder bescheidne Mann, welcher nicht offenbar zur Familie der Schaafsköpfe gehört, wenn

nen seines vertheibigten Zions vertriechen
konnte.

———

er auch weder spricht noch schreibt, dennoch
für einen Demokraten, oder gar für einen
Jacobiner passiren muß......... In jedem
Orden giebt es Schwärmer, Misvergnügte
und Dummköpfe. Also konnte auch die Gesellschaft der Eklektiker, Mitglieder aus jedem
Stande und jedem Orden enthalten. Sie nannten sich „einen Ausschuß aller Orden und Gesellschaften, der aus allem das Beste nimmt,
unbekannt mit Ceremonieen und Gebräuchen
ist, allein die nützlichsten Wissenschaften und
Künste bearbeitet und nur im höchsten Nothfall die christliche Religion und Moral; die
das Ansehen der Obrigkeiten, die Verfassung,
Gesetze, besonders des römischen Reichs, die
Ruhe und Frieden, Ordnung und Freyheit der
unmittelbaren Reichsstände vertheidigt, im
Wege Rechtens!...." Leopold, welcher in
seinen letzten Jahren viel bange Besorgnisse,
Mistrauen oder besondre Spekulationen zu haben schien, gab dieser geheimen Gesellschaft
1792. die Anleitung, eine Schrift an den
Reichstag zu Regensburg zu übergeben. Franz
Jacob Königsberger, welcher schon seit 1787.
als beobachtendes und von daher wirkendes Mitglied sich in Wien aufhielt, wurde zu dieser
wichtigen Gesandschaft auserlesen. Man nahm
zum Vorwand, daß im vorigen Jahrhunderte
wegen des dreyßigjährigen Kriegs, und zu
Anfange dieses Jahrhundertes wegen des pol-

So zogen zu allen Zeiten Schurken und Dummköpfe wider ein Gespenst zu Felde, das

nisch-schwedischen Krieges, da Orenstierna und Görz, so wie heut zu Tage ihre Nachfolger wirkten, ebenfalls solche Vorstellungen am Reichstage eingekommen wären. Ueberhaupt wurden die Grundsätze der heutigen sogenannten Weltverwirrer von den Elleftikern noch aus alten Epochen hergeleitet. Krommell, Orenstiern und viele andre ältere gefährliche Staatsmänner und Revolutionisten, hatten immer noch ihren nachtheiligen Einfluß auf die heutigen Weltverwirrer, welche die Ausführung jener Plane, mutatis mutandis, zum Zweck ihrer Verbindung haben sollten.... Fast seit 1787. waren diese Träumer und Gespensterseher, die Elleftiker, in Verbindung getreten. Also auch erst seit 87. waren nach ihrem Vorgeben die Weltverwirrer in Koalition gekommen; so wie der Gelbsüchtige erst gelbe Gegenstände sieht, seitdem sein Hirn und seine Säfte von galligter Feuchtigkeit verdorben sind. Es mag auch Genius des Zeitalters gewirkt haben, indem kurz vorher, und noch um jene Zeit die bekannten Jesuiteuricher von nichts als Kryptokatholizism, Proselytenmacherey und geheimen Emissarien träumten. Einige Jahre später sah man es den Leuten an der Stirne an, wenn sie Jacobiner waren. „Aber Sie haben mir doch eine Jacobinerphysiognomie“ sagte ein Prinz zu einem rechtschaffnen Manne, welchen schlechte Keris, seine gewöhn-

eigentlich nur in ihrem Kopfe existirte, und im-

liche Gesellschaft als Demokraten verdächtig gemacht hatten, und dem man hernach durchaus nichts erweisen konnte. .... In der Eröffnung, welche die Elleftifer 92. im Febr. am Reichstage machten, hieß es: „Eine Gesellschaft theils sehr mächtiger Männer in den österreichischen, preußischen, Großbritannischen deutschen und englischen, holländisch-französisch-italienisch-türkisch-barbarisch- und deutschen römischen Reichs-Landen sucht hauptsächlich seit 87. ganzen Reichen einen andern Umfang, eine andre religiöse, moralische, politische Verfassung zu geben, woher auch alle die jämmerlichen Ereignisse seit 87. in Holland, Frankreich, Lüttich, Schweden, Polen, Rußland, in der Türken, Ungarn, österreichischen Niederlanden, in Italien, im römischen Reiche, in England u. s. w. in Amerika, Aſia, Afrika, Spanien, Portugall, Schweiz, auf Domingo rühren. Dieselbe weltverwirrende Gesellschaft ist aber auf besonders viele geistliche und weltliche Reichsstände des römischen Reichs erbittert u. s. w. und sucht die Verfassung des römischen Reichs umzustürzen u. s. w."

So wurde denn immer in dieser monströsen Schrift fort rabottirt. Hierauf drang man am Ende auf Vereinigung der Reichsstände, und gab den wohlgemeynten Rath, um den Beyſtand der russischen Kayserinn anzuſlehen. Schaude für Deutschland und ganz Europa, wenn eine solche Gesellschaft ihre Sachwalter vorstellen sollte! .... Wie von einem Ausschusse höchst elender Menschen ein so ganz albernes, schwärmerisches, widersprechendes, leeres und sinnloses Memorial hat ausgefertigt und an den hochlöblichen Reichstag überreicht werden können, läßt sich nach den Talenten, Bedürfnissen und den gewaltigen Fieberanfällen der Mitglieder des Ordens leicht begreifen. Aus welchen Absichten aber Leopold hiezu die Veranlassung gab, und warum ein Kayser der Deutschen für das deutsche Reich auf russischen Beystand dringen lassen mochte, wird wohl der grösste Staatsmann nicht leicht errathseln können. .... Es gehörte zur Einrichtung des Ordens, daß er allezeit „gerechte, erleuchtete Monarchen oder andre Regenten zu unbekannten Obern habe. Wem nun nach Leopolds Tode diese Stelle ist zu Theil geworden, könnte sich wohl errathen lassen. Natürlicher Weise versprachen sich diese Ordensbrüder desto eher Schutz und Beyfall von Großen, da sie von nichts träumten und delirirten, als von „den Intriken eines gottlosen Komplotts, welches die Monarchen leiten, ihnen nichts als leeren Rang und Titel übrig lassen, Revolutionen in statistischen, politischen, religiösen, moralischen, militärischen u. s. w. Fächern bewirken, die Menschen allgemein an Gemüth und Körper beherrschen will."... „Gegen diese schreckliche Rotte" geben sie vor „bestes

men, mit welchen sie ehrliche oder anders und

------

het um in geheim eine Anstalt, die im Stillen und ganz unbemerkt ohne Geräusch die Werke, die schädlich genug sind, entkräftet, zerstöret; nemlich die eklektische Gesellschaft, die ein Ausschuß aller geistlichen und weltlichen Orden, gelehrten, ökonomischen Gesellschaften ist, welche in Europa existiren, und sich unabläßig bemühet, die weltverwirrende, rangsüchtige, gierige, kriegslustige, despotische Rotte zu entwaffnen, ohne Gewalt, zum allgemeinen Besten. .... Nur die abscheuliche Rotte der Weltverwirrer d. i. alles was von Redlichkeit, Billigkeit, Bürgerglück, von Menschenrechten und wahren Regententugenden handelt, muß verbannt und vertilgt, dagegen aber alles, was zur rühmlichen Pinselgesellschaft gehört, für groß und wichtig gehalten werden. Denn Dummheit, Sklaverey und Aberglauben sollen durchaus der Genius des Zeitalters werden. ....„

Ueber die Obscuranten (Finsterlinge) s. Gen. der Z. Januar St. 96. N. I. besonders als Berichtigung der an sich wahren Nachrichten Erdmanns. Dieser irrte sich nur darin, daß er Illuminaten (Schwärmer überhaupt) verwechselte und die Obscuranten für Eklektiker hielt. Denn übrigens gab selbst die Obscurantenschrift:

Ueber Eklektiker und Illuminaten, zur Vertheidig. des verewigten Kaysers Leo-

hellsehende Männer belegten und verfolgten. Le-
pold gegen die Columnieen des angeblichen
Wiener Correspondenten im Schleßwigsch.
Journal. Mit Anmerkungen des Heraus-
gebers. Germanien, 94 (In Commis-
sion bey Gräff zu Leipzig.)

Das Factum zu und verrieth sich selbst; s.
A. L. Z. 96 N. 28. S. 223. Es soll, heißt
es daselbst, eine Widerlegung des Erdmann-
schen Aufsatzes im Schleßw. Journ. (St. 11.
S. 93.) seyn. Man darf aber keine ruhige,
unpartheiische, auf Kenntniß der in jenem
Aufsatze enthaltenen Sachen gegründete Kritik
erwarten. Denn man findet nur Ausgebur-
ten einer erregten Galle eines von Vorurtheilen eingenommenen Kopfes und eines scha-
denfrohen Verfolgungsgeist, Schmähungen und
leere Declamationen, die den Illuminitenorden
noch als wirksam darstellen und dessen ehema-
lige Glieder, so wie jeden Schriftsteller von
gesunder Denkungsart, des Jacobinismus und
der Empörung verdächtig machen sollen. Statt
den Kayser Leopold gegen das Vorgeben Erdmanns, daß er Chef der Ellektiker gewesen
sey, zu vertheidigen, bestätigt vielmehr der
Verfasser diese Nachricht und giebt seinem
Gegner die Waffen zur Vertheidigung selbst in
die Hände. Er eröfnet in seiner Einfalt: Leopold habe unter seinen Augen ein
maurerisches System entstehen sehen, das sich
zur Pflicht gemacht habe, den schön dazu-

ßer hieß jeder, der im Mittelalter ein wenig flü-

mal so laut gewordnen Unfug der Frey-
heits- und Gleichheitshelden entgegen zu arbeiten. Den Vorsteher dieses Systems
habe Leopold individuell gekannt, ihre Grundgesetze gutgeheißen, bestätigt und ge-
schützt. Dies alles sey Thatsache, die man
mit den entscheidendsten Dokumenten beweisen
wolle; und die Mitglieder ständen noch immer
bereit, die literarischen Verläumdungen und
Salbadereyen feiler Panegyriker einer welt-
verwirrenden Rotte mit allem Nachdrucke zu züchtigen. Was bedarf es also weiter Zeugniß?

Diese klägliche Parthey arbeitete mit dem möglichsten Eifer zur Vertilgung jener Rotte in

„Eudämonia oder Deutsches Volksglück.
Ein Journal für Freunde von Wahrheit
und Recht. Leipzig in d. kursächs. Zei-
tungsexpedition."

Verleger, Verfasser, Herausgeber und Drucker
(heißt es davon in d. A. L. Z. N. 12. des
J. 96. S. 90.) halten sich hinter dem Vor-
hange der Anonymität versteckt. Die Verfasser haben für gut gefunden durch dieses Journal ein patriotisches Angeberinstitut zu errichten, wozu jeder Biedermann aufgefordert wird, ohne Gefahr der Entdeckung oder
Verantwortlichkeit und, nach Befinden der Umstände, auch gegen ein billiges Honorar das
Seinige beyzutragen. Den großen Erwartun-
gen, wozu eine solche Ankündigung berechtigt,

ger war als die gewöhnlichen Pfaffen oder auch

kann nur die Bemerkung einigen Abbruch thun, daß man nicht weiß, wer für dieses lobenswerthe Institut die Gewähr leistet und wo man die unbekannten Biedermänner nöthigenfalls Falls belangt, die sich berufen fühlen, den Nächsten den Besten, von dem es ihnen beliebt, des Hochverraths oder jedes andern Verbrechens öffentlich anzuklagen. Denn das schlimmste ist, daß auf diese Weise die offne Frechheit des Pasquills mit aller Sicherheit einer geheimen Denunciation verbunden wird, und daß die Anklage, sie sey gegründet oder nicht, da sie öffentlich geschieht, und wenigstens verdächtig macht, ihres boshaften Zweckes schwerlich ganz verfehlen kann; während der Beleidigte kein Mittel hat, den Ankläger, der sich selbst vor dem Richter zu verbergen weiß, zur Rechenschaft zu ziehen. Die Voraussetzung, daß dieser Fall nicht eintreten und daß die Unbekannten ihr gefährliches Amt hoffentlich immer nach den Grundsätzen der Weisheit und Gerechtigkeit verwalten werden, wäre, aufs gelindeste, ein wenig gewagt; und die Versicherung: „daß mehrere der Verfasser ihren Landsherrn und Obrigkeiten auch andern guten und großen Fürsten Deutschlands schon jetzt bekannt sind, die ihre (der Verfasser) redliche, uneigennützige Absicht nicht verkennen" ist geschickter, Verdacht zu erregen, als davon zu befreyen; da es diesen hohen Beschützern eben so wenig, als ihren Schützlingen, gefallen

nur lesen und schreiben konnte; Majestätsschän-

hat, aus ihrer bedenklichen Anonymität hervorzutreten. .... So weit A. L. Z.

Der Oberhofprediger Stark in Darmstadt that auf Ettingern in Gotha, als Verlegern der Gothaisch. gelehrten Zeitung, einen Ausfall in öffentlichen Blättern, der seiner ganz würdig war; und zwar, weil Ettinger Nachricht (die jedoch erst selbst aus der Oberd. Lit. Zeit. genommen war) von den Theilnehmern an obiger Eudämonia eingerückt, und unter andern auch Starken als Beytragenden genannt hatte. Dieser „rechnete es sich zur Ehre an, in so guter Gesellschaft zu seyn u. s. w.; wiewohl er sich um den Hauptpunkt; ob er wirklich Theil daran habe.... mit der gewohnten jesuitischen Wendung herumschlich und dafür lieber Plattheiten und Verläumdungen hervorbrachte.

Diese traurigen Menschen unserer Tage krochen überall in den Winkeln umher, auch da, wo es vorher besser zugieng. In Erfurt z. B. herrschte viel Preß- und Redefreyheit unter dem Coadjutor von Dalberg. Sobald aber der Kurfürst selbst dahin von Aschaffenburg flüchtete und sich füttern ließ, wollte er zur Dankbarkeit den Menschen den Mund zunähen; Denunciationen und Jacobinerriechereyen nahmen ihren Anfang, und Menschen, die es vorher nicht gewagt hatten sich blicken zu lassen, erlangten jetzt durch Garderoben

ber, wer ein' wenig mit Freymüthigkeit über aller-

---

und Schürzenkanäle, wodurch beym Schwäch-
ling von jeder Eingang zu erlangen war, eine
Art von Wichtigkeit und konnten es wagen ehrliche Männer zu verfolgen, Spione anzustellen, Mistrauen zu verbreiten, und überall
Aengstlichkeit an die Stelle des Frohsinns zu
setzen. So war es möglich, daß Ein bethör-
ter Schwachkopf den Gemeingeist verderben
ließ, und sich anmaaßen zu dürfen glaubte,
die Vernunft in Ketten zu legen und zu gän-
geln. Es wurde eine Inquisition gegen den
Buchhändler Vollmer und den Rath Rebmann
verhängt. S. Vorläufig. Aufschluß über mein
sogenanntes Staatsverbrechen, meine Verfolgung und Flucht; von Rebmann, angebl.
Verf. des neuen gr. Ungeheuers. London (Al-
tona) 96. .... Hier wird S. 16. auch der
„Laterne für die Deutschfranzosen" erwähnt;
einer ohne Censur gedruckten (aber wegen
des darin befindlichen Unsinns erlaubten) Skar-
tele, von dem Buchhändler Keyser, einem niedrigen Obscurantenknappen, mit Anmerkungen
versehen, worin Mitleid, Menschlichkeit für
die Franzosen und Wunsch nach Frieden zum
Kennzeichen des Jacobinismus gestempelt und
jeder, der nicht so wie Keyser dachte, auf das
pöbelhafteste geschmäht ward. Auch kömmt
S. 18 ff. der „durch seine Nichtswürdig-
keit allbekannte und verächtliche Redakteur der
fliegenden Blätter und des Rev. Almanachs,

len Machtſprüche ſprach; nachher gab es Tempel-

Reichard in Gotha, vor. Dieſer elende Menſch, deſſen Kloak alles willig aufnahm, was irgend ein Denunciant darin abzulegen für gut fand, ward, weil er keine Ehre mehr beym Publikum zu verlieren hatte, von der Jeſuiten- und Obſcurantenheerde gleichſam ſtatt der leichten Truppen gebraucht. Sie machte durch ihn ihre erſten Experimente; und da es ihm ganz gleich war, bald zu trotzen, bald zu kriechen; da er ein, im Namen der Mannheimer Einwohner verfaßtes Pasquill ſo willig aufnahm, als nachher ſeinen Antheil daran läugnete, da ihm lucri bonus odor ex re qualibet war: ſo mußte man geſtehen, daß die hochwürdigen Väter noch nicht verlernt hatten ihre Leute ganz gut zu wählen. Auch ſchickte dieſer niedrigkriechende Reichard ſeine Schmiereyen jedesmal an die hohen Häupter (S. 32.) und pries ſein Verdienſt als Generaldelator und Polizeyſpion des heil. röm. Reichs.

Nächſt der giftigen Dominikaner-ſchrift;

„De Luͤc in Winſor an Zimmermann in Hannover. Aus b. franz. Leipzig 92.“
worin Knigge auf die jeſuitiſcheſte Art angeſchnaubt ward, möchte wohl die Ochhauſiſche Broſchüre:

„Meine Wandrungen durch die Rhein- und Maynegenden und den preußiſchen Kantonirungsquartieren im Febr. 94.

herten, zu welchen man manche Unschuldige machte

Nebst Nachricht üb. die Mayn3. Klubisten und üb. den in die preuß. Kriegsgefangensch. nach Magdeburg gebracht. peuple souverain; Franff. u. Leipzig b. Hermann." an Schändlichkeit jedes andre Buch jener traurigen Seite der Finsterniß übertreffen. „Es bedarf eben seines scharfen Kennerblicks (so drückt sich die N. Allg. d. Biblioth. A. 20. S. 205. ff. darüber aus, (um zu sehen, aus welcher Schule dies litterarische Kunstwerk hervorgegangen ist. Voran steht ein witzloser Brief des Setzers an den Verfasser; worin er diesen biedern Wandrer die größten Lobsprüche über seinen patriotischen Eifer gegen die vermaledeyeten philosophischen Weltbürger ausspendet. Dann kommt das Büchlein selbst. Darin wird nun die Aufklärung nebst den Aufklärern gar gewaltig geldstert, gegen Preßfreyheit gewütet, die niemand so schändlich mißbraucht, wie der Wandrer selbst, der in einer kleinen sächsischen Stadt (Eisenach,) nahe an der hessischen Gränze, einheimisch zu seyn scheint. Es werden nicht nur namentlich die würdigsten, von ihren bessern Zeitgenossen allgemein hochgeschätzten Männer; die jedoch über einen so armseligen Wicht wohl nur mitleidig lächeln, sondern ganze Länder, Städte, Höfe und die neutralen Mächte im ächten Pasquillantenton geschmäht und alle Fürsten zu

und todtmarterte. Jetzt heißen diese Fantome,

heftigen Maaßregeln und zur Ausrottung derer aufgefordert, die nicht so denken wie dieser Scribler und andre seines Gelichters, z. B. wie der Verfasser der fliegenden Blätter und einige Wienerische Schriftsteller, die als die wahren Stützen der Staatswohlfarth erhoben werden. Mit teuflischem Hohne und mit Schadenfreude wird der erbärmliche Zustand geschildert in welchem sich die nach Magdeburg geführten französischen Gefangnen befanden, und über Eisenach und Gotha, wo man diesen Hunden Menschenliebe bezeugte und Erquickung reichte, ward das Anathema ausgesprochen, so wie über gewisse ehrwürdige Personen in Erfurt, welche die dort verhafteten Klubisten weniger hart behandelten. Der römischen Hierarchie und dem Bilderdienste wird warm das Wort geredet; der Patriotismus der Frankfurter, besonders der edlen Sachsenhäuser, auf die ausschweifendste Art bis in den Himmel erhoben, und die Hessen werden als ein Volk beschrieben, in welchem jeder Bauer vor Begierde brennt, auf den ersten Wink seines angebeteten Landesherrn, Franzosen zu schlachten..... Mehr bedarf es wohl nicht zur Charakteristik dieses Buchs, das übrigens, mit seinem platten Witze, zu schlecht geschrieben ist, um Sensation zu machen; folglich den Verfasser weder in das Kabinet bringen wird,

Propaganda, Jacobism und Illuminatism.**) Und doch bedurfte es da keiner Voraussetzung von Seiten, wo jeder Mensch für sich selbst unvermerkt zum Sektirer gezwungen ward. Denn Neufrankreich hatte überall so viel Geheimverbündete, als jedes Land Despotischgedrückte hatte. Die Soldaten der koalisirten Mächte zweifelten selbst an ihrem eignen Fortschritten. Dies war wichtig. Denn so-

―――――――――

in welchem er wohl gern sitzen möchte', noch in das Zuchthaus, wohin er gehört."

**) „Angeberey wird in mehreren Staaten Deutschlands aufgemuntert und besoldet; und vielleicht wird gegenwärtig das ehrlose Handwerk der Spione nirgends so eifrig betrieben, als in der deutschen Kayserstadt, wo es gefährlich ist selbst in dem Schooße seiner Familie seine Meynung über die Angelegenheiten des Tages zu äußern; wo ein nützlicher Bürger, der mit ausgebreiteten Kenntnissen den wärmsten Eifer für das Gemeinbeste verbindet bloß wegen seiner Bekanntschaft mit einem Verdächtigen eingekerkert und dann aus dem Lande gejagt wird; wo Richter sich nicht entblöden den Gefangenen zu fragen: ob er nicht an dem und dem Tage zu der und der Stunde mit einem andern Bekannten auf der Straße sprach. Gerade so war es unter der Herrschaft des Vandalismus in Frankreich." N. Hyperboreische Briefe, S. 72.

bald der Soldat glaubt, er werde gegen den Feind nichts ausrichten, so richtet er auch nichts aus. Dieser Glaube lähmt seine Kräfte schon vor dem Angriffe.

§. 15.

Daher kam auch (Br. ein. Augenz. 4tes Th. S. 105.) die außerordentliche Gleichgültigkeit des größten Theils des preußischen Heers beym Schaden und Gewinn. Man sah es augenscheinlich und von Tage zu Tage auffallender, wenn sie hörten daß auch die Preußen hie und da geschlagen waren, so wie es sie auch nicht erfreute, wenn man ihnen, wer weiß von welchen Vortheilen vorschwatzte. Im Kriege ist der Muth des Soldaten das Nothwendigste, vielleicht nothwendiger als gute Anführung. Wie kann aber Muth bey einem Kriege statt finden, an dessen glücklichem Ausgange der Soldat schon zweifelt, ehe er den Kampf beginnt, dessen Gerechtigkeit er nicht einsieht? Bey dem er seinen Feind bemitleidet, ihm sogar Rettung, also auch den Sieg wünscht? Von dem er sich und den Seinigen, im Fall der Feind unterliegt, mehr Nachtheil als Vortheil verspricht? Bey dem ihn Mangel und Noth meist überall verfolgen und aufwiegeln? Wo er seine vorgefaßte Meynung über die Unbezwingbarkeit des Feindes in den meisten Angriffen bestätigt sieht? Kurz, wo er alles wider sich hat, sogar sich selbst? Mit ungleichern Waffen ist wohl schwerlich je ein Krieg geführt worden. Der Geist der Freyheit greift unter den preussischen Truppen allmählich um sich. Was daraus entsteht lehrt die Geschichte.

So bestraften also die Fürsten für ihre Unternehmungen sich selbst; und ihre falsche Maaßregeln, nicht geheime Gesellschaften untergruben ihre Thronen. „Denn unter eurer Regierung, ihr Alleinherrscher und Fürsten (Villaume S. 43.), ist die Vaterlandsliebe eine Unmöglichkeit. Ihr entfernt jeden Bürger von allem dem, was Gemeinsangelegenheit heißt, und werfet ihn dadurch immer in den Kreis seiner eignen Geschäfte zurück, wenn er ja einmal sich darüber erheben wollte, und machet ihn dadurch zu einen gefühllosen niedrigen Eigensüchtigen. Nirgends findet er, wenn er ja an das Vaterland denkt, Gelegenheit, sondern lauter gehäufte Hindernisse, von der Angelegenheit des Staats, von den Bedürfnissen und Hülfsquellen der Nation, von der Verwaltung, einige Begriffe zu erhalten. Kaum kennt er etwas von den Landesgesetzen und noch weniger die Gründe derselben. Wie kann er also ein Vaterland lieben, wovon er nichts weiß? Der dicke Schleyer, der alle Theile der Verwaltung deckt, schreckt den Privatmann ab; er frägt sich selbst, warum man ihm wohl Angelegenheiten verheelt, die die seinigen sind, oder seyn sollten? Er siehts, er fühlts, daß man in allen Stücken sein Interesse von dem Interesse des Staats trennt, daß man ihn zum Staate nicht mitrechnet; daß er höchstens das Werkzeug, und nicht selten das Schlachtopfer des Fantoms ist, das man Gemeinwohl nennt, und daß man ihn zum bloßen passiven Geschöpf herabsetzt. Die Fehden des Staats sind die seinen nicht, und in der That, er hat dazu keine Veranlassung gegeben und hat davon keinen Vortheil. Man frägt ihn nicht, ob er Krieg führen und die Waffen ergreifen will, man fordert ihn dazu nicht auf, man zeigt ihm die Nothwendigkeit der Rüstung nicht; sondern man befiehlt ihm, daß er fechten soll und zwingt ihn dazu mit Gewalt. Ja, man sagt ihm sogar, daß der Krieg ihm nichts angienge .... vermuthlich, um ihn mit dem Vorurtheile zu täuschen, daß er sehr glücklich und seinem Fürsten Dank schuldig ist, da dieser für ihn den Krieg führt, indeß er zu Hause ruhig seyn kann. Allein man nimmt ihm zu diesem Kriege, der ihn nichts angeht, seinen Sohn, den man auf die Schlachtbank führt; man fordert von ihm für den Krieg, der ihn nichts angeht, Kriegessteuern;

man quartiert bey ihm Soldaten ein, die sein Haus besetzen, sein Brodt aufessen und ihren Muthwillen an ihm auslassen. Der Feind rückt an; man untersagt ihm, dem Unterthan, die Waffen zu ergreifen, um den Feind zurückzuschlagen, weil er, der Einwohner, sagt man, mit dem Krieg nichts zu thun hat. Und doch verzehrt ihm die Garnison die Lebensmittel und entreißt sie ihm, wenn selbige zu fehlen drohen. Der Feind greift an, legt die Stadt in Asche; er bringt ein Leben, auf Kosten der Bürger, mishandelt ihn, braucht gegen Weib und Tochter Gewalt, raubt, zerstöhrt, nimmt alles mit und verwüstet, was er nicht wegschleppen kann. Was ist also der Einwohner im Staate, wenn Verwüstung seiner Habe, Hunger und Mangel, Mishandlung, Schändung ihn nichts angehen und er sich alles geduldig gefallen lassen muß? Er ist nichts als das bedauernswürdige Werkzeug der Regierung, die todte Masse, an welcher alle Bedrückungen verübt werden. Und dann soll er den Staat lieben, ihn Vaterland nennen?.... Aber ihr möchtet es nicht, ihr Fürsten, daß wahrer Patriotismus unter den Völkern entstünde; dazu kennt ihr eure Vortheile zu gut. Ihr fühlt wohl, daß die Vaterlandsliebe mit eurem Despotismus unverträglich ist. Ihr begreift deutlich, daß Bürger, die vermöge der Vaterlandsliebe an einander hängen, nicht leicht zu beherrschen seyn möchten, noch sich andre Anschläge, als Gemeinwohl, gefallen lassen würden. ,... Und doch scheint (S. 46. ff.) die Liebe und der Eifer für den Fürsten sehr leicht anzufachen zu seyn. Die Fürsten genießen einen großen Vortheil, man trägt ihnen die Liebe entgegen, die Herzen kommen ihnen zuvor, bieten sich ihnen an und bitten gleichsam um die Erlaubniß sie lieben zu dürfen. Der Monarch, der die Liebe seines Volks nicht hat, muß sichs allein zuschreiben; er hat die Herzen von sich gestoßen; um angebetet zu werden, durfte er nur das thun, wofür man keinem andern dankt, mäßig und gerecht seyn. Man fordert von ihm nicht einmal Thätigkeit, nicht, daß er groß sey, oder sich durch schwere Tugenden auszeichne; man fordert von ihm nicht einmal, daß er seine Regentenpflichten, wofür er so theuer bezahlt wird, erfülle. Wenn er nur ein wenig Gutes thut, wenn er nur ganz gemeinen Menschenverstand hat, so ist es genug. Wie leicht ist es einem Monarchen aber Gutes zu thun! Millionen sind da, um seine Befehle auszuführen, und wenn er nicht Kopfes genug hat, so sind Tausende bereit, ihm den ihrigen zu leihen; man giebt ihm Anschläge, er darf nur wählen, man bahnt ihm die Wege, er darf nur wollen, nur Ja sagen, so kann er das Glück der ganzen Nation machen. Ja noch mehr, er braucht gar nichts zu thun, gar nichts zu denken; schon genug, wenn er den klugen und guten Menschen in seinen Staaten erlaubt Gutes zu thun, so wird jedermann sagen, er habe es gethan, wird jedermann ihn loben, ihn preisen, ihn segnen. .... Ha, wenn die Monarchen ihr wahres Interesse verstünden, oder wenn sie nicht vielleicht die Menschen zu sehr verachteten, um sich doch einige Mühe zu geben, die Herzen nicht ganz von sich zu stoßen! wahrlich sie würden wie Götter der Erde verehrt werden. Gesetzt, die Fürsten wollten lieber die Herzen ihrer Unterthanen gewinnen, als sie durch Furcht und Schrecken verscheuchen, oder durch den Glanz und das Gewicht der Majestät in Erstaunen setzen; gesetzt, sie nähmen die Sprache und das Betragen eines Vaters des Volks an, oder die eines Vorwesers der Souveränität, statt des Tones und Verfahrens eines Herrn und willkührlichen Beherrschers .... gesetzt, daß sie nicht mehr sagten: daran geschieht unser gnädiger Wille; als wenn ihr Wille der Grund der Gerechtigkeit wäre; sondern sie ertheilten ihre Befehle und sancirten ihre Gesetze im Namen des Rechts, der Menschheit und der Vernunft, und erklärten die Gründe und Nothwendigkeit ihrer Edikte, ihrer Auflagen, ihrer Unternehmungen, und gäben sich wenigstens die Mühe, die Gründe zu ihren Verordnungen, sollten es auch nur Scheingründe seyn, in dem Gemeinwohl aufzusuchen, welche Herzen würden ihnen entgegen?.... .... Aber sie halten sich in ihre Majestät eingehüllt, sie wenden sich an die Nation nie anders, als in dem gebieterischen Tone der Herrschaft, wie können sie Liebe erwecken?"

Darum war es ihnen auch nicht zu thun. Sie wollten nur herrschen, wenn auch die Hälfte ihres Volks abgeschlachtet würde. Wenn man überlegte, mit welchem mörderischen Leichtsinne sie in diesem Kriege ganze Wollen von Menschen in die Schlacht schoben, um ungebeugten Sinnes ihre Plane durch zu setzen, so sehr sich auch die unbezwinglichen Umstände dazwischen setzten; anstatt sich zur Liebe und Güte herabzubequemen, um sichrer als jemals zu regieren, so möchte der Menschenfreund unwillführlich das Schwerd zucken, um diese Würger vom Erdballe zu verjagen. Ein einziger Kriegsfürst, ein einziger Alexander seiner Zeit kann sein ganzes Zeitalter verderben, und unsittlich machen, indem er durch seinen Ehrgeiz und seine Eroberungssucht die Nachbarn zwingt immer in den Waffen zu gehen; und die Kultur des Landes und des Geistes dadurch zu verabsäumen, wenigstens weit langsamere Fortschritte darin zu machen. So möchte sichs mit der russischen Catharina verhalten, der unbändigsten Weiberseele, die ein unglückseeliger Dämon im Norden auf den

Thron setzte, um von da aus die nachbarlichen Länder in Furcht und Zittern zu setzen, den Zuwachs des Guten zu verhindern, sie zu nöthigen immer das schauerliche Waffengeräusch vor ihre Ohren bringen zu müssen. Die nichts liebte, noch ehrte, noch schätzte, nichts für Gut und Schön und Recht hielt, · was sie nicht mit ihren unsaubern Krallen anfassen, mit ihrem Gifte besprützen konnte. Die ein Volk, das sich glücklich machen wollte, durch ihre Ueberlegenheit, durch ihren unvernünftigen Ungestüm in den Abgrund stürzte und gern die ganze Welt entweder zu russischen Sclaven gemacht, oder wenigstens in russischer Uniform gehen gesehen haben möchte. Bey ihr hieß es immer: Krieg, und nichts als Krieg. Mit Kriegsruhm suchte sie ihre Völker zu füttern; von nichts anders wußte sie in ihren Manifesten und Proklamationen zu reden, als vom erworbnen Ruhme. Hätte man sie einmal in aller Treuherzigkeit fragen wollen, was sie denn eigentlich mit Allen diesen Kriegen erworben habe; ob sie ihr blindes, rohes Volk glücklicher, ... besser, gesitteter, menschlicher gemacht; ob sie ihm Gefühl, Moral, Kultur, gute Erziehung, Künste und Wissenschaften, Geistesgröße, Religionsreinheit u. s. w. erkämpft habe: so würde sie über solche Treuherzigkeit des Fragers den Kopf geschüttelt und ihn .... nach Sibirien geschickt haben.

„Eine von den gegründeten Klagen (Salzmann üb. die Erlösung d. Mensch. vom Elende, 2tes Buch, S. 12.) kann nicht mit Stillschweigen übergangen werden, dies ist die laute Wehklage der gesammten Menschheit über den Krieg. Fürsten des achtzehnten Jahrhunderts, sagt, wie ist es möglich, daß ihr Krieg anfangen könnt? Ihr seyd so aufgeklärt, daß euch die Hand zittert, wenn ihr das Todesurtheil für einen Mordbrenner oder Straßenräuber unterschreiben sollt; aber unschuldige, rechtschaffne Bürger könnt ihr mit kaltem Blute zu Tausenden auf die Schlachtbank führen. Ihr schützt unsre Aecker, Gärten, Häuser, Pferde und Rinder .... raubt uns aber nur unsre Söhne! Ihr bestraft den Bürger, der den wiederschlägt, von dem er geschlagen wurde, zwingt ihn aber Menschen zu morden, die ihn nie beleidigten. Ihr straft den, der von des Andern Acker eine Garbe entwendet, ermuntert aber eure Heere Felder zu verwüsten, Dörfer zu verbrennen und blühende Städte in die Asche zu legen! Welcher Widerspruch! welche Herabwürdigung für uns, wenn ihr glaubt, daß wir diesen Widerspruch nicht bemerkten! Wenn ihr in der Meynung steht, daß wir aufgeklärten Leute, die wir unwillig unser Gesicht wegwenden, wenn wir Bauern sich bey den Haaren herumziehen sehen, euch bewundern sollen, wenn ihr große Heere gegeneinander führt, um sich zu zerfleischen und niederzumetzeln! Was gehen uns denn eure Zwistigkeiten an? Die Zeiten sind nicht mehr, wo man den Eroberern Triumphbögen baute; wir sind zu aufgeklärt, wir betrachten den Krieg, insofern er nicht abgedrungen ist, als ein Ueberbleibsel der alten Barbarey und sind nicht geneigt, denen Weyhrauch zu streuen, die durch Beybehaltung desselben alles zertreten und niederreißen, was die Weisen der Nation für das Beste der Menschheit thaten. Ihr wollt uns zwar in langen Deduktionen beweisen, daß die Liebe zu euerm Volke euch in die traurige Nothwendigkeit versetzte, Krieg zu führen. Man muß aber gestehen, daß der vernünftigere Theil des Publikums dieselben fast immer lächerlich findet. Sobald z. B. ein benachbarter Staat kraftlos wird, erinnert sich der Eroberer an die Ansprüche, die er auf einen Theil desselben hat und sucht die Gerechtigkeit desselben daraus zu beweisen, weil diesen Theil die in Gott ruhenden Vorfahren besessen hätten. Ist das nicht lächerlich? Wir haben ja alle Vorfahren, die auch in Gott ruhen und die vielerley besaßen, was jetzo Andre besitzen. Wäre man nun berechtigt sich dasjenige zu vindiciren, was einmal ein in Gott ruhender Vorfahrer besaß, so würde ja des Zankens und Streitens kein Ende! O ihr Eroberer, wenn ihr Gott nicht fürchtet, so fürchtet die Nachwelt, die gewiß noch aufgeklärter als wir seyn und ein härtres Urtheil über die Fürsten des achtzehnten Jahrhunderts fällen wird, die ihrem Ehrgeize und ihrer Habsucht das Blut unschuldiger, treuer Bürger aufopferten, als wir über diejenigen, die ehedem aus Mangel an Einsichten alte Weiber verbrennen ließen..... Fürsten thun wohl und arbeiten den im Staate zu besorgenden Unruhen entgegen, wenn sie die Aufklärung bestmöglichst zu verbreiten suchen, wenigstens sie auf keine Art verhindern. Aufklärung? sagt man. Diese ist es ja eben, die die französische Revolution bewirkt hat. O, Fürsten, wenn euch das würklich gesagt werden sollte, so bittet man sehr, daß ihr euch durch dergleichen fades Geschwätz nicht täuschen laßt. Sehet, in jedem Stande giebt es einem gewissen Auswuchs von Leuten, der seinem Stande Schande macht; z. B. unter den Bauern grobe Leute; unter den Kaufleuten Betrüger; den Soldaten Marodeurs, den Gelehrten Pedanten, den Aerzten Quacksalber, den Rechtsgelehrten Kabulisten, den Theologen Tartüffe, den Philologen Silbenstecher, den Adelichen solche, die weiter kein Verdienst besitzen, als daß sie von verdienstvollen Männern abstammen, und unter den Fürsten .... Despoten und Eroberer. Alle diese Auswüchse verabscheuen nun die Aufklärung und zwar mit Recht, weil sie ihnen gefährlich ist. Denn wer Arges thut, haßt das Licht. Ist denn aber deswegen die Aufklärung den Männern gefährlich, die in ihrem Stande ihre Pflicht thun? Der weise Prediger, Jurist, Arzt u. s. w. wird der die Aufklärung scheuen? Gewiß nicht. Je aufgeklärter die Menschen werden, desto mehr müssen ja die Verdienste jedes braven Mannes in jedem Stande ihnen einleuchten. Der wirklich weise und gute Fürst scheuet also die Aufklärung nicht, freuet sich, so oft in seinem Lande ein Mann auftritt, der sie zu verbreiten sucht, und befördert sie aufs möglichste. Nur dem Despoten, dem Eroberer, dem schwachköpfigen Fürsten ist sie fürchterlich. Aus was für Grunde sollte also wohl ein guter Fürst die Aufklärung fürchten? Je mehr er sie befördern hilft, desto mehr würd sein Ansehn wachsen, die Liebe und Achtung seines Volks gegen ihn sich vergrößern. Je gewisser dieses ist, desto unleugbarer ist es auch, daß Fürsten, die der Aufklärung entgegenarbeiten und ihre Macht anwenden, ihr Volk in die alte Nacht zurückzuführen, ihr eignes Ansehn untergraben und die Edelsten und Besten im Volke zwingen, sich ihnen zu widersetzen, indem sie ihnen Ungehorsam zur Pflicht machen. Man muß Gott mehr gehorchen, als den Menschen .... diese alte Wahrheit hat noch immer ihre Gültigkeit und verpflichtet den Mann vom

Gewissen, sich jeder Verordnung zu widersetzen, zu deren Befolgung Gewissenlosigkeit nöthig ist." Widersetzen? Wie würden die Namen, Feind der Menschheit, Verbrecher, Rebell, Majestätsschänder uns die Ohren tönen! Nein, Krieg sey es, steter Krieg; die unbeschäftigten Schaaren im Lande würden nur Unruhen erregen, sie müssen unaufhörlich zum Metzeln ausgesandt werden. So zeigte sich Rußland; dort drückte ein unsinniger Despotism die Menschheit nieder. Die Tyrannin wußte von keinen Gesetzen als denen des augenblicklichen Eigennutzes, des Einfalls, des Eigensinns und der Wuth der Leidenschaften. Sie trat alle Rechte unter die Füße, trieb mit der Person, mit dem Eigenthume und dem Leben ihrer elenden Unterthanen ihren Muthwillen und ließ durch Potemkin die Menschen, wie eine Heerde Vieh bey Tausenden, schlachten. Eine unruhige Lanne, eine persönliche Rache der Tyrannin stürzte eine ganze Nation in alle Gefahren des Krieges. Man führte das Volk zur Schlachtbank, nicht weil die Nation angegriffen war, sondern weil die Tyrannin, welche Langeweile bey der Ruhe empfand, sich eine Veränderung machen wollte, oder weil es ihr einfiel, Ruhm einzuärndten, oder weil sie Lust bekommen hatte, die Zahl ihrer Sklaven zu vermehren. Das war der

Grund, warum das Volk sein Blut vergießen, sich allen Gefahren des Krieges blosstellen, Strapazen, Hunger und Durst, Wunden, Verstümmelung erleiden, Gatten und Söhne hingeben, seine Habe, seine Felder verwüstet, seine Wohnung in Aschenhaufen verwandelt, seine Weiber und Töchter geschändet sehen mußte. Indeß saß die Tyrannin, die alles Unglück über die Völker brachte, fern von aller Gefahr, in ihrem Pallaste ruhig, genoß alle Bequemlichkeiten, pflegte sich und schlürfte in langen Zügen alle Wollüste ein. Es mochte geschehen was da wollte; sie traf kein Unfall, sie ereilte keine Gefahr; denn wenn sie ihr zu nahe gekommen wäre, die Gefahr, so würde sie geflohen seyn und es ihren Unterthanen überlassen haben, für sie zu fechten, sie zu schützen; wofür sie denn auch für jene genoß. Bey dem allen hatte das Volk kaum die traurige Ehre, daß man ihm die Thaten, die es that, zurechnete. Auch diese gehörte der Despotin; sie, die keinen Degen sah, ward gerühmt, gelobt, gepriesen, daß sie mit Klugheit und Muth den Feind besiegte. Die Tage vor Oczakow und Ismael, wo ihre Unterthanen schaarenweise hinstürzten, wurden vergöttert und vom geflossnen Blute kein Wort gemeldet. So sangen die Dichter der olympischen Spiele nicht die Pferde, welche durch ihre Schnelligkeit den Preiß davon trugen, noch den geschickten

Fuhrmann; sondern den unbeweglichen Menschen, der sich kutschiren ließ. Jenes Volk hatte mit den Pferden gleiches, ja ein ärgeres Schicksal; denn nach einem erzwungenen Siege, erhielt der Menschenschlächter Suwarow zur Belohnung einige tausend Stück Bauern zur Belohnung, daß er ihre Brüder hatte hinwürgen lassen; sie wurden verschenkt, verhandelt und als eine gute Waare dem zugeschlagen, der erst durch ihre Hülfe den Kampf gewann. Und die Folgen dieser Behandlung? .... Das Volk muthlos dadurch gemacht und an seine Sklaverey durch die lange Dauer gewöhnt, hatte die Kraft nicht, nicht einmal den Gedanken, Widerstand zu leisten; es nahm den Druck und den Stempel der Sklaverey an, wie der Mund des Pferdes den Eindruck des Gebisses annimmt und davon verunstaltet wird; mit stumpfer Unthätigkeit als ein Thier behandelt, ward der Mensch dem Thiere ähnlich. Er wußte von keiner andern Gerechtigkeit, von keinem andern Rechte, von keinen andern Gesetzen, als der Willkühr und den Launen der Tyrannen, die er mit Dummheit, wie seinen hölzernen Heiligen, verehrte. Wahrheit und Vernunft drangen bis zu diesen erstarrten Geistern nicht; alle Kräfte der Seele waren todt, sein Leben war ein langer Schlummer; sein Genuß, eine stumpfe Sinnlosigkeit und sein Wohlseyn das Wohlseyn jener trägen Heerde, unter der Huth eines rohen Hirten, der die reißenden Thiere verscheucht, nur damit sie die Beute nicht mit ihm theilen, und daß er das Vergnügen, die Heerde nach und nach zu schlachten, allein genießen könne. In solchem Zustande hatte der Mensch weder Tugend noch Sitten; er war nicht Mensch, er war Thier, und weniger als Thier; denn die Thiere sind wenigstens doch, was die Natur aus ihnen machte. .... Endlich aber bringt es der Despotism dahin, daß so ein Volk seine Fesseln zerbricht. Sollte der unvermeidliche Aufstand schlimmre Folgen als jene Behandlung haben? Es wird viel Blut dabey vergossen werden; Verwirrung wird sich in alle Theile des Staats verbreiten, Unsicherheit des Eigenthums, Unruhe und Schrecken. Aber immer noch weniger verderblich als die Vernichtung aller Sitten, die das nothwendige Gefolge der Tyranney ist. Denn alle diese Uebel einer solchen Revolution sind nicht mit den Zerrüttungen eines Krieges zu vergleichen, davon die Tyrannen so viele unternehmen um Eroberungen oder sich einen Namen zu machen. In Praga, bey Brgeec, und in den Feldern von Grodno blieben die Menschen zu zwanzigtausenden auf dem Schlachtplatze liegen, Städte wurden in Aschenhaufen verwandelt, Provinzen verwüstet. In den Gräben einer Festung, die ihm nichts nützt, läßt ein General Zehntausende liegen, um die Ehre zu haben, die Festung zu erobern. Schätze und das Mark des Landes wurden verschwendet, die Staaten entvölkert. Das von sprach man nicht, oder nicht viel, weil es im Namen eines Fürsten geschah. Wenn es aber ein Volk für sich that, wenn es bey einer Revolution ausschweifte, wo so etwas gar nicht zu vermeiden war: da schrie man und die Fürsten zogen zu Felde, gleichsam um sich das Recht nicht nehmen zu lassen, nur allein Schandthaten und Grausamkeiten begehen zu dürfen. Blutvergießen und Verheerung sollte nur das Privilegium der Fürsten seyn. Aber was wäre besser, wenn es einmal gestorben seyn soll, sein Leben für die Möglichkeit eines freyern Zustandes hinzuwagen und mit kettenlosen Händen sich zu tödten, oder als gebungner Würger mit ewigen Arm- und Beinschellen unschuldige Nebenvölker zu zerfleischen und bey jedem Zurückschaudern sich noch mit Stirnrunzeln sagen lassen zu müssen, man habe seine Schuldigkeit nicht gethan?

§. 16.

Und der Krieg gegen Frankreich, wie ward er geführt? Mit Menschlichkeit ohne Zweifel, wenn diese Tochter des Himmels nicht an Rebellenhäuptern verschwendet wäre. Man nahm sich auch wohl in Acht, davon viele Spuren zu zeigen. Auch faßte Pitt mit den coalisirten Mächten gleich anfänglich den schönen Anschlag: Frankreich auszuhungern und durch Elend und Jammer zu seinen Absichten zu zwingen. Er rühmte sich laut dieses Vorhabens, und alle Regeln des Völkerrechts, des Anstandes und der gemeinsten Rechtlichkeit wurden vergessen, sobald von den Neufranken die Rede war. Sie mußten und sollten insgesammt Gotteslästrer seyn, für die es noch Gnade wäre, lebendig zu verhungern, um auf ihren Gebeinen die Altäre der Pfaffen, die Wappenschilde des Adels, das Lehnsgebäude und die goldnen Stammtafeln der Prinzen wieder aufzubauen, und so alles zum glücklichen Flor und zur wahren Freyheit zurückzuführen. Pitt spie eine Fluth von Irrleitern in das Innre des unglücklichen Landes; er trat mit Verräthern und Wucherern, mit Hunger und Bürgerkrieg in Bund, und wäre es möglich gewesen, sich mit der Pest zu Frankreichs Untergange zu alliiren, er hätte zuerst die Hand geboten. Und wen hätte dieses Aushungerungsprojekt zuerst getroffen? Kinder, Arme, Schwächlinge, Greise, Wittwen und Waisen und jene Mittelklasse, die weder Ackerbau treibt, noch Soldat ist, würden zuerst Pitts Geis-

fel gefühlt haben. Denn der Reiche, der Korn-
erbauer und der rathschaffende, auch größtentheils
auf erobertem Boden lebende Soldat, hätten es,
wo nicht immer, doch am längsten aushalten können. Also gegen jene unglückliche Klasse führte
Pitt Krieg, die an allem die wenigsten Schuld
hatte. Dieser wollte er zuerst seine schwere Hand
fühlen lassen. Man hat überall, wo Menschlichkeit etwas gilt, Nachsicht mit den Unbewaffneten
und unterscheidet den Bürger vom Soldaten, und
alle Truppen, die Russen ausgenommen, schonen in einer eroberten Festung der Kinder und
Säuglinge. Pitt dachte hier anders und fieng mit
diesen zuerst an. Welch ein Mann und welch ein
Plan! .... Daß er auch von andern Seiten seine
Dolchklinge auf das überall angefallne Land zuckte,
ließ sich nach diesem schändlichen Attentat gegen die
Menschheit nicht anders erwarten. Sein nächstes
Augenmerk war daher, auf jede mögliche Art und
Weise Frankreichs Kredit zu vernichten, um es so,
wenn die erste Art nicht gelänge, von dieser Seite
in den Abgrund zu stürzen. Er erlaubte sich daher wie ein Gaudieb falsche französische Assignate
zu fabriziren und schickte sie millionenweise in das
mit Papieren schon völlig überschwemmte Land.
Konnte der wohl gerechte, offne Sache haben, der
im finstern nach solchen Mitteln haschte und mit

lichtscheuer Geschäftigkeit sich zum galgenswürdigen Gauner erniedrigte, indeß er öffentlich über Verletzung des Völkerrechts schrie? So wenig es, selbst im hitzigsten Kriege, je erlaubt und rechtmäßig werden kann, den feindlichen Anführer mit Gift meuchlings aus dem Wege zu räumen, und so einstimmig man über solche Versuche in allen Kriegen gewesen ist: so wenig konnte diese Art von unmilitärischem Benehmen auch nur im geringsten einen Vertheidiger finden. Denn Pitt schadete dadurch nur dem Empfänger solcher Papiere und betrog eine Menge unschuldiger Menschen, die ihm nichts gethan hatte. Diese und unzähliche andre noch nicht gänzlich enthüllte Arten unedlen Benehmens und naturrechtswidriger Kunstgriffe ließ man von allen Enden gegen das im ungleichen Kampfe begriffene Frankreich losbrechen, in der Hoffnung, daß doch etwas davon hinlänglich gelingen und mit voller Kraft wirken würde. Bey der Belagerung von Gibraltar spöttelte man nicht wenig über die mannichfaltigen und, wegen der Schwierigkeiten, mit Wuth ersonnenen Anschläge zur Wiedereroberung der Festung und ward sehr unwillig, als ein Spanier rieth, den Felsen durch giftige Pfeile und Gefäße mit luftverderbenden Unreinigkeiten gefüllt, beschießen zu lassen und so den Engländern eine pestartige Krankheit zu erregen, die sie bald zur Uebergabe zwingen möchte. Aber wenn man sah, wie sich jetzt diese Tadler ähnliche Mittel erlaubten; wie ein weitläuftiger Vorschlag gethan ward, die Festung Landau mit allem, was darin lebte und webte, vermittelst der gedämmten Queich zu ersäufen .... dann leuchtet der Egoism des Menschen sehr stark hervor, der sich selbst zu gute hält, was er an andern als Verbrechen stempelt. Kein Mittel ließ Pitt und der übrige Troß der Despoten ringsumher unversucht, um in allen Winkeln des befehdeten Landes Unheil, Zwietracht und Mordlust zu erregen und alles in Feuer und Flammen zu setzen. Vielleicht standen eine Zeitlang in Paris nicht dreyßig Menschen beysammen, worunter nicht Einer gewesen wäre, der englisches, russisches, italienisches, preussisches und österreichisches Geld gezogen und nach Vermögen mitgewirkt haben sollte, um durch Unruhen und Verrätherey die Kräfte der Nationalmacht zu schwächen und so den an den Gränzen lauernden Knechten die Bahn ins Innre zu ebnen. Wenn nun hier die unglückliche und im höchsten Grade mistrauisch gewordne Nation zu weit gieng, rief man mit hellem Munde, daß dies die Folgen, nicht der auswärtigen Intrifen, sondern der Freyheit und der Menschenrechte sey. Nie hätte sie sich wohl in die Arme Robespierre's geworfen, wenn sie nicht stets das Beil der Auswärtigen über den Nacken schwebend erblickt hätte.*)

*) Gen. der 3. Jan. 96. S. 106. ff. Die Politik ist von jeher weit merkwürdiger geworden durch ihre Fehler, als durch ihre Weisheit; aber in der Revolutionsgeschichte Frankreichs ist auch nicht eine Spur von wahrer Regierungsweisheit zu finden. Man verirrte ein Volk, welches man zu gemäßigten Begriffen zurückführen wollte; man erschütterte Europa, um dessen Ruhe zu sichern. Verheerungen, Entvölkerungen, Erschöpfung der Unterthanen und der Finanzen, Theurung, Mangel, Hungersnoth .... das sind die Mittel, die man angewandt hat, um die innre Ruhe der Staaten zu befestigen, und um den Völkern zu zeigen, wohin die Revolutionsirrungen Frankreichs führten. Der traurige Zustand Europa's, das Misvergnügen so vieler Nationen; der laute Tadel fruchtloser Unternehmen, das Leiden so vieler Armen durch die immer weiter einreißende Theurung, sind die Früchte einer zur unrechten Zeit thätigen Politik. Ueberall rieth das wahre Staatsinteresse Europa's zum Frieden. England und Deutschland verlohren durch Frankreichs eingeschränkte Monarchie einen ehrgeizigen Nebenbuhler; Preussen gewann einen sicheren Bundesverwandten; Rußland entgieng einem heimlichen im Diwan aufwiegelnden Feind, Spanien sah seinen Frieden gesichert, weil Nationen nicht kriegen, wenn nicht ihr Daseyn bedroht wird.

Indeß nun so alles, was royalistischen Odem und Leben hatte, im Innern gohr und brausete,

---

Je mehr Frankreich sich durch innre Unruhe schwächte, destomehr gewannen die übrigen Staaten Europa's an innrer Stärke; und wie viel mehr gewannen sie noch durch Aufstellung des Glücks und Wohlstandes ihrer Staaten und des Seegens ihrer Regierungen im Gegenbilde Frankreichs und der Verwirrung, zu der jede innre Umwälzung einen zerrütteten Staat führt. Einige bösartige Politiker fürchteten Frankreichs zu große Aufnahme unter dem heilbringenden Einfluße der Freyheit. Handel, Manufaktur, Fleiß und Ackerbau, glaubten sie, würde alle Schäße Europa's verschlingen. Die Thoren! Sie fürchteten eine Rivalität der Tugenden und der edelsten Kräfte der Menschheit und fürchteten nicht eine Rivalität der Zerstörung alles Edlen und Guten. Der monopolische und fiskalische Despotismus mag Eifersucht der Gewerbe kennen, der wahre Staatsmann sieht ein, das Gewerbe Gewerbe erzeugt, Fleiß den Fleiß belebt und daß nur Nationen, die keine Aufmunterung aus ihrer Trägheit wecken kann, das Aufblühen auswärtiger Staaten zu beneiden Ursache haben. Die Wetteiferung des Fleißes Englands mit dem freyen Amerika bereicherte beyde; das Wettelfern im Kriege stürzt England in ungeheure Schulden und Abgaben. So würde auch das glückliche Frankreich jeden Staat von Europa, in dem Freiheit der Gewerbe und des

benahm man sich von aussen nicht anders. Alles was Neufrankreicher hieß, ward nur wie ein halber Mensch betrachtet. Die unmenschliche Behandlung der französischen Gefangnen beym Transport auf der Donau nach dem Innern von Ungarn und Kroatien; die fast noch schrecklichere der in die Hände der Preussen gerathenen Franken während

Fleißes herrscht, neben sich aufgemuntert haben, die Früchte der Künste des Friedens zu genießen; und diesen heitern Fortgang im Wohlstand warf eine neidische, rachsüchtige, blutdürstige Politik über den Haufen. Nie haben Rohheit und Politik so sehr Schritt mit einander gehalten als in unsern Zeiten. In Schriften und Thaten sind sie verbrüdert worden. Verbunden haben sie Ludwig XVI. zum Schaffot und Nationen, wie England, an den Rand des Abgrundes geführt. Das glückliche Norden ausgenommen, kann man mit Riouffe sagen: wohin man das Auge wendet, hat man über Ruinen zu weinen.........

„England bekämpfte Frankreich mit Feuer und Schwerd, Verrätherey, Hunger und falsches Geld, und wird es so mit allen andern Nationen machen. Schon im Amerikanischen Kriege überschwemmte es die vereinigten Provinzen von Nordamerika mit großen Summen falschen Papiergeldes, und hetzte die Wilden mit ihren Skalpiermessern gegen seine Landsleute und Mitbrüder auf. Cheremin.

ihres Zuges durch Hessen und Thüringen nach
Magdeburg, konnte darin oben anstehen (m. s.
den Genius der Zeit, Nov. 94. S. 484. ....)
Die Scressaner,*) Unmenschen in jeder Bedeutung
des Worts, die gegen keine kultivirte Nation geschickt werden sollten, waren privilegirte Kopfabschneider und Wurmser lohnte sie für jeden ein-
gelieferten Schopf mit einem Dukaten. Der Mißbrauch dieses kayserlich-königlichen Barbarenregle-
ments war leicht voraus zu sehen; denn der geflissentlich rege gemachte Geldburst solcher Thier-
menschen gebahr auch scheußlichere Handlungen.
Sie klopften in der Dämmerung den Bauer in seiner Hütte ans Fenster, schnitten ihm den Kopf
ab und erhielten dafür ihr Blutgeld. Dies Greu-
elwesen ward doch endlich so arg, daß obbelobter
General bey Todesstrafe das fernere Kopfabschnei-
den verbieten mußte.**) .... Auch die Aufführung

---

*) oder Rothmäntel. Sie sind feige im offnen
Angriff und muthig im Hinterhalt. Ihre Grausamkeiten machten sie zu einer Geißel der
Deutschen und Franzosen, zu denen sie kamen. Da sie im Felde keinen Sold erhielten,
so wurden sie dadurch vollends zum rauben
privilegirt. Reise v. Maynz nach Kölln im
Frühjahr 94.

**) Welche zwecklose Unmenschlichkeit stellte über-
haupt hier der kayserl. Hofkriegsrath durch je-

der Preußen war phisisch und moralisch so schlecht, daß selbst auf Freundes Boden die Gewaltthätigkeiten nicht abrissen. Wo sie ein einzelnes Gut im

---

nen Befehl zur Nachahmung auf! Was konnte es helfen, wenn noch so viele Dutzend Köpfe täglich und stündlich von jenen Elenden eingebracht wurden; dadurch erreichte der Krieg seine Endschaft nicht, noch konnte es zu einem entscheidenden Schlage dienen, wodurch man vor- oder rückwärts kam. Wenn der Krieg nur um des Friedens willen geführt wird, wenn der Zweck desselben Bewirkung der Ruhe und Sicherstellung des Staats seyn soll, so können nur Schlachten, nur entscheidende Streiche von Nutzen seyn, nur der geworfne Feind läßt Terrain gewinnen und führt zum Ziele. Jede andre Niedermachung desselben ist zwecklos und sinkt zum gemeinen Morde herab. Durch jenen Rothmantelunfug erreichte man nichts von allem, als daß des Krieges blutiger Unsinn ohne Noth vermehrt ward; ja man schadete sich öfters, denn jene privilegirten Kopfabschneider, die man gewöhnlich zum Grabenausfüllen brauchte, breiteten sich auf die benachbarten Dörfer aus, um Freundesköpfe zu sammeln wie Schmetterlinge; darüber ward die Aufmerksamkeit auf die Bewegung des Feindes vernachläßigt. Diese Kopfbezahlung gereichte dem kayserlichen Hofe zur tiefen Schande und verdiente die Rüge der Mit- und Nachwelt.

freyen antrafen, machten fie ben Befiger jum
Klubiften oder heimlichen Jacobiner und nun galt
kein Erbarmen; nicht der Nagel an der Wand
ward zurück gelaſſen. Bey der Belagerung von
Maynz zogen ſie einzeln verwundeten und etwas
aus dem Getümmel ſich zurückziehenden Heſſen und
Sachſen die Kleider aus und plünderten ſo ihre
eignen ſchwachen Geſellen. Beym erſten Schritt auf
das franzöſiſche Gebiet des Champagnefeldzugs ward
auch ſogleich das erſte Dorf geplündert und zu einer
Einöde in wenig Stunden gemacht, obgleich der
König von Preuſſen bekanntlich erklärte, er kom,
me als Freund, um Glück und Wohlſtand nach
Frankreich zu bringen. Und ſo gieng es auf der
ganzen Tour, (Br. ein. Augenz. 1tes P. S.
74-76.,) und zwar ſo arg, daß die Soldaten
ſogar diejenigen Dinge, die nicht fortzubringen
waren, z. B. Teller, Porzellan, zertrümmerten,
alles zerſchmiſſen und verwüſteten. In wenig Stun,
den ward das Dorf Brchain la Ville eine wüſte
Stätte; die Preuſſen lachten und ſpotteten über
die jammernden Bewohner und ſchalten ſie Patrio,
ten. Die übrigen Dörfer, welche auf dem Zuge
lagen, ſogar das, wo der König logirte, hatten
daſſelbe Schickſal. Dagegen ward nachher über Cü,
ſtine's Brandſchatzungen gewaltig geſchrieen. Die
Preuſſen brannten ſogar Dörfer ab (S. 119.),

Y.

nach dem sie alles ausgeplündert hatten. .... „Bey einem Theile der englischen Infanterie (Bülow's Dienstentlassung, S. 25.) und bey den kayserlichen leichten Truppen waren sinnlose Verheerungen, Raub, Plünbrung und die unmenschlichsten Grausamkeiten gegen französische Gefangne und Landes einwohner die Lieblingsbeschäftigungen und das regelmäßige Tagewerk des gemeinen Soldaten. Einer suchte es dem andern darin zuvor zu thun und Handlungen, vor welchen das stumpfeste menschliche Gefühl schauderte, galten für Verdienst, weil sie in Frankreich und gegen Franzosen ausgeübt wurden. Nirgends geschah diesem heillosen Betragen auf eine thätige Weise Einhalt, ja es fanden sich sogar angesehene Offiziere, die dasselbe öffentlich mit der größten Wärme billigten. ...." So erzählt der Herr v. Bülow, indem er die unmenschlichen Aeußerungen des Flügeladjutanten des Herzogs v. York, Namens Löw v. Steinfurt zum Belege anführt. Und dieser unwürdige Soldat benuncirte auch hernach den menschlich denkenden Bülow, weil er mit Abscheu von solchem Hunnismus sprach. .... Auf diese Art nun glaubte man die Franzosen zu gewinnen, und bildete sich in Wien und in St. James im Ernste ein, sie würden durchs manifestiren (das doch seit Bourgoyne's Zeiten kein Glück mehr hatte) zur alten Einrichtung zurückkehren! .... Die Ausschweifungen und die gänzliche Indisciplin der Engländer bey ihrem Feldzuge durch Holland und Westphalen ward weltkundig; hier raubten und mordeten sie nicht blos auf holländischem freundschaftlichen Boden, sondern plünderten sogar die Equipage ihres eignen Generals. Im Elsaß wurden unter Wurmser die Dörfer der Reihe nach weggebrannt und das ansehnliche Dorf Ors bey Valenciennes ward von den kayserlichen Völkern, weil ein Einwohner daraus geschossen haben sollte, nicht blos gänzlich in einen Aschenhaufen verwandelt, sondern auch die, auf tausend Seelen sich belaufende Einwohnerschaft, lebendig mit verbrannt. So erzählten es selbst die deutschen Zeitungen.... versteht sich, als eine Heldenthat.

Wenn sich nun die Franzosen grausam dagegen wehrten, weil die Koalisirten sie grausam angriffen, so möchte leicht zu entscheiden seyn, welche schändlicher und straffälliger dabey handelten. Es bedarf nur weniger solcher Züge, um den Geist zu zeigen, der in diesem Kriege athmete. Die Fürsten, die noch nie mit wenigerm Scherze ihre Schaaren ins Feld geschickt hatten, suchten bänglich alles hervor, was diesen Geist noch mehr anfachen konnte. Aber zum Unglücke waren sie selbst nicht einig und erlaubten sich nur gar zu bald

Winkelzüge, Kunstgriffe, Ausflüchte und Treulosigkeiten, während durch ihr allerseitiges Interesse auf dem Spiele zu stehen schien. So sehr waren sie an diese Dinge gewöhnt, daß sie solche selbst da nicht lassen konnten, wo der innigste Verein erfordert ward, um nur einigermaaßen etwas erträgliches auszurichten. Sie behaupteten für die Ehre der Menschheit, für den Nutzen der Erdkugel und aller Reiche im Monde zu kämpfen, und verstanden sich doch so wenig, als wenn auch die einfältigsten hätten merken sollen, daß sie selbst keinen Begriff von allen diesen Dingen hatten, und ganz andre Ursachen dahinter steckten, als ihr vorgespiegelter Weltbürgersinn.... In der großen europäischen Staatengesellschaft war Ungerechtigkeit die Regel, Gerechtigkeit die Ausnahme. Dies wollte man zwar verbergen, konnte aber nicht; und so zerfuhr bald alles aus einander. Die Jdu-kereyen auf dem deutschen Reichstage, die einseitigen Friedensschlüsse, die wechselseitigen Vorwürfe, die geheime Erbitterung und Eifersucht wider einander und die unzähligen Treulosigkeiten und Ungereimtheiten öffneten manchem Zuschauer die Augen. Nach Manheims Uebergabe an die Franzosen ward das kurpfälzische Kontingent schimpflich desarmirt, so daß sich der sächsische General genöthigt sah in aller Stille abzumarschiren, als er den Befehl zum Aufbruche erhielt, ohne davon dem kayserlichen Befehlshaber Nachricht zu ertheilen. Erst nachher ward Bericht deswegen erstattet und dabey versichert, man würde lieber auf dem Schlachtfelde sterben, als sich auf ähnliche Art (wie die Pfälzer) behandeln zu lassen. (Hamb. Zeit. J. 95. Beyl. N. 169....) So gieng es zu unter den Alliirten, und über jenen Vorfall und Schimpf war überhaupt ganz Bayern so misvergnügt, daß viele Städte dem Magistrat von München auftrugen den Kurfürsten auf alle Art zu bewegen, ein allgemeines Landaufgebot ergehen zu lassen und diese Beleidigung zu rächen. Ob nun gleich dies Benehmen österreichischer Seits nicht die rechte Art zu seyn schien, die Fürsten zu fernerer Fortsetzung des Krieges und festerm Zusammenhalten für das kayserliche Interesse zu bewegen: so hatten die Kayserlichen doch noch den ganz besondern Einfall, das Landgut des kurbayerschen Ministers Oberndorf aus Rache wegen der Uebergabe der Festung zu plündern; als wenn ein solcher so etwas für sich, ohne Befehl vom Hofe, thun könnte. Aber am allersonderbarsten war die Zumuthung der Kontribution an armen, durch das Bombardement ruinirten, Mannheimer, womit sie Wurmsers angedrohte Plünderung ablaufen sollten, und von der sie wirklich bereits eine Tonne Goldes bezahlt hatten, ehe der Wiener

Hof sich eines bessern besann. Diese Dinge, diese Behandlung, diese Strafe waren neu und unerhört, und es gab kein Recht und keine Regel, nach welcher darüber hätte entschieden werden können, als .... das Recht des Stärkern; welches letztere auch das kayserliche Kabinet in dieser Gegend in vollem Maaße zur Ausübung brachte. Die Antwort des Kaysers auf die Beschwerde des pfälzischen Ministers v. Tattenbach, wegen der entwaffneten pfälzischen Truppen und wegen Mannheim lautete dahin: „der Kayser könne nichts entscheiden, das Ende der Untersuchung der Sache müsse erst abgewartet werden u. s. w. Und was die Liefrungsforderung des General Wurmser anbetreffe, so müsse man bedenken, daß die Armee nicht habe ohne dieselben subsistiren können, und daß sie nur schwache Aufopferungen gegen dasjenige wären, was man verlohren haben würde, wenn das Land in die Hände eines alles verheerenden Feindes gefallen wäre. In Ansehung der von Mannheim geforderten Kontribution, müsse er (der Kayser) gestehen, daß Wurmser hierzu nicht befehligt gewesen sey (wie unwahrscheinlich!); allein, da es üblich sey, Truppen, die eine Festung wieder erobern, Merkmale von Erkenntlichkeit zu geben u. s. w. Zumal da diese Eroberung mit so viel Mühe und so großem Verluste verknüpft gewesen sey: So glaube Er (der Kayf.)

daß die Einwohner von Mannheim aus Dankbarkeit gegen ihre Befreyer die 100,000 Fl. gern geben würden (wie ungereimt!), die erhoben und unter die Truppen ausgetheilt worden wären; mit der Bezahlung der noch weiter geforderten 200,000 Fl. könne es noch Anstand haben. Er habe ferner auch Befehl gegeben, daß sich Wurmser nicht in die Civilregierung der Stadt mischen solle, obgleich Er berechtigt wäre die Stadt bis nach dem Frieden zu behalten, und mit ihr, wie mit einer eroberten Stadt zu verfahren. Hamb. Zeit. St. 14. v. J. 96.

Eben so eigenmächtig geschah kayserl. Seits die Verhaftnehmung der Zweybrückischen und kurpfälz. Minister Salabert und Oberndorf, die man in Untersuchung zog, ohne auch nur ihren resp. Höfen Nachricht davon zu ertheilen; worüber sich auch der Herzog v. Zweybrücken, Salaberts wegen, in einem besondern Promemoria beym Reichskonvente beschweerte u. s. w.

So behandelte man sich wechselseitig; der Kaltsinn nahm immer mehr überhand, und jedes suchte sich durch eigne Bollwerke seiner Haut zu wehren. Man machte sich Schilder, nicht von der Liebe, sondern noch immer von der natürlichen Großmüthigkeit und trägen Gläubigkeit des Volks, bis auch diese zuletzt in Fetzen herab fallen mußte. .... In allen ihren Erklärungen, welche nun die Großen für eigne oder fremde Länder ausfertigen ließen, stach eine seltne Unwissenheit hervor. Es ergab sich, wie wenig sie von jeher ihre und fremde Völker kannten, noch überhaupt geschickt genug waren, den Ton der Billigkeit, Redlichkeit und Anspruchlosigkeit darin zu treffen. Es leuchtete durch, daß sie noch nie sich um Menschen und Zeitcharaktere bekümmert hatten und daß sie in allen diesen Deklarationen, Proklamationen, Manifesten und Mandaten dagegen gewaltig verstießen und dadurch nur zu sehr zeigten, daß so etwas noch nie von ihnen eines Blicks war werth gehalten worden. Sie sollten jetzt gleichsam mehr unmittelbarer Weise mit ihren Kindern in Unterhandlung treten, aber sie benahmen sich so fremdartig und ausländisch, als hätten sie dieselben von jeher nur als Hausknechte (vernae) betrachtet, über die man mit kalter Laune anordnen könne, und sie sich in abgezirkelter Entfernung von sich halten müsse. Jetzt hatte sichs nun unvermerkt geändert, aber alle ihre Geschäftsführer, mußten vermöge ihrer eignen Unwissenheit und alter Vernachlässigung ihnen keinen Trost, noch ihrem Ausdrucke jenen Anstrich von verständigem Vortrage zu geben, der überzeugt und trifft. Denn es war entweder Gewäsche, was sie vorbrachten, oder immer noch Drohungen und hochtrabende Ausdrücke, die, wie die verblichne Einfassung eines vernutzten Gemäldes, nicht mehr für die frischen Schilderyen der jüngern Zeit paßten. Deswegen machten auch alle diese Proklamationen in jenen Tagen durchaus kein Glück. Ihre Einfalt und Unkunde der Länder- und Völkergeschichte zeigte sich hier im vollsten Lichte. Nichts war wohl geschickter als ein Manifest, wie es der Herzog v. Braunschweig ergehen ließ, um die Neufranken zu koncentriren und allen ihren Stolz zu erregen, recht als wäre es darauf angelegt worden, diese Wirkungen hervorzubringen. Denn diese Manifestsprache gegen eine Nation von fünf und zwanzig Millionen Menschen, war uns anständig und lächerlich. Wenn man die Drohungen darin liest, sollte man glauben, der Herzog von Braunschweig hätte schon ein halbes Dutzend Schlachten gewonnen und eben so viel Festungen in Frankreich erobert gehabt. Nur mit Schonung und Achtung geziemt es sich auch bey den strengsten Forderungen gegen den Feind zu reden. Ein Held muß selbst im Schooße des Sieges mit Würde sprechen und alles beleidigende Wortgepränge vermeiden. Es ist immer eine Thorheit eine Nation zu beleidigen, ehe man sie überwunden hat und Niederträchtigkeit es nachher zu thun. In Rücksicht von allem diesem nun konnte jenes

Manifest, das stets ein Denkmal des Unverstandes der Großen bleiben möchte, ein wohlthätiges genannt werden, und der Herzog von Braunschweig ein Beförderer und Begründer der Republik. Man gestand auch endlich von koalisirter Seite ein, daß man (durch Emigranten) sey hintergangen worden. Aber dies war noch schlimmer und zeigte von neuem Unverstande; man hätte lieber schweigen sollen. Denn welche Schande in dieser äußerst wichtigen Sache leerem Geschwäße Zutrauen geschenkt, sich nicht besser erkundigt, nicht den Charakter des Volks und der veränderten Umstände überlegt, keinen Blick in die Geschichte der Völker geworfen zu haben. Nichts nimmt sich überhaupt lächerlicher aus als Drohungen, die man nicht ins Werk setzen kann. Sie fallen auf den Urheber unter Spott und Hohn zurück. So war also schon der erste Schritt in Frankreich durch diese gedruckte Sottise erschwert. Im Laufe dieses ganzen Krieges nun boten sich Vergleichungen an, die auf alle Fälle zur Kenntniß der Handelnden dieser Zeit von beyden Seiten dienten. Die wechselseitige Behandlung der Gefangnen war hierzu sehr geschickt. Die rohern und inhumanern Menschen betrugen sich auch immer unedel gegen den Feind, und Schonung war ihnen eine fremde Sache. Stets unter der Sklavenpeitsche gekrümmt waren sie gewohnt den Staub von den Füßen ihrer Treiber zu küssen, oder, einmal losgelassen, mit barbarischem Hohn ihr eignes Elend auf den Schwachen mit aller Härte der Unmenschlichkeit übergeben zu lassen. Als die Franken nach bekanntlich sehr tapfern Gegenwehre aus Valenciennes abziehen mußten, zeigten die österreichischen Soldaten, auf welcher Stufe der Kultur sie standen. Anstatt die Tapferkeit und Ausdauer des abziehenden Feindes zu ehren und mit eblem Stolze als Sieger zu bemitleiden, betrugen sich die zuschauenden Kayserlichen auf die kleinlichste Art. Sie traten in Reihen auf beyden Seiten und ließen so die matte Garnison unter Witzeln, Spott und Demüthigung hindurch wanken. Ein Grenadier, der mit Wehmuth zauderte sich von seinem Gewehre zu trennen, erhielt sogleich Stockprügel. Um jede Kränkung der trauernden Besiegten vollständig zu machen, mußten die Oesterreicher ça ira singen und mit höhnender Schadenfreude ihre Niederlage noch verbittern. In den Zeitungen rühmte man dies alles als Heldenthat. Dagegen stach das Betragen der Franken gegen die Luxemburger österreichische Besatzung bey der Einnahme der Festung sehr ab. Der Feldmarschall Bender hatte sich ebenfalls tapfer vertheidigt und nur der Mangel ihn zur Uebergabe gezwungen. Dagegen ehrten auch die Republikaner, zufrieden mit dem Bewußtseyn des erreichten Zwecks, den Muth der Ueberwundnen und suchten ihnen jeden

Schmerz zu ersparen. Bender mußte auch laut die Behandlung auf der ganzen Marschroute gegen ihn und seine Mannschaft rühmen, die in drey Kolonnen in gemächlichen Tagereisen über Koblenz nach Hause zog. Ueberall auf dem ganzen Wege war für reichlichen Lebensunterhalt und Erquickungen der ausgehungerten Feinde gesorgt und der Feldmarschall ward sogar mit Speisen bewirthet, die unter die entbehrlichen und in solcher Lage nicht zu verlangenden Luxusartikel gehörten. .... Suwarow eroberte Praga und Warschau, versprach beym Einzuge Amnestie und ließ bald darauf treuloser Weise alle Häupter gefangen nehmen. Auf seinem Wege flossen Ströme Bluts, in Praga mordete er achtzehntausend Menschen, eine düstre Todtenstille begleitete seinen Einzug, ein dumpfes Geheul über die ermordeten Verwandten gieng vor dem Barbaren her, und mit Abscheu im Herzen mußte der Magistrat versichern, daß er sein Retter sey. .... Dagegen eroberte Pichegrü Holland und blieb als Sieger ein ehrlicher Worthalter seiner Versprechungen. Keine Greuel bezeichneten seinen Einzug in Amsterdam; er steckte nach erreichtem Zwecke sein Schwerd in die Scheide, nicht ein Tropfen Blut ward muthwillig vergossen; unter dem Jubel der Ueberwundnen zog er in Amsterdam ein. Der besänfte Pichegrü und der bluttriefende Suwarow zeigten Beyde den Geist der Völker, die sie anführten und ihr Betragen war auch gerade so verschieden, als es Rußlands Knute und Frankreichs Menschenrechtstafel waren. Und doch erfuhr man nur die Hauptmorde jener Horden, nur wenn Tausende in Polen unter dem blutigen Mordschwerdte fielen, drang es mit düstern Gemurmel bis zu uns; dagegen jedes Gemetzel unsrer Gegenden sorgfältig ausgemahlt werden konnte. Die Nachwelt wird überhaupt einem Robespierre stets eine Catharina, einem Barrere einen Igelström, und einem Corrier den Henker Suwarow an die Seite setzen, und selbst dann, wenn von Ludwigs XVI. Mishandlung die Rede seyn wird, wird man die Mishandlung des Königs von Polen oder auch des Großherzogs von Toscana, erlitten von dem Uebermuthe ihres Gleichen, noch mehr ins Andenken zurückrufen.

Die kleinern Vorfälle, wo blos Ungerechtigkeit galt und man sich Handlungen erlaubte, die am Feinde mit den gräßlichsten Farben würden seyn gemahlt worden, verlohren sich selbst untereinander wegen ihrer Menge. So ward der Minister Semonville auf neutralem Schweiserboden wider alles Völkerrecht räubermäßig auf Befehl des österreichischen Hofes überfallen, ausgeplündert und gefänglich fortgeführt, und die Schweiserkantons mit ihren darüber geführten Beschwerden unter leeren Vorwänden abgewiesen. .... So ward der Gesandte Basville in Rom vom aufgewiegelten Pöbel feigerweise ermordet. .... So ward La Fayette ungeachtet des österreichischen Passes sehr zweckloß und wider alles Recht vom Wiener Hofe als Gefangner festgehalten und Jahrelang eingespertt. Die allgemeine Theilnahme (Minerva Oct. 95. S. 113.) denkender Männer war für ihn und man erklärte überall diese Behandlung für unpopulär, unnüß, für eine höchst ungerechte persönliche Bedrückung, durch fremde Macht ohne alle Veranlassung gegen die Stimme der Welt unternommen. Es war die unbefugte Benutzung der Gewalt in einem günstigen Augenblicke. So wie ehemals Richard, König von England, von einem weit minder mächtigen Fürsten im Gefängniß gehalten wurde, weil ein Zufall den König in den Gewaltbezirk eines Erzherzogs führte. *)

_____

*) Bey dieser Gelegenheit fügt Archenh. noch hinzu: Wenn die unerwarteten Kriegsvorfälle unsre Verwunderung erregten, so that es die Politik der Höfe nicht minder, von jenem Manifest aller Manifeste an bis auf diesen Augenblik. Was wird die Nachwelt sagen, daß die verbündeten Mächte aus Haß gegen die französische Revolution sich selbst vorsetzlich des einzigen Mannes berauben, dessen antimonarchische Denkungsart erprobt und der durch

§. 17.

So buntfarbigt nun die Kriegführung selbst auf allen Seiten beschaffen war, so unbestimmt

―――

seine zahllosen Anhänger in Frankreich im Stande war dort mehr als alle ihre Armeen auszurichten, und, wo nicht die Ordnung wieder herzustellen, doch die Angelegenheiten jenes Landes in eine andre Lage zu bringen, die in jeder Hinsicht den verbündeten Mächten vortheilhaft gewesen wäre? Das brittische Kabinet, das nur Guineen auszuspenden wußte und im Haße gegen die Revolution mit allen kriegführenden Fürsten wetteiferte, verwarf diesen großen Vortheil, entweder um Privatleidenschaften zu fröhnen oder aus Mangel an Sachkunde; ein Mangel, der in Toulon und bey Dünkirchen, in Korsika und in Westindien, in Holland und in Quiberon, sich ganz unleugbar gezeigt hat. Wenn man den Grad von Achtung kennt, worin La Fayette bey der ganzen französischen Nation, bloß mit Ausnahme der Jacobiner und Stockaristokraten, bis zum Augenblicke seiner Auswanderung stand, so ist man berechtigt zu sagen, daß eine vor zwey Jahren, ja nur vor einem Jahre abgekürzte Ungerechtigkeit in Betreff dieses Feldherrn muthmaaßlich unabsehbare Folgen gehabt haben dürfte. Vielleicht würden die Franzosen nicht in Holland, und

nehmen sich auch überhaupt die Vorwände dazu in der Darstellung aus. Man war noch zuletzt so wenig sichern Trittes, daß Preussen beym Friedensgeschäfte durch Hardenbergen Barthelemy'n und dem Konvente zu verstehen geben ließ, er solle doch bedenken, wie die Greuel Robespierre's den preussischen Hof hätten empören und zum Kriege reizen müssen. Und doch begann der Krieg, ehe jener am Ruder stand, Ludwig noch auf dem Thron saß und weder die August- noch September-scenen vorgefallen waren. Aber man nannte schon damals die Franken Feinde der Menschheit; Braunschweigs Manifest und seine Harangue an die Armee in Champagne, wobey sich „aller Augen feurig nach Paris richteten," liefern den Beweis. Man fing den Krieg an, um Ludwig XVI. wieder zur Alleinregierung zu verhelfen und um die erste Konstitution umzuwerfen; dann, um das Königthum wieder herzustellen und die Jacobiner zu verbannen; hierauf, um auf Leben und Tod und bis zur gänzlichen Ausrottung zu kämpfen und Irreligion und Anarchie zu vernichten; nachher, um Frankreich zu einer Regierung, mit der man unterhandeln könnte, zu bringen. Im Jahr 92. befahl man den Einwoh-

---

die kayserlichen Armeen nicht allenthalben geschlagen gewesen seyn.

nern alles auf den alten Fuß zu setzen, und bewies wie viel Recht man habe, sich in die Angelegenheiten Frankreichs zu mischen; dagegen erklärte man im Jahr 94., daß man sich in die innern Angelegenheiten Frankreichs ganz und gar nicht mengen wolle und nie diese Absicht gehabt habe. Im Jahr 92. erklärte man die Franzosen des Todes schuldig, die ihr Vaterland vertheidigen würden und in Paris (laut des Manifests der Hunnen und Vandalen würdig) sollte kein Stein auf dem andern bleiben; im Jahr 94. wollte man die Republik anerkennen. So sprach darüber Kurmaynz in seiner unbedenklichen Erklärung an Kayser und Reichsstände, und so elend nahmen sich die Beschuldigungen aus, nachdem der große Bundesplan gescheitert war. Aber es zeigte sich nur zu deutlich, daß die Friedensgesinnungen*) auf dem Reichstage von Ohnmacht herkamen, nicht

---

*) Die gewöhnliche Entschuldigung war, man wisse nicht, mit wem man Frieden machen sollte?.... Mit dem man Krieg führt..... Dies sey unsicher, hieß es; der Konvent könnte sein Wort brechen..... Aber wie konnte man sich hier noch besinnen, sobald man mit dem Preußischen Kabinet nach der zweyten Theilung Polens noch negoziiren zu können glaubte. Dieses schluß ja auch Traktaten

Z

von Ueberlegung und populären Grundsätzen. Denn da, wo es noch geschehen konnte, drückte man mit der nemlichen willführlichen Unbestimmtheit. So ward noch bey der im Herbste 95. erfolgten Blokade von Mayuz vom dortigen Vizedomamte bekannt gemacht, daß die Schildwachen Befehl hätten auf alle die zu schießen, welche auf die Wälle steigen, sich bey einem Allarm hundert Schritte nähern, einer Patrouille zu entfliehen trachten und .... übelgesinnte Leute seyn würden. Der Diskretion und der Auslegung des Soldaten also ward es überlassen, wer für übelgesinnt erklärt und todtgeschossen werden sollte. Wenigstens konnte kein Befehl Robespierre's zweydeutiger und schreckhafter abgefaßt seyn. Ja selbst diejenigen wurden eben daselbst mit dem Tode bedroht, welche die Stärke des Feindes anrühmen, ihre Ueberzeugungen heraus sagen, oder überhaupt „ihre Gesinnungen nicht in sich verschließen würden."*) ...." So benahm man sich

---

mit Polen und stieß sie bald hernach wieder um. Konnte es Frankreich ärger machen?

*) So etwas konnte nicht befremden, da bekannt war, wie sehr überhaupt die Menschen am Rheine für die Zwecke und Absichten ihrer Regierer dulden mußten. Denn in dortigen Gegenden durch die Emigranten angerichteten

noch zu Ende 95. und bewies nur zu deutlich, wie man auf alle Weise zum alten Reichsschreckensspe-

---

Unheil stand das in den hannöverischen Landen entgegen. Diese mußten sich überhaupt nur deswegen mehr Blut abzapfen lassen, weil der Umstand sich vorfand, daß ihr Fürst zugleich König von England war; denn sonst würden sie bloß ihr leidliches Kontingent gegeben und nicht auf zwanzigtausend Mann ins Feld gestellt haben; gerade wie ehemals die Sachsen so öfters für die polnische Königskrone ihres Kurfürsten bluteten. Das Ungemach, welches die hannöverischen Unterthanen durch die langwierigen Einquartierungen der in englischem Solde stehenden Emigranten bisher leiden mußten, erreichte einen kaum glaublichen und bey weitem nicht genug bekannt gewordnen Grad. Die Aufführung der Letztern war so übel, daß an einer feindlichen Behandlung nichts weiter fehlte, als Brandschatzung, denn die Ausschweifungen dieser Fremdlinge und das Klagen der Bürger darüber, überschritten das gewöhnliche Maaß. Sie verwundeten ihre Wirthe und beleidigten die friedliebendsten Einwohner. Einer hieb einer achtzigjährigen Wittwe ins Kinn und dann den rechten Arm ab, weil sie ihm kein Freudenmädchen verschaffte. Sie arretirten willkührlich, was ihnen in den Weg trat, und trieben es so arg, daß hannöverische Regimen-

kleine zurückkehren wollte, sobald das Glück der gebeugten Fürstensache wieder hold werden sollte.

ter gegen sie anrücken sollten. Der Graf Sombreuil kehrte sich nicht an die ihm gegebne Vorschrift, sondern handelte nach Willkühr. Die Husaren hauseten im Lande herum, und wenn sie eine Stadt kahl gefressen hatten, rückten sie ohne Vorwissen der Regierung in eine andre. Die Bauern mußten sie unentgeltlich füttern und fahren, und wurden oft vom Felde weggeholt, um eine Hure zur Stadt zu bringen. Diese wurden auch durch die Einquartierungen und Kriegsfuhren so erschöpft, daß viele das Aufkommen vergaßen. Die Engländer führten sich nicht viel besser auf. Ueberhaupt ward das ganze Land gleichsam a b g e h ü t e t. .... Die hannöverische Landesregierung beschwerte sich bitterlich beym General Wallmoden über diesen Unfug:

„das Elend und der Druck dieser Gegend ist so hoch gestiegen, daß wir uns zu den ernsthaftesten Vorstellungen genöthigt sehen. Ueberall laufen die bittersten Klagen ein. Es brauchen nicht einmal einzelne Fälle angeführt zu werden, denn die Offiziere selbst kennen weder Zucht noch Ordnung. Niemand wagt es sich zu beschweren, denn diese Vagabunden drohen ihm mit Feueranlegen und Niedermetzeln. Weder persönliche noch öffentliche Sicherheit findet mehr statt. Die Posten werden

Jedesmal auch, so oft die Reichswaffen wieder einigen Erfolg zeigten, schien man wieder freyer

---

auf den Wegen geplündert und die Postillions gemißhandelt; in Zelle, wo ihr Stab steht, sind selbst die Einwohner auf der Straße nicht sicher. Ueberall, wo sich Emigrantenkorps befinden, ist der Bauer von allen Mitteln entblößt, und die fernere Aussicht ist Mangel und Elend. Wir können deßhalb für die Folgen nicht stehen, wenn diese Truppen noch länger im Lande geduldet werden. Ihr Aufenthalt sollte nach der Versicherung nur sehr kurz seyn und dauert zu unserm Unglücke schon Monate fort ...."

Sie ward aber nicht gehört; der Anführer Sombreuil läugnete alles und denunciirte sie dafür beym Könige als Kalumnianten (und fast auch als Jacobiner.) Er ward nebst seiner Bande vom Könige in Schutz genommen und ihm bezeugt, daß „die Zwistigkeit zwischen ihm und der hannöverischen Regierung keinen widrigen Eindruck bey Sr. Majestät hervorgebracht hätte....." „Vielleicht wurden in den von den Franzosen eroberten Landen nicht so viele Thränen vergossen, als in manchen deutschen von Freundes Truppen besetzten Gegenden." S. Genius der Zeit, Jun. 95. S. 309. und Aug. S. 527.....

zu athmen und nahm eine hochtönende Sprache an; wenn aber überall Unglück wieder herein brach und

Kaum wäre es glaublich, daß ein Fürst den lauten Klagen seines patriotisch gesinnten Landesministeriums und der Unterthanen das Widerspiel gegen unverschämte Fremdlinge hätte halten können, wenn nicht dem Kabinet von St. James jede Art von Unvernunft zuzutrauen gewesen wäre. Auch ein zweytes Schreiben der Regierung an Wallmoden blieb fruchtlos. Die armen Unterthanen sollten durchaus für Englands Interesse aufgeopfert werden. Endlich erschien eine gedruckte Instruktion für alle diese Korps, aus welcher sich auch die Einwohner selbst unterrichten sollten, was sie jenen Truppen zu leisten schuldig wären, und sich bey diesen selbst dadurch legitimiren könnten. Das Manifest, worin davon Nachricht gegeben ward, glich „einer Besänftigung, einer Entschuldigung oder Abwendung des Uebels, womit diejenigen Truppen oder Horden die hannöverischen Unterthanen bedrohten, welchen zu helfen auch Hannover sich, oder wenigstens seine blühende Wohlfahrt, auf eine Zeit lang aufgeopfert hatte. Ein solcher Schritt ließ beurtheilen, wie weit das Korps der Emigranten und andrer leichten Truppen die Ausschweifungen und Excesse getrieben hatten und wie willkührlich ihr Benehmen gewesen seyn mußte, da die Regierung des Landes selbst öffentlich gestand, daß sie das Uebel nicht abzuwenden vermocht und nicht frühzeitig genug davon

nichts als Verlust berichtet ward, dachte man immer von neuem wieder nachgibig an die Republik.

———

unterrichtet gewesen wäre, also nur suchen könnte, es so erträglich als möglich zu machen (Gen. d. Z. Jun. S. 293. ....) So ward des hannöverischen Landes Wohlstand zerknikt durch den blutigen Unsinn dieses blutigen Krieges, und Aufopferungen erzwungen, die ihm auf keine Weise zuzumuthen waren. So verfuhren die Elenden, die dem höchst einfältigen Könige von Großbrittanien wer weiß was für Dinge weiß machten.

Hamb. Correſp. 95. N. 208. Schreib. aus Franffurt am Mayn vom 22 Dec.

Wenn in Niedersachsen das Betragen der bewaffneten Emigrirten zu den gerechtesten Klagen Anlaß gegeben hat, so erregte es auch am Oberrhein Beschwerden aller Art. Das Condeische Korps befand sich in der mittlern Markgrafschaft Baden in der Gegend von Bühl, wo die Prinzen waren, und bis Ettingen herab. Einige Chaſſeurs nobles erstachen in Neuſaz zwey Markgräfl. Badenſche Unterthanen und verwundeten einen Dritten gefährlich, so wie die Huſaren von Harneville von eben dieſem Korps am nemlichen Tage in Malſch drey Unterthanen tödlich blessirten und in der folgenden Nacht den Ort anstekten. Waren die Truppen von der Legion Mirabeau

Beym letzten mißlichen Stande des französischen Konvents am 5. und 6. October, so wie bey Jourdans und Pichegrü's Niederlage und Zurückzuge von Maynz zur nemlichen Zeit, wurden sogleich die Unterhandlungen zu Basel abgebrochen **) und man hoffte wieder auf Lagen, wo man die bittre Arzney der Republik von sich weisen könnte. Es erhellte, daß keine Bekehrung zu erwarten stand, und daß sie nimmermehr ihre Sessel gutwillig herunterschrauben wollten; daß sie weder den heiligen Zaun um ihre Meynungen niederzureißen Luft hatten, noch Argwohn und Ungereimtheiten fahren lassen wollten. Und doch kam die Zeit dazu näher. „Es scheint als ob das Reich des Wahns sich zu seinem Ende neigte. Der Geist des Menschen erwacht, er fordert das Recht, selbst zu prüfen, selbst seine Verhältnisse zu beurtheilen, zurück;

---

nicht daselbst gewesen, die sich ordentlicher aufführten, so hätte es sogleich eine Art Sicilianischer Vesper abgesetzt.

**) Clairfait ward bis zum Himmel erhoben und der Vorschlag gethan ihm auf dem Hechtsheimer Berge eine Ehrensäule zu errichten u. s. w. Der Kurfürst von Maynz beschenkte ihn mit einer goldnen Dose von Werthe, wegen „des befreyten Vaterlandes" Besser er hätte das Geld, was sie kostete, seinen verarmten Unterthanen geschenkt.

die Macht des Ansehens ist verschwunden; der Mensch will nicht mehr aufs Wort glauben. Umsonst verschwören sich die Staatsverschlagenheit und der Aberglaube mit einander um die Vernunft zu unterdrücken und die Wahrheit zu verscheuchen. Die Zeiten sind nicht mehr! Schon hat das Volk das Licht erblickt, und es wird sich schwerlich wieder nehmen lassen." (Villaume S. 71.)

§. 18.

Wo keine Freyheit war, gab es auch keinen Patriotismus. Wo im Unterthan der Bürger nicht geehrt ward, konnte dies lebendige Feuer nicht glühen; man hätte denn Furcht vor der Peitsche also nennen wollen.... Der größere Haufen ahndete daher nicht, worauf es beym Kriege wider Frankreich ankam. Was er von politischen Verhältnissen wußte, hatte er bloß durch Erfahrung, die hier nicht weit hinreichte. Denn von jeher wurden die Franken für Erb- und Reichsfeinde erklärt, wenn sie es auch der Form nach nicht, vielleicht gerade das Gegentheil waren. Dieser Name fand nun von neuem Statt. Höchstens kannte sie das Volk noch aus dem siebenjährigen Kriege, und da schienen sie ihm, die Fürsten mochten es mit ihnen halten oder nicht, sehr unzweckmäßig in

Deutschland einzubrechen, wo sie sich überhaupt nicht empfahlen. Diese Begriffe wurden aufs neue hervorgesucht und selbst die österreichischen Schreiber erinnerten daran, ohne zu erwähnen, daß ihr Hof es war, der sie damals herbey zog und sich also des nemlichen Unfugs schuldig machte. Aber für den dummen Haufen waren solche Brocken gut genug. (...) Hessen z. B. ward damals zu arg mitgenommen, als daß nicht das Andenken an ihre Peiniger nicht noch immer volle Wirkung hätte thun sollen; es war deßhalb nicht sobald die Rede von einem Kriege mit ihm, als die alte Idee mit Macht erwachte. Ein Unterschied zwischen jetzt und damals ward nicht gemacht. Die Höhern bestärkten diese Meynung; es ward zum Aufgebot gerufen wider die, welche ihre Väter heimgesucht hatten. Daß nun Hessens, überhaupt gutwillige aber blinde Einwohner aufbrausten, war so ganz der Natur der Umstände angemessen, daß das Gegentheil ein Wunder gewesen seyn würde. Einzelne bessere Köpfe mußten schweigen. Der Landgraf ließ marschiren noch ehe der Reichskrieg beschlossen war; er gab Millionen hin und ließ Tausende bluten, um einen frivolen Reichstitel zu erhaschen, von dessen Erlangung er nun jedoch mehr als jemals durch seinen eigenmächtigen und am kayserlichen Hofe so übel aufgenommenen Friedensschluß entfernt blieb. Der sogenannte Patriotismus der

Hessen bey Cüstine's Manifest, wodurch sie zur Vereinigung aufgefordert wurden, ihr hoher Unwille und alle die gepriesenen, sogar in den Almanachen in Kupfer vorgestellten Aeußerungen, ließen sich nun leicht begreifen. Es war blinder Nationalhaß und konnte ihnen so wenig zur Ehre und zum **unsterblichen** Verdienst gereichen, als Einfalt und Unbekanntschaft mit den Zeitverhältnissen diese Würdigung verdiente, und aller Lärm, der darüber, wie gewöhnlich, gemacht ward, blieb bloßer Schall. *) Jene Weigerung floß nicht aus der

---

*) Möchte jedoch hingegangen seyn. Wenn aber Girtanner in seinem Almanach der Revolutionscharaktere (wo schon das Titelkupfer mit den scheußlichen Pyramidenköpfen die Animosität des Verfassers verrieth und als ein Aushängeschild zu betrachten war, auf welchem der Herr geheime Hofrath gleichsam versicherte; daß hier alles, was nach Frankreich schmeckte, mit häßlichen Brühen aufgetischt werden sollte,) das insubordinationswidrige Betragen der Hessen in Ypern, wo sie ihren Anführer, der ihnen die auf Befehl des österreichischen Generals geschehene Uebergabe des Platzes ankündigte, mit Kolbenstößen mißhandelten.... wenn Girtanner so etwas als Patriotism lobpries und die Scene mit den Kolbenstößen im Kupferstich lieferte: so war dies weit weniger zu verzeyhen und er zeigte sich dadurch als niedriger Kannengießer. Welche Beleidi-

lebendigen Ueberzeugung, von dem Vorzuge ihrer Fürstenregierung; man übertäubte sich einander, und der Einzelne durfte nicht reden. Es war überhaupt unbesonnen von Custine, jenen Schritt zu thun, er hätte seine Leute besser kennen und die Fruchtlosigkeit des Unternehmens einsehen sollen, da er Menschen verführen wollte, die ihn mit den Seinigen für eingefleischte Teufel hielten.

Dieser ganze Fall nun litt seine Anwendung auch bey andern Ländern und Völkern. Ueberall hiengen sie im Gespinnste der Vorurtheile, der Gewohnheiten, des Herkommens, des Nationalhasses, der blinden Anhänglichkeit, der Fühllosigkeit, der Muthlosigkeit und der Unwissenheit. Nicht, als wenn nicht allenthalben fromme Wünsche anzutreffen seyn sollten, nur ließ sich der Volkshaufen leicht durch falsche Strahlen blenden und suchte da Patriotismus, wo nichts als Gewohnheitsbande

---

gung überhaupt auch für den Offizier, wenn er, als die Abbildung erschien, noch am Leben war, und mit welchen Augen mußte er die Girtannersche Wahl der Scene betrachten, da er nichts als seine Schuldigkeit gethan hatte, an der Uebergabe des Platzes im geringsten nicht Schuld war, und die Kolbenstöße so wenig verdient hatte als Herr Girtanner seinen Hofrathstitel.

ihn angeflammert hatten, und ward gegen fremde Dinge in Wuth gesetzt, weil veraltete Vorstellungen ihm die Sachen ehrwürdig machten, und er konnte sich so wenig vom grobgearbeiteten Fürstenthrone als vom alten Gesangbuche scheiden. Er ließ sich verschenken und verhandeln und vererben und glaubte, es müsse so seyn. So lange es nicht gar zu laut mit ihm gemacht ward oder nicht ganz besondre Umstände statt fanden, die eine größre Lichtmasse umher verstreuten, mußte er lange Anstand nehmen, die stehenden Insekten abzuschütteln, welche ihn undenkliche Gewohnheit als unumgänglich nöthig und schon bey der ersten Einrichtung aller Dinge gegenwärtig, ansehen ließ; und die er sich so wenig so wenig vom übrigen wegdenken konnte, als es ihm einfiel, wenn er in Gebirgsgegenden wohnte, flache Länder zu ahnden, wo nicht immer Berg an Berg sich anreihte, noch der Pfad sich abwechselnd auf und abkrümme. Nur der seltnere Theil und der Einzelne beobachtete mehr, und glaubte, daß auch **hinter den Bergen noch Menschen wohnten**. Wenn sein Geschäft Nachdenken war, Ideenordnen und erweitern, so blieb er nicht mit auf der Oberfläche hangen, noch betete er die Gewohnheitsbegriffe nach. Er warf die Fesseln von sich und prüfte; er betrachtete die Handlungen der Großen und Kleinen im stillen, und wie sich jene von jeher auf ihren Gängen benahmen.

Er beschaute ihre guten und bösen Seiten, er wog ihre Thaten und warf in die eine Schaale ihre Tugenden, in die andere ihre Laster und merkte sich genau, wohin das Züngelchen den Ausschlag gab. Er kannte auch die Geschichte der Welt und der Menschheit; er begriff, daß jedes Zeitalter seine neuen und entwickelten Vorstellungen hatte, und das, was jetzt unter die Vorzüglichsten mit gehörte, man nicht kalt von sich werfen, noch mit spöttischen Naserümpfen, wenigen Eigensüchtlern zu Gefallen, abweisen müsse, die sich aus dem Wuste ihrer Vorurtheile, ihrer Erschlaffung und Trägheit nicht herausarbeiten wollen, und denen also nichts damit damit gedient war. Er ließ sich dadurch nicht abschrecken, er überlegte, daß die Verbesserer der Menschheit in dem Jahrhunderte ihres Wirkens gerade den Theil verallgemeinerten, den die großen und ihre anbetenden Haufen haßten und verfolgten; daß eine unaufhörliche Reibung entstand, und daß jede Generalverbesserung, hätte sie auch die Gottheit mit eigner Hand geschrieben, die heftigsten Verfolger fand. Er mußte, daß man sich nicht immer an das Urtheil ungezeitigter Völker binden dürfte, weil diese auf Seiten der obersten Macht waren, die im dunkeln Allerheiligsten hausete und seinen Verehrern Schrecken für Wahrheit, Joch für Erlösung verkaufte. Er überlegte, daß es sich nicht schickte, mit Regeln zu messen, die noch vor Ansicht der

Sache gezimmert waren; daß uneingenommnes
Prüfen die hohe Tugend war, die zum Ziele
führte; denn er wußte, daß alles geprüft, und
das Beste behalten werden sollte; daß jedes Ding
zwey Seiten hatte, und nach seinem eigenthümlichen Werthe geschätzt werden mußte, und daß nur
alles darauf ankam, ob im Grunde mehr Gutes
als Böses durch die Erschütterung bewirkt ward,
die während seines Erdenwallens vor sich gieng;
daß das einzelne Böse nie vermieden werden konnte,
und daß die Natur es so wollte, es sollte ein
nothwendiger Anhang jeder Arbeit seyn. Er
wußte, daß jedes Volk seine Stuffenveredlung hatte,
und bestimmte Zeiträume zu durchlaufen; daß das
Eine nach kurzem Trabe als Kind in den Abgrund
stürzte, ein andres nur im Greisenalter von der
Sichel der Zeit fiel. Er ahndete, daß auch so im
allgemeinen die Welt ihre ewigen Wechseländrun-
gen hätte; daß hier Saaten keimten und in nebel-
hafter Zukunft erst die goldnen Aehren reiften. So
dachte er und besserte unermüdet an seinen Gesinnungen, die nur zu leicht Spuren des Bodens
trugen, wo sie entstanden; denn immer hatte er
viel von den Vorurtheilen seiner Nation an sich
kleben, die gar leicht in seine Urtheile und Betrachtungen mit hinüberschlüpften. Ein Blick auf
Europa geworfen zeigte, daß viele Länder gar nicht
geschickt waren über die Zeitzeichen mit zu stim-

men, und daß das graue Ungeheuer so gern seinen schwarzen Mantel über alle Kerzen herschlug, um mit Graus und Dunkel die Lüfte zu füllen. Bey alle dem gab doch der Deutsche zu einem Ideale die mehrsten Farben her; er stand der Palme am nächsten, die dem Weltbürgersinne nur zu Theil werden darf. Vielleicht bewirkte gerade die drückende Kälte seiner Großen jene Uneingenommenheit, wodurch er sich vor Andern emporhub. Mehr Bescheidenheit und weniger Nationalstolz zierte seinen Geist, denn jener war nur in Gedichten und Bardengesängen zu finden, weil seine Regenten einheimische Sprache, Sitten und Künste von jeher verachteten und nur allein deutsches Geld zu gebrauchen wußten. Aber eben dies machte ihn am mehrsten zum Kosmopoliten und für allgemeinere Kultur so empfänglich. Er war schmiegsamer, studirte auch andre Völker und arbeitete mit für sie. Er sah sich überall am mehrsten um, er dachte schärfer und uneingenommener, er erwarb sich mehr Ueberblick des Ganzen, und lernte aus wahrer Humanität die Sprachen Andrer, indem er überall zu Hause zu seyn lernte und nur allein im Stande war an andre Völker in ihrer Sprache zu schreiben. Er war mehr Weltbürger als jeder Andre, eben weil er für sich selbst so wenig thun konnte und von seinen Zeitgenossen auf keinen Dank für seine Arbeiten und Werke hoffen durfte; da er zu einem Volke gehörte, das eigentlich keine Nation war, und folglich auch keinen Nationalcharakter, keine abstechenden Eigenheiten hatte, so fehlte ihm auch ein Nationaltheater und der vortreflichste dramatische deutsche Dichter durfte auf kein Nationalpublikum rechnen (A. L. Z. 95. N. 327. S. 503.) Aber dafür konnte er auch leichter, als die Genien anderer Völker, Kunstwerke aufstellen, welche in den gebildetesten Geistern aller Nationen und Zeitalter ein erhabnes Publikum finden werden. Er mußte sich vorzüglich durch den großen Gedanken begeistern lassen, daß er eigentlich für die Nachwelt arbeitete, und alsdann, wenn das Nationalgepräge sich mehr in das Weltbürgerliche verlohren habe, die ganze gebildete Welt ihm einen nie verblühenden Kranz flechten werde. .... Er streute da Licht hin, wo Andre tappten. Er verarbeitete eine große Masse von Ideen, die nachher fremde Käufer abhohlten und ausschmückten. Er hatte von jeher den entscheidendsten Einfluß in die Masse des europäischen Völkerglücks und in die Fortschritte des Menschengeschlechts auf dem Wege der Vollkommenheit und der Glückseligkeit. Er zerfeilte zuerst die Fesseln des Tyrannen mit der Knechtslarve. Er ersann die Freyheit des Geistes gleichsam von neuem und gab ihm Flügel sich höher zu schwingen; ohne seine Vorarbeiten hätten die Franken im achtzehnten Jahrhunderte nicht auf den Einfall kommen können, sich frey zu machen. Alles das that er, aber machte selbst davon keinen Gebrauch; Andre brachen immer die Früchte, wozu er das Treibhaus mühsam erbaut hatte. *) .... Er war von jeher wie verrathen und verkauft unter den Nationen, aber eben dies machte ihn weiser, thätiger, uneinseitiger, leidenschaftsloser und bildsamer. Er taugte zu allem, wenn Andre nur zu etwas taugten. Von ihm ist noch zu hoffen, denn er reift noch; indeß der Kern andrer Nationen nur windige Spreu liefert oder schon in Fäulniß übergehet. Zwar hat sich der Holländer unter dem eisernen Fuße seines Erbstatthalters hervorgearbei-

---

*) „Was die Gelehrten von Norddeutschland besonders auszeichnet, ist ihre Bekanntschaft mit der Litteratur der kultivirtesten europäischen Völker. Weder hier noch in Sachsen fand ich einen Gelehrten von Bedeutung, dem nicht die berühmtesten Schriftsteller Großbritaniens, Italiens und Frankreichs genau bekannt gewesen wären. Sie sind in der Litteratur wahre Kosmopoliten und ganz ohne Vorurtheile für ihre einheimischen und gegen die ausländischen Produkte. Nirgends fand ich so viele allgemeine und unpartheyische Weltkenntniß als hier." Risbecks Br. ein. reis. Franz. Th. II. S. 163.

tet, womit ihn derselbe durch preußische Hülfe
fester als jemals auf den Nacken zu treten schien.
Indeß machte der Minister Pitt, der dem despotischen Walpole den Rang streitig zu machen
strebte, seine Nation freyheitsloser und sklavischge-
sinnter, von der kaum noch etwas zu hoffen stand,
so sichtbar auch die krampfhaften Zuckungen der
sterbenden Freyheit dem Zuschauer sich darboten.
Die Nation stand mit sich selbst in den ungleich-
artigsten Verhältnissen, es gab nur Reiche und
Arme. Jene herrschten durch den Druck ihres allmächtigen Goldes, diese krümmten sich in Hunger kraftlos zu Boden. Der Luxus trug den Sieg
über die neue Konstitution davon; verderbte und
feile Volksrepräsentanten im Parlament und die
listige Nachsicht des Hofes gegen den Soldaten,
der sich wichtiger fühlen lernte und dadurch, wie
überall, nur zu leicht für den Despotism gewonnen ward, vollendeten die Verwandlung.*) Viele

---

*) Theremins Charakterschilderung der Deut-
schen, Franzosen und Engländer, S. 81. ff.
seine Schrift vom Intereff. d. Mächt. u. s. w.

„Es sind drey ganz verschieden geartete
Kinder derselben Familie. Das eine ist sanft,
verständig, voll Muth und Lenksamkeit; aber
seine der Demuth ähnliche Bescheidenheit er-

der übrigen Völker zeigten sich ganz todt, taub und steif. Rußland war der Boden der Sklaverey und der despotischen Laune, Spanien lag noch zu fest im Schlafe träger Vorurtheile versunken, die italienischen Länder waren dem heiligen Vater zu nahe, wo es wie Mehlthau umherflog, und so lange noch die Nobili in Venedig dem Volke im Schauspiel auf die Köpfe speyen durften, so lange

laubt ihm nicht sich gehörig zu fühlen. Das andre ist feurig, stolz, ungestüm; mit dem Genie des Uebergewichts begabt, ist es des erhabensten Enthusiasmus fähig und vollendet Unternehmungen, die unmenschlich scheinen; es ist weniger gebohren das Beyspiel, als der Anführer der Andern zu seyn, und niemand macht ihm den ersten Platz, den es einnimmt, streitig; seine Großmuth läßt seinen Ruhm ertragen. Ein drittes ist finster, hart, ohne Geschmack fürs Schöne; überläßt sich ganz dem Kalkul des Gewinnstes, sucht alle Güter an sich zu ziehen, und sein ganzer Ehrgeiz besteht in Zusammenscharren; es wird ihm gelingen sich zu bereichern, in seinem Herzen wird es die Tyranney nähren, die es mit kalter Grausamkeit übt, und sein Egoism wird ihn glauben lassen, daß ihm alles aufgeopfert werden muß. Es wird indeß seine Brüder zu berauben suchen, aber einer von ihnen wird es überwinden und ihm verzeyhen."

in Neapel das Blut des heiligen Januars floß, konnte es nicht besser werden. Die Schaaren dieser Länder ließen sichs im Nothfall alle zur Christenpflicht auflegen, wider die Feinde der Menschheit ins Felde zu ziehen, indem sie wähnten, es gelte nur Einem Läubchen, nicht aber, daß ihr eignes Glück mit ins Spiel komme und sie sich durch selbstgeschliffne Dolche die Häube so sehr lähmten, daß noch fernerhin die Haafen des Hofes und der Felder ihre Saaten abweiden dürften. So ähnlichte dieser Meynungskrieg jenem sehr, der für die Reformation geführt ward, wo Morgenröthe mit tiefem Dunkel focht. An den Ferdinanden lag es nicht, daß dies Licht wieder von der Finsterniß verschlungen ward. Unsre sämmtliche Fürsten waren jetzt diese Ferdinande, die mit blinder Wuth ihre Völker gegen Frankreichs Batterieen führten, das weniger für seine Freyheit, diese würde dennoch in Aller Herzen geblieben seyn, wenn sie ächt war.... sondern für Untheilbarkeit focht. Das Beyspiel davon sahe es in Nordosten. Polens Theilung konnte in dieser Rücksicht nicht übler gewählt werden; sie erzürnte die Zuschauer und erhitzte die Fechtenden, die nur zu deutlich sahen, welches Schicksal ihrer wartete, wenn sie unterlägen.

§. 19.

So eroberte Oesterreich die französischen Festungen nicht im Namen des französischen Hofes und der Prinzen, wie es Versprechung und Regel mit sich brachte, sondern als Eigenthum. Sogar Englands König und sein Sohn York, entwarfen schon das Manifest, wodurch das, wenn es den Göttern gefiel baldigst zu erobernde Dünnkirchen in ihren Namen in Besitz genommen werden sollte. Wer mochte nach solchen Ungerechtigkeiten ihren Versprechungen noch trauen? Vielleicht ward dies der Dolch, den sie sich in ihren eignen Busen stießen. .... Da die Tendenz aller Monarchieen überhaupt auf Universalherrschaft gieng, so war es kein Wunder, wenn auch die Geschichte den Hang und das Hinarbeiten dazu überall sichtbar machte. Freylich suchte auch der ärgste Despot Scheingründe zur Beschönigung seiner Ungerechtigkeiten und Räubereyen auf. Bey den Israeliten hieß es: der Herr hats befohlen! und man mordete die Nachbarn und schonte nicht des Kindes im Mutterleibe. Bey den christlichen Regenten sprachen die Pfaffen: Ketzer! .... und man würgte sie. Solche Unmenschlichkeiten begehen, heißt das Christenthum ausbreiten. Der Vorwand unsrer Zeiten war Arrondissement, Gleichgewicht, Staatsinteresse, unfreundschaftliche Nachbarschaft, wegen der man zum

Zeugen ganz Europa anrief u. s. w. Aber das Gleichgewicht war das wunderbare Thier, das sich in alle Farben hüllte und überall vorgeschoben ward. Dort vergrößerte sich angeblichermaaßen der Nachbar, deßwegen mußte man sich selbst vergrößern und griff weiter; Jener langte von neuem zu, weil es dieser that, und dieser nun abermals, weil es jener that. Wenn Beyde in ihren Gränzen geblieben wären, würde Beyden der Vorwand und die Gelegenheit gefehlt haben.

„Es muß sich doch ungefähr (Fichte's Beytrag zur Berichtig. d. Urth. des Publ. üb. d. fr. R. S. 86.) bestimmen lassen, wie groß die Macht eines jeden Staates seyn müsse, dem die Politik die Erhaltung dieses Gleichgewichts aufträgt, wenn die Waagschaale schwebend erhalten werden soll. Hier findet ihr ja eure bestimmten Gränzen; geht bis zu ihr fort und laßt den Andern auch in Ruhe bis zu ihr fortschreiten, wenn es euch wirklich sonst um nichts als um das Gleichgewicht zu thun ist, und wenn ihr es alle ehrlich meynt. Aber der Andre hat diese Gränze überschritten, ihr müßt sie nun auch überschreiten, damit das unterbrochne Gleichgewicht wieder hergestellt werde. Wenn die Schaalen vorher waagerecht stunden, so hättet ihr ja nicht nöthig gehabt, sie ihn überschreiten zu laſſen; ihr hättet es ja verhindern ſollen. Ihr werdet verdächtig es nur darum zugelaſſen zu haben, damit auch ihr einen Vorwand fändet, die eurigen zu überſchreiten, weil ihr euch in der Stille mit der Hoffnung ſchmeicheltet, ihn dabey zu übervortheilen und ein paar Schritte weiter zu thun, als er; damit auch ihr wieder an euerm Theile das Gleichgewicht ſtören könntet. Man hat in unſern Zeiten Verbindungen großer Mächte geſehen, welche Länder unter ſich theilten.... um das Gleichgewicht zu erhalten. Das wäre eben ſo gut geſchehen, wenn keiner von allen etwas genommen hätte. Aber warum ſoll denn überhaupt das Gleichgewicht erhalten werden?.... Sobald es umgeſtürzt wird, ſagt ihr, wird ein ſchrecklicher Krieg Eines gegen Alle entſtehen, und dieſer Eine wird Alle verſchlingen.... Alſo dieſen einen Krieg fürchtet ihr ſo ſehr für uns, der, wenn alle Völker unter Einem Haupte vereinigt würden, einem ewigen Frieden gebähren würde? dieſen Einen fürchtet ihr, und um uns vor ihm zu verwahren, verwickelt ihr uns in unaufhörliche? Die Unterjochung einer fremden Macht fürchtet ihr für uns, und um uns für dieſes Unglück zu ſichern, unterjocht ihr uns lieber ſelbſt?.... Daß es euch lieber iſt, wenn ihr es ſeyd, die uns unterjochen, als wenn es ein Andrer wäre, iſt zu glauben: warum es uns um vieles lieber ſeyn ſollte, müßten wir nicht. Die völlige Aufhebung des Gleichgewichts von Europa könnte nie so nachtheilig für die Völker werden, als die unselige Behauptung desselben es gewesen ist. .... Aber wie und unter welcher Bedingung ist es denn auch wohl nothwendig, daß auf die Aufhebung des berufenen Gleichgewichts jener Krieg, jene allgemeine Eroberung erfolge? Wer wird sie denn veranstalten? Eines der Völker, welche eurer Kriege herzlich überdrüßig sind, und sich schon gern in friedlicher Ruhe gebildet hätten? Glaubt ihr, daß dem deutschen Künstler und Landmanne sehr viel daran liege, daß der lothringische oder elsaßische Künstler und Landmann seine Stadt und sein Dorf in den geographischen Lehrbüchern hinführo in dem Kapitel vom deutschen Reiche finde, und daß er Grabstichel und Ackergeräthe wegwerfen werde, um es dahin zu bringen? Nein, der Monarch, der nach Aufhebung des Gleichgewichts der Mächtigste seyn wird, wird diesen Krieg erheben. Seht also, wie ihr argumentirt, und wie wir dagegen argumentiren: damit nicht Eine Monarchie alles verschlinge und unter joche, sagt ihr, müssen mehrere Monarchieen seyn, welche stark genug sind, sich das Gegengewicht zu halten, und damit sie stark genug seyen, muß jeder Monarch sich im Innern der Alleinherrschaft zu versichern, und von Außen seine Gränzen von Zeit zu Zeit zu erweitern suchen. .... Wir dagegen folgern so: dieses stete Streben nach Vergrößerung von Innen und Außen ist ein großes Unglück für die Völker; ist es wahr, daß sie es ertragen müssen, um einem ungleich größern zu entgehen, so laßt uns doch die Quelle jenes größern Unglücks aufsuchen, und sie ableiten, wenn es möglich ist. Wir finden sie in der uneingeschränkten monarchischen Verfassung; jede uneingeschränkte Monarchie, (ihr sagt es selbst) strebt unaufhörlich nach der Universalmonarchie. Laßt uns diese Quelle verstopfen, so ist unser Uebel aus dem Grunde gehoben. Wenn uns niemand mehr wird angreifen wollen, dann werden wir nicht mehr gerüstet zu seyn brauchen; dann werden die schrecklichen Kriege und die noch schrecklichere stete Bereitschaft zum Kriege, die wir ertragen, um Kriege zu verhindern, nicht mehr nöthig seyn, noch nöthig, daß ihr so gerade hin auf die Alleinherrschaft eures Willens arbeitet.... Ihr sagt: da uneingeschränkte Monarchieen seyn sollen, so muß sich das menschliche Geschlecht schon eine ungeheure Menge von Uebeln gefallen lassen. Wir antworten: da sich das menschliche Geschlecht diese ungeheure Menge von Uebeln nicht gefallen lassen will, so sollen keine uneingeschränkte Monarchieen seyn. Ich weiß, daß ihr eure Folgerungen durch stehende Heere, durch schweres Geschütz, durch Fesseln und

Festungsstrafe unterstützt; aber sie scheinen mir darum nicht die gründlichern."

Von jeher wurden alle Staaten nur durch Räubereyen groß und selbst auch die Erbschafts- rechte, was waren sie anders als eben so viel versteckte Räubereyen? So besitzt der preussische Staat Ostfriesland durch Occupation, denn Hannover hatte eben so viele Ansprüche darauf; er nahm das eigentliche Preussen den deutschen Rittern ab; raubte Schlesien, Ost- und Südpreussen, und wird rauben, so lange er die Finger regen kann. Aber wer thäte das nicht? Eben so wußte er sich die westphälischen Länder zuzueignen, ohne Sachsen abgefunden zu haben. Ueberhaupt galt nicht Gerechtigkeit und Recht; darauf kam es nicht an, sondern gab nur den Vorwand her, den man brauchte, so lange kein andrer Grund da war. Hätte Oesterreich Preussen etwas andres zur Zeit des Bayerschen Tauschhandelanschlags aufopfern oder zu einem Länderstrich verhelfen wollen.... noch jetzt z. B. dazu beförderlich seyn, daß Sachsen die Lausitz gegen die fränkischen Fürstenthümer abträte; Preussen würde schnell ingefahren seyn.*)

---

*) Man redete viel von den Ansprüchen, die das deutsche Reich, oder auch mancher andre

Oesterreichs Politik gieng stets auf Erweiterung, bald durch Traktaten bald durch Heurathen, am meisten durch Intriken und Treulosigkeiten, selten

---

Staat an so viele andre Länder habe, die ehemals dazu gehört haben sollen. Sehr sonderbar. Auf diese Art könnten die übrig gebliebnen Reste fremder Völker kommen und Ansprüche auf halb oder ganz Europa machen, das ihre Vorfahren ehemals bewohnten. Die Römer besaßen die halbe bekannte Welt; also könnte noch jetzt Roms Pabst mit seinen Mönchen, oder Roms Pöbel von allen jetzigen Fürsten verlangen, ihre Kronen niederzulegen, denn sie (ihre Vorgänger) hätten ehedem ihre Länder und Reiche besessen..... Die Gründe zur ersten Theilung Polens nahmen die drey Kabinetter bekanntlich ganz von den Ansprüchen her, die aus der Vorzeit auf solches noch übrig geblieben wären. Wenn sie also hier keine Verjährung statt finden ließen, mit welchem Rechte wollte man diese wohl Roms Pöbel entgegensetzen? Es war der Vorwand und der Grund, wie allemal, das Recht des Stärkern. Preussen hatte nicht nur keine Ansprüche auf Polen, sondern war auch noch dazu dessen Vasall, und mußte eigentlich, wenn doch die alten Gründe und Verhältnisse immer wieder aufs neue hervorgesucht werden durften und sollten, sich von Polen befehlen lassen. Der Königstitel ward ihm auch anfänglich verweigert und erst im Jahr 1766. vom polnischen Reichstage bewilligt.

durch die Waffen. Denn Helden hatte dies Haus fast nie. Aber da der Arglistigste gerade nicht der Weiseste ist, so verlohr es öfters mehr durch Einen einfältigen Streich z. B. die pragmatische Sanktion, für welche Karl VI. so viel aufopferte, als es Jahrhunderte lang zusammengescharrt hatte. Frankreich, Schweden und die Pforte waren die einzigen Beschützer des deutschen Reichs gegen Oesterreich, das immer verschlingen wollte. Selbst Frankreich ließ sich unter dem elenden Ludwig XV. so sehr von aller wahren Politik ablenken, daß es sich für Oesterreich gegen Preussen verband und sich unsäglich schwächte. Gerade so wie jetzt Preussen gegen Frankreich sich wider alles wahre Interesse eine Zeit lang führen ließ und nichts anders als seinen eignen Ruin dadurch bewirken konnte. Oesterreich wollte alles ringsumher an sich reissen und knüpfte den Faden zum Bayerschen Austauschungsprojekte mehr als einmal an. Jetzt wollte es alle Welt zur Wiedereroberung der Niederlande verpflichten.

Die englische Regierung benahm sich bisher, nächst Rußland, am schamlosesten, ungerechtesten und grausamsten. Sie verband sich mit dem Pabst, wenn sie etwas damit zu gewinnen wußte und trat mit dem Aberglauben in Bund. Der König, ein Schwachkopf der ersten Größe, von dem sich nicht sagen ließ, wo sein Wahnsinn anfeng oder sich endigte; Pitt, ein Mensch, dessen Standhaftigkeit sogar zum Laster ward. Planmäßig zertrümmerte er die Freyheit und preßte alles in die Eisen des Hofwillens. Indeß er dem Volke vom Konstitutionsglücke vorschwaßte, hub er ein Fundamentalgesetz nach dem andern auf, half Polen unterdrücken, henkte und deportirte den, der widersprach. Er war grausam genug' fünf und zwanzig Millionen Menschen verhungern lassen zu wollen, und es gab keine Art von Menschlichkeit, die er nicht bey Seite zu setzen gewagt haben sollte. So stolz und ungerecht er sich gegen Genua, Venedig, Toskana, Schweden und Dänemark betrug; so feige zeigte er sich gegen Amerika's Freystaat. Um zu beweisen, daß Frankreich in der schrecklichsten Anarchie sich befände und folglich zerstört werden müßte, suchte er erst Anarchie durch die möglichsten Ränke herbeyzuführen. Er legte Feuer an, um sagen zu dürfen: Seht, da brennt es; laßt uns niederreißen! Er verletzte die englische Verfassung, um sie nicht von den Franken verletzen zu lassen; er hob ein Grundgesetz nach dem andern auf, und untergrub die englische Freyheit, um sie nicht von jenen untergraben zu lassen; er erlaubte sich Eingriffe und Regierungsunordnungen, um solche abzuwenden, er ward Jacobiner, um die Jacobiner auszurotten. Zuletzt erklärte er ge-

radeln, daß nur Laune und Eigensinn die Ursache
sey, warum er den Krieg noch weiter fortsetze.
Denn, sprach er in der Antwort auf Sheridans
Einwürfe, es gehe ihm zwar nahe in vielen Stücken durch die Bundesgenossen getäuscht worden zu
seyn; wäre aber ihr Betragen auch noch schlechter gewesen, und hätte es noch nachtheiligere
Folgen gehabt, so wollte er doch den Zweck des
Krieges nicht ändern. .... Dieser war, nach seinem Vorgeben, die Zernichtung des Jacobinism
und dieser Zweck nehme weder durch glückliche
Kriegsbegebenheiten zu, noch durch unglückliche ab.
Es sey weder ein Ausrottungs- noch Eroberungs-
sondern ein Befreyungskrieg; die armen
Einwohner sollten von der Tyranney erlöst werden.
Er habe nicht einmal die Absicht ihnen eine Konstitution vorzuschreiben. .... Da nun aber diese
Nation nicht von Pitt befreyt seyn wollte, so drang
er sich ihr also unbefugt auf. Gesetzt die Jacobiner
hätten die ganze französische Nation beseelt und ihre
streitenden Heere belebt gehabt; gesetzt es wäre
nichts als Thorheit und Raserey gewesen, so war
Pitts Vorhaben, eine aus lauter Thoren beste-
hende Nation klug zu machen und dafür den eignen Wohlstand und die Kräfte des eignen Landes
aufzuopfern, die größtmöglichste Tollheit. Und da
er zur Beschönigung der aufgehobnen Habeaskor-
pusakte und der in Gang gebrachten Hochverraths-

projeſſe die Behauptung wagte, England ſey voll Aufrührern und Anarchiefreunden, (ob er gleich auch wieder öfters den König in ſeinen Thronreden gerade das Gegentheil ſagen, und ſeine Zufriedenheit über die Ruhe und Treue ſeiner Unterthanen bezeugen ließ,) und das Beyſpiel von dem mit lauter Narren, Böſewichtern, Räubern und Gottesläugnern angefüllten Frankreich, ſey für die Engländer anſteckend und reize zur Nachahmung: ſo mußte er alſo glauben, daß England auch aus lauter Thoren, Böſewichtern und Räubern beſtände; ſonſt würde es Frankreichs Raſerey verabſcheut haben, ohne daß ſo große Eingriffe in ſeine Verfaſſung durch Aufhebung der wichtigſten Grund- und Freyheitsgeſetze nötbig geweſen wären. Wäre aber alles dieſes dies- und jenſeits der Fall geweſen, ſo würde ein Krieg von Aufrührern gegen Aufrührer für den Aufruhr geführt immer der tollſte Einfall geblieben ſeyn, den Pitt erdenken konnte, um dem Uebel zu ſteuern. Aber Pitt Richelieu und Robespierre hatten hier einen zum Verwundern einſtimmigen Grundſatz; wer ſie angriffe, ſprachen ſie, griffe die Ordnung des Staates an; wer ihren Handlungen entgegen trete, ſey ein Aufrührer; wer von Frieden rede, ſey ein Verräther..... Auch in Wien galt jeder für einen argen Jacobiner, der ein Wort vom Frieden lallte. Aber keiner von allen dieſen Unholden

gab sich vielleicht mehr Mühe, den Krieg herbey=
zulocken, als Pitt; auch die kleinlichsten Ränke
verschmähte er nicht, sobald sie etwas für seine
Zwecke zu wirken versprachen; er suchte seinen Pö=
bel zu fanatisiren, und in eine blinde Wuth zu
bringen, indem er ein Schnupftuch, in Ludwigs
XVI. Blut getunkt, öffentlich als eine Reliquie
aufhängen ließ. Kaum konnte er es erwarten, bis
das Signal zum heillosen Kriege gegeben wurde.
Und so zog er aus, die Franzosen zu befreyen,
die von ihm nicht frey gemacht seyn wollten; er
gab zwar vor, dies sey nur die Stimme Weniger,
denen die Masse unglücklicher Weise vor der Hand
blind folge, und er müsse sie dennoch frey ma=
chen, weil es die versteckte Mehrheit eigentlich
wolle; allein aus den gewaltigen Rüstungen und
Mordkämpfen wider ihn, ergab sich dies auf keine
Weise, und die zu Befreyenden hätten ihm das
nemliche Argument zurückschieben können: daß
nemlich sein (Pitts) Vorhaben ebenfalls nicht der
Wille der englischen Nation sondern gleichfalls nur
die Stimme Weniger sey, und daß die unterdrückte
Mehrheit nichts damit zu thun haben wolle. u. s. w.
Wie sich denn auch diese Stimmung nur zu deut=
lich und unwidersprechlich unter allen Volksklassen
Großbritaniens zeigte und dadurch Pitts blutige
Entwürfe unter die Verbrechen rechnete, die aus

tannischer Eigenmacht herfließen und dem Abscheu der Nachwelt übergeben werden. .... England, sonst der Schutzengel der Humanität, des Menschenglücks und der Kultur benahm sich durch ihn wie ein Barbar, der die Menschen peinigt und überall Gewaltthätigkeit übt, wo es nur irgendwo ungestraft gewagt werden durfte. Die Grausamkeiten in Ostindien und an den Ufern des Hindus waren übermenschlich unmenschlich; Hastings ward losgesprochen, weil er Geld hatte, für den Geiz der Kaufleute arbeitete und der feile Burke, sein Anklager, zur Ministerialparthey übertrat. Mit Hülfe der Uebermacht seiner Flotten beleidigte es alles Völkerrecht und die Rechte der Neutralität, und stützte sich nur auf den Köder der Gewalt. Als protestantischer Staat wollte es in Frankreich die Altäre d. h. den Papismus und das Mönchthum herstellen.

Wenn von hier auf Deutschland übergegangen würde, so möchte sich alles eben so nur unter andern Umständen zeigen. Gleich zuerst fällt es in die Augen, daß dieses Reich vorzüglich deutlich den Ursprung aller Fürsten erklären und hierüber als ein Schema für die Neugierde dienen könnte, welche etwan die Entstehung Jener bis zum Uraufange verfolgen, und das allmähliche Emporkommen der Einzelmacht auseinander gesetzt wissen sollte.*) .... In Deutschland herrschte, wie allenthalben, derjenige, welcher es verstanden hatte sich auf den Sessel zu schwingen. Karl der Große z. B. war der Sohn einer Usurpatorfamilie, und doch ließen sich die römischen Kayser bis auf diesen Tag sorgfältig sein Schwerd bey der Krönung umgürten und mit seinem Mantel behängen; und sie würden erstaunen, wenn es jemanden einfiele zu behaupten, sie säßen mit Unrecht auf dem Throne, indem der erste deutsche Kayser ein Rebell gewesen sey, der seinen ältern Bruder um das Scepter gebracht habe; und daß selbst dieser, wenn er auch wirklich zum Besitz desselben gelangt wäre, dennoch immer noch unrechtmäßiger Weise regiert haben würde, indem schon der Vorgänger Pipin nichts als ein Aufrührer

---

*) In den frühen und öden Zeiten der Welt, wo die Hauptbeschäftigung der Menschen darin bestand, Vieh und Heerden zu hüten, konnte es einer Bande Räuber nicht schwer seyn ein Land zu überfallen und in Kontribution zu setzen. Wenn ihre Macht auf solche Art gegründet war, so ließ der Anführer der Bande den Namen Räuber in den eines Monarchen übergehen; und daher der Ursprung der Monarchie und der Könige. Paine Th. 2. S. 10.

gewesen, der sich wider die von Gott eingesetzte Obrigkeit auflehnte, indem er das merovingische Regentenhaus um die Krone betrogen und Childerichen ordnungswidriger Weise ins Kloster gesteckt habe. .... Karl der Große also, dieser, nach der jetzigen Hofterminologie mit vollem Rechte zu benennende Rebell, Feind der Menschheit, Gotteslästrer, Jacobiner und Illuminat; der Fraukreich als unrechtmäßiges Gut von seinem Vater überkam, dem longobardischen Könige Desider die Krone raubte und Italien an sich riß; der die Sachsen, Bayern, Hunnen und Slaven unterdrückte und Deutschland sich zueignete: streckte sein Scepter über halb Europa hin und ward .... römischer Kayser. Reiche und Länder waren in seiner Hand Spielbälle, die er an sich zog, verschenkte und wegließ, wie es ihm beliebte. Er verletzte also dadurch, wenn anders der rußischen Kayserian zu glauben war, das göttliche Gesetz und die bisher gegründete Macht und Ordnung (m. s. die in der Hofkirche zu Petersburg am Dankfeste wegen der Eroberung Warschau's verlesene und nachher überall publicirte rußisch-kayserl. Bekanntmachung im zweyten Absatze.) Niemand war vorhanden, der sich durch Unterhaltung großer Heere zur Unterdrückung des ausgelaßnen Wesens hätte abmatten oder andre

Mittel zur Tilgung des Giftes ausfindig machen wollen. Niemand war da, der sich wider diesen die ganze Welt zu verderben suchenden Bösewicht einließ. Ach, überall suchte er seinen Gift auszugießen und die Ordnung der Dinge umzuändern. Alles ward ihm zu Theil und er Souverän von Deutschland. Weiter waren hier keine Fürsten zu finden, denn die Herzöge, (Anführer, die vor dem Heere zogen) Grafen, (Graue, verständige Leute, oder auch Richter, von Grip, die Hand,) Markgrafen (Gränzrichter,) Gau= und Centgrafen (Vorsteher von Distrikten) u. s. w. setzte er ab und ein, wie es ihm beliebte. Sie bemühten sich aber ihre Macht dauerhafter und erblich zu machen. In den Zeiten der Ohnmacht der Kayser gelang ihnen alles nur gar zu gut. Die Kayser hatten ihrer nöthig und räumten ihnen ein Recht nach dem andern ein, bis sie nun endlich jetzt sprachen: wir von Gottes Gnaden .... und nicht einmal ihren Unterthanen mehr verstatteten an die Reichsgerichte zu appelliren; da sie doch ursprünglich selbst nichts anders waren als Unterthanen, die durch Zeit, Umstände und durch ihre Fäuste sich zu souveränen Herzen umstempelten. Und so war es hier wie überall, wo es Menschen, Staaten und Fürsten gab;

das Unrecht der Schwäche von der einen, und das Recht der Stärke von der andern Seite, brachte den Unterschied hervor, und brütete die Regenten aus. Deutschlands buntfarbigte Verfassung zeigt den buntfarbigten Ursprung Jener. .... Der Deutsche hatte immer zwey Vaterlande, ein kleines und ein großes. Da, wo das Appelliren an Kayser und Reich verpönt war, gab es für ihn weder Kayser, noch Reich, noch Reichsgerichte; sein Fürst war ihm alles, er durfte nicht weiter; aber doch mußte er Römermonate und Kommerzieler bezahlen, wovon jener allein den Vortheil hatte. In Rücksicht seiner, war der Fürst durchaus souverän, in Beziehung aufs Reich war dieser ein Glied des Ganzen und sollte gehorchen; aber die Reichsglieder leisteten nur dann Gehorsam, wenn sie nicht ungestraft sündigen durften. Sie waren wie eben so viele Haacken, die alle versuchten den deutschen Fleischkörper in Stücken zerfetzt an sich zu ziehen. Dann kümmerten sie sich keinesweges um die Verfassung. Jeder einzelne Fürst wollte Souverän und Despot seyn. Wenn es schief gieng, flüchtete er sich hinter das Schild der Reichsgesetze und suchte seine Unterthanen für sie einzunehmen; außerdem aber trachtete jeder ein Privilegium de non appellando zu erschleichen, und so für sie den Vortheil derselben wieder rückgängig zu machen; er kabalirte mit Auswärtigen, verkaufte und verborgte seine Kinder, unterdrückte die Landstände wo möglich, that Eingriffe, wie und wo er es vermochte. Die deutsche Konstitution war ein Popanz; hätten wir noch Glauben an sie, die Begebenheiten bisher müßten uns ihn vollends benehmen. Was ließe sich aber auch überhaupt von einer Verfassung viel erwarten, wo der Chef des Ganzen jedesmal in der Wahlkapitulation zu Gunsten der übrigen Herrscher versprechen mußte: „Auf den Fall auch jemand von den Landesständen oder Unterthanen bey Uns, oder unserm Reichshofrath, oder Kammergericht etwas anzubringen oder zu suchen sich gelüsten lassen würde, wollen wir daran seyn und darauf halten, daß ein solcher nicht leichtlich gehöret, sondern a limine judicii ab und zu schuldiger Parition an den Landesherrn gewiesen werde...." Dieß möchte doch wohl den Ungerechtigkeitsgelüsten des Landesherrn Brief und Siegel ertheilen und zum voraus die Versicherung geben heißen, daß er uns gestraft thun möge, was er wolle..... Ueber die Verletzung dieser Verfassung schrie nun jedes von ihnen, suchte aber nebenbey so viel davon abzureißen und einzustecken als möglich. Jedoch möchte es wahr seyn, daß jetzt Oesterreich in Ansehung der Erhaltung der deutschen Konstitution mehr zu trauen seyn dürfte, als Preussen. Jeder der deut-

ſchen Fürſten ſuchte ſich übrigens ſo zu erheben,
wie es dem Hauſe Brandenburg gelungen war. Am
Ende alſo müßten doch die einzelnen Staaten in
wenig mächtige zuſammenſchmelzen; da, ſo oft
ein Haus ausſtarb, ein andres kam, und von
deſſen Ländern und Unterthanen Beſitz nahm, und
ſich doch ſo zuletzt die Stimmen auf dem Reichstage immer mehr zuſammenballen und auf Wenige
übergehen müßten. Dann würde die Reichskonſti-
tution von ſelbſt aufhören.

Wenn nun von hier auf Preuſſen übergegangen
wird, ſo zeigt ſich immer wieder daſſelbe, nur
ebenfalls unter eignen Umſtänden. Als Preuſſen
ſich mit Oeſterreich alliirte, ward die Exiſtenz der
kleinern deutſchen Fürſten blos prekär, denn nur
Spaltung zwiſchen Beyden konnte ſie als Zwiſchen-
körper erhalten. Es duderte ſich zwar auch dies
bald wieder; allein das preuſſiſche Kabinet hatte
doch einmal ſeine Popularität verlohren, und es
möchte ſchwer halten, es ſobald wieder dahin zu
bringen, daß die Schwächern auf ſolches, als auf
einen Schutzgott ſähen. Preuſſen riß auch muthwillig und aus kleinlichen kurzſichtigen Geize die
Mauern hinweg, welche es gegen Rußlands Step-
penſtürme ſchützten. Seib einziger kluger Streich
war noch der, daß es, da ſichs nun doch einmal hatte in den Sumpf führen laſſen, Pitten

ein paar Millionen Subsidien abnahm; ob dieß gleich auch nicht weit hinlangte. Friedrich II. nahm zwar auch gern, aber so muthwillig verscherzte er nicht das Gemeinzutrauen; denn wenn nun jetzt Preussen wieder gegen Oesterreich auftreten und für die kleinern Staaten sprechen wollte, welche Inkonsequenz würde dies darstellen. Die Politik dieses Hofes war dennoch jetzt weit weniger fest als die östreichische, oder irgend eine andre. Er spielte eine Freybeuterrolle, wo er bald für bald wider war, und ließ sich dingen von dem, der ihn bezahlen wollte. Friedrich der Einzige war politisch aufrichtiger; aber das Kabinet des Nachfolgers übte plumpe Treulosigkeit, wo es nur gehen wollte. Der König ließ sich seine Sünden durch Wöllner wegbeten und verwahrte sich gegen die ewige Verdammniß durch Religionsedikte. Aber dies war auch gewiß sehr nöthig, denn der Hof schien selbst zu fühlen, daß er viele Unthaten auf sich habe. Die gewaltsame Unterdrückung Hollands, die Aufwiegelung der Lütticher, die Unterstützung der Brabanter, die hernach wieder aufgeopfert wurden und allem Jammer, Elende und der Rachsucht aufgesetzt blieben; die Empörung der Ungarn, welche er ebenfalls im Stiche ließ, die Entzündung des polnischen Hasses gegen Rußland und die schändliche Verlassung und Zerfleischung der Widerstandleistenden .... alles dies waren wahrhaftig Dinge, die nur durch Kassation der dem Religionsedikt zuwiderhandelnden Prediger, durch Untersuchung gegen die bekannten Neologen und sogenannten Aufklärer, Teller, Gedicke und Zöllner, die nur auf kurze Zeit noch geduldet werden sollen; durch den ganzen Ernst die reine Lehre aufrecht zu erhalten; durch Anwendung von Strafexempeln und allen in Händen habenden Mitteln, um den Strom des Unglaubens im Lande entgegenzuarbeiten *) .... wieder gut gemacht werden konnten. Jacob I von England war schwärmerisch und auch ein Narr in Religionssachen; aber doch erlaubte er seinen Ministern nicht gar zu viele Bundbrüchigkeiten.

Ungeachtet der gegentheiligen Insinuationen des angeblichen Abbe Sieyes (Riems und Rebmanns) in „Europa in Bezug auf den Frieden" war dennoch Preussen mit Frankreich im Kriege; es drängte sich auch dazu, nicht blos als Reichsstand, sondern als selbstständige Macht. Die preußische Allianz mit Oesterreich schien mehr eine Folge als der Grund des Kriegs zu seyn. Preußen fachte den Krieg an, drang in den Neu-

---

*) Worte einer königlichen Kabinetsordre.

alliirten und schloß mit Pitt ein besondres Bündniß. Es verkündete laut seine Gründe in der „Auseinandersetzung der Ursachen, die den König v. Pr. bewogen haben, die Waffen gegen Frankreich zu ergreifen." Es war also im Kriege mit begriffen, so sehr man auch nachher suchte alles wieder in Vergessenheit zu bringen. Nach dem Rückzuge aus Champagne ließ es sich von Rußland durch Polens Theilung von neuem zur Fortsetzung des Krieges bewegen. Dann kam der Subsidientraktat mit England, wofür es zwar nichts that, und wo einer den andern betrog. Hernach bettelte es noch hin und wieder um Unterstützung, wo es seine erschöpften Kräfte zu beweisen sich Mühe gab und machte .... Frieden. .... So nahm sich die neuere Politik des preussischen Kabinets vor der ältern aus. Der Anfang ward auch sogleich bey dem Regierungswechsel sichtbar; der Feldzug gegen Holland war das erste desselben. „Auf die Unterdrückung von Holland (Sendschreiben des alten Weltbürgers Sprach an Frankreichs Nationalkonvent, S. 94.) folgten schwärzere Thaten. Lüttichs Revolution ward von Preussen aufgewiegelt und die Lüttticher hernach verlassen und allem Jammer und Elend ausgesetzt. Die katholischen Niederlande wurden durch preussische Emissäre empört, ein preussischer bey den Insurgenten accreditirter Minister gab der Insurrektion das Siegel öffentli der Rechtmäßigkeit und ein preussischer General führte ihre Heere gegen den Regenten an. Die Niederlande wurden in der Reichenbacher Konvention von Preussen aufgeopfert. Preussen schickte Geld und Emissäre nach Gallizien und Ungarn, um auch da Empörungen zu stiften. England und Preussen, die sich bald nachher durch die Konvention von Loo näher verbanden, verleiteten die Pforte und Schweden an Rußland den Krieg zu erklären. Als es dem Könige von Schweden an Geld mangelte, das ihm zu liefern versprochen war, wollte Preussen diesem Alliirten Schwedisch-Pommern abdrängen. Preussen drohte eben damals Polen geradehin mit feindlichem Einfalle, wenn es sich mit Rußland verbinden würde. Preussens Minister in Warschau, Herr Lucchesini, redete den ganzen Tag nichts als Feindseligkeiten gegen Rußland. Er verdrängte den rußischen Ambassadeur, Grafen Stackelberg, der ehemals dem preussischen Hofe so zugethan gewesen war, durch persönliche Beleidigungen und ministerielle Intrifen aus Warschau. Er bellamirte, wenn er erfahren konnte, daß einem Russen in einem Wirthshause ein Trunk verkauft sey. Er stieß die verwegensten Reden gegen die Person der Kayserin aus, um sie verhaßt zu machen; bis der, nun durch ihn unglückliche, Ignaz Potoki ihn belehrte, daß ein Gesandter nie Souveräne persönlich angreifen müsse. Preussen verlangte darauf, daß Polen mit ihm ein Bündniß machen sollte. Preussen verlangte, daß sich Polen vor Schließung dieses Bündnisses eine Konstitution gäbe, damit Preussen wissen könne, auf welchem Grund es sich mit Polen verbände. Preussen forderte Polen auf, sich von aller Abhängigkeit von Rußland loszumachen, die Verfassung welche Rußland im Jahr 75. mit Preussens Beystande Polen aufgedrungen hatte, zu zernichten, und die russische Garantie dieser Verfassung aufzusagen. Wenn Polen auf alle diese Anmuthungen Bedenken trug Rußland zu erzürnen; wenn es dem preussischen Hofe vorstellte, daß der Tag wiederkommen könnte, wo Rußland freye Hände haben würde an Polen Rache zu üben und ihm das alte Joch mit Erschwerungen wieder aufzudringen: dann antwortete der preussische Minister „dafür will euch mein König schützen; Preussen und Polen haben nur Ein, leider bisher verkanntes Interesse; ihr habt nicht mehr mit Herzbergen zu thun; ich habe den König überzeugt, wie sehr eins mit dem andern verbunden ist, wie beyde Staaten innig, fest verbündet, sich wechselseitig schützen und von jeder fremden Macht unabhängig machen können. Preussen ist die Macht, die eure Unabhängigkeit und die Sicherheit eurer innern Regierungsanordnungen gegen jeden Angriff vertheidigen wird, gebt euch nur eine Konstitution und reißt euch von Rußland los, daß Preussen sich auf euch verlassen könne." Am Ende dieser großtönenden Rede zog er Briefe aus der Tasche, um zu beweisen, daß er nicht mit Herzberg, sondern mit dem Könige direkt traktire. Wenn Polen noch immer bedenklich blieb, wenn der preußische Gesandte Lucchesini durch seine Neuheit im diplomatischen Fache, durch viele Sottisen, womit er debütirte, durch seinen Hang zum Aufschneiden das Zutrauen so schöner Anerbietungen seines Hofes schwächte, trat der englische Gesandte hinzu, der wenig sprach, und der wegen seines Stillschweigens und wegen des Vorurtheils, das man für England hat, mehr Glauben fand, als der unaufhörlich schwatzende Lucchesini. England, sagte dann Herr Hailes, ist gänzlich mit dem Könige von Preussen einverstanden und fest mit ihm verbunden; es hat ihm sein jetziges System zur Pflicht gemacht; auch England wünscht mit Polen in nähere Verbindung zu treten, aber es kann diese Allianz nicht eher machen, als bis es weiß, was für eine Konstitution sich Polen geben, und ob es die freundschaftlichen Anerbietungen des Königs von Preussen, deren Aufrichtigkeit England verbürgt, annehmen wird. Weder die unendlich vielen Deklamationen des Herrn Lucchesini, noch die kürzern Aufträge des Herrn Hailes entschieden Polens edelstes politisches System eine feste Anhänglichkeit an Polen, eine innige Verbindung mit seinem ehemaligen Lehnherrn sey. Polen hob also den von Rußland dem Könige beygeordneten immerwährenden Rath auf, machte sich von der russischen Garantie frey, bewirkte mit Preussens Unterstützung, daß die russischen Truppen das polnische Gebiet verließen, entwarf eine Konstitution, legte sie den Höfen von London und Berlin vor, schloß mit Preussen den 29. März 90. ein Vertheidigungsbündniß und vollzog den 3. May 91. seine von England und Preussen genehmigte neue Konstitution. Polen blieb bey diesem, seine Selbstständigkeit sichernden, Schritt stehen, und widerstand allen Anmuthungen Preussens, über dies friedliche weise System hinauszuschreiten; denn nach Preussens Ansuchung sollte Polen eine zweyte Diversion zu Gunsten der Türken machen und in Rußland einfallen..... In dem Bündnisse von 90. zwischen Preussen und Polen ward von Preussen gelobt, Polen gegen jeden Anfall mit 30,000. Mann Truppen beyzustehen, und in einem sechsten Artikel ward festgesetzt, daß wenn irgend eine auswärtige Macht, zu irgend einer Zeit, auf irgend eine Art sich anmaaßen wollte, sich in die innern Angelegenheiten der Republik Polen und der von ihr abhängigen Länder seiner Dependenz zu mischen, und der König von Preussen könne durch freundschaftliche Verwendungen die Aufgabe solcher

Prätensionen nicht bewirken; so solle er in solchem Falle zu der festgesetzten Kriegeshülfe ausdrücklich verpflichtet seyn. Die hier erwähnten Dependenzen Polens waren zur Zeit dieses Traktats Kurland, Danzig und Thorn. .... Von der friedlichen und weisen Revolution des 3. May 91. war den englischen und preussischen Ministern nichts verhohlen, als der Tag ihrer Kundmachung und die Bestimmung des Kurfürsten von Sachsen zum Thronfolger. Mit welchem Enthusiasmus in England die Nation diese Revolution aufnahm, weiß ganz Europa. Lobeserhebungen eines Burke sind mehr Schande als Ruhm; die, welche diese feile verdorbne Seele der polnischen Konstitution aus vollen Backen zutheilte, waren den edlen Polen um so mißfälliger, da sie ihnen nur geopfert wurden, um Frankreich durch diese Gegeneinanderhaltung herabzusetzen. Aber desto rührender war das eigne Benehmen der englischen Nation, die zu London ein Jahresfest zur Feyer dieser Revolution Polens stiftete, freywillig Gelder niederlegte, welche sie Polen zur Vertheidigung dieser Konstitution übermachen wollte und noch Geld sammelte, als das Ministerium, Burke und Preussen diese gute Sache schon verrathen hatten. Der englische Gesandte erklärte in Warschau der neuen Konstitution völligen Beyfall und das größte Theilnehmen seines Hofes. Der König von Preussen, dem sie nicht bloß von seinem Geschäftsträger berichtet, sondern durch den eigends deßhalb nach Berlin gesandten Grafen Stanislas Potoski bekannt gemacht warb, billigte die Revolution gleich stark in den Befehlen an seinen Geschäftsträger, in seinen mündlichen Versicherungen gegen den Grafen Potoski und in seinem Rückschreiben an den König von Polen. In allen hieß es, dieser entscheidende Schritt der Nation sey bem König von Preussen überaus angenehm und erwünscht, habe seinen ganzen Beyfall; er freue sich darüber, er wünsche der Nation Glück, etwas beygetragen zu haben, daß die Nation ihre Freyheit und Unabhängigkeit habe behaupten können. Seinem Geschäftsträger befahl er, diese Gesinnungen in den stärksten Ausdrücken zu bezeugen. Wenn diese Gesinnungen des Königs von Preussen nicht aufrichtig waren, was für einen Zweck mußte man darin suchen, daß er einem Staate, der damals viel schwächer als der seinige war, durch leere Worte schmeichelte. Während aller der Schritte, wodurch das Bündniß zwischen dem König von Preussen und der Republik herbey geführt wurde, suchte sein Gesandter Lucchesini die Abtretung von Danzig und Thorn zu bewirken. Er nahm sich bey dieser Negociation in Wahl des Zeitpunkts, wie der Mittel, gleich ungeschickt. Die würdigen un-

bestechlichen Männer Stanislas Nalencz Mala-
chowski und Ignaz Potozli wachten zu scharf, daß
Lucchesini durch Erkaufung der Reichstagsglieder
nichts ausrichten konnte; der elende Federkrieg,
in welchen Lucchesini den Gesandten Hailes wegen
dieser Negociation verwickelte, ward gemisbilligt,
und wenn Lucchesini noch eine Menge von lügen-
haften Anerbietungen zuletzt anbot, Gallizien dem
Hause Oesterreich abzunehmen, und es an Polen
für Danzig und Thorn zurückzugeben, so erregte
diese diplomatische Charlatanerie Achselzucken. ....
Die Reichenbacher Konvention ward geschlossen.
Mehr denn eine glaubwürdige Nachricht verkündigte, daß Lucchesini bey den dortigen Verhandlungen verlangt habe, daß Oesterreich Preussen
erlauben solle, sich durch ein Stück von Grosspo-
len für seine Kosten zu entschädigen, allenfalls
eine neue Theilung zu machen. Man gab dem
preussischen Geschäftsträger in Warschau sein Erstaunen darüber zu erkennen. Sein König befahl
ihm diesem Gerüchte aufs lebhafteste zu widersprechen, fest zu versichern, daß in seinen Verhandlungen mit dem Hofe von Wien nie die Rede von
einer neuen Theilung Polens gewesen sey, daß
wenn jemand dergleichen antragen könnte, er, der
König von Preussen, der erste seyn werde sich zu
widersetzen; er werde nie das geringste Opfer von
Polen verlangen, nie seine Unterhandlungen mit

diesem Staate auf etwas anders als Gleichheit der gegenseitigen Vortheile und strengen Gerechtigkeit gründen, und der Geschäftsträger solle überall in den stärksten Ausdrücken versichern, daß derjenige, der gegen diese so bestimmte Versicherungen des Königs v. Preussen den mindesten Zweifel äußere, seine königliche Ehre und seinen persönlichen Charakter beleidige. .... Auf allen öffentlichen Plätzen Polens, auf jedem Meilenzeiger in Polen, an jedem Baume seiner Landstraßen sollte diese feyerliche, ungebetne, freywillige Erklärung des Königs v. Pr., die ihm Ehre machte, angeheftet werden. Aber was soll man von Ministern sagen, die ihren Monarchen so feyerliche Versprechungen vergessen machen. .... Kayser Leopold billigte die polnische Konstitution vom 3. May 91. so sehr als der König v. Pr. und mit mehrerer Redlichkeit. In der Konferenz zu Pillnitz war ausdrücklich von der Untheilbarkeit Polens die Rede. Der König von Preussen gelobte sie auch da und wiederholte dem Kurfürsten von Sachsen seine Glückwünsche zum Throne Polens. Oesterreich und Preussen verbündeten sich im December 91. auf Veranlassung der französischen Revolution. Bey diesem Bündnisse ward vom neuem die Untheilbarkeit und Unabhängigkeit Polens verabredet. In eben der Zeit machte die russische Kayserinn mit der Pforte zu Gallacz und Jassy einen Frieden, bey welchem sie Preussens erbetne Vermittelung verdächtlich abwies. Die Pforte ward von England und Preussen treulos verlassen. Der Status quo, den Beyde der Pforte versichert hatten, und der das wenigste war, was sie aus einem auf Englands Anstiften angefangnen Kriege hoffen konnte, ward in diesem Friedensschlusse sehr verletzt. Die russische Kayserinn sah Oesterreich und Preussen sich in den Krieg mit Frankreich verwickeln, half dies Feuer anblasen und ließ, so wie sie es zünden sah, eine Misbilligung der in Polen veränderten Regierungsverfassung erklären. Kaum war dies geschehen, so vergaß der König von Preussen Bündniß und was er wenige Monate vorher sein Interesse, seine Pflicht, seinen Wunsch genannt und wobey er seinen persönlichen Charakter und seine Ehre verpfändet hatte; gieng zur russischen Kayserin über, ließ durch eben den vielfarbigen Minister, der zuvor Polen beredet hatte, sich von aller russischen Abhängigkeit loszumachen, jetzt Polen rathen, sich den russischen Fordrungen zu unterwerfen; er versagte gegen diese gewaltthätige Einmischung in Polens innere Verfassung die im Bündniß versprochne Kriegshülfe, er untersagte Polen in seinen Staaten allen Waffenaufkauf, er nahm sogar auf der Weichsel die Kriegsbedürfnisse gewaltsam weg, die Polen zu seiner Vertheidigung in England gekauft hatte; dann ließ er seine Truppen in Polen einrücken, ward selbst Feind und Angreifer seines Verbündeten, nahm einen großen Theil seines Staats gewaltsam weg, zwang das halbe Polen in Rußlands Besitz überzugehen, plünderte und mishandelte die Güter und Familien der Landboten, die in Grodno auf dem von Gewalt erzwungnen und regierten Reichstage nicht die vorgeschriebnen Niederträchtigkeiten unterschreiben wollten, bewirkte daß Rußland durch Bataillons, die den Reichstag zu Grodno umzingelten und die Stadt bloquirten, und durch Offiziers, die in das Heiligthum der Reichstagssitzung drangen, und sich neben den Thron stellten, sogar die physische Freyheit des Reichstags gewaltsam unterdrückte; er erzwang durch diese Gewalt, daß auch ihm das, was er usurpirt hatte, schriftlich abgetreten werden mußte; er überlieferte den unglücklichen Ueberrest von Polen völlig der russischen Unterdrückung, und als die unglücklich unterdrückte Nation ihre letzten Kräfte ermannte, ihr Blut hingab sich von dieser grausamen Unterdrückung zu befreyen, da zog er, der nur vier Jahre vorher mit Polen verbündete König, in Person mit seinen Heeren gegen Warschau, es zu zerstören und die Aecker und Wohnungen seiner Verbündeten zu verwüsten. Dem Obersten Sjekuli, einem Partheygänger der vom Fleischer und Ueberläufer sich zum preußischen Husarenobristen heraufgedient hatte, einem sehr bösen und unmoralischen Menschen, der gestohlen und geraubt hatte, und dennoch mit den Orden p r e u ß i s c h e n Verdienstes geziert war, gab der König von Preussen Vollmacht, wenn er von den, ihrem Vaterlande treuen Polen in den Waffen fände, auf der Stelle hinrichten zu lassen. Der Unmensch ließ sogleich Galgen bauen, hieng mehrere Personen vom ersten Range geistlichen und weltlichen Standes, ließ sogar Damen ohne Waffen aus ihren Häusern aufgreifen, ließ sie in Inawrazlaw unter den Galgen führen und höhnte und peinigte sie Stundenlang mit den Schrecken des Todes, ehe er den Pardonbrief des Königs von Preussen, ihres Alliirten, aus der Tasche zog. „Ein Nachtgeschirr für die Damen!" rief der Henker, als er den Pardon endlich eröffnete. Die großmüthigen Polen ergriffen diesen Elenden nachher, verschonten ihn des Galgens und begruben ihn, als er in der Gefangenschaft an seinen Wunden starb, wie einen Offizier. Die edle Nation liegt unter, ist vernichtet durch das Bündniß mit dem König von Preussen, hunderttausend redlichen, trefflichen Menschen kostet die Treulosigkeit des Königs von Preussen ihr Leben, und fünfmalhunderttausend Familien ihren Wohlstand, ihre Sicherheit, ihr Eigenthum, ihre Aus

he; alle die Männer, bey denen Lucchesini in den Jahren 89. und 90. um ein Bündniß mit dem König v. Preussen bettelte, sind russischer Rache aufgeopfert, schmachten entweder in den russischen Gefängnissen und im Elende des rauhen Sibiriens, oder wandern fern von ihren Besitzungen in Europa ein Asyl zu suchen, das russische Verfolgung ihnen überall erschwert; und so ist preussisches Bündniß ein Synonym von punischer Treue geworden, so ist es gekommen, daß der Name Preussens jetzt in Polen schwärzer ist, als der des Robespierre in Frankreich. Kennt die neuere Geschichte eine dieser ähnlichen schwarze Treulosigkeit gegen einen Verbündeten? Kennt sie ein Beyspiel einer grausamern Behandlung einer friedlichen schätzbaren Nation? Würde Europa, seit es die Lehre vom Gleichgewicht einführte, seit es Bündnisse schloß, zur Erhaltung der allgemeinen Sicherheit und Ruhe in einem Jahrhunderte eine ähnliche Frevelthat ungestraft haben hingehen lassen? Und nach diesem so schändlichen und grausamen Beyspiele kann sich Europa im achtzehnten Jahrhunderte noch eines Völkerrechts, einer Achtung öffentlicher Verträge, eines Christenthums, einer Moral, eines Gefühls von Ehre und Schande, von Gerechtigkeit und Menschlichkeit rühmen?"

Nach Erwägung des preussischen Staates und seiner Politik möge nun auch ein Blick auf Rußland vergönnt seyn. Dies Reich drängte sich seit einem Jahrhundert in den europäischen Staatenbund ein. Es war mehr immer eine asiatische als europäische Macht, und alle seine Vergrößerungen nach Westen zu, konnten für Verkleinerungen Europens gelten. Es hatte stets eine festere Politik als Preussen; seitdem es auf den Schauplatz trat, d. h. seit Peter I., befolgte es immer das nemliche Prinzip, wobey aber weder viel Kunst noch Klugheit zu Grunde lag, und nicht als Verdienst angerechnet werden konnte. Die Natur selbst lehrte dasselbe, und nur ein Kabinet, das so verkrüppelt wie das preussische wäre, könnte eine andre Maxime befolgen, als die, immer und einzig mit aller Macht gegen Westen zu drücken. Ausserdem zeigte es seine Unweisheit hinlänglich, daß es stets mit unersättlichem Schlunde rauben und öfters zur Unzeit verschlingen wollte. Hätte Catharina ihre Schätze seit der dreyßigjährigen Regierung nicht auf unrechte Kriege verwandt und ihre Länder nicht entvölkert; hätte sie vielmehr dieselben mit ersparten und zusammengehaltnem Gelde unterstützt, civilisirt, den Erwerbsfleiß belebt, Ackerbau und Handlung gehoben, durch langen Frieden die Bevölkerung vervielfältigt, ihr Reich würde kräftiger und von dauernder Energie, als jetzt seyn und nicht den Haß und Abschen der Welt tragen. Aber sie wollte glänzen und Thaten der Unsterblichkeit von sich reden lassen; mit dem Blute unschuldiger Völker schrieb sie ihren Namen in die Jahrbücher der Welt ein und unaufhörlich lauerte sie wie eine Spinne in ihrem Gewebe, um nach allen Punkten hin herauszufahren und dem Wehrlosen mit ihren Fäden den Hals zuzuschnüren. Mit ihrem Gifte versengte sie alles. Ueberall wo sie mit ihrem eisernen Fuße hintrat, entstanden Einöden, alles floh, und Polen fieng an zur Wüste zu werden; denn Polens Reichthum lag im Ackerbau und der erforderte Menschenarme und Friede, woran unter ihrer Regierung nie zu denken war. Ihre Schaaren waren die Hunne unsrer Zeit. So wie jene, überschwemmten ihre barbarischen Haufen, gleich einem verwüstenden Strome, die gebildetern Menschenländer. Immer nach Abend hin stürzten sie gegen die beßre Menschheit los und verbrannten gleich der lodernden Lava alles, was sich ihnen in den Weg stellen wollte. Humenität war ihnen fremde. Rußland wollte das feste Land mit eisernem Scepter beherrschen, wie England die Meere. Rousseau's Meynung im gesellschaftlichen Vertrage, daß man alles zu thun scheine, um barbarischen Schwärmen, den Eingang in Europa zu öfnen und sorglos das edlere Abendland ersaufen lasse, gewann in dieser Hinsicht neue

Kraft. Denn Preussen schob noch unverzeyhlich den letzten Riegel weg, der die Thore gegen sie verschlossen hielt. Der edlere Keim der Kulturpflanze ward nun dem Zertreten näher gebracht. Diese Schaaren droben wie Schlammwasser den Lichtfunken zu verlöschen und alles mag dann heulen in der Dunkelheit des Despotismus. Was von Moralität und Anstand in diesen Gegenden weilet, läuft dann Gefahr durch die Krallen jener Horden zerrissen zu werden, wie vom Marder die Taube. Denn nur zu leicht errichtet sich Unsittlichkeit einen Thron und verbreitet Bösartigkeit umher. Der Mensch ist leichter zu verschlechtern, als zu veredlen; und Unarten sind durch ein einzigesmal Nachsicht angewöhnt. Man würde sich aufführen müssen wie sie, und unser Reden und Handeln würde bald eine Kette von Scheußlichkeiten und Sklavensinn werden. Alles Zutrauen würde schwinden; denn Treulosigkeit selbst gegen Verbündete war die erste Maxime der russischen Selbstherrscherinn. Sie ließ Preussen in seiner Einfalt vor Warschau sich abmatten; sie sauderte und ließ den Rest der preussischen Namensehre zu Grunde gehen, ehe sie zu Hülfe kam, und zeigte, daß nur sie allein etwas auszurichten im Stande wäre. Rußland ist eine Sau mit goldnem Halsbande, ein unnatürliches Gemengsel von Luxus und Schweinerey. Die Menge wälzte sich von jeher in Unflath herum und die auserlesene Schaar ihrer Tyrannen aller Gattung prunkte in goldnen Zimmern und überließ sich der verfeinertesten Ueppigkeit, die nun so ganz nach ihres Herzens Gelüsten leben und die Uebrigen für ihre grausame Wißkühr und Peitschenhiebe geschaffen zu seyn glauben konnten. Der Despotismus der Statthalter ist da bis jetzt ein ewiges Gesetz; und wenn nun dieser den Wurm schon in sich selbst nährt, der die Säulen des Staatsgebäudes zerfrißt und hinstürzen läßt, so möchte es auch über kurz oder lang mit Rußland der Fall werden; aber uns durfte es vorher zertrümmern und nur dann erst von der Erde verschwinden, wenn es die Nachbarn gänzlich zerquetscht und noch weiter hin alles mit dem Staube des Schuttes verunreinigt hat. Nie wird es kultivirt werden, denn es gerieth unter Peter 1. in ein Treibhaus ohne Luft noch Licht, es bekam dadurch nur gelbe Blätter und das frische Grün der Natur blieb außen; einzelne Stauden sproßten durch die Kunstwärme übermäßig üppig in die Höhe ohne die Zeit der reifenden Früchte abwarten zu können, und die Uebrigen blieben sitzen. Nie wird es zur Kultur und wahren Humanität gelangen können; seine Menschenrassen sind derselben überhaupt nicht fähig und von der Natur in eine zu verhunzte Form gegossen, sie müßten erst wieder zerbrochen werden und gefälligern Umrissen

Platz machen. Denkkraft kann in solchen Schädeln nicht wohnen und ein Kalmuckengesicht ist ein Riegel gegen die schöne Knospe der Menschheitsveredlung; so wenig als ein Neger, so lange er ein solcher ist, so lange er diese stumpfe Nase, geschwellten Lippen, stärkern Beißmuskeln hat, und so von der Natur mehr für Sinnlichkeit als für geistigen Genuß, Gefühle und Denken und Vernünftigkeit eingerichtet ward, auf die Stufe der weissen Menschen und noch weniger der edlen celtischen Völkerstämme wird gelangen können. Die Natur nahm gleichsam verschiedne Modele zu ihrer Menschenschöpfung und legte dadurch, daß sie dem gröbern Nervengebäu und der thierischern Menschenorganisation die Fähigkeit und Würdigkeit zu einer beträchtlichen Ausbildung und zum merklichen Fortschritte benahm, sich selbst die Nothwendigkeit auf, so gebildete Menschenfiguren zu zertrümmern oder den Teig von neuem zu durchkneten und vom Groben zu säubern, wenn ein Schlag von grösster Empfänglichkeit und feinern Anlagen hervorgehen sollte. In diese asiatisch mogolischen Schädel also wird nie ein hoher Sinn kommen, und Despotismus liesse es auch nicht dazu kommen, wenn selbst die Natur sich günstiger dabey bewiesen hätte. Denn der entvölkert alles. Wohin sich diese Horden demnach ausdehnen, wird und muß Elend entstehen. Es sind Wolken von

Heuschrecken, die den Himmel verfinstern und sich verwüstend auf die Erde herabsenken. .... Selbst der Geist aller Leute die von Petersburg kamen, war zu unterdrücken und zu beherrschen. Ihr Wesen bestand in Unmenschlichkeit, Stolz, Treulosigkeit, Geiz, Wollust, Spielsucht, Liederlichkeit und Völlerey. Lauter charakteristische Eigenschaften roher Menschen, denen sanftere Genüsse fremd sind, und vergoldeter Halbbarbaren mit Stern und Bändern, denen der Begriff der Humanität mangelt. Es war ihnen nicht denkbar, daß es Länder gäbe, wo die Unterthanen nicht wie ein paar Handschuhe verschenkt werden könnten, und wo das Joch der Leibeigenschaft nicht zu finden wäre. .... Selbst die Religion, so öfters das Werkzeug des menschlichen Elends, nahm Catharine zu Hülfe; fanatisirte ihre Horden, daß sie angeblich ihren unterdrückten griechischen Glaubensbrüdern in Polen zu Hülfe kommen müßten. Aber sie selbst ließ Korans drucken und heuchelte so nur ihrem einfältigen Volke eine Religiosität vor, worüber sie heimlich spottete. Keinen der Hebel verschmähte sie, führe er wohin er wolle, wenn er sie nur hob. Sie zwang die Franzosen nicht blos in ihren Ländern, dem elenden Ludwig XVIII. zu schwören, sondern sogar in Polen; und ließ einkerkern, wer eine solche Zumuthung von sich abzuweiſen Miene machte. *) Wer dieſes Weib betrachtete, ward unwiderſprechlich gezwungen eine Zeit der Vergeltung und der Strafe anzunehmen, ſey es auch nur ein Herumwälzen auf ihrem Sterbenbette. Oſſakow, Jsmael und Praga mußten ewige Denkmäler ihres grauſamen Blutdurſtes und ihrer Schändlichkeit ſeyn. Was halfen ihr nun dieſe wüſten Länder? Auch war nie zu erwarten, daß ſie Friede hätte halten ſollen, weil ſie überall die Gelegenheit gefliſſentlich vom Zaune brach. Wir mußten befürchten, daß ſie auch auf uns fiel. Ohne Raub und Diebſtahl konnte eine ruſſiſche Armee keinen Krieg führen. Und doch gab es deutſche die mit unglaublicher Verblendung den Marſch der Ruſſen durch Deutſchland nach dem Rheine wünſchten und ſchon vorſchlugen ruſſiſche Wörterbücher zu ſchreiben, um dieſen Barbaren zu Gefallen ruſſiſch zu lernen.**) Aber man hätte

---

*) Der deſpotiſche Einfluß Rußlands war überhaupt ſo groß, und die Willkühr der Miniſter ſo uneingeſchränkt, daß z. B. der polniſche Reichstag am 25. July 93. keine Sitzung halten durfte, weil der ruſſiſche Ambaſſadeur Sievers ſein Namensfeſt feyern ließ.

**) Im ehemaligen Gothaiſchen (nachherigen Reichs-) Anzeiger des Jahrgangs 92. iſt dieſe Zumuthung zu finden.

vielmehr einen Kordon ziehen und Quaranteneduſ-
ſer errichten ſollen, um Jeden, der ein ruſſiſches
Geſicht trüge, von den Gränzen abzuweiſen; ihre
unedlere Natur verbreitete nur Barbarey und Men-
ſchenelend. Sie tief ins Innere von Nordaſien
wieder zurückzuſchieben, möchte vielleicht die ver-
einte Arbeit unſrer Kinder werden; denn Preuſſen allein wäre nur eine Papierwand, die auf den
erſten Druck berſten würde. Zwar ſtanden dieſe
Beyden bisher noch obendrein im guten, wenigſtens leidlichen, Vernehmen; aber ihre Freund-
ſchaft gründete ſich auf Raub und könnte nicht von
Dauer ſeyn, wenn auch das gegenſeitige Inter-
eſſe nicht ſo verſchiedenartig wäre, als es wirklich immer war. ....

Noch lohnte es der Mühe auf die Greuel Praga's einen Blick zu werfen, um da die ruſſiſche
Nichtmenſchlichkeit im hellen Lichte zu beobachten.
Nachweiſungen darüber finden ſich im neuen gr.
Ungeh. 3. St. S. 40., ſo wie auch S. 50. ein
Auszug aus: „Fr. Nufers, königl. preuſſ. Ober-
kriegskommiſſärs Schickſale während ſeiner Gefan-
genſchaft in Warſchau, Poſen 95." .... anzutreffen iſt. „Die Mittelzahl der Gemordeten war
18,000. Die meiſten ſtarben ohne Pflege und krümmten ſich ohne Hülfe auf den Schutthauſen. An
4000 Menſchen ungefähr erhielten Pardon, getrie-

so viel als man brauchte, um die Todten zu begraben. Dies traurige Geschäft mußten sie auch würklich übernehmen, und durch eine Raffinerie von Grausamkeit suchte man es ihnen noch schwerer zu machen. Man denke sich die Empfindung des Gatten, der seine Frau mit abgeschnittnen Brüsten, geschändet, nackt auf der blutigen Erde fand; oder des Vaters, dessen Kind zerschmettert an der Mauer lag. Ein gewisser Mann fand unter andern seine Tochter mit sieben ihrer Kinder ermordet. Natürlich daß ihn dieser Anblick erschütterte. Die russische Wache bemerkte sein Gefühl, erfuhr die Ursache und zwang nun den weinenden Vater, diese acht geliebte Leichen selbst in die Weichsel zu werfen. Jede seiner Thränen wurde mit einem Kolbenstoße belohnt. Ein andrer Vater fand seine ermordete Tochter nackt auf der Straße liegen. Die russischen Halbmenschen wollüstig grausam wollten ihn zu etwas zwingen, was die Feder sich niederzuschreiben weigert. Vorzüglich wütheten die Russen gegen Weiber und Kinder. Kinder von einem Jahre spießten sie auf ihre Bajonette, schleuderten sie an die Wand u. s. w. Suwarow Tamerlan, gewöhnlich immer betrunken, munterte seine Horden zu neuen Greueln auf. Sein Einzug war bemerkenswerth. Den zitternden Einwohnern befahl er, rauschende Freudensbezeugungen anzustellen, und mit dampfenden Blute befleckt, gaben die Russen Bälle. Während die Leichen gemordeter Verwandten die Luft verpesteten, mußten die lebenden Polen vor den Henkern tanzen. Suwarow versprach Amnestie und brach sie gleich. .... Von seinem Fenster aus rief er seinen Mordbrennern zu; „Macht euch lustig, Kinder!" d. h. plündert und mordet. .... Wie es in Warschau und in der Gegend umher aussah, war kaum zu beschreiben. Zehn bis funfzehn Meilen herum war alles verheert. Auf den Dörfern gab es weder Bauer noch Vieh mehr. Die Häuser bestanden in einer Mauer ohne Fenster, Thüren und Fußboden. Alle Bürger in der Stadt waren zu Grunde gerichtet. Die Handlung lag ganz; und bey dieser Lage der Dinge mußten Warschau's Einwohner Freudenfeste feyern. Sie forderten Brodt, und man zeigte ihnen Leichname. Die russischen Barbaren nahmen ihnen alles; den Hungernden hielt man dann die Knute vor und zitternd riefen sie: Es lebe Suwarow! .... Dieser that alles, was in seiner Macht stand, um die unglücklichen Polen durch erniedrigenden Hohn noch mehr zu kränken.

„Die Neugierde, sagt Herr Nufer, führte mich in die Straße nach Praga zu. Das Schauspiel, das sich uns am jenseitigen Ufer darbot,

D d

preßte mit Thränen aus den Augen. Siebzehen bis achtzehen Tausend Menschen von beyderley Geschlecht, Junge, Alte, Mütter, mit ihren Säuglingen lagen in Haufen, die hoch aufgethürmt waren. Zerstreut umher sahe man Leichen von Soldaten, niedergestoßne Pferde, zerbrochne Wagen, Stangen, Hunde, Katzen und Schweine. Denn auch die friedlichen Hausthiere waren nicht verschont worden. Die Körper der Erschlagnen waren nackt; hin und wieder zudte unter den Leichnamen ein Arm oder ein vorgestreckter nakter Fuß. Die ganze Stadt Praga war in Feuer und Rauch gehüllt. Häuser, Stallungen, Gartenzäune und Bäume brannten; unter den Flammen stürzten krachend die Gebäude zusammen, und die ganze jämmerliche Scene ward noch fürchterlicher durch das mancherley Geschrey, welches dazwischen schallte. Wie Hügel lagen blutige Kleidungsstücken, die Beute der Sieger aufgehäuft. Die Kosaken boten mir davon zum Verkauf an. Der Handel schien vortheilhaft. Achtzehn Juden, welche die Gewinnsucht gleichsam dahin getrieben hatte, wurden sogleich bey ihrer Ankunst nach Kriegsart der Kosaken empfangen. Sie ergriffen dieselben bey den Haaren und stießen sie mit den Köpfen an die Wände, Mauern, Bäume und Zäune, daß sogleich das Mark und Blut heraus sprützte. Das Geld, welches sie zum Einkauf mitgebracht hatten, wurde unter die Kosaken vertheilt. Mehrmal blitzten ihre Augen auch auf meine Person; aber ein preussischer Offizierrock, den ich kurz vorher von einem Kosaken eingehandelt hatte, ein russischer Kordon auf dem Hute und ein Portepee am Säbel, schützten mich vor ihrer Habsucht. So wie die Haufen lagen, wurden sie das Stück zu 5-10 Rubel bezahlt, und für 35. goldne und silberne Taschenuhren gab ich in allem 35. Rubel. Ein Hutkopf voll zerbrochnen Silbergeräthes galt 2. Rubel.... Eine dritte Fahrt nach Praga verschaffte mir ein Vergnügen, welches dasjenige unendlich überstieg, welches mir der vortheilhafte Handel verursachte, und an das ich noch jetzt nicht ohne das lebhafteste Gefühl der Freude und des Dankes gegen den Schöpfer zurückdenke, der mich das Werkzeug zur Rettung mehrerer Menschen werden ließ. Als ich an das jenseitige Ufer kam, hatte das Feuer so weit um sich gegriffen, daß ich mich nicht weiter hineinwagen wollte. Das Morden dauerte noch. Ein fürchterliches Kindergeschrey zog mich zu einem Hofe, aus dem es erscholl. Eine Menge Judenkinder hatten sich dahin geflüchtet, und die Kosaken beschäftigten sich zum Zeitvertreib sie todtzuschlagen. Ich bat sie inne zu halten und mir lieber die Kinder zu verkauffen. Das thaten sie gern; ich bezahlte einen polnischen

Dd 2

Gulden (4 Gr.) für jedes Kind, und rettete auf diese Art fünf und zwanzig Unschuldige vom Tode. Meine Begleiter riethen mir nicht lange zu säumen, damit der Handel die Verkäufer nicht reuen möge; und wirklich funkelten ihre Augen, indem sie ihre sichelförmigen blutigen Säbel schwangen. Ich eilte mit meinen Kindern über die Weichsel u. s. w."

So niedrig grausam waren die russischen Halbmenschen in Praga, daß sie weniger gegen das polnische Militär, als gegen schwache Weiber und wehrlose Kinder wütheten. Letztere spießten sie auf ihre Bajonette oder schleiften sie am Boden. Suwarow munterte sie dazu auf und .... Franz II. überschickte ihm dafür sein Bildniß, um es an der Brust zu tragen. War denn niemand vorhanden, der dem Kayser sagen konnte, daß alles, was an jenem Schändlichen hänge, ärger beschimft werde, als hienge es am Galgen? Dieser Suwarow erhielt eben so vom Könige von Preussen die ehrenvollsten Belohnungen, während das Blut der gemordeten Tausende rauchte und Warschau's Bürger rauschende Freudensbezeugungen anstellen, tanzen und rufen mußten: Es lebe Suwarow, der Menschenfreund, unser Retter!*) ....

---

*) Von eben diesem Suwarow erhielt Reichard in Gotha eine goldne Dose, weil dieser Elende

Dies alles also war das Werk des preußischen und russischen Kabinetts. Gengiskan mit seinen Tatarn, die Juden bey der Eroberung von Kanaan, die Spanier in Meriko und Peru benahmen sich gerade so; und wenn sich auch ihre Anführer vielleicht loben und beschenken, ja selbst mit Sternen und Porträts hatten behängen lassen, so ist doch dies alles vergessen, und nur die Schandthaten sind geblieben. Diese waren überhaupt für

---

jenen Henker auf dem Titel seines 96ger Revolutionsalmanachs in Kupfer stechen ließ und im Texte (S. 263.) selbst sagte: „Sein (Suwarow's) Einzug war friedlich und schonend zu Warschau; ein Triumpf mehr! Viele Einwohner lagen auf den Knieen" (sie mußten wohl, die Unglücklichen!) „und überreichten die Stadtschlüssel. Der Sieger empfing sie mit gütigem und aufrichtenden Zuspruch. .... So schrecklich und unwiderstehbar der russische Soldat im Kampfe ist; so ruhig und an strenge Mannszucht gewöhnt ist er als Freund." Nur ein Reichard konnte dies vor aller Augen hinschreiben und einer Dose von einem Suwarow war er ganz würdig; aber daß er vom menschlichern Kurfürsten v. Sachsen auch dergleichen erhalten zu haben sich rühmen durfte, schmerzte zwiefach.

unser gepriesenes Jahrhundert einzig und das Be‑
tragen gegen Polen mußte Epoche machen. Und
doch sprach Catharina in der bekannten Bekannt‑
machung von „Verletzung der, selbst den Barba‑
ren heiligen, Völkerrechte," von „Bundbrüchig‑
keit," von „betrügerischer Weise hintergangener
Treue und Glauben," „von Fallstricken der Ver‑
räther." Und nun werfe man schnell einen Blick
auf ihr aufdringliches Betragen.

Ihr seyd zu klein, sprach sie, und könnt es
nicht ausführen. Legt deßhalb eure Waffen nieder,
ich will eure alte Konstitution wieder einführen,
besonders da ich von einigen unter euch darum
ersucht worden bin, die zu mir kamen. Denn es
beliebt mir nun einmal d i e s e als das ganze Volk
anzusehen, und euch Uebrige als Rebellen. Aber
da ich aus Großmuth mich eurer angenommen ha‑
be, so mag es darum seyn; stellt nur eure repu‑
blikanisch‑aristokratische Form wieder her, sie ist für
mich vortheilhafter, weil ich so mehr Einfluß auf
euch habe. ‑ Das Staatsinteresse erfordert dies.
Uebrigens sollt ihr bleiben was ihr seyd, das ver‑
spreche ich euch auf meine Ehre; denn ich nehme
mich eurer aus bloßer Großmuth an, und da ver‑
langt man nichts..... So sprach sie, und die
gutwilligen Polen ließen sich überreden; sie legten
die Waffen nieder, die man ihnen nun unver‑

merkt von der Seite stahl. Ihr Land ward durchzogen von fremden Schaaren, die ernährt werden mußten. .... Jetzt hohlte Catharina ein Messer hervor und schnitt das Land in drey Theile. Seht, sprach sie, den einen Theil nehme ich für mich, für gehabte Mühe (4000 Quadratmeilen) und dort das Stückchen (2000 Quadratmeilen) habe ich meinem guten Freunde zugedacht, damit er auch etwas habe. .... Die Polen blieben eingewurzelt stehen, der Schrecken machte ihnen das Blut in den Adern starren; Catharina wollte sich todt lachen über ihre List.

„Dies war eine Staatslist."

Wie mag sich diese wohl von der gemeinen unterscheiden? Wenn demnach ein Herr im Treffenrocke betrügt, so ists etwas anders, als wenn dasselbe ein Bettelmann thut?

„Es war Staatsräson."

Aber wo blieb die Großmuth?

„Es war Selbsterhaltung."

Aber wo blieb das Ehrenwort, die Großmuth?

„Es war Benutzung der günstigen Zeitverhältnisse, die man nie aus den Augen setzen darf."

Aber wozu die angerühmte Großmuth und die Lüge?

„Es war das Durchschneiden eines gefährlich werdenden Gespinnstes."

Aber die Großmuth?

„So genau durfte man es nicht nehmen."

Warum wirft man seinem Feinde, den man schlafend fand, einen Degen zu, ehe man ihn niedersticht? Darum, weil schon eine gewisse natürliche Großmuth da ist, die uns gegen einen Waffenlosen den Arm lähmt; darum, weil man erst gleichsam dies Gefühl betäuben will und Ursachen herbey zieht, um weniger großmüthig handeln zu dürfen u. s. w. Aber den Feind zu bereden, daß er den Degen aus der Hand lege, und ihn dann niederzustoßen, ward überall bey allen Völkern, zu allen Zeiten, an allen Orten für schlecht gehalten. Das politische Interesse mochte dem Vertheidiger jener Handlung immer zum Grunde dienen; dann aber dürfte auch heute der Kayser von Japan kommen und die Republik Holland verlangen. Seine Fordrung wäre erlaubt, denn er erhielte dadurch ebenfalls Zuwachs, er könnte einen Standpunkt in Europa erhalten, vielleicht seine Produkte besser absetzen, seinem neu etablirten Handel leichter zu Hülfe kommen u. s. w.

"Freylich, dies wäre aus der Luft gegriffen; es müssen einigermaaßen Gründe da seyn."

Ungerechtigkeit kann nie durch Gründe entschuldigt werden, und wie und wo sollte es entschieden werden können, ob der Fall des größern Vortheils eintrete oder nicht? Nur Uebermacht mag sich anmaaßen zu entscheiden. Rußlands Kayserin kannte keine Tugend, keine Gerechtigkeit, keine Treue, keine Haltung des Ehrenworts, keine Großmuth. Nicht blos ungerecht überfiel sie den unbefangnen Wandersmann auf offner Heerstraße, dies wäre für sie noch zu menschlich, weit zusammengesetzter waren ihre Streiche. Sie trotzte hier allen Völkern mit frecher Stirne, und zeigte, welche Moral ihre Schritte leite. Sie glaubte es überall nur mit russischen Bauern zu thun zu haben, denen man die Art des Sehens anbefehlen könne und die nur so weit denken, als es ihnen höhern Orts erlaubt wird. Sie rief ganz Europa in ihren

Manifesten zum Zeugen auf; aber außer ihren Sklaven würde sich niemand haben finden wollen, der ihr zu Gefallen ein falsches Zeugniß hätte ablegen mögen. Sie scheute sich nicht, das nakte Faktum so mantellos hinzustellen, als wollte sie sagen: Seht, so etwas darf ich nur allein thun; ihr übrigen alle nicht.*) .... So ließ sie Truppen

---

*) Wenn ein entbrannter Pole sich einen Weg bis zur Catharina gebahnt und sie in seinem gerechten Zorneifer niedergestoßen hätte, wie möchte man diese That haben beurtheilen wollen? Wenn er gesprochen hätte: die Kayserinn hat schlecht und treulos gehandelt an mir und an meinem Vaterlande .... so würde geantwortet worden seyn: daß dies zwar wahr sey, daß sie es aber zum Wohl und Nutzen ihres Landes gethan habe. Gut, hätte der Pole erwiedern können, das kann seyn; aber aus dem nemlichen Grunde begehe auch ich diese That; ich thue es auch zum Wohle des Ganzen und zum Glücke meines Landes. Ich darf also auf die nemliche Entschuldigung Anspruch machen. .... Man würde einen Unterschied darin auffinden wollen, weil die That der Kayserin weit komplicirter war, hier aber nur ein Einzelner dies nemliche verrichtete; weil Jene Tausende würgte, Dieser nur sie allein. Verlangt aber nicht sogar das Sittengesetz dem Mörder zuvorzukommen, der mich in den Abgrund stoßen will, und giebt nicht

in Polen einrücken, um das Glück dieses Landes wiederherzustellen und verlangte eine Delegation, mit der sie einen Definitivtraktat schliessen könnte, welcher hernach vom Reichstage bestätigt werden sollte. Als man die Delegation verweigerte und hiezu keine Vollmacht ertheilen wollte, drohte sie dies als Kriegserklärung anzusehen. Sie wollte also das Glück von Polen und betrachtete die Nichtannahme dieses Glücks als Feindseligkeit, und verlangte für die Unkosten, die diese Glücksanerbietungen vermöge der Dazwischenkunft zum Besten der Republik verursachten, ein Stück vom Reiche. So erzwang Preussen ebenfalls eine Deputation, die den Theilungstraktat unterzeichnen sollte. Diese förmliche Räuberey fieng sich an: Im Namen der allerheiligsten Dreyeinigkeit. Und gleich in den ersten Zeilen wurde von der gesetzwidrigen Revolution vom 3. May 91. gesprochen, die doch der König von Preussen vorher mündlich und schriftlich gebilliget, lobgepriesen, gewünscht, ja selbst befohlen hatte. Aber es blieb nicht einmal bey diesem groben Widerspruche;

---

das Gesellschaftsrecht der Obrigkeit das Schwerd in die Hände, um den vermeßnen Räuber zu vertilgen?.... Nur durch Lebensphilosophie und reine Moral geleitet, können wir uns über die bösen Beyspiele emporheben, und der eine Catharina uns vorangeht.

denn als das Land nun preuſſiſch geworden war, wurden gerade die Einrichtungen befohlen, wegen welcher man das Reich mit Krieg überzogen hatte, und die doch alſo, um conſequent zu handeln, in ewige Vergeſſenheit hätten begraben werden ſollen. Es hieß nemlich bald darauf: Einem königl. preuſſ. Befehle zufolge ſoll die Einrichtung in den neu acquirirten polniſchen Provinzen ſo viel als möglich nach der Konſtitution vom 3. May gemacht werden!" (Hamb. Zeit. 99. N. 27.) Alſo nach der Konſtitution, die man ſo eben als verderblich, ſchädlich, jacobiniſch, ordnungswidrig, giftig u. ſ. w. zertrümmert hatte! Als der polniſche Reichstag in die Abtretung, wie billig, nicht einwilligen wollte, nennte dies Preuſſen (im Memoire durch den Miniſter Buchholz) einen „Mangel an Achtung und eine Zeit der Ausſchweifungen" und Sievers (ruſſiſcher Seits) in einer Note „einen verderblichen Geiſt des Jacobinismus".... gerade ſo, wie die Schirache und Reicharde alle für Illuminaten erklärten, die ihren Meynungen und Schriften nicht Beyfall gaben, nur daß ſie nicht auch ſo offne Gewalt brauchen und mehr heimliche Knickfänge geben konnten, als Jene, die ungeſcheut das Schloß der Reichstagsſitzung mit Soldaten und Kanonen umgeben ließen, um .... „die Freyheit zu handhaben;" worauf dann Sievers befahl, daß die Sitzung nicht eher aufgehoben werden sollte, als bis die Unterzeichnung des Traktats geschehen wäre. Dem General Mantenfeld mußte sogar ein Platz neben dem Thron eingeräumt werden, eine Menge russischer Offiziere wimmelte im Vorzimmer und gieng ab und zu. Kein Landbote durfte sich von seinem Platze wegbegeben und jedes Versehen ward mit Gefängnißstrafe belegt und alle Zugänge mit Schildwachen besetzt. Sievers erklärte die vier standhaften und patriotischen Glieder, Krosnodebsti, Mikorsti, Sjoblowsti und Skarzynsti für „freche Aufwiegler," die sich durch ihre „jacobinischen Grundsätze zu den strafbarsten Ausschweifungen hinreissen lassen. ...." Auf diese Art nun die Reichstagsglieder zu Puppen erniedrigen, hieß die Freyheit der Versammlung handhaben. Und so geschahe denn endlich die unbedingte Unterzeichnung des Cessionstraktats den 25 November 93., wo die Polen erklärten, daß sie die Akte unterschreiben wollten, aber nicht aus freyem Willen, sondern durch eine Reihe gewaltsamer Mittel dazu gezwungen, „derentwegen sie übrigens an Gott und die Nachwelt appelliren wollten. ...." So sahe denn die Welt jenen Allianz- und Freundschaftstraktat, der sich „im Namen der allerheiligen und ungetheilten Dreyeinigkeit„ anfieng. Im Namen der ungetheilten Dreyeinigkeit ward Polen getheilet.

Aber noch immer war dies blos der erste Akt in Polens Trauerspiele. Denn es schien noch nicht tragisch genug zu seyn, und sollte sich ganz wie jene theatralischen Haupt- und Staatsaktionen endigen, wo Alle bis auf den letzten Mann umkommen und sogar die stummen Rollenspieler erwürgt werden. Kosziusko nemlich trat auf; und wo wäre das menschliche Geschöpf, das, noch so sehr gedemüthigt, sich nicht noch Hoffnung erlauben sollte? Man hoffte aufs neue; denn noch existirte die Nation. Kosziusko fiel und mit ihm schwanden die letzten möglichen Aussichten in nichts. Finis Poloniae, soll er ausgerufen haben; es traf wenigstens nur zu genau ein. Man theilte gänzlich, obgleich in obigem Allianz- und Freundschaftstraktate vom 17 August 93. Die Kayserin im 4ten Artikel, nachdem sie sich im 2ten und 3ten Art. die Uebergaben und Abtretungen hatte stipuliren lassen, "auf immer, für sich und ihre Erben und Nachkommen allen Rechten und Ansprüchen entsagte, welche sie jetzt oder in Zukunft, sey es mittelbar oder unmittelbar, auf irgend eine Provinz oder irgend einen, wenn auch noch so kleinen Theil des Gebietes, welches jetzt zu Polen gehört, machen könnte, unter welchem Titel oder Namen, unter welchem Vorwande, unter welchen Bedingungen, Umständen und Ereignissen dies auch geschehen

könnte." Ja sie verband sich "Polen in seinen
jetzigen Besitzungen zu erhalten und die Untheilbarkeit und Souverainität dieser jetzigen Besitzungen zu garantiren." Aber sie theilte gleichwohl.

Eben so lauteten die Versicherungen Preussens im 3ten Artikel des polnisch-preussischen Traktats.

Aber es theilte gleichwohl.

Und zwar zum dritten und letztenmale alles, alles. Wie die Räuber, wenn sie einmal im Zuge sind, auch nicht den Nagel an der Wand lassen, so wurden selbst alle beweglichen Güter und alle Effekten der Republik, sogar bis auf die Zalusische Bibliothek, nach Petersburg geschafft, die gefangnen Heere ins Innre von Rußland geführt, und so gleichsam nichts als öde Brandstätten übrig gelassen..... ..... Nach allen diesen von Rußland und Preussen aufgestellten Grundsätzen und Aeußerungen kann hinfüro bey Betrachtung der Dauer eines Staates gefragt werden: Sind Mächtigere rings umher? und sollten sie Lust haben ihn zu erobern?.... Catharina ließ schreiben und sprechen: "Da es ganz Europa bekannt ist, wie großmüthig Ihro Majestät von jeher sich gegen Polen betragen haben und dieses doch seit einigen Jahren sich, vorzüglich während des Türkenkrieges, sehr übelwollend und ungefällig betragen hat; auch sich jetzt eine jacobinische, giftige, rebellische, gotteslästerliche, allen Nachbarn gefährliche, königsmörderische Faktion eingeschlichen hat: so achten wir es' für nöthig u. s. w. .... Auf die nemliche Art könnte z. B. Preussen, wenn es wollen dürfte, um Sachsen wegzunehmen, also schreiben: Nachdem die Erfahrung uns hinlänglich gelehrt hat, daß Sachsen in verschiednen von uns geführten Kriegen sich entweder offenbar auf die Seite der Feinde gewendet, oder doch sehr verdächtig gemacht hat, auch besonders in den vorigen Jahrhunderten und zur Zeit des dreyßigjährigen Krieges sich kalt und schädlich betragen; nachdem ferner schon seit einigen Jahren sich Grundsätze in diesem Lande geäußert haben, die uns nicht gefallen, und mit unsern Censur - und Religionsedikten nicht übereinstimmen; und da sich hellere Begriffe, gelehrte Schriften, Wachsthum des Buchhandels und andre verderbliche Irrlehren vorfinden, welche das Daseyn einer gotteslästerlichen, den Umsturz alles Völkerglücks und der bürgerlichen Gesellschaft bezweckenden Faktion beweisen: So finden Ihro Majestät es für gut, dieses Land in engere Gränzen einzuschließen, und Ihro Durchlaucht dem

dem Kurfürsten, aus der guten Absicht, ihm theils die Regierungssorgen zu erleichtern, theils von jener mörbrischen Bande zu befreyen, blos den Theil zwischen den Flüssen N. N. übrig zu lassen, und auch hier ihm eine neue Verfassung nach Gefallen vorzuschreiben, so daß er sich mit dem Reste seines Landes mit uns alliirt, und in Krieg und Frieden beysteht u. s. w.

„Beyspiele des privilegirten Raubes (v. Heß Durchflüge durch Deutschland, 2ter Bd. S. 31 ff.) sind unter allen Gattungen von Menschen, Ständen und Staaten gefährlich und selbst das Bewußtseyn eigner Schwäche, gepaart mit dem Gefühle oft selbst erduldeten Unrechts von fremden Gewalten, sind dann nicht einmal vermögend von widerrechtlichen Handlungen abzuhalten, zu welchen die habsüchtigen Vortheile des um sich greifenden Nachbars locken. Ob wir, wenn der große Raub von Polen einst völlig konsolidirt seyn wird, es wohl noch erleben werden, daß einige Städte zusammentreten, und ein zwischen ihnen liegendes Städtchen selbst nehmen und freundschaftlich theilen werden? Kein Laster wird durch Beyspiele gefährlicher, als der Diebstahl. Alle andre Verbrechen entstehen aus Leidenschaften nur der Dieb wird gewöhnlich durch Beyspiele gebildet. Beym Wollüſtlinge, beym Trunkenbolde, beym Ehrgeizigen liegt der Grund im Temperament, dieſe Laſter müſſen als Anlagen im Gemüthe da geweſen ſeyn, ehe ſie ſich äußern. Anders verhält es ſich mit der Raubluſt. Dieſe iſt kein aus der Natur des Menſchen entſpringendes Uebel; Es iſt ein Societätsfehler und verdankt ſein Daſeyn der Kultur. Der Dieb ſtiehlt nicht um zu ſtehlen, ſondern um durch das Geſtohlne ſeine ſonſtigen Neigungen zu befriedigen. Daher geſchieht der Diebſtahl immer ohne Affekt, der Menſch handelt dabey nicht im Zuſtande der Eingenommenheit, ſondern mit kaltem Verſtande. Von keinem Verbrechen können daher Warnungsſtrafen wirkſamer abhalten, als beym Diebſtahle; weil der Uebertreter mit Freyheit des Geiſtes zu Werke geht. Wie gefährlich muß es denn nicht werden, wenn der Geſetzgeber ſich ſelbſt den dem Geſetze unterworfnen Menſchen als einen glücklichen, ungeſtraften Räuber aufſtellt. Wenn dieſer das Beyſpiel der Strafe an demjenigen nicht vollſtreckt ſieht, der das Geſetz gab, der in der ganzen Weite des Verbrechens dagegen ſündigt, wofür er ihn im kleinſten Falle ſchon hängen und rädern läßt. Wie ſehr muß die Vorſtellung von dem geglückten Raube ſeines Landesherrn, den zum Stehlen triebfühlenden Unterthan nicht zur Thätigkeit reizen. Wie? Soll er ſeinem Fürſten in deſſen wichtigſten Unternehmungen nicht nachahmen dürfen? Soll er Strafe leiden, weil er keine Abneigung gegen die Lieblingsneigungen desjenigen aufbringen kann, der an Gottes Statt regiert, an dem grobe Fehler und rechtswidriges Betragen blos zu vermuthen, schon Majestätsverbrechen heißt; der der Vater des Volks ist, zu dem er mit gehört? Wie kann sich der ungebildete Mensch in den Kontrast finden, in welchem die Handlungen seiner Obrigkeit mit ihren gegebnen Gesetzen stehen? Wie soll er es anfangen, die Thaten seines Souverans mit den ihm gebotnen Pflichten zu reimen? Jener handelt pflichtwidrig und menschenfeindlich, diese fodern Vermeidung alles Unrechts, und Ausübung der Pflichten der Gerechtigkeit, und Enthaltsamkeit gegen Andre. Ist es Wunder, wenn er die Gesetze verachtet und wie sein Souverän handelt? Denn giebt es für den gemeinen Mann ein verehrlicheres Beyspiel, als das seines Landesherrn? Hat er Unrecht, wenn er ihn zum Muster seiner Thaten wählt? Sind diese gerecht, wie kann Recht jemals Unrecht gewesen seyn? Sind die Gesetze recht, wie kann Unrecht Recht werden? Wie will sich der arme Mensch, der nicht bis zur Achtung für sich selbst gekommen ist, der den Fürsten nicht zu verachten versteht, aus diesem Labyrinthe durchwinden? Gesetzt, ein wohlgebirnter Räuber, der in einem nahmhaften Staate, den alle Welt unter die erobernden rechnet, vor Gericht gestellt wird, legte statt aller Antwort das letzte Manifest seines Landsherrn über die Theilung eines ihm nicht gehörigen und doch im Besitz genommnen fremden Reichs, dem Richter vor. Er hätte Spitzfündigkeit genug, die Gesetze nicht nach seinem, sondern nach einem vorhergegangnen Falle .... wie oft geschieht, nach dem Herkommen erklären zu können. Was hätte der Richter zu thun? Würde er den Angeklagten, ich will nicht sagen für den Räuber, sondern für den unbefangenen Zuhörer befriedigend nach den geschriebnen, im letzten höchst notorischen Falle aber nicht in Ausübung gebrachten, Gesetzen verurtheilen können? Der Verbrecher zeigt auf die im Manifeste enthaltnen Worte, die den Bewegungsgrund zu dem Verfahren seines allergnädigsten Herrn enthalten: "Er nehme Besitz um das genommne Land glücklicher zu machen; es besser zu verwenden, als sein bisheriger Inhaber, der ohne dies einer Parthey angehangen hätte, bey welcher er (der Fürst des Räubers,) wenn sie aufkäme, sich nicht wohlbefinden möchte" und dergl. m. Aehnliche Beweggründe hat der gedachte Räuber auch, oder kann sie sehr leicht auffinden. Er verstünde sich weit schlechter auf die Konsequenzmacherey, als der Manifestant selbst, wenn er nicht eben so kühn als jener, wenigstens mit eben so vieler Wahrscheinlichkeit behaupten könnte, er wüßte von der ihm unter die Finger gerathnen Habe seines Nächsten einen bessern Gebrauch zu machen, als dieser, der sie, wie am Tage liegt, nicht in sichre Gewahrsam zu halten verstand. Unmöglich können die Ausmünzer solcher Manifeste an die Folgen ihres gegebnen Beyspiels gedacht haben, sonst müßte es ihnen nicht entgangen seyn, daß sie dadurch alle Besitzungsrechte aufheben, Leben und Eigenthum jedes Einzelnen, wie des Ganzen, dem Willen des Stärkern preis geben. Denn wie viele mit gesundem Menschenverstande begabte Unterthanen, sollten sich wohl nicht finden, die mit einigem Rechte sich für fähiger hielten, die Länder ihrer Nationen besser zu regieren, als die meisten dermaligen Monarchen! Und weiter bedarf es ja nach den Konsequenzen der Theilungsmanifeste nichts, um etwas zu nehmen, als den Glauben, das genommne Gut administriren zu können. Denn die Voraussetzungen anständiger und schicklicher auf dem Throne zu sitzen, besser und zweckmäßiger regieren zu können, ist ja hinreichender Grund, den jedesmaligen Throninhaber von dannen zu jagen, um seinem bessern Ich Platz zu verschaffen."

Alles dieses waren die Früchte der großen stehenden Räuberarmeen, die für kärglichen Sold fremde Welttheile erobern helfen, wenn sie hingetrieben werden. Noch blieb aber der Trost übrig, den Makintosch (S. 36. f. der b. Ueberf.) anführt. „Unsre Fürsten und Despoten glauben dadurch ihre Obergewalt zu vergrößern und zu verstärken, wenn sie ihre Armeen immer mehr vermehren, um dadurch die übrigen Unterthanen im Zaume zu halten. Aber gerade das Gegentheil. Denn endlich wird aus den Bewaffneten die ganze Nation und die bürgerlichen Gesinnungen erhalten die Oberhand über den Sklavensinn der gebungnen Knechte. Montesquieu fürchtete, daß die Sucht, die Armeen immer zu vergrößern, am Ende Europa in ein unermeßliches Lager, alle unsre Handwerker und Landbauern aber in wilde Krieger umwandeln und so das Zeitalter Attila's und Dschingis - Kans wieder herbeyführen würde. Aber die Geschichte ist unsere Lehrerin und Frankreich hat uns bewiesen, daß dieses Uebel seine Heilungsmittel und seine Gränzen in sich selbst habe. Eine Hausarmee kann nicht verstärkt werden, ohne daß zugleich auch die Anzahl ihrer Verbindung mit dem Volke und der Kanäle, durch welche die Gesinnungen des Volks Eingang zu ihr gewinnen, vermehrt wird. Ein jeder Mann, der zur Armee hinzugeführt wird, ist ein neues Glied in der

Kette, welche dieselbe mit der Nation verbindet. Wenn alle Bürger gezwungen würden Soldaten zu werden, so müßten alle Soldaten nothwendig die Gefühle eines Bürgers annehmen und die Despoten könnten also ihre Armeen nicht verstärken, ohne zugleich eine gröfre Anzahl von Leuten dazu zu lassen, deren Interesse es ist, sie zu vertilgen. Eine kleine Armee kann Gesinnungen haben, welche von denen des großen Volkskörpers verschieden find, und ihr Interesse mag nicht so gemeinschaftlich und mit einander verbunden seyn. Ganz anders aber ist es mit einer großen Armee. Dieß sind die Schranken, welche die Natur der großen Vermehrung der Armeen entgegengesetzt hat. Sie können nicht so zahlreich gemacht werden, um das Volk in die Fessel der Sklaverey zu schlagen, ohne zugleich selbst das Volk zu werden. Die Wirkungen dieser Wahrheit haben sich bisher blos in dem Abfalle der Soldaten in Frankreich gezeigt, weil das aufgeklärte Gefühl des allgemeinen Interesse bey dieser Nation mehr, als irgend einer andern despotischen Monarchie in Europa verbreitet war. Aber am Ende werden Alle sie empfinden. Eine gekünstelte Kriegszucht mag allerdings den Soldaten in Deutschland auf eine Zeitlang zu sehr erniedrigen und ihn dem Vieh gleich stellen, als daß er eines Eindrucks von seinen Mitmenschen fähig wäre; aber mit der Zeit werden künstliche und lokale Einrichtungen dennoch zu schwach, um der Energie natürlicher Ursachen zu widerstehen. Die Konstitution des Menschen überlebt die vorübergehenden Moden des Despotismus, und die Geschichte des nächsten Jahrhunderts wird wahrscheinlich zeigen, auf welche gebrechliche und schwankende Grundsäulen die militärischen Despotieen Europens sich stützten."

Real über die Theilung Polens und die Cripelallians, s. Frankreich i. J. 95..St. 10. S. 116.
"Polen ist noch einmal getheilt worden, mit einem Federzuge ist es getilgt aus der Reihe der Mächte. Eine Frau in der Hinfälligkeit ihres Alters, ein Kayser, noch kaum den Kinderjahren entwachsen, theilen untereinander ohne Widerstand, ohne vorhergegangne Schlacht, das Vaterland des unsterblichen Sobieskÿ. Dahin, ihr Polen, haben euch eure ewigen Zänkereyen, eure versuchten halben Revolutionen und der Freyheitstödtende Moderantism eurer großen Eigenthümer gebracht; dahin die knechtische Aristokratie eures hohen Adels und eure einfältige Ehrfurcht für die Könige. .... Die That ist vollbracht, und die Abkömmlinge der nie bezwungnen Sarmaten sind jetzt ganz unterjocht ohne sich einmal vertheidigt zu haben! Sie sind also nun die Sklaven der Mos-

sowiter geworden, die sie so oft überwunden hatten; des Hauses Oesterreich, das sie allein der Wuth des Wien belagernden Türken entrissen haben, und des Kurfürsten von Brandenburg, der wegen Ostpreussen so lange ihr Vasall gewesen. .... Das Blut kocht mir in den Adern, wenn ich die Sache in ihrer ganzen Schändlichkeit überdenke. Diese von drey.... Spitzbuben..... vorgenommene und von einem Vierten garantirte Theilung; die acht Millionen Menschen, die man einander zuzählt, an einander verlooset, sich einander wie nichtswürdiges Vieh verkauft; das ganze Europa, das, statt einen Kreuzzug gegen die Räuber zu unternehmen, vor Verwunderung unbeweglich und verdummt vor Schrecken bleibt; so viel Kühnheit von der einen, und so viel Feigheit von der andern Seite, lassen mir die schwarzesten Projekte ahnden. .... Jetzt wundre ich mich nicht mehr über die Freyheitstödtende Bill, die in England beym Oberhause eingegeben worden, noch über die unverschämte Kühnheit, mit der sich die Royalisten von Vendemiaire wieder in Paris zeigen. Was uns heute bedroht, ist nicht irgend ein Karl v. oder Ludwig xiv., dessen Ehrgeiz nach einer allgemeinen Monarchie trachtete, sondern es sind drey oder vier Unholde, die kalt die Mittel berechnen, wie sie alle Völker Europa's zu Sklaven auf ewige Zeiten machen wollen. ....

Mögen immerhin Verräther meinen Besorgnissen
die scheinbare Ruhe, mögen kleinliche Politiker die=
sem scheußlichen Projekte (des beschloßnen Verder=
bens und der Theilung Frankreichs) die künstlich
erregten Unruhen in England entgegenstellen; mei=
ne Antwort ist der schändliche ungeheure Trippel=
allianztraktat; meine Antwort die Katastrophe je=
ner freyen Nation, die auf einmal ganz verschlun=
gen worden ist.......

O, ihr Franzosen, beym Anblicke dieser von
drey Königen verschlungnen Nation, im Angesichte
dieser scheußlichen politischen Erscheinung fordre ich
euch auf, alle jene schrecklichen Erinnerungen des
Hasses und der Rache mit Füßen zu treten; euch
zu vereinigen, euch fest an einander zu schließen,
um der schrecklichen Gefahr, die euch droht, zu
begegnen; entreißet Frankreich, entreißet ganz Eu=
ropa der verschlingenden Gier dieser Könige. Ach!
freylich hat die Freyheit ihre Stürme, aber der
Despotismus hat auch seine Donnerkeile und seine
Ketten; vergleicht mit dem regen Geiste des hef=
tig bewegten Frankreichs die abscheuliche Ruhe des
getheilten seines Namens beraubten und der
Knechtschaft Preis gegebnen Polens; vergleicht
und entscheidet.

443

§. 20.

Nach obigen Thatsachen, wozu sich noch Potemkius muthmaaßliche Hinwegräumung, der Kopenhagner Brand, Goljeus Vergiftung in Basel und so vieles andre gesellte, konnte der russischen Kayserin nicht leicht zu viel gethan werden. Aber wäre es auch; "wer (d. Merkur Aug. 95. S. 282. bey Gelegenheit des Herzogs von Alba) unsern Widerwillen einmal in so hohem Grade empört hat, der darf sich nicht wundern, wenn die Leidenschaft auch bey Ereignissen, die er selbst verabscheut, eine Verbindung auszumitteln weiß, wodurch sie berechtigt wird, den ganzen Ausfall ihrer Vorwürfe gegen ihn zu richten." Wie dürfte sich eine Catharina darüber beklagen, die bey jeder Gelegenheit "durch Eigenwillen und scheußliche Unmenschlichkeit getrieben die Erbitterung und dem Hasse ganzer Nationen immer neue Nahrung gab." Der Rahmen aber um alle diese Unthaten war prächtig und kostbar, die Religion lieferte die Verzierungen dazu. So wie der ganze polnische Raub im Namen der allerheiligsten Dreyeinigkeit geschehen war, so ward auch nicht vergessen, "dem Allerhöchsten dafür Dank zu sagen." Gäbe es Gotteslästerung, hier müßte sie eingetreten seyn. Am 1. December 94. nemlich wurde

das Dankfest wegen der Eroberung von Warschau
in der großen Hofkirche zu Petersburg gefeyert,
woselbst der geheime Rath Graf Besborodko in Gegenwart der Kayserinn, des heiligen Synods,
der Glieder des Conseils und der Gesandten eine
Bekanntmachung vorlas, nach welcher dem Höchsten unter Beugung der Kniee feyerlicher Dank
abgestattet, bey Absingung des Te Deums 201.
Kanone abgefeuert und der Kayserin durch den Metropolitan und die ganze Geistlichkeit Glück gewünscht
ward. Die verlesene Bekanntmachung selbst ward
nachher überall öffentlich publicirt und enthielt ein
Gewebe von Unverschämtheiten, Lügen und Armseligkeiten der gröbsten Art. Alles was gesunde
Vernunft athmet, ward darin angeschraubt, vom
„verborgnen Funken und Flammen" viel geredet;
gegen die „(französischen) Aufrührer wider das
göttliche Gesetz und die bisher gegründete Macht
und Ordnung" (die sie folglich doch selbst durch
die Entthronung des Königs in Polen verletzte,)
möglichst losgezogen; von „Gift und Bösewichtern," von „Bandbrüchigkeit und Freveltaten
ertönte das ganze Werk; am wenigsten ward es
den Polen darin verziehen, daß sie nicht „der
Vorzüge der beglückten russischen Unterthanen
hätten theilhaftig werden mögen." Der Schluß
war des Ganzen würdig. „Solchergestalt, hieß
es, ist der Aufruhr in Polen gedämpft und

die Fallstricke der Verräther sind zu Grunde gerichtet worden. Unter Anerkennung der göttlichen Gnade, welche alle Unternehmungen und Handlungen Ihro Majestät während ihrer 33 jährigen Regierung ununterbrochen hat gedeihen lassen, mögen alle ihre getreuen Unterthanen dem Höchsten den schuldigen Dank darbringen und ihn anflehen zur völligen Beendigung dieser Sache, zum Nutzen und Ruhm des Reichs seine **heilige Hülfe** zu verleyhen."*)

So spotteten Rußlands Manifeste des Verstans des der Völker, und übertrafen an schändlichem Hohn gegen die Menschheit alles bisher geschriebne.

Aber in ihrem Reiche möchte sie alles dies gethan, verboten und geboten und Glauben anbefohlen haben, was und wie sie gewollt hätte; denn für den russischen Unterthan, als rohen

---

*) „Du siehst, Faust, sagte der Teufel, was die Menschen aus der Religion gemacht haben, und merke nur daß sie bey jedem großen Verbrechen, bey jedem scheußlichen Gräuel entweder die Hauptrolle spielen, oder doch die Spielenden über ihre Thaten trösten und beruhigen muß." Fausts Leb. That. und Höllenf. S. 250.

Halbmenschen und Leibeignen, würde jetzt schon eine mildere Behandlung Gift gewesen seyn: nur hätte sie nicht dies auch auf die kultivirte Welt anwenden sollen, auch da Glauben verlangen, Völker und Regierungen zu ihrem Systeme zwingen oder überreden, und die nemlichen Peitschenhiebe einführen wollen. Immerhin möchte sie ihren Menschenschlag bearbeitet haben, wie es ihr beliebte; nur nicht das übrige Europa hätte sie mit ins Spiel mischen sollen und die beßre Menschheit mit aushungern, die Lichtmasse verfinstern, ihre Knutengesetze und Gläubige hervorbringen helfen wollen. Aber das Blendwerk sollte überall durchgeführt werden, man suchte zu betäuben und zu täuschen, damit das Geschrey der Verzweiflung und der blutenden Gutherzigkeit nicht verstanden würde. Durch bunte Bänder schmückte Catharina ihre Puppen aus, durch Glanz und Schimmer, Trommeln und Pfeifen und öffentlich hererzählte Siegesthaten trachtete sie den kältern Zuschauer von den Gegenständen des Elends abzuziehen; so wie in Lazarethen Arme und Beine unter Trompetenschall abgelöst werden, damit das Gekreische des Schmerzes ungefühlt verhalle. Nichts als Gnadenbezeugungen und Ehrenbeförderungen, nur Großmuth, Glück und Herrlichkeit schwamm auf der Oberfläche ihrer Handlungen: da ertheilte sie dem Einen einen goldnen Degen, oder bril lantne Dose mit Golde angefüllt bis an den Rand; dem Andern ein Rittergut, oder Arrhende, oder tausend Bauern; jenem einen Oelzweig, diesem eine Pension, wofür tausend Familien in ihrem Reiche hungern mußten, und wieder einem Andern ein Belobungsschreiben; dieser ward geheimer Rath, jener Senator, und ein Dritter erhielt den Kammerherrnschlüssel. Sterne und Ordenskreuze streute sie umher wie Reckenpfennige; da erhielt man den Stern und das Kreuz des heiligen Andreasordens; das große Kreuz erster Klasse des heiligen Wladimirordens, das Kreuz dritter Klasse des heiligen Georgsordens; das kleine, das große Kreuz des heiligen Georgsordens; das kleine Kreuz des heiligen Wladimirordens, des heiligen Andreasordens, das Kreuz des heiligen Alexander-Newskyordens; das Großkreuz zweyter Klasse des heiligen Wladimirordens u. s. w.

Der Denker stand und staunte in der Ferne, und sah alle diese Sterne und großen und kleinen Kreuze aller Klassen und Abtheilungen mit an; durch eine sehr natürliche Ideenverknüpfung versetzte er sich zu den Wilden hin, zu den Indianern und andern kindischen Völkerschaften, denen man Glasperlen, Schellen, Maultrommeln und kleine Taschenmesser zum Spielen hinwirft, und ihnen für solchen Tand ihre Erzeugnisse abschwatzt.

Er verzieh ihnen; blickte aber wieder auf Jene zurück und hörte das Geklingel ihrer Ordensketten unter andern Betrachtungen an. Denn alle diese Bänder und Ringe waren eben so viele Fesseln, wodurch sie sich an die Stufen des Throns anschmieden ließen, im schändlichen Taumel erhalten wurden, und weder zur Besinnung noch zum Nachdenken kommen konnten. Titel sind gleich Zirkeln, spricht Paine, gezogen mit dem Stabe des Zauberers, um die Sphäre menschlicher Glückseligkeit zu verengen. *) Dies wußte Catharina sehr wohl, deswegen hielt sie auch viel auf solche Possen, die sie zu Kennzeichen der Tugend und des Talents machte.

Doch auch dies hätte sie thun und es so weit bringen mögen, daß es ihre treuen Unterthanen,

―――――――

*) „Titel sind nur Spottnamen und jeder Spottname ist ein Titel. Die Sache ist an sich selbst unschuldig; aber sie bringt eine Art von Kinderey in den menschlichen Charakter, die ihn herabsetzt. Sie macht bey großen Dingen den Mann zum Diminutiv des Mannes und zur Kopie des Weibes bey Kleinen. Sie schwatzt gleich einem Mädchen von ihren schönen blauen Bändern und zeigt als ein Kind ihr neues Hosenband. Als ich ein Kind war, dachte ich als ein Kind; als ich aber ein Mann wurde, legte ich kindische Dinge ab. Paine, Th. I. S. 78.

groß und klein, zur Ehre rechneten, sich auf ihren Befehl den Bauch aufschneiden zu dürfen; nur hätte sie nicht auf andre Völker ihre Sitten, Possen und stumpfe Allgläubigkeit übertragen wollen; noch viel weniger, indeß sie von dem tiefen pflichtschuldigen Gehorsam der Völker gegen ihre Souveräne und von den Gottlosigkeiten der Rebellen redete, selbst vollen Aufruhr gegen einen andern Hof, weil er nicht in ihr Meynungssystem eingehen wollte, anzuzetteln suchen sollen. Wären die Worte der Großen mehr als ein Gewebe von Treulosigkeiten und Widersprüchen, so müßte bey der Erinnerung an die schwedische Aufruhrstiftung das Erstaunen des Weltbeobachters nicht aufhören, daß eine Regierung sich selbst so heilloser Weise erlaubte und ins Werk zu setzen suchte, wovon sie in ihrem Manifest an ihre Völker mit Abscheu sprach und jedes Unternehmen gegen Regenten und Obrigkeit als die lautre Gotteslästerung aufschrie. Es blieb hier nichts übrig, als eine sinnlose Unverschämtheit vorauszusetzen, womit Catharina dem Urtheile des ganzen Europa trotzte; als wäre ihr ein Privilegium vom Himmel ertheilt worden, nur allein das thun zu dürfen, was sie und alle Welt an Andern für schlecht erklärte. Die Ehrsüchtigen, deren sich die Kayserin bediente, hatten es auch weit mit der

Verschwörung gebracht; der Gouverneur des Königs, Graf Gyldenstolpe, das Hoffräulein Rudenschöld und der Baron Armfeld, alle überhäuft mit Wohlthaten des Herzog-Regenten, wollten unter dem Joche einer fremden Macht herrschen. Mit Hülfe einer russischen Flotte wollten sie nach Stockholm kommen, den Regenten stürzen, sich des jungen Königs bemächtigen und sich den Antheil an der Regierung versichern. Das bekannte, unter Armfelds Papieren aufgefundne, an die russische Kayserin gerichtete Memoire, bewies diesen Plan nur zu deutlich und war ganz in Catharina's Geist gedacht. Jener klagte darin über die Schwäche der Regierung, über die verwilligte Preßfreyheit und andre dergleichen Vernunftgreuel. Man müßte die Chefs der Administration entfernen und Andre an ihre Stelle setzen, wozu er sich, wie billig, selbst vorschlug. Die Kayserin möchte daher mit edler Uneigennützigkeit der schwedischen Regierung erklären lassen, daß sie zu ihrer eignen Sicherheit und um die Ordnung wiederherzustellen, gewisse neue Einrichtungen in Schweden verlange, und andre dergleichen Dinge mehr. Kein Wunder. Denn da allezeit die Ordnung, die uns nicht gefiel, keine Ordnung war, so gab es bisher keine Ordnung in Schweden in den Augen der Verschwornen, und die Kayserin hätte sich erbitten lassen mit ihrer gewohnten Uneigennützigkeit die Ordnung daselbst so kräftig wiederherzustellen, als sie es in Polen gethan hatte, und in Frankreich, Dännemark, Philadelphia, Constantinopel, Amsterdam; kurz überall gern hätte thun mögen, wo die Neutralität oder andre Grundsätze dieser Staaten sich ihre Ungnade zugezogen hatten, und sie sogleich zu Forderungen berechtigten. Es hieß ferner im Memoire, daß zur Unterstützung der Forderung der Kayserin die Erscheinung der russischen Flotte auf der Höhe von Stockholm mit Truppen zur Landung bey Dalarö hinreichend seyn und Schweden gerettet werden würde. Auch der Hof in Neapel zeigte bey dieser Gelegenheit den großen Satz: daß die Fürsten sich gegen einander die ärgsten Schurkereyen erlaubten und mit Verschwörern in Bund traten; so stark sie auch wider Alle zu Felde zogen, die eben so etwas gegen sie selbst in Ausübung bringen wollten. Und die Völker sahen zu und .... glaubten. Selbst den geübtesten Männern (A. L. Z. 95. N. 331. S. 534.) vom diplomatischen Korps fiel es auf, daß das Ministerium von Neapel die angesonnene Auslieferung des Barons Armfeld geradezu abschlug und die Flucht des Barons offenbar begünstigte u. s. w.

§. 21.

Es wäre schlimm wenn das durch solche Greuel und Thorheiten verwundete Auge des Menschenfreunds nicht wieder auf eine andre Art sich Linderung zu versprechen gehabt hätte. Schon die grüne Farbe der Hoffnung milderte den Schmerz, und die Folgen von jenen Dingen zeigten öfters den schönen Glanz der Vorsehung in der Nähe und trieben Früchte, die alle jene Unholde nicht erwartet hatten. So mußte der Kampf an Frankreichs Gränzen nächst den Uebeln auch zur Bildung großer Menschenhaufen dienen. Der Krieg führte immer einen Ersatz in sich selbst mit, und es durfte das Ansehn gewinnen, als hätte man sich eines Theils Glück wünschen müssen, daß jener entstanden war. Denn Frankreichs Meynungen kamen dadurch mehr in Umlauf und wenige Völker würden sich um dessen neue Einrichtungen so sehr bekümmert gehabt haben, als nun; weniger würde darüber gelesen und vorgetragen und noch weniger in den Zeitungsblättern ausgebreitet worden seyn; nur Einzelne würden die neuen Sätze studirt und niemand sie zur weitern Anwendung sich zu eigen gemacht haben. Der gewöhnliche Menschenhaufen bekümmerte sich nicht viel um die veränderte Verfassung eines auswärtigen Landes, seufzte nur über sein eignes Elend und vegetirte kraftlos fort. Es schien nichts davon in sein Fach zu gehören, so glaubte er, und es behagten ihm fürstliche Vermählungsfeyerlichkeiten nebst andern großen Kleinigkeiten weit besser und dienten seiner Sinnlichkeit zur Nahrung. Aber dies änderte sich zum Theil, sobald er mit zu Felde ziehen und unmittelbaren Antheil nehmen mußte; sobald er erhöhte Abgaben geben und andre Lasten übernehmen sollte; kurz, sobald es Krieg ward. Dieser reizte seine Neugierde, welche vorher schlief. Er frug wie? und wo? Jeder Einzelne focht selbst zu Hause mit, für oder wider. Auch der Phlegmatiker ward in Spannung gesetzt, seine Wange glühte, er dachte auf Gründe, um seine Meynung zu vertheidigen. Dadurch gewann die Wahrheit immer ein Fleckchen Land mehr. Die Großen möchten wohl durch diesen Krieg zwiefach mehr Unheil herbey geleitet haben, als sie von sich abwenden wollten. Grundsätze und Meynungen dampften immer überall durch und setzten sich an. Die Fechtenden an Frankreichs Gränzen sahen und hörten doch etwas; denn so sehr ließ sich die Thüre zur Wahrheit nicht verrammeln, daß nicht mit unter einiges hätte durchdringen sollen. So sehr der Soldat am isolirtesten in seinen Begriffen bastand, und mit festem Ringe in der Nase geleitet ward, so wirkte doch der veränderte Standpunkt, aus dem er seine Verhältnisse überschauen lernte, wenigſtens einigen Vortheil, und viele ſolcher einzelnen Beyträge näherten ſich mehr einem Ganzen. Schon daß er nun die Möglichkeit einſehen lernte, wie man ohne König und Fürſt leben und fechten könne; ja daß man ihm den Kopf abſchlagen dürfe, ohne daß Zeichen und Wunder geſchähen, brachte ihn einen Schritt vorwärts und zeigte ihm eine Seite, an die es ihm vorher nie eingefallen war, zu denken. So ſehr ihm auch alles dieſes mit Abſchen verbrämt zu Ohren gekommen ſeyn mochte, ſo war es ſchon gut, daß es ihm zu Ohren kam und die Zukunft konnte es ihm wohl noch weiter aufs reine bringen helfen. Er ſah auch ferner den fremden Enthuſiasm mit an, und wenn man ihn auch glauben machen wollte, eine ſolche Begeiſterung ſey durch Bellabonna hervorgebracht, ſo gieng es ihm immer ſauer ein dies ſo aufs Wort hin anzunehmen; bis er zuletzt, wenigſtens heimlich, gar darüber lächelte. Er ſah die Lauigkeit, die Ohnmacht, die heimliche Anarchie bey den Heeren der Verbündeten, die ſchlimmer war als die öffentliche. Er frug, wie es zugienge, daß ſie ſo kraftlos mit den Waffen ſchlichen, indeß jene Brut ſo fechten könnte. Man föchte für ſein Vaterland, heißt es, ſie aber wären weit davon. Eine andre Seite gewann ſo Licht und ein neuer Schöpfungstag ſeiner Begriffe brach an. Er glaubte vor her sein Oberer und die Kasse seiner Gebietenden mache den wesentlichen Theil des Vaterlands aus und wähnte, daß wenn es den Befehlenden einfiele auf Mitbürger, vielleicht Väter, Geschwister und Freunde feuern zu lassen, er sogleich losdrücken müßte, ohne zu fragen warum? Er konnte sein Land ohne einen Fürsten nicht denken; hier sah er es anders. Ein mächtiger Schritt war geschehen, und eine Verwandlung konnte schon eher Statt finden. Anstatt daß er vorher vielleicht glaubte, wenn der Fürst allein auf einer Seite stände, und die Uebrigen auf der andern, er sogleich zu Jenen treten müsse; denn der mache schon allein das Vaterland aus oder sey im Stande ihn durchs Zucken der Augenwimpern zu Boden zu schmettern. Dieses mochte von der rohern Klasse gelten; die Bessern lernten weit mehr. Das Geistige und Unsichtbare loderte empor und hieng sich an alle Nationen an. Der Hagelschlag zerknikte die Feldfrüchte, und ein Erdbeben zerschmetterte Tausende. Aber der Zweck mochte berechnet seyn und noch beßre Folgen durften erwartet werden. Es war zu vermuthen, daß das Schicksal bey diesem Kriege nicht anders handeln würde und daß die Ströme Bluts nicht würden zum Besten glänzender Schwelger, höfischer Eisgesüchtler und feiler Engherzigen vergossen wor-

Ff 4

ben seyn. Möchten Staatsformen die Oberhand behalten, welche da wollten; der Prozeß, den Jene führten, war doch verlohren und die Lichthelle mußte herrschender werden. Sie huben gerade die Handlungsweisen der schlechtern Parthey aus und stellten sie als Generalmeynung öffentlich zur Schau und zum Schimpfe hin. Sie nahmen den schlimmsten Fall an und wählten die schlechteste Auslegung der Sache. Wenn sie als Monarchisten aber ihren Formen den Vorzug gaben, so stellten sie einen guten Monarchen zum Muster und Maaßgabe hin, und gründeten dann darauf die Behauptung des größern Glücks. Aber welch einen seltnen Fall nahmen sie da an, nach dem sie ihre Resultate zogen. Und wenn auch keins von Beyden etwas Gutes liefern könnte, so möchte man sich doch immer nach bewogen finden, lieber sich wechselsweise zu schinden und von seines Gleichen plagen zu lassen, als erst da oben jemanden hinzustellen mit der Hippe in der Hand. Der Mensch würde sich nie so sehr beklagen dürfen und könnte eher ein Wort mit reden. Alles läge uns näher, unsre Kräfte würden lebendiger, selbstthätiger im Gefühl der Staatstheilnahme, wenn es auch mehr Unruhe gäbe; denn Ruhe ist nicht allemal gut; sonst müßte es auch gut seyn im Kerker zu wohnen, wo ewige Stille ist, und eine unruhige Freyheit war immer besser, als eine ru hige Knechtschaft. Eine Volksregierung beförderte auch die Aufklärung mehr, oder vielmehr, da dies nicht nöthig war, sie legte ihr keine Hindernisse in den Weg, und jener eingepflanzte Keim entwickelte sich von selbst; sie wußte, daß sie nur ihr und den hellern Zeitbegriffen ihr Daseyn zu verdanken hatte. Sie warf begünstigte Kasten bey Seite und erwarb so, dem menschlichen Geschlechte eine Erleichterung mehr; sie lachte über die Ordensträger aller Klassen und über stiftsmäßige Tagediebereyen. Das Individuum ward mehr geschätzt und durfte eher aufschreyen: Ich bin auch ein Mensch und verlange Gehör. Es war weniger nöthig sich mit Diplomen und Titeln auszurüsten, um sich den Steuermännern des Reichs zu nähern. Kenntnisse führten schon dahin; der wohlgeborne Flachkopf, der in der Monarchie gewöhnlich oben an steht, mußte freylich zurück; aber er mochte mit der Natur hadern, die ihm dies Unglück schuf, wie einer, der ein Bein zerbricht, und Zeitlebens hinken muß. Der Mensch fühlte hier mehr seinen Werth und seine Würde. Wenigere wurden auf Unkosten der Uebrigen gefüttert, und auch außer den fürstlichen Prinzen, Vettern und Basen, fielen auch alle die Menschen in Stiftern, Kommenden und Pfründen weg. Die Preßfreyheit ward befördert, wovon die Erfahrung lehrte, daß sie immer wie die

Sonne war, deren wohlthätige Strahlen Myriaden von Geschöpfen empfanden, wo alles zu neuem Leben erwachte, erwärmt vom hellen Lichte; wo alles von Vergnügen, taumelte und jede Mücke sich schaukelte. Aber laßt sie schwinden, und alles wird starrer umher; die Millionen geflügelter Geschöpfe sind fort, Wind und Schneegestöber verscheucht die Uebrigen. Nebelfreyheit war immer das einzige Gegengift wider die Ignoranz und Schlechtheit der Regierung und wider ihre Laster. Sie war selten und durfte nur immer bittweise zur Miethe wohnen, am allerwenigsten sich einen festen Sitz wählen oder Altäre öffentlich errichten lassen; weil man überall lieber im Sumpfe der Trägheit liegen bleiben mochte; sie ward von den Zwingherrn der Vernunft verfolgt, weil man nicht wollte im Schlafe gestört seyn. Aufklärung machte zum Menschen, aber sie konnte alte Sünden nicht bessern; sie kam zu spät und ward von ihnen verfolgt. Doch schien sie ihren Tocht aus unverbrennlichem Asbest sich bereitet und ihr Oel aus den unversiegenden Erdquellen geholt zu haben, denn nie verlosch sie ganz. Immer flimmerte sie in Einem Winkel der Welt, breitete sich weit aus, und schwand auch wohl wieder in einen einzigen hellen Punkt zusammen. Manche Gegenden beschien sie vorzüglich, andern zeigte sie sich nur als fernes Nebelfleck oder Milchstraßenlicht.

Das Schicksal spielte wunderlich mit Ländern und Völkern; dort warf es den Weisen vom Thron und setzte einen verrückten Jongleur darauf, der sich mit Geistern balgte und alles den Krebsgang gehen ließ, indeß ihn die Jünger mit Vergötterung bezahlten und seine Thaten vorposaunten, so daß er am Ende selbst glaubte, er habe welche gethan; während die Volksmasse in tiefem Aerger dastand und ansehen mußte, wie ein gesunder Blutstropfen nach dem andern fortgieng. Was ist doch ein Staat, wenn ihn das Schicksal züchtigen will! Preussen, das die Fackel der Aufklärung über ganz Europa schwang, würde nie geglaubt haben, daß seine Denker ihre Werke ins Ausland verschicken müßten. Alle seine Millionen wurden in Examinationsschemata verwandelt, Zionswächter und Buhlerinnen trieben da ihr Wesen, um sich gleichsam am ehemaligen hohen Genius des Landes zu rächen. .... Wenn das mit halben Blicke überlegt ward, so schien der Satz an Festigkeit zu gewinnen; daß in einer Volksregierung so eine entsetzlich schnelle Umwandlung und Verschlechterung nicht möglich war, und alles nur dann so sinken konnte, wenn das Volk selbst vorher gesunken war, aus welchem jene erst genommen worden, und wenn überhaupt dasselbe aus Verderbtheit sichs gefallen ließ. Dies konnte aber nur erst nach Verlauf von Zeiträumen geschehen; dahingegen, wie

Rouſſeau ſpricht, der Nachfolger in der Fürſtenregierung ſichs gleichſam zur Regel dienen läßt, von allem das Gegentheil zu thun, was ſein Verfahrer that und anordnete. Das Volk blieb hier immer was es war, konnte aber doch durch die Einfalt eines Einzigen ruinirt werden; indeß es ſich dort ſelbſt verdorben haben mußte, ehe man ihm ſo mitſpielen durfte. Es könnte alſo geſagt werden, daß es nur auf der Laune des Fürſten beruhe, ob ſein Volk heller und vernünftiger werden oder noch ferner im finſtern Winkeln hucken ſollte. Dem Zöglinge Joſephs hätte man wenigſtens etwas Licht zugetraut, um auf dem guten Grunde fortzubauen, den Jener legte; ſo ſchreckhaft ward nicht geahndet, daß er die Wachsfackeln auslöſchen und die alten Oellämpchen wieder anzünden laſſen würde. Aber der Geiſt des öſterreichiſchen Landes ſchien einmal kein Glück zu haben und immer ſollte es wieder in die Schlafſucht zurückſinken, aus der es vorher nur kaum aufzuwachen begann. Seine Pfaffen ſogen die Dunkelheit wieder bey ihrem ſchwarzem Haar zurück.... Auch ſelbſt der beſte Fürſt hatte jetzt mehr Gefahr zu überſtehen, wenn er mit Höllenſtein und Meſſer drauf losſchneiden wollte. Leicht konnte ſich ein barmherziger Jeſuit oder ein andrer Diener der Finſterniß finden, der dem Aufheller einen Dolchſtoß verſetzte, daß er es unterwegs ließ. Beym Volksſenat gab ſich dies

von selbst; eine moralische Person ließ' sich nicht über den Haufen stehen. Auf diesen Umstand nun, daß die Sache der Aufklärung hier mehr Nutzen finden, fester stehen und länger ausdauern konnte, dürfte immer viel Gewicht gelegt und so schon dadurch jene Form gewichtiger werden. Es war also diese Seite des Verhältnisses besonders heraus zu wenden und die Ansicht daran zu erleichtern. ....
Die Großen ließen sich durch alles dies nicht irren und begannen ihre Meynungsverfolgungen mit neuem Eifer, sie konnten ihre Greuel nicht ohne Einschränkungen der Presse vollenden. Hätten sie nicht so fest hinter den dunkelangelaufnen Fenstern der Hofburg gesessen, so würden sie wohl die Ohnmacht solchen Zwanges leicht inne geworden seyn, und noch dazu, wie nur Blindheit, Mangel an Kenntniß, gesicherte Veruntreuungen, heimliches Misvergnügen, Unlust und Zerrüttung daraus entstanden. Die Grundsätze und Maximen mußten schlecht seyn, wenn die Regierung Erörterungen fürchtete, davor erschrack und in Verhindrung der Kenntnisse Sicherheit suchte. Nicht Wahrheit, nur Irrthum ist es, was Prüfung scheut. Und überhaupt, (Gen. d. J. 2tes St. S. 135.) wahre erhabne und redliche Männer fürchten nicht Menschen, die minder wahr, erhaben und redlich sind. Sie erheben den Geist und drücken ihn nicht nieder." Was wäre aus ihnen

geworden, wenn ihr Flug gelähmt gewesen wäre, wenn sie einen Zwingherrn über sich gehabt hätten. Sie denken edel und groß und fühlen bescheiden, daß andre Menschen Männer sind wie sie, vielleicht noch größer. Was sind Wahrheit und Tugend ohne Enthusiasmus, und wo ist dieser möglich ohne freye Geisteskraft. Ihn flößt der edle Mann ein, und um ihn zu erwecken, löst er alle Bande der Seele. Der Tyrann der Meynungen schafft Fanatism, diesen größten Feind des Wahren und Guten. Er entsteht nothwendig da, wo Preßzwang herrscht, und mit ihm verschwindet alles Emporkommen der Menschheit.... „Von dem Fortgange der Wissenschaften (Fichte's Vorless. üb. d. Bestimm. des Gelehrt. S. 84.) hängt unmittelbar der ganze Fortgang des Menschengeschlechts ab. Wer jenen aufhält, hält diesen auf. Und wer diesen aufhält, welchen Charakter stellt derselbe öffentlich vor sein Zeitalter und vor die Nachwelt hin! Lauter als durch tausend Stimmen, durch Handlungen, ruft er der Welt und der Nachwelt in die betäubten Ohren: die Menschen um mich herum sollen, wenigstens so lange ich lebe, nicht weiser und besser werden; denn in ihrem gewaltsamen Fortgange würde auch ich, trotz alles Widerstretens, wenigstens in etwas mit fortgerissen werden, und das verabscheue ich; ich will nicht erleuchteter, nicht edler werden.

Finsterniß und Verkehrtheit ist mein Element, und ich werde meine letzten Kräfte aufbieten, um mich nicht aus demselben verrücken zu laſſen. Alles kann die Menſchheit entbehren, alles kann man ihr rauben, ohne ihrer wahren Würde zu nahe zu treten, nur nicht die Möglichkeit der Vervollkommnung. Kalt und ſchlauer als das menſchenfeindliche Weſen, das uns die Bibel ſchildert, haben dieſe Menſchenfeinde überlegt und berechnet, und aus der heiligſten Tiefe heraus geſucht, wo ſie die Menſchheit angreifen müßten, um dieſelbe im Keime zu zerdrücken, und ſie haben es gefunden. Die Menſchheit wendet unwillig von ihrem Bilde ſich weg."

Die Hoffnung des Beſſerwerdens mußte den Zuſchauer beym Anblicke ſolcher unreinen Geiſter beleben. Nach einer kurzen Gährung, nach einem kleinen Durcheinanderbrauſen der Ideen, konnte erwartet werden, daß die beſſre Frucht ſich zeigte. Um frey zu ſeyn, iſt es genug, wenn eine Nation frey ſeyn will; ſprach Lafayette. Das Schickſal ſchien nun einmal zu wollen, daß das Schlaraffenleben träger Herren und das Einengungsſyſtem der Geiſtesverkrüppler verſchwinden ſollte; ſie ſollten hinführo zu etwas nutzen und nicht bloß zu ihrer eignen Labung den Menſchengang aufhalten, ſie hatten lange genug geſchwelgt, getrotzt,

gespottet und gelacht. Sie sollten nicht mehr hoch-
schwebend herabsehen dürfen, sondern demüthig
hinaufblicken und die große Kluft gewahr werden,
die zwischen ihrem Dafürhalten, und der Wahrheit befestigt war. Sie sollten nicht mehr spielen,
indeß sie ihre Kinder, um es ferner zu dürfen, an
der Gränze bluten ließen.*) Denn so lange sie
nicht mehr Besonnenheit bey gefährlichen Zeit-
läuften zeigten und glaubten, es gienge ihnen
nicht viel an, was doch hauptsächlich ihre Sache

---

*) Am Rudelstädter Hofe ward während der blu-
tigen Periode des Feldzugs 93. ein Tournier im alten Rittergeschmacke angestellt,
wobey die Kleider nach jenen Zeitkostume verfertigt waren und Ritter, Knappen, Meiß-
ge und Damen eben so ausgerüstet erschienen;
den Beschluß machte eine Mummerey nach
alter Art (Redoute, Maskerade,) wie
der Bericht lautete. Besser wäre es gewesen,
sie hätten hier, zur Zeit, wo alle Gränzen
vom deutschen Unterthanenblute schwammen
und der Mordkrieg die Blüte der Nation da-
hinraffte, Buße gethan in Staub und in
der Asche, wie damals nothgedrungen manche andre Herren, und die Sünden der Ver-
gangenheit bereut, als die Albernheiten ver-
gangner Zeit nachzuahmen und den Unwillen
der Zuschauer durchs Schlemmen noch mehr
anzufachen.

und ihr eignes Interesse war; so lange sie die Völker zum Streit hinschickten, daß sie sich wechselsweise würgten für der hinschickenden Freyheit, nicht für eigne; so lange sie dies begannen und sich unterdessen auf Rosen wälzten, sich daheim gütlich thaten, anstatt im Kummer über die Unglücksferne der Zeit in ihrem Kämmerchen sich ruhig zu halten und zu schauen, wo es hinaus wollte: so lange mochten es elende Leute seyn, denen sich die Uebrigen nicht anvertrauen durften, und sie verdienten nicht, daß bey ihrem Sturze eine Thräne geweint wurde. Ihren Spielereyen zu fröhnen, sollte niemand mehr da seyn. Die Aufzählung ihrer Ungereimtheiten erforderte einen langen Athem, und konnte nur mit bitterm Gram erfüllen. Nur ihnen selbst dürfte es genützt haben, wenn sie die Aufrichtigkeit nicht gescheut und nicht immer unter die geächteten Dinge gestellt hätten; wenn sie nicht Schmeicheleyen, wären sie auch noch so niedrig gewesen, lieber angehört und sich hochaufgebläht hätten, beym Wahne, daß nichts davon übertrieben worden sey und man ihren Talenten nur volle Gerechtigkeit habe widerfahren lassen, indeß doch keine Wahrheit unzerknickt unter ihrem Schloßthore hineinkriechen konnte. Denn sie schauderten schon, wenn nur in der Ferne eine Miene gemacht wurd, ihnen etwas ge-

Gg

rabe heraußzusagen; sie warfen zu Boden, was aufrecht stehen wollte, und jedes Lüftchen, das ihnen etwas gerade zu ins Gesicht wehte, ward jämmerlich gescholten; obgleich keine Furcht lächerlicher gefunden werden mag, als die Furcht vor Wahrheit, so besaßen sie solche doch in hohem Maaße, und ließen sich lieber von der Schmeicheley die elendesten Dinge vorgaukeln; zum Beweise, daß die Niederträchtigkeit der Sklaverey auch den letzten Grad des Unverstandes nicht scheut.

„Unglücklicher Weise (Neue Hyperbor. Brief. S. 23.) bleiben sie fast immer hinter ihrem Jahrhunderte zurück. Unglücklicher Weise glauben sie nur Rechte zu haben, von ihren Unterthanen nur Pflichten verlangen zu dürfen. Die öffentliche Meynung, die sich kühn gegen dieses Vorurtheil erklärt, scheint ihnen jacobinisirt zu seyn. Daher ihre bis zum Lächerlichen gehende Angst bey jedem ernsthaften Widerstreben gegen Unterdrückung; daher ihre Bemühung den Druck noch zu vergrößern, anstatt ihn zu erleichtern, daher ihre Sorgfalt jede freymüthige Vorstellung, als einen unerlaubten Eingriff in ihre allerhöchsten Gerechtsame mit Härte abzuweisen; daher die ernsten Anstalten gegen den geringsten Auflauf, der durch bloßes gütiges oder nachdrückliches Zureden zu verhindern war; daher das Besolden ehrloser Spione und

Angeber, welche die arglosesten Aeußerungen, selbst freundschaftliche Herzensergießungen, zu Landesverrath stempeln; daher endlich der Haß gegen religiöse und bürgerliche Aufklärung, welche als die Stifterin alles Unheils in der Gesellschaft angesehen wird, weil sie Menschen ihre Würde kennen lehrt und Sklaven zu Staatsbürgern erhebt."

Mächtig seufzten die Menschen unter der Verstandeslähme ihrer Regenten und ihrer eignen. Immer ward ihnen Staub in die Augen gestreut, sie ahndeten kaum die Möglichkeit mit hellen und klaren Augen sehen zu können. Zwar mußte auch von der Zukunft noch manches Staubförnchen herausgerieben werden; ein Unternehmen, das stets um so schwieriger und mißlicher war, je mehr Jene dies auf der andern Seite zu verhindern und neue Staubwolken zu erregen suchten, um die Sehkraft ferner zu schwächen und die Stricke nicht wahrnehmen zu lassen, an denen sie die Welt führten. Der Kampf war mächtig und gräßlich, die Anspannung auf beyden Seiten gleich groß, das Schicksal mußte entscheiden, wem die Palme zu Theil werden sollte. Nie durfte Jenen getraut werden; sie waren die Volksverführer, indem sie ihren Widersachern diese Benennung beylegten; sie stempelten mit den Namen von Bösewicht und Verräther den, der es wagte Widerstand zu leisten, oder sich ihrer Eigensucht entgegen zu stellen; und verbargen vor sich selbst, daß es nur ihre Selbstsucht war, die vor jeder Veränderung zurückbebte. Geängstigt bey dem Anschein einer neuen Wendung der Dinge, arbeiteten sie mit allen Kräften die Sache stets ins alte Gleis zurück zuleiten und fürchteten das Rauschen jedes Blattes als einen Dieb, der ihnen das Diadem stehlen wolle. Ihre Macht stritten sie von der Gottheit ab, um auf Erden keine Rechenschaft davon geben zu dürfen, sie heuchelten Volkswohl vor und gaben sich für die Aufseher der Glückseligkeit aus; sie hätten nur rasch herabsteigen dürfen, wenn es ihnen damit ein Ernst gewesen wäre, die Wünsche desselben zu befriedigen. Sie hätten nur sagen dürfen: Wohlan, hier ist der Regimentsstab zurück, damit ihr nicht glauben mögt, es sey uns nur um Eigenvortheil zu thun; ihr scheint euch einmal dahin zu neigen und Opfer von uns zu verlangen, es ist unsre Pflicht zu gehorchen und zu zeigen, daß uns stets euer wahres Wohl am Herzen lag. .... Aber dies fiel ihnen nicht bey. Hochverrath war es ihnen schon, nur zu denken, daß die unterjochte Menschheit erwachen, ihre Kräfte sammeln und die Fesseln ungeahndet zerbrechen dürfte. Sie dachten wie Maria von Medicis, die bey der ausgebrochnen Empörung noch behauptete, es sey schon Hochverrath, auch nur zu glauben, daß eine Empörung möglich sey. Sie redeten von Rebellen aus dem Grunde, weil man sich der rechtmäßigen Obrigkeit nicht widersetzen dürfe; da doch dies ja eben noch der streitige Punkt war, und jene diese Rechtmäßigkeit nicht gelten ließen, folglich auch nicht vor ihr, als Richter und Parthey zugleich, gerichtet werden konnten. Ich allein bin der Staat, sagte Ludwig XIV., und wer sich mir widersetzt, stört die göttliche Ordnung, eben weil er sich mir widersetzt. Aber das war es eben, was erst entschieden werden sollte. .... Sie gaben dies jedoch nicht zu; denn da sie schlechterdings kein Gesetz anerkannten, als das, welches ihre Laune aufgestellt hatte, so war ihr Kriminalkodex klar und kurz, und die Schärfe des Schwerts war schnell bey der Hand jeden Knoten zu lösen. Daher erlaubten sie sich alles und streckten ihre frevelnden Hände über die Gesetze aus, die über ihrer Macht erhaben waren, und welche die Natur in die Brust jedes Menschen gelegt und zur allgemeinen Annahme gebracht hatte. Die Regeln jener Menschen trotzten ¡ der Empfindung und dem Gefühle der Gerechtigkeit aller Andern. Ihre Kabinetsränke waren so ungeheuer, als sie eine verderbte Phantasie nur erbeuten konnte, und für ein Spielzeug galt ihnen die gesammte Menschheit. Edelmuth konnte nie auf den dürren Boden der Kabinetsverhandlungen fortkommen und das Völkerrecht ward so öfters verhöhnt und umgemodelt, daß zuletzt nur noch die Frage übrig blieb, ob es denn wirklich ein solches auch gebe.*) Es galten durchaus keine geraden Wege mehr, selbst da, wo sie am zuträglichsten waren; hätte man sie auch nur vermeiden sollen

---

*) „Es ist zu verwundern, daß man das Wort Recht nicht gerade zu aus der Kriegspolitik als pedantisch verbannt hat; denn noch werden Hugo Grotius, Puffendorf, Vattel (lauter leidige Tröster,) obgleich ihr Kodex, philosophisch oder diplomatisch abgefaßt, nicht die mindeste gesetzliche Kraft hat, oder auch nur haben kann, (weil Staaten, als solche, nicht unter einem gemeinschaftlichen äußern Zwange stehen,) immer treuherzig zur Rechtfertigung eines Kriegsangriffs angeführt, ohne daß es ein Beyspiel giebt, daß jemals ein Staat durch mit Zeugnissen so wichtiger Männer bewaffnete Argumente, wäre bewogen worden von seinem Vorhaben abzustehen. Diese Huldigung, die man dem Rechtsbegriffen leistet, beweist also eine moralische Anlage im Menschen, ein Prinzip, von dem er fühlt, daß er sich darnach richten sollte; denn sonst würde er über das Wort Recht nur spotten." Kant zum ewigen Frieden. S. 718.

um für keinen Unwissenden in der Diplomatie gehalten zu werden. Und doch ist Politik die Moral der Staaten (Würzers Charakterist. Friedr. II. im Pantheon d. Deutsch. S. 331.,) und darf also den Grundsätzen der allgemeinen Sittenlehre nie widersprechen; wenn wir anders nicht behaupten wollen, tugendhaft zu seyn gehöre blos für Privatpersonen in ihren Verhältnissen als Mensch und Unterthan betrachtet, den Staaten aber und ihren Repräsentanten sey es erlaubt unmoralisch zu handeln. Keine Staatsräson kann je zur Uebertretung allgemeiner Menschenpflichten berechtigen. Aber unglücklicher Weise wurden diese einfachen Wahrheiten verkannt, seitdem große Staaten bestanden, seitdem in ihren Streitigkeiten nicht Recht, sondern Stärke entschied; seitdem durch Erbrecht und auswärtige Verbindungen das Interesse der Mächte so verwickelt worden war. Ganz Europa ist jetzt unter einer kleinen Anzahl von Familien getheilt, an deren Zwistigkeiten die Völker wider ihren Willen Theil nehmen müssen; Und Menschen werden nach einer eingeführten Erbfolge oder nach dem Inhalte alter Hausverträge „wie leblose Sachen, oder wie Zug- und Schlachtvieh vererbt."

Um das Schreckenssystem zu zerstören führten diese Regierer selbst ein entgegengesetztes Schre-

chenſſyſtem ein; um die Demagogenſucht zu erſti‑
cken, wurden ſie verfolgungsſüchtige Ariſtogogen;
um die Volkskabalen zu zernichten, erlaubten ſie
ſich der feinſten Hofintriken; um den verfolgenden
Sansculottism zu verbannen, verfolgten ſie ſelbſt;
um die Unmaaßungen der Anarchiſten zu zerbauen,
maaßten ſie ſich ſelbſt alles an; um den übertrieb‑
nen Begünſtigungen der Gemeinen zuvor zu kom‑
men, führten ſie ſelbſt die Privilegien ein; um
Jene nicht herrſchen zu laſſen, drückten ſie ſelbſt
mit blyernem Scepter alles nieder; um die Ein‑
kerkerungen des Pöbels zu hemmen, kerkerten ſie
ſelbſt ein; um den Brand zu löſchen, ließen ſie
ſelbſt anzünden; um die Vernunft wieder auf den
rechten Weg zu führen, leiteten ſie dieſelbe auf
Abwege; um dem Blutvergießen Einhalt zu thun
ſchickten ſie ihre Würgengel aus; um Frieden
herzuſtellen, fingen ſie Krieg an; um die Sicher‑
heit zu befeſtigen, privilegirten ſie die Buſchklep‑
perey; um die Freyheit der Meynungen zu gräu‑
den, ſollte Niemand ein Wort reden dürfen; um
das Denken zu erleichtern, errichteten ſie Inquiſ‑
ſitionstribunale; daß ſich die Menſchen nicht
mordeten, befahlen ſie das Morden an; um die
Revolutionsgerichte zu verjagen, ſannen ſie auf
Hochverrathsprozeſſe; um die Guillotine abzu‑
ſchaffen, ließen ſie Galgen bauen; um den Sit‑
tenverfall zu hemmen, ſchickten ſie Spione aus;

um die Nahrungslosigkeit abzuwehren, brachten sie
den Handel in allgemeine Stockung; um den
Wohlstand zu befördern, legten sie Kriegssteuern
auf; um der Verzweiflung zuvorzukommen, ließ
ßen sie plündern; um die Gerechtigkeit zu handhaben, thaten sie Machtsprüche; um die Gesetze
zu heben, schlachteten sie im finstern; um den
Staat zu retten, brachten sie ihn dem Bankrut
nahe; um reich zu werden, borgten sie; um sich
die Regierungssorgen zu erleichtern, luden sie
sich durch Ländertheilung neue auf die Schultern;
um die Diebe zu schrecken, raubten sie selbst;
um Ueberfluß hervorzubringen, nahmen sie den
Landmann vom Pfluge weg; um den Fleiß zu
fördern, errichteten sie faullenzende Heere; um es
hell zu machen, löschten sie alle Lichter aus; um
den Adel zu retten, verläugneten sie den edlen Geist; um Recht zu behalten, verboten sie
das Widersprechen; um groß zu bleiben, vergaß-
sen sie die wahre Größe; um sich zu erhöben, ließen sie sich die niedrigsten Dinge zu Schulden kommen; um nicht niedergedrückt zu werden, drückten sie alle Welt nieder; um Regierungsunordnungen abzuwenden, machten sie Regierungsunordnungen; um die Jacobiner auszurotten, wurden sie Tollhäusler; um der Verläumdung zu
wehren, verläumdeten sie unaufhörlich; um sich
nicht zu verbrennen, verboten sie das Feueranschla-

gen; um durch freye Gedankenmittheilung keine Irrthümer im Umlauf kommen zu laſſen, verbannten ſie die Redefreyheit ſchlechthin; um die Wahrheit zu fördern, traten ſie mit dem Teufel in Bund; um das Böſe zu erſticken, war ihnen keine Unthat zu geringe. Ihre Sache machten ſie zur Sache der Ordnung, der Religion, der Tugend, des Volksglücks und der Wahrheit. Ihre Gegner waren Feinde der Menſchheit und es ward gar nicht nöthig befunden dieſelben nur zum Worte kommen zu laſſen, eben weil ſie die Gegner waren. Ihre Rechte aber kamen vom Himmel, und kein Sterblicher durfte ſich ihnen daher widerſetzen; wie konnten ſie alſo Rechenſchaft davon geben wollen. Beſtätiger dieſer Wahrheiten ſtanden ihnen ſtets an der Seite, und der Zweifler ward beſtraft, eben weil er zweifelte. „Hätte die Peſt Aemter und Würden und Penſionen zu vergeben gehabt, ſie würde bald Vertheidiger finden, die ſchön bewieſen, daß ſie göttlichen Rechts, und daß es Sünde ſey, ſich ihren Verwüſtungen zu widerſetzen." Wie ſollten undenkende Sklaven, die wie träge Auſtern an Felſenbänken ſich anklammern mußten und unſelbſtſtändig nicht allein umherſchwimmen konnten, nicht mit ſchauderhafter Ehrfurcht von dieſen Scepterſätzen reden und Wehe über den Zweifler ſchreyen. Mit dem Lächeln der Selbſtgenügſamkeit wurden ihre unwiderſprechlichen Beweise aufgenommen und dem Volke in Manifesten und Hofdekreten nahe gelegt, die um so unwidersprechlicher waren, weil schon zum voraus zu verstehen gegeben ward, wie man jede Einwendung aufnehmen würde. Willkommen waren ihnen die Eingebungen ihrer Handlanger und ihr eifriges Bestreben gieng sogleich dahin, die Namen und Begriffe der Freyheit, der Gleichheit und des Rechts zu übertreiben, herabzuwürdigen, lächerlich zu machen und so zu verunreinigen, daß kein ehrlicher Mann sie mehr in den Mund nähme. Angenehm war ihnen der Spott über Menschenrechte und Volkswürde; der Sinn ward verdreht, und weil es Schwachköpfe gab, die dieß thaten, so mußten Alle, welche jene Worte brauchten, Schwärmer, Elende und Wichte seyn. Man jubelte nun hoch auf, der Sieg schien ihnen errungen. Die Tyrannen der Menschen, die Kinder der Finsterniß, die Hasser der Menschheit, die Blödsichtigen, die alle Menschen blödsinnig hätten machen mögen; die Anmaaßer, die jeden Druck heiligten und jeden Widerstand, jeden Versuch auch frey zu seyn, als verrätherisch zu Boden schlugen; die Feigen, die für die Wahrheit zitterten und die Blicke Andrer scheuten; die Eigennützigen, denen es gleich war, ob tausend Irrthümer unentdeckt blieben, wenn nur ihr gewinnsüchtiges Spiel nicht gestört ward; alle diese

Feinde, Henker und Kronenträger durchwiehertem die Lüfte, denn sie schienen am Ziele zu seyn. Und nun ward schnell festgesetzt, daß alle Menschen, welche über die Vernichtung des grauen Despotismus in Frankreich ihren Beyfall bezeugten, überall auch Mord und Brand wünschten, und weil sie es wünschten, auch allenthalben wirklich Gräuel hervorzubringen und Feuer anzulegen suchten; weil sie vieles billigten, daß sie auch nun alles billigten; weil sie, der Denk- und Redefreyheit das Wort sprachen, daß dieselbe ein höllisches Vehikel sey u. s. w.

Es möchte wohl aus der Erfahrung hervorgehen, daß der Dummkopf der schlechteste Regent unter Allen war; er verstand nicht einmal gute Minister zu wählen, die seine Einfalt hätten ersetzen können; ja, er jagte vielmehr die guten weg, die ihm vielleicht sein Vorgänger hinterließ, und pflanzte Kreaturen um sich herum, die ihm an Narrheit glichen, oder sich durch List und Ränke, welche seinem Stumpfblicke undurchschaulich waren, an ihn anlebten. Selbstthätig konnte er nicht seyn und ward, des Guten unfähig, eine Maschine in der Hand des Lenkers. Schwerlich dürfte der Selbstherrschende, obgleich mit überwiegenden schädlichen Neigungen begabte, mehr Böses thun, als Jener. Er schaute doch selbst umher, und hielt wenigstens, wäre es auch nur aus Stolz und Glanzsucht geschehen, auf die Kraft seines Reichs; er handelte nach Gründen und Maximen, und ließ das Staatsschiff nicht so ungewiß hin und her schwanken; er arbeitete doch selbst und änderte nicht den Gang der Politik ohne Noth und Regel aus bloßer Schwäche um; er ersetzte wenigstens den Schaden seiner Despotie zum Theil scheinbar und gab sich deßhalb Mühe; sollte es auch blos um der Flitter und Lorbeern willen seyn, womit er den Thron behieng. Der Schwache hingegen ließ es immer gehen wie es gieng, nahm seinem Volke alles, ward ebenfalls noch obendrein zum Despoten, und gab ihm dafür gar nichts wieder, nicht ein buntes Bändchen, womit es sich hätte behängen können. Kabalen und Bestechungen hatten hier ihren vollen Spielraum; es gieng Sturz auf Sturz, und Schlag auf Schlag, alles wirbelte durch einander. Er selbst konnte nie mit dem Schwerdte drein schlagen, er sah und hörte nicht, er begriff nichts; nur dann, wenn seine Regierer ihn wie einen Harlekin mit Fäden zum Bewegen an Händen und Füßen zogen, wenn sie ihn am Arme zuckten, so schlug er einmal zu, und hörte wieder auf, wenn jene nachließen. Dann kam es drauf an, wenn es durch Kunstgriffe gelang, die Stufen des Throns zu erklettern, am nächsten an seiner Seite zu stehen und die Lenkseile zu erhaschen. So ein Mensch, oder so eine Parthey lenkte dann das ganze Land; und weil ein solcher Stand immer prekär und schlüpfrig war, so suchte auch jeder diese ephemerische Regierung auf alle Art zu genießen, und dann gieng es bunt über Eck. Da gab es Despotism aller Art, nicht allein des Fürsten, sondern der witzigen Zwerge, die um ihn herum wirbelten, und welcher um so schlimmer war, sich in tausend Kanäle zertheilte und wie Quecksilber überall durchfraß. Kamen nun Weiber mit ins Spiel, wie das gewöhnlich der Fall war, so erhielt das Werk die Krone; denn Weiber taugten fast eher auf dem Thron, als neben dem Throne. Dann häuften sich die Sultanismen, Bedrückungen und Abgaben, und das Land kam an Bettelstab, wäre es auch ein Paradies. „Alles was je nur eine Regierung (Risbeck's Br. ein. reif. Fr. Th. 2. S. 336.) von Pfaffen, Mätressen, natürlichen Fürstensöhnen, Parvenüs, Projekteurs, Kastraten, Bankerutiers und dergleichen ausgezeichnet hat, fand man in der Pfalz wie in einem Kompendium beysammen." Dem Menschenfreunde durfte es dann nicht verdacht werden, wenn er darüber manchmal bitter spottete und so vielem Unsinn ein fast menschenfeindliches Lächeln entgegenstellte. „Auf dem Wege von Kassel nach Marburg, spricht daher Campe, kommt man bey einem Landgräflichen Lustschloſſe vorbey, welches zum Behufe der Reiherbeitze angelegt worden iſt. Es giebt in dieſer Gegend eine große Menge Reiher, die man durch Fallen fangen läßt. Letztere hat man ſo abzurichten gewußt, daß ſie ſich von der Hand des Jägers in die Luft erheben, um eines Reihers anſichtig zu werden, alsdann wie der Blitz auf ihn herabſchießen und ſich mit ihren Krallen ſo feſt an ihn anklammern, daß er weder entfliehen, noch ſich von ihm losmachen kann. Auf die Abrichtung und Unterhaltung dieſer Falken wird viel Geld verwandt. Mir fiel hierbey der Gedanke ein, ob in unſern erfindungsreichen Zeiten ſich nicht irgend ein Mittel ausfindig machen ließe, das anſehnliche Heer der Bettler, wovon die meiſten Länder wimmeln, dergeſtalt abzurichten, daß ſie, etwan wie die Falken oder Jagdhunde, die großen Herren in denjenigen Stunden, in welchen ſie von ihren großen Sorgen und Arbeiten ausruhen wollen, amüſiren könnten, weil dieſes unſtreitig das ſicherſte Mittel zu ihrer Verſorgung ſeyn würde. Oder ob nicht umgekehrt die großen Herren ſelbſt ſo abgerichtet werden könnten, daß ſie am Wohlthun, an der Beglückung ihrer Nebenmenſchen und beſonders ihrer Unterthanen eben ſo viel Vergnügen fänden, als ihnen jetzt ihre Falken, Windſpiele, Papageyen und Affen gewähren...." Jener Landgraf gehörte freylich schon mehr unter die **klugen Tyrannen**, der selbst arbeiten gelernt hatte, und wohl wußte, welch ein gefährliches Ding das Licht wäre; weswegen er auch dem Bibliothekar Cuhn eigends versicherte, er wolle ihn die Aufklärung aus dem Kopfe bringen.

Die schrecklichen Launen dieser Klasse nahmen sich auch dergestalt aus, daß dem Zuschauer grün und blau vor den Augen ward. Sie machten ihre Völker zu Wetterfahnen, die sich drehen mußten, wie jene bliesen, und ein einziger Hauch stürzte oft ganze Generationen ins Unglück. Philipp II. von Spanien konnte als Ideal dieser Art gelten, den sich die Uebrigen getrost zum Muster nehmen dürften. Ein Mensch, dessen Leben eine Kette von Ehebrüchen, Giftmischungen, Blutschande und Kindermorden ausmachte, und der doch unaufhörlich auf die Sache Gottes und der Kirche eiferte. Auf allen Landstraßen der Niederlande setzte er die Galgen von Spanien, auf allen Plätzen brannten Scheiterhaufen; wer irgend einem hölzernen Heiligen eine schiefe Mine machte, den ließ er schlachten; er beeiferte sich möglichst die Mordfackel überall anzuzünden, Unheil aus allen Enden herbeyzuziehen und erwarb sich den schönen Namen des Ungeheuers in Süden.... Allemal war es schrecklich, von der Laune des Einzelnen abzubüßen. Im siebenjährigen Kriege verspritzten die Russen gegen Preussen ihr Blut; plötzlich wandte sich alles und sie standen gegen die Oesterreicher. Aber auch dies dauerte nicht lange, und wäre nicht der Friede dazwischen gekommen, so hätten sie von neuem gegen erstes sich entflammen müssen. Erst hieß es: Auf! gerathet in Wuth gegen diese!.... Auf einmal lautete es: Nein, besänftigt den Zorn; gegen Jene sollt ihr rasen; so will ich. .... Dann ertönte es von neuem: Haltet ein! euer Aerger rege sich nur gegen die Erstern wieder...... So ward gespielt mit dem Volke, mit seinen Leidenschaften, mit seiner Hitze. Den Herrscher kümmerte es nicht; er büßte nicht für seinen Unsinn, aber jenes setzte er zwiefachen Staupen aus.*) Schon ein erträglich eingerichteter Senat durfte nicht so bitter mit dem

---

*) „Alle monarchische Regierungen sind kriegerisch; Krieg ist ihr Handel; Beute und Revenüe ihr Zweck. So lange solche Regierungen dauern, ist der Friede keinen Tag gesichert. Was ist die Geschichte aller monarchischen Regierungen anders, als ein abschreckendes Gemählde menschlichen Elends, und eine zufällige Frist von wenigen Jahren Ruhe? Erschöpft durch Kriege, von Menschenmetzeln ermüdet, setzen sie sich um auszuruhen, und nennen dies Frieden." Paine Th. 2. Vorr. XXIX.

H h

Glücke des Individuums spielen. Ein einzelner Schwachkopf konnte nicht so leicht entscheiden; wes der die krüppelhafte Erziehung ,eines Einzelnen, noch die schwache Vorstellung e i n e s Mannes vermochte den Staat so plötzlich in eine andre Form zu drängen. Nicht so leicht war es möglich entgegengesetzte Anschläge durch zu führen; der Gang blieb sich gleicher. Die Regierung starb nicht plötzlich und machte einer andern Platz; die Laune war nicht so abwechselnd, wie bey der Einzelherrschaft, wo der Thronerbe durch gegentheilige Kaprisen sein Volk auf die' andre Seite schleuderte. Hier schloß der Fürst oder sein' Prinz eine Heyrath mit einer andern Fürstentochter; auf einmal änderte sich die Politik; vielleicht auf eine Seite, wobey das Land zu kurz kam. Dort hatte ein Alleinherrscher einen persönlichen Haß wider jenen Fürsten, weil vielleicht dieser ein Epigramm auf ihn gemacht hatte, wodurch sich derselbe wider den andern in Verbindungen einließ, nicht weil es das Wohl des Landes erforderte, sondern sein Aerger es so haben wollte. Noch wo anders ward der Purpurträger auf eine besondre Art geschmeichelt und gefützelt; er lenkte sich dahin, weil seine Privatneigungen ihn hinwiesen, nicht die Politik. Rosenkreuzer waren fähig das System des Kabinets zu ändern, weil sie nur Einen zu gewinnen brauchten. Der englische Hof war in den ersten schlesischen Kriegen in allem genügt, was Oesterreich verlangte; ja er that noch mehr, er schloß einen Offensiv- und eventuellen Theilungsvertrag, und das alles, weil Georg einen persönlichen Haß gegen Friedrich hegte. Mit der rußischen Elisabeth war es der nemliche Fall. .... Da aber, wo die Stimme eines Einzelnen, aus Privatleidenschaft erhoben, gewichtlos verhallte, konnte auch eine so unnatürliche Wendung aus so unnatürlichen Gründen nicht Statt finden. Die Bestechungen der Leidenschaften, des Hasses, der Vorliebe, des Geldes, waren bey Vielen immer schwerer und seltner zu bewerkstelligen; Anstatt daß der Monarch nur sagen durfte: Auf! dorthin! .... und das Ganze lenkte sich dahin, wo jener mit den Augenwimpern hinwinkte. Sprach er wieder: Nein, umgekehrt! .... so kehrte sich alle Welt um.

Diese Spielereyen erregten von jeher ein Staunen über die Geduld der Menschen und ihre Stumpfheit. Nur der höhern Ausbildung blieb es vorbehalten diesem Staunen die Gelegenheit zu benehmen. Die unselige Gewohnheit der Großen, ihr eignes Interesse als abgesondert vom Interesse des Staats und des Volks zu denken, erzeugte diese Untugenden. Immer betrachteten sie ihre Untergebnen gleichsam als Widersacher, mit denen sie beständig im Kampfe liegen müßten. Inselhaft abgesondert in der Mitte derselben, wähnten sie auch einen eignen Anspruchtober zu besitzen, in welchem ihr Gott insgeheim ihre Befugnisse auf dem wolkenumhüllten Berge mit eignen Fingern verzeichnet habe; indeß das Volk in erschrockner Andacht unten am Gebirge kniete und das glänzende Antlitz bewunderte, mit dem sie herabstiegen. Der jämmerlichste von ihnen wähnte immer noch, der Himmel habe ihm seine Vorrechte zum Pathengeschenke eingebunden, und die Wirkung sey unfehlbar, jedermann zu blenden, sobald er die Decke vom Angesichte ziehe, womit ihn auf Anrathen der Gottheit seine Erzieher behiengen. „Alles was Sie sehen, gehört Ihnen zu,“ sagte der Hofmeister zum jungen Ludwig XV., als er aus dem Fenster sah. .... „Wenn ihr (Knigge Nolbmanns Geschichte der Aufkl. in Abyssin. Th. 2. S.) einen Blick in die Geschichte werfet und da leset, wie die Beherrscher der Völker in allen Zeitaltern stufenweise weiter gegriffen haben, von einer Gewaltthätigkeit zur andern fortgeschritten sind; bis zuletzt ganze Völker sich und Gottes Erdboden, den sie bebaut hatten, als das Eigenthum eines höchst elenden Menschen ansahen, der ihnen nach Belieben Gesetze gab, die er selbst nicht hielt, und, wenn er einmal einen Ueberrest von Menschlichkeit und Pflichterfüllung zeigte, dies den Leuten, welche ihn ernáhrten und beſchützten, für überſchwengliche Gnade und Huld verkaufte; wenn ihr das überlegt, ſo werdet ihr die Nothwendigkeit einſehen, bey Gründung einer Konſtitution auch die entfernteſte Möglichkeit, wieder unter das Joch der Tyranney zu kommen, aus dem Wege zu räumen. ...." So war es kein Wunder, wenn ſie ſich über alle Regeln, die die gemeine Welt bände, erhaben hielten und wähnten, es ſey eine ewige Scheidewand zwiſchen ihnen und den Unterthanen. Sie konnten nicht glauben, daß die fürſtliche Würde ein Stand wäre, der durch menſchliche Verfügungen, ſo wie der Stand eines Generals oder andern Aufſehers, aufgekommen ſey, und wozu nach der einmal geltenden Ordnung blos die Geburt den äuſerlichen Beruf mache; ſondern es mußte dem ſterbenden Ludwig XIV. der Beichtvater gegen ſeine Gewiſſensbiſſe mit dem Ausſpruche beruhigen: daß das Leben und Vermögen der Unterthanen ja ſein Eigenthum ſey; und Karl I. von England ließ durch ſeinen Prediger beweiſen, daß die göttlichen Geſetze von den Unterthanen verlangten, ſich jeder Fordrung des Prinzen, ſo wenig ſie auch der Ordnung gemäß wären, zu unterwerfen. Und wer noch zur Zeit in Wien mit dem Gegentheile hervorgetreten wäre, wurde ungeſäumt als Majeſtätsſchänder und

Hochverräther seinen Frevel im Kerker haben büßen müssen.

Nein, so etwas zu denken kam ihnen nicht in den Sinn, sie hielten sich unmittelbar von Gott eingesetzt und glaubten dem Volke keine Rechenschaft schuldig zu seyn. Es ward festgesetzt, daß die Könige der Erde nicht Unrecht thun und zu keiner Verantwortung gezogen werden könnten. Dies kam der Wahrheit in so fern nahe, als sie auf diese Art unter die Blödsinnigen und Wahnwitzigen gerechnet wurden. .... Das Individuum sey blind gebohren, behaupteten sie ferner, und dürfe sich nicht rühren; es sey bestimmt ewig ein Hase oder Esel zu bleiben, indeß sie die gebohrnen Löwen oder gar Tiger wären, die mit den schwächern Thiergeschlechtern ihr Spiel nach ihren Gelüsten treiben könnten. Sie ließen sichs von ihren Untergebnen angeloben, nie etwas an der herkömmlichen Verfassung, bey der ihnen so wohl war, zu ändern; um dann mit jedem, der diese wuchtenden eiserne Halsbinde ablegen wollte, den Hochverrathsproceß vornehmen zu können. Und doch wäre die Klausel im gesellschaftlichen Vertrage (Fichte üb. Rev. S. 104.,) daß er unabänderlich seyn solle, der härteste Widerspruch, gegen den Geist der Menschheit. Ich verspreche an dieser Staatsverfassung nie etwas zu ändern, oder

ändern zu laſſen, heißt: ich verſpreche kein Menſch zu ſeyn, noch zu dulden, daß, ſo weit ich reichen kann, irgend einer ein Menſch ſey. Ich begnüge mich mit dem Range eines geſchickten Thieres. Ich verbinde mich und verbinde Alle, auf der Stufe der Kultur, auf die wir hinaufgerückt ſind, ſtehen zu bleiben. So wie der Biber heute eben ſo baut, wie vor tauſend Jahren, ſo wollen auch wir und unſre Nachkommen nach Jahrtauſenden unſre Denkart, unſre theoretiſchen, politiſchen, ſittlichen Maximen immer ſo einrichten, wie ſie jetzt eingerichtet ſind. .... Ein ſolches Verſprechen konnte nicht gültig ſeyn; der Menſch durfte das nicht verſprechen, und er hatte kein Recht auf ſeine Menſchheit Verzicht zu thun. ...."
Aber ſie hielten ihn für ein Machwerk, deſſen Räder man ſtellen könnte, je nachdem es belagte. Murren müſſe man und nur ſtrafen, damit ihm Luſt und Kräfte zum Handeln vergiengen. Aufklärung ſey dem Volke ſchädlich, es mache üblen Gebrauch davon d. h. es beleuchte ihre Aufführung und Rechte. Deswegen verſteckten ſich dieſelben vor ihm in einen dichten Nebel, und regierten von da aus durch Machtſprüche und durch: wolltens euch nicht bergen. Wie ein menſchenfeindlicher lichtſcheuer Genius lauerten ſie im finſtern Hinterhalte und machten Anſchläge auf die Güter der

Untergebnen und banden Fallstricke zusammen. Wo sie irgend einen Menschen, der sich erkühnte, ihrer Allmacht zu widerstreben, oder eine Menschenklasse, die sich zu fühlen begann, tücken konnten; wo sie Landstände oder andre Gemeinheiten, wenn noch welche da waren, herumzerren konnten, da geschahe es; und eben daß deren noch vorhanden waren, ärgerte sie zwiefach, weil es bewies, daß sich dieselben mußten gewehrt haben. Nichts durfte leben außer ihnen, alles sollte todt und seelenlos um ihnen herumliegen und sie wollten in ihrer eignen Schöpfung allmächtig umhertraben. Der Gemeingeist ward erstickt, denn er schien ihnen gefährlich; alle Gefühle, die nicht auf sie selbst Bezug hatten, suchten sie zu erwürgen; weil da, wo Selbstgefühl war, schon weniger maschinenmäßiges Statt finden konnte, woran ihnen doch alles lag. Denn die Stärke des Charakters ihrer Unterthanen, war das größte Hinderniß ihrer Herrschsucht und ihre natürliche Feindin; sie bestrebten sich den Staat im eigentlichen Verstande zur Maschine zu machen, wovon ihr freyer Wille allein die Seele seyn sollte, und wo alle Thatkraft der untergeordneten Glieder unterdrückt würde. Je feiner, listiger und verwickelter sie ihre Maaßregeln ergreifen konnten, desto lieber war es ihnen, denn um so sichrer konnten sie ihrer Laune alles zum Opfer bringen. Es schien ihnen

Thorheit, das Volk durch Ueberzeugung, Liebe und Freymüthigkeit zu leiten, oder mit ihm gewiße Verbindlichkeiten einzugehen und den Vortheil als einen einigen zu betrachten. Durch unverständliche Machtbefehle beherrschten sie es aus ihren Kabinetten, hielten es stets für verdächtig, bauten ihre Gewalt auf List, verabscheuten alle geraden Wege, traten es mit Füßen, zapften ihm die letzten Blutstropfen ab, wozu gewöhnlich Verschwendung und Wollust trieb, und glaubten daß im Himmel ihnen besondre Plätze eingeräumt werden würden, um sich vom Gesindel zu unterscheiden. .... So dachten und handelten die Despoten aller Welttheile, und wenn sie im Abendlande eine feinere Maske vornahmen, so waren sie uns desto gefährlicher. *)

---

*) „Die Grundsätze des europäischen, wie des asiatischen Despotismus, gehen auf unumschränkte willkührliche Herrschaft. Der asiatische Despot fordert Eigenthum, Blut und Leben seiner Unterthanen, blos weil er Herr ist: Der europäische Despot hält sich aus gleichem Grunde dazu berechtigt; nur wagt er es nicht immer, sich öffentlich auf das Recht des Herrschers zu berufen. Das Beste des Staats muß ihm zum Vorwande dienen, wenn er seine ausschweifenden Leidenschaften zu befriedigen sucht. Jener läßt seine Völker von habsüchtigen Großen auf alle ihnen selber nur

Alle diese Grundsätze wurden als heilige Geheimnisse betrachtet, die man sorgfältig dem Pöbel

---

gefällige Weise berauben; dieser wendet die klügsten Mittel an, um seine Unterthanen regelmäßig und so viel möglich, unmerklich zu plündern. Jener sieht den Räubern des Staats so lange zu, bis sie die Reichthümer ganzer Provinzen an sich gezogen haben, und, läßt sie dann, um allen Widerspruch bey Einziehung ihrer Güter zu vermeiden, ohne Umstände erwürgen; dieser hält es für vortheilhafter mit den Dienern seiner Ungerechtigkeit den Raub zu theilen und diejenigen, die den meisten Eifer und die meiste Geschicklichkeit in Beraubung der Unterthanen beweisen, zu ihrer und Andrer Aufmunterung mit Ehrenzeichen und Gnadenbezeugungen zu überhäufen. Jener behauptet an keine Staatsgesetze gebunden zu seyn; dieser beschwört die Grundgesetze des Staats, hält aber seinen Eid nur insofern und so lange, als ihm die Beobachtung der beschwornen Pflichten zuträglich scheint, ja er weiß es auch wohl durch verdeckte Ränke oder mit offenbarer Gewalt dahin zu bringen, daß diese ihm lästigen Grundgesetze zu seinem Vortheil abgeändert oder völlig umgestoßen werden. Jener übt jede Ungerechtigkeit als uneingeschränkter Herr aus, dessen Wille statt aller Gesetze dient; dieser tyrannisirt durch die Gesetze selbst, er mag nun die Aussprüche der Gerichtshöfe zu sei-

verbergen müsse. Da entstanden dann die grellen Auftritte unter sich und ihren Familien, die

---

nen Absichten lenken, oder unmittelbar durch einen Machtspruch entscheiden; er mordet mit dem Schwerdte der Gerechtigkeit. Jener verdammt die Sklaven, die er beherrscht zu einer viehischen Unwissenheit, um zu verhindern, daß nie der Gedanke an Freyheit in ihren Seelen aufsteige, verbietet in seinen Ländern die göttliche Kunst, durch die die Werke des Geistes ins unendliche vervielfältigt und nützliche, aber dem Despotismus gefährliche Einsichten unter alle Klassen der Gesellschaft verbreitet werden, und setzt freyem Räsonnement die Furcht vor Martern und Todesstrafen entgegen. Und dieser?.... Sind noch in seinem Staate Unwissenheit und Aberglaube herrschend, so sucht er denselben ihre Herrschaft auf immer zu sichern, und alle Strahlen der Aufklärung sorgfältig abzuhalten, die eine ihm so wohlthätig scheinende Nacht erhellen könnten. Sind aber Kultur und Aufklärung unter dem Volke, das er beherrscht, nicht mehr unbekannt, dann bemüht er sich, die Fortschritte des menschlichen Geistes auf alle Weise zu hemmen; die Preße wird dem Zwange der Censur unterworfen; freyes Denken in Religionssachen heißt Ketzerey und Gottesverläugnung, und freymüthiges Räsonnement über Staatsangelegenheiten, Gesetzgebung und bürgerliche Frey-

ihre Höfe zu Mördergruben machten, wo der drgs ste Misbrauch der Religion, Freundschaft und

---

heit, wird für zügellose Frechheit ausgegeben, wird als Hochverrath bestraft; auswärtige Produkte des Wahrheitssinnes werden für Kontrebande erklärt; Pedanten und Pfaffen erhalten die gemessensten Befehle dahin zu sehen, daß ja die Jugend früh zum blinden Gehorsam angeführt, ihr Verstand durch Sophistereyen verwirrt und von dem dicksten Aberglauben umnebelt werde, um so alle Geistesfraft in den folgenden Generationen zu erstiken. Jener entzieht sich den größten Theil seines Lebens den Augen der Sterblichen, um, wie eine Gottheit, die unsichtbar den Lauf der Dinge lenkt, verehrt zu werden; rächt jedes unvorsichtige Wort, das einem Unterthan gegen ihn oder seine Regierung entfährt, mit Strang und Pfahl, und sucht in der Menge der ihn umgebenden Trabanten vor jedem Angriffe, den Misvergnügte auf seine Person unternehmen dürften, Sicherheit. Und dieser?.... Nur seiner Titel und seines Ranges glaubt er zu bedürfen, um tiefe Ehrfurcht zu verlangen, und einer glänzenden Pracht, um die Augen des Volks zu blenden. Besoldete Spione weltlichen und geistlichen Standes müssen die Gesinnungen der Unterthanen ausforschen, und Familiengeheimnisse auskundschaften. Die gemäßigsten Ausdrücke eines gerechten Unwillens, die unschuldigsten

Liebe unter dem Vorwande des Besten des Staats gebilligt und geheiligt ward, wo sultanische Expeditionen, Verrätherey der innigsten Freunde, Bruder= und Vatermord, das Spiel der Kabinette war. Da gab es Dirnen und von der Straße aufgeraffte Dübarry's, die mit dem Minister Intriken spannen, um einen ehrlichen Mann, der ihnen im Wege stand, zu stürzen; welche die Stellen verkauften, das Land brandschatzten und

---

Aeußerungen von Unzufriedenheit, die leisesten Wünsche nach einem bessern Zustande werden zu aufrührerischen Reden, zu Verrath und Majestätsverbrechen gestempelt. Die zur Vertheidigung des Landes gegen auswärtige Feinde errichtete Kriegsmacht wird wider die Bürger gebraucht, um sie im strengsten Gehorsam gegen landesherrliche Willkühr zu erhalten, und macht es dem Despoten, für dessen Erhaltung zu viele Unterthranen interessirt sind, unnöthig, seine Leibwache beständig um sich zu haben. Die Despoten des Orient sinken, wenn endlich das allgemeine Mißvergnügen aufs Höchste gestiegen ist, unter den Säbelhieben ihrer eignen Trabanten; das Schicksal der europäischen Tyrannen, wenn endlich die Gebuld der Völker ermüdet ist, steht mit blutiger Schrift in der Geschichte der Revolutionen geschrieben." N. Hyperbor. Briefe S. 73. ff.

der Mittelpunkt aller Bewegung des Hofes waren; deren Launen man studiren mußte, um den günstigen Augenblick zu einer Beförderung oder zur Entscheidung eines Rechtshandels zu erhaschen. Da hielt man mit den Finanzministern, ob und wie der Schmuck oder das neue Haus, oder der neue Garten für die Favorite, oder eine Lustreise, oder eine Parforcejagd bezahlt werden könnte. Da zankten sich die fürstlichen Kinder, Neffen und Basen und Tanten selbst untereinander; da gab es Rangstreitigkeiten und Kabalen und Widersetzlichkeiten und Trotz, Repräsentationen und Protestationen untereinander, die am Ende auf ein Verbot der Erscheinung bey Hofe hinaus liefen und zuletzt sich mit einer Versöhnung endigten, wobey das Land und der Unterthan den Vermittler machen mußte, dadurch, daß es die Spielschulden der fürstlichen Bastarde bezahlte. Denn dazu sey das Land da, bildeten sich diese Halbgötter ein. Da wurden die ehrlichen Leute durch Cachetsbriefe verfolgt, die sichs beyfallen ließen darüber zu murren. Und wenn das Volk über und über geschunden war, so mußte man doch zuletzt noch an die Liebe und den Patriotism der Unterthanen appelliren, sobald der Witz der Höflinge erschöpft war, um durch neue Künste neue Auflagen zu ersinnen und ihnen die letzten Pfennige ohne Appellation aus der Tasche locken zu können.

Wäre doch dieses krasse Gemählde nicht wahr; aber überall zeigte sich's, daß von diesen Grundsätzen, Anmaaßungen, Misgriffen, Bedrückungssystemen und Präsumtionen zur Befugniß eines privilegirten Schlaraffenlebens die Kabinette noch ein reichliches Maaß hatten. Allenthalben klebte noch etwas von diesem Machiavellism, den die Helle des jetzigen Zeitgeistes noch nicht zu vertreiben vermochte. Immer kam es ihnen noch sauer an, durch Ueberzeugung regieren zu müssen; Machtworte und Zwang waren ihnen weit bequemer;*) sagen zu können: ihr müßt!.... schien

---

*) Selbst die Bessern konnten dies nicht lassen, sogar die, von welchen man hätte glauben sollen, daß sie in der Schule misglückter Anschläge duldsamer und billiger geworden wären, wie ein Herzog v. Braunschweig, der seine Würde, seine Pflicht und alle Nachsicht so sehr vergaß, daß er einem rechtsuchenden Unterthan mit eigner Hand Stockprügel gab. Es waren ein paar Landleute, die sich über ihre Vorgesetzten beklagten und sich etwas unbehülflich im Ausdrucke, auf Befragen, wer sie wären, Deputirte ihrer Gemeinde genannt hatten. .... Aber bey weitem übertraf diese fürstliche Schwachheit das Benehmen des Markgrafen von Baaden, gegen den Leibarzt Leuchsenring, den er wegen populärer Grundsätze ohne Untersuchung, ohne Urtheil nach

ihnen weit geschwinder und kürzer zum Ziele zu führen, als erst durch Gründe und Vorstellungen auf dem gemeinsamen Vortheil aufmerksam zu machen. Und der Gedanke, daß die Völker noch insgesammt auf den Einfall kommen könnten, den wechselseitigen Vertrag aufzuheben und sie von ihren Stühlen herabzunöthigen, dünkte ihnen so gräßlich; daß sie sich lieber mit allen Unterthanen unter ihren eignen Schloßtrümmern hätten begraben mögen, als so etwas zuzugeben. Warum dies? Warum war ihnen dieser Gedanke so schauderhaft, wenn es ihr Ernst damit gewesen wäre, nicht für sich, sondern nur fürs Wohl der Andern zu sorgen? Sollte es ihnen nicht gleichgültig seyn müssen, das Verlangen Jener zu befriedigen und herzlich gern die Bürde niederzulegen, die

---

Recht, ohne Anführung eines hierhergehörigen Gesetzen, ohne Menschlichkeit und Vernunft zu fragen, dem österreichischen General überliefern ließ; welcher sich auch so sehr erniedrigte, die markgräfliche Zumuthung zu erfüllen und als ein wahrer Büttel dem, nicht unter militärischen Gesetzen stehenden Leibarzte, wie dem gemeinsten Soldaten, Stockprügel geben zu lassen. Vor dieser schändlichen That galt der Markgraf bey Vielen für einen vernünftigen und gerechten Menschen. Aber es ergab sich, daß er den Fürstenwurm so gut hatte, wie seine Genossen.

man ihnen von den Schultern abnehmen wollte? Wäre es dann ihre Schuld, wenn die Völker ohne sie nicht auslangten? Nein, sie hätten verthan, und Jene möchten sehen, wie sie zurecht kämen; sie hätten es ja nicht anders haben wollen. Aber mit Gewalt, mit Anstrengung aller Kräfte, ja selbst mit dem Blute Jener dies zu verhindern zu suchen, verrieth eben nicht jene Unbefangenheit, die derjenige äußern sollte, welcher von einer Last befreyt und fremder Sorgen und Mühseligkeiten überhoben wird. Oder sträubten sie sich vielleicht gegen diese Zumuthungen, weil sie es nicht über ihr Gewissen bringen konnten, die fürstenlosen Völker so in ihr Verderben rennen zu lassen; weil sie es für Pflicht hielten der Blindheit ihrer Kinder mit Gewalt zu wehren, und ihr unmündiges Geschrey nicht anzuhören? „Und wäre denn also wirklich (Fichte Beytr. üb. fr. Rev. S. 83.) die Möglichkeit und die Leichtigkeit unsrer Kultur bey Gründung und Regierung eurer Staaten euer Endzweck gewesen? Ich sehe eure eignen Erklärungen darüber nach, und so weit ich zurückgehen kann, höre ich euch von Behauptung eurer Rechte und eurer Ehre, und von der Rache eurer Beleidigungen reden. Hier scheint es ja fast, als ob euer Plan gar nicht auf uns, als ob er überhaupt nur auf euch angelegt wäre, und als ob wir in demselben nur als Werkzeuge für eure Zwecke aufgenommen wären. Ober, wo sich eures Mundes eine seltne Großmuth bemächtigt, redet ihr gar viel vom Wohle eurer treuen Unterthanen. Vielleyht, wenn eure Großmuth uns ein wenig verdächtig wird, wo ihr für uns auf einen Zweck ausgebt, den wir selbst völlig aufgeben .... auf sinnlichen Genuß."

Daß man ihnen also jene zärtlichen Besorgnisse zutraue, möchten sie wohl selbst |nicht im Ernste verlangen; aber sollten sie auch so viel Dreistigkeit haben und diesen Glauben fordern; so stand ja ihr Thun und Treiben mit dieser Zärtlichkeit im offnen Widerspruche; wie könnten sie denn Jahrelang ihre Kinder auf die Schlachtbank treiben, und Kriege führen, welche die königslosesten Völker nicht unbefugter beginnen würden; wie könnten sie stets von Hochverrätherehen reden, wenn sie nur aus hoher Aufopferung, nur ungerne, nur wie halbgezwungen und aus bloßem Pflichtgefühle das Ruder des Regiments übernommen hätten? Warum sollten sie denn Umstände machen das Allgemeinbeste auf ihre eigne Unkosten stets zu fördern; wie sollten sie es denn über sich gewinnen können, zu jagen, zu spielen, zu buhlen, zu schwärmen und zu trinken, wenn sie nur aus überwiegender Geistesstärke und heldenmüthiger Entſchloſſenheit Welt und Menſchen glücklich machen wollten; dann hätten ſie ja zu allen jenen Dingen keine Zeit verwenden dürfen, ſie müßten ja dann mehr arbeiten, als der Geringſte tief unter ihnen, denn ſie hätten nur der Arbeit, Mühe und Menſchenbeglückung wegen, im Gefühle eigner Kraft den Komandoſtab übernommen, und jede Minute müßten ſie mit Hintanſetzung ſolcher Dinge, ohne die ſo viele Andre immer leben mußten, gewiſſenhaft verwenden. Sie müßten überhaupt weniger reden, auf ihre Aeuſſerungen nicht ſo viel Prunk verwenden und lieber ihre Thätigkeit für ſich ſprechen laſſen. „Doch vielleicht (Fichte's Beytr. S. 83.) wißt ihr euch nur nicht auszudrücken, vielleicht ſind eure Handlungen immer noch beſſer, als eure Worte. Ich ſpüre demnach, ſo gut es durch das dädoliſche Labyrinth eurer krummen Gänge, durch die tiefe geheimnißvolle Nacht, die ihr über ſie verbreitet, möglich iſt, nach einer Einheit in den Maximen bey euern Handlungen, die ich ihnen als Zweck unterlegen könnte. Ich forſche vor Gott, gewiſſenhaft, und finde .... Alleinherrſchaft eures Willens im Innern .... Verbreitung eurer Gränzen von auſſen. Ich beziehe den erſtern Zweck als Mittel auf unſern höchſten Endzweck, Kultur zur Freyheit; und ich geſtehe nicht zu begreifen, wie es unsre Selbstthätigkeit erhöhen könne, wenn niemand selbstthätig ist, als ihr; wie es zur Befreyung unsers Willens abzwecken könne, wenn niemand in euerm ganzen Lande einen Willen haben darf, als ihr; wie es zur Herstellung der reinen Selbstheit dienen möge, wenn ihr die einzige Seele seyd, welche Millionen Körper in Bewegung setzt. Ich vergleiche den zweyten Zweck mit jenem Endzwecke, und bin wieder nicht scharfsichtig genug, einzusehen, was es unsrer Kultur verschlagen könne, ob euer Wille an die Stelle noch einiger Tausend mehr trete, oder nicht. Meynt ihr, daß es den Begriff von unserm Werthe um ein Großes erhöhen werde, wenn unser Besitzer recht viele Heerden besitzt?"

"Was bedeutet denn also (Paine S. 153.) am Ende diese Metapher, die eine Krone genennt wird, oder vielmehr, was ist Monarchie? Ist es ein Wesen, oder ein Name, oder ein Betrug? Ist es eine Erfindung menschlicher Weisheit oder menschlicher List, um unter scheinbarem Vorwande Geld von einer Nation zu erpressen? Ist es etwas, dessen die Nation nothwendig bedarf? Worin besteht diese Nothwendigkeit? Was leistet sie für Nutzen, was ist ihre Verrichtung und worin besteht ihr Verdienst? Beruht die Kraft im Sinnbilde oder im Manne? Macht der Goldschmidt, der die Krone verfertigt, auch die Kraft? Wirkt sie wie Fortunatus Wünschhütlein oder wie Harlekins Peitsche? Macht sie den Mann zum Zauberer? Mit einem Wort, was ist sie? Es scheint ein Ding zu seyn, das sehr aus der Mode kommt, das ins Lächerliche fällt, in einigen Ländern als unnöthig und kostspielig verworfen, und in Amerika als eine Ungereimtheit betrachtet wird."

Um also einen erträglichen Grund zu haben, warum sie oben sitzen blieben, müßten ihre Arbeiten mit Hintansetzung aller Eigensucht für die Veredlung der Menschheit wirken; nur auf Andre, nicht auf sich, müßten sie sehen.

Wenn nun aber alles dieses nie geschah, so schien nun freylich der evidente Satz hervorzugehen, daß ihnen daran nichts lag, daß ihnen ein Gedanke an solche hohe Absichten weder beyzumessen war, noch die Realisirung jener Menschenbeglückungsentwürfe zugetrauet werden konnte. Und was blieb dann übrig, was hielt sie noch auf den hohen Stufen zurück?

§. 22.

Nur das göttliche Recht ihrer Ansprüche konnte dies seyn; sie konnten nicht, sie durften nicht anders. Die Vorsehung befahl ihnen hinaufzusteigen, wie Ludwig XVIII. sich ausdrückte; es war Pflicht zu gehorchen, ob da gleich niemand weder einen Befehl, noch den geringsten Wink gewahr werden konnte, wo der Thron durch Erstickung der Entgegenstrebenden, oder gar, wie bey Jenem der Fall war, durch Wiedereroberung, erst behauptet werden mußte. Aber da jeder das Recht hat, die Hand nach dem verlohrnen Eigenthum auszustrecken, so war ihnen die Sache entschieden. Denn sie wurden berufen ihres Eigenthums zu warten, womit sie von oben herab belehnt waren. In diesem Geiste fochten die Emigrantenprinzen an der Gränze; das Erbe der Väter d. h. Menschen, Land und Privilegien, sollten behauptet werden. Ob wohl das Unglück zu übersehen gewesen seyn würde, wenn es ihnen gelungen wäre, sich wieder emporzuschwingen und vom Auslande mit allem Pompe des Sieges wieder zurückzukehren. Solche aufs neue in ihre Würde eingesetzten Menschen, die noch nichts, wie die Erfahrung lehrte, von ihren Anmaaßungen fahren gelassen hatten, würden sich auch überall zu rächen gesucht haben, und durch die nun erhaltne Gelegenheit dazu angefeuert worden seyn; auch würden sie nun, durch den vorigen Sturz belehrt, 1 el dicklichere Mittel angewandt haben, um ihre Stellen fester zu begründen, und der Anhang welcher ihnen zur Wiedereinsetzung behülflich war, würde das angefangne Werk ausgeführt haben. Dann konnten Suetons Worte in Erfüllung gehen: Regnabit sanguine multo, quisquis venit ab exilio ad imperium. Der grellste Unsinn würde für die Zukunft seine Vertheidiger an ihnen gefunden haben, und die heilige, alleinseligmachende, katholische Kirchenreligion würde mit tausendfältigen Ceremonieen, wo möglich, noch verstärkt und vermietet, im vollen Glanze der Hildebrandischen Zeiten wieder hervorgegangen seyn. Die Proklamation deutete den guten Willen zu allen diesen hinlänglich an. Aber ein solches so ganz wieder im altgothischen Geschmacke erigtes und überladnes Gebäude war auf jener Stelle Europens nicht mehr für unsre Zeiten, und die Vorsehung verwirrte weislich die Sprachen der Erbauer, daß einer nach dem andern abzog und gern den Platz zur lustigen Wiese einrichten ließ. So wie nun jener Gothism leer ausgieng, so wuchs auch die Hoffnung zur Verschwindung des Gothismus der Staatsgrundsätze. Die Idee vom Eigenthume des Landes war von jeher der verschraubteste und unschicklichste Gewohnheitssatz, der nur ausgeklügelt und im Laufe mißbrauchter Zeiten geheiligt werden konnte. Vollständig bewies er die Schwäche der Völker, die so gleichsam mit sich Handel und Wandel treiben ließen, sich selbst als eine Waare betrachteten, die man um- und eintauschen, verschenken, verschleudern oder verschlechtern könnte; daß sie sich vererben ließe, wie irgend ein Hausgeräth nach dem Willen des Erblassers. Der Fall würde wenigstens schon weit natürlicher gewesen seyn, daß jedes Volk Regenten aus eignem Nationalstamme und Lande besäße, und nicht von Fremdlingen Befehle anzunehmen brauchte. Aber nein; sondern wie es traf, so mußten sichs die Menschen gefallen lassen. Starb die anwesende Herrscherfamilie aus, so kam vielleicht einer aus ganz fremden Lande und sprach zum Haufen: Du bist mein Eigenthum; huldige mir! .... Jener ließ sichs andächtig gefallen und gab badurch unverhohlen zu, er sey eine Möbel oder ein Grundstück, das der Letztverstorbne auf einen Fremdling übergehen lassen könne, dessen unbedeutende Urgroßmutter vielleicht ehemals eine Tochter zur Fortpflanzung des Stammes dargereicht hatte. .... Ungarn, ein an Sitten, Sprache und übrigen Verhältnissen ganz von Deutschland verschiednes Land, läßt sich von einer deutschen Familie beherrschen und nicht bloß dies, sondern auch als Bastard behandeln. Alle Bedienungen des Reichs, die nicht verfassungsmäßig von den Eingebohrnen besetzt werden konnten, übergab man Deutschen, die oft die abscheulichsten Despoten machten. Die gebohrnen

Oesterreicher, die in Ungarn angestellt wurden, wirthschafteten meistens nicht viel besser als türkische Pascha's oder mogulische Nabobs. Aus angebohrnem Stolze wollten sie den Ungarn fühlen lassen, daß sie die vorzüglich herrschende Nation wären. Ihre gewöhnliche Verschwendung verleitete sie zu unerlaubten Erpressungen, und sie waren um so geneigter ihre Untergebnen feindselig zu behandeln, da sie in ihren Sitten und besonders in ihrer Religion sich oft so sehr von ihnen unterschieden. Die gebohrnen Ungarn, welche bey der Verwaltung ihres Vaterlands angestellt waren, hatten ungleich mehr gesunden Verstand, guten Willen und Wärme für ihre Geschäfte, als die Oesterreicher. Und doch zog man die Letztern überall vor und gab ihnen Anlaß ihren Stolz und Uebermuth gegen die Andern auszulassen. Die Nichtkatholiken machten den größten Theil der Einwohner aus, und doch wurden sie unterdrückt, weil die Erblande, weil die Regierung, weil der Hof katholisch war, und dadurch dem kleinern katholischen Theile Ungarns die herrschende Kirche zuschanzen wollte. Als wenn der Ungar etwas dafür konnte, daß der Regent eine andre Religion hatte. .... Dieser Fall ließe sich auf alle andre Völker anwenden. Sie bekamen öfters Fremdlinge und mußten sich in die Laune desselben fügen; ob sie so oder so in Ruhe beten durften, das hieng öfters vom Gebetbuche dieses Fremdlings ab, welches er eben mitgebracht hatte. Ueberall war alles durch Tausch, Erbschaft und Heyrath durch einander geworfen, zu einander gebracht, und die guten Länder mußten sich dies alles so gefallen lassen. Nach den Grundsätzen der Großen könnte ein Volk nie sein eigner Herr werden, eher müßte es einen von der äußersten Gränze der Erde annehmen, der vielleicht im undenklichen Grabe mit der Tyconfamilie in Verwandschaft stünde. Daß nichts bemüthigenders für die Völker des Erbbodens seyn konnte, als diese Vererbung,*) lehrte

---

*) „Alle erbliche Regierung ist ihrer Natur nach Tyrannei. Eine erbliche Krone oder ein erblicher Thron, oder bey welchem phantastischen Namen man sonst diese Dinge nennen mag, geben keinen andern deutlichen Sinn, als daß das Menschengeschlecht erbliches Eigenthum ist. Eine Regierung erben, heißt das Volk erben, als wären es Schaafe und Heerden." Paine Th. 2. S. 16. „Erbfolge ist eine Satyre auf die Monarchie. Sie wird dadurch in das lächerlichste Licht gesetzt und als ein Amt vorgestellt, das ein Kind oder ein Unwissender ausfüllen kann. Zu einem gemeinen Handwerksmann werden einige Talente erfordert; allein zu einem Könige bedarf es nur die thierische Gestalt eines Menschen, eine Art von athmenden Automat. Dieser Aber-

das natürliche Gefühl und die so öfters dadurch bewirkte unglückliche und ungleichartige Zusammenkettung vieler Länder unter einem Herrn und Herrscher, der gewöhnlich eins begünstigte und die übrigen als Anhängsel behandelte, oder überhaupt die entferntern vernachläßigte und den darüber Unzufriednen mit Hochverrathsprozessen den Mund stopfte. .... Weil sichs Karl's des Kühnen alleinige Erbin belieben ließ einen österreichischen Prinzen zu heyrathen, deßwegen mußte sichs ganz Belgien gefallen lassen aus der Ferne wie von unsichtbaren Geistern regiert zu werden; deßwegen gerieth es durch neue Willkühr in die Klauen des spanischen Philipps und seiner Inquisition, ließ sich rädern, köpfen, hängen und verbrennen, und mußte bis auf diesen Tag Jahrhunderte lang einen unaufhörlichen Schauplatz von Kriegen abgeben, wo es von Freund und Feind zerstampft ward. Hätte es nach des Burgundischen Karls Tode sich seiner Tochter erwehren dürfen und einen unabhängigen Staat gebildet, so würde unmöglich so viel Blut in seinen Gefilden so lange geflossen seyn, und es sich von den abwechselnden Launen so mancher wi-

---

glaube kann wohl noch einige Jahre dauern, allein er kann egen die erweckte Vernunft des Menschen, und gegen seinen Vortheil nicht lange mehr aushalten." S. 20.

bersinniger Regenten nicht haben zerzausen lassen
dürfen. Noch ein stärkeres Beyspiel der Willkühr
lieferte Spanien, das nach Karls II. Absterben so
ganz als eroberungsfähiges Bauerngut mit Schiff
und Geschirr behandelt ward, und sich zwischen
dem traurigen Dilemm eingeklemmt fand, entweder einem deutschen, oder einem französischen
Fremdling fürderhin zu gehorchen. Ob es vielleicht keinen von Beyden wollte, darnach ward
nicht gefragt, sondern als ganz ausgemacht vorausgesetzt, es müsse sich gefallen lassen, wenn es
als Beute nach dem Kampfe zu Theil werde, und
daß es als gedultige Hindin dem siegenden Hirsche
zu folgen verbunden sey. Auch Frankreich durfte
nie etwas anders erwarten, die Zahl der Kronprä-
tendenten hieß Legion. Jemehr es dieser Hydra
Köpfe abgeschlagen hätte, jemehr würden ihrer
wieder gewachsen seyn. Nach des jungen Kapets
Tode betrachtete man das Ländchen als dem Herzog von Provence anheim gefallen, der als Ludwig XVIII. seine göttlichen Rechte darauf prokla-
mirte. Wäre dieser nicht mehr gewesen, so würde
der edle Graf Artois seine unschuldigen Hände
darnach ausgestreckt haben; alsdann nähmen es
seine Söhne, die Herzöge von Angouleme und
Berry in Beschlag, dann fiele es den Herzögen
von Chartres und Montpensier, hierauf dem Grafen von Beausolois mit Haut und Haare zu;

nachher überkäme den Besitz der Herzog von Bourbon - Conde und der Herzog von Bourbon, sein Sohn; dann würde der Herzog von Enghien folgen, dann der Herzog von Bourbon-Conti; dann Karl IV. von Spanien; dann Ferdinand Prinz von Asturien, dann Karl Maria Isidor und Philipp Maria Franz, Infanten von Spanien, dann Anton Paschalis, Bruder des Königs und Peter Karl Anton, sein Sohn; dann Ferdinand König von Sicilien, dann Franz Januar Joseph, Prinz von Kalabrien, dann Leopold Karl Michael, zweiter Prinz und Albert Philipp Cajetan, dritter Prinz; dann Ferdinand von Bourbon, Herzog von Parma und Ludwig von Bourbon, sein Sohn, u. s. w. Und so gienge es fort, bis zuletzt irgend ein Prinz, Graf, Edelmann aus irgend einem Winkel der Erde herbey käme, seine Ansprüche geltend machte und Herr eines Volks seyn wollte, dem so gar die Existenz eines solchen Menschen unbekannt gewesen wäre. Alle diese Traditionen müßte sich dann die Nation gefallen lassen, müßte sich nach der Laune eines solchen wie vom Himmel gefallnen Fremdlings richten, sich nach Belieben von ihm durchkneten und umformen lassen. Denn das schlimmste war allezeit, daß es dem Volke jedesmal wie dem Hute in der Fabel gieng; jeder Erbe änderte ihn nach seinem Geschmacke um; der Eine ließ ihn weiß, der

Andre färbte ihn schwarz; ein Dritter steifte ihn auf, ein vierter besetzte ihn mit Tressen und der fünfte riß sie wieder herunter. Der Eine trug ihn rund, der Andre eckigt, und der arme Hut und das arme Volk mußte dies mit ansehen, ohne sich zu rühren.*) .... So war

---

*) Ein Staat ist nicht, wie etwan der Boden, auf dem er seinen Sitz hat, eine Haabe. Er ist eine Gesellschaft von Menschen, über die niemand anders, als er selbst, zugebieten hat. Ihn aber, der als Stamm seine eigne Wurzel hatte, als Pfropfreis einem andern Staate einzuverleiben, heißt seine Existenz, als einer Moralischen Person, aufgeben, und aus der leztern eine Sache machen; und widerspricht also der Idee des ursprünglichen Vertrags, ohne die sich kein Recht über ein Volk denken läßt. In welche Gefahr das Vorurtheil dieser Erwerbungsart Europa in unsern bis auf die neuesten Zeiten gebracht habe, daß sich nemlich auch Staaten einander heyrathen könnten, ist bekannt, theils als eine neue Art von Industrie, sich auch ohne Aufwand von Kräften durch Familienbündnisse übermächtig zu machen, theils auch auf solche Art den Länderbesitz zu erweitern. .... Auch die Verdingung der Truppen eines Staats an einen andern, gegen einen nicht gemeinschaftlichen Feind, ist dahin zu zählen; denn die Unterthanen werden dabey als nach Belieben zu handhabende Sachen

es immer, aber es folgte nicht, daß es auch stets so bleiben müßte. Es war schrecklich und demüthigend, daß, wenn nun das Volk wie eine Allermannshure von einer Hand in die andre gegangen war, es an einen Herrn kam, der es vielleicht ganz und gar nicht kannte, weder seine Sitten, noch Sprache, noch Eigenheiten verstand; es auf eine gewaltsame Art in eine beliebige Form preßte, die für seinen Charakter nicht paßte; es von seinen Höflingen und Kreaturen, d. h. von Ausländern, von einem Concini und einer Galigai regieren ließ, und dasselbe öfters wie eine im Kriege eroberte Provinz behandelt ward. Zum Danke für die Gutwilligkeit, womit es sich zum Heyrathsgute hingab, ward es eigenmächtig auf die Folter gespannt und ihm alle Glieder unnatürlich verrenkt, bis es zuletzt sich nicht mehr ähnlich sah; bis es allen Nationalcharakter verlohren, um die Stammgüte gebracht, zum Gerippe gemacht war und durch fremden Putz, Schminke und Schnickschnack einen falschen Anstrich bekommen hatte. .... Wenn dies z. B. die Ungarn hätten überlegen können, so würden sie nicht so geschwinde bey der Hand gewesen seyn für fremde Sünden zu büßen, und nicht ihre Söhne

---

gebraucht und verbraucht." Kant zum ewigen Frieden, S. 7 . 8.

haben abjapfen laſſen, um Völkern, die ihnen nichts thaten, die ſie nicht kannten, welche ſie aber doch Feinde der Menſchheit und Mörder der unſchuldigen tugendhaften Königin nennen mußten, den Hals brechen zu helfen. Aber ſie ließen ſich betrügen. Maria Thereſſa wußte ſich bey ihnen zu empfehlen und durch einige Züge von Popularität den Enthuſiasm des ganzen Volks in Bewegung zu ſetzen. Der gute Ungar that alles, was ſie nur wollte, und ließ ſich in den Schleſiſchen Kriegen zum allgemeinen Laſtvieh brauchen. Er war ſo eifrig, daß er nicht fühlte, wie man ſeine Gutwilligkeit auf das ſchändlichſte misbrauchte und ſeine Aufopferungen mit Despotism und Intoleranz vergolt. Nun hörte er, daß die Tochter ſeiner Lieblingsregentin den Kopf verlohren hatte; der Umſtand war zu ſchön, als daß man nicht alles daraus hätte ziehen ſollen, was ſich nur herausziehen ließ. Man brauchte denſelben als das mächtigſte Motiv ſeine blinde Wuth in volle Flammen empor lodern zu laſſen. Er überlegte nicht was Antoinette für ein Weib war,*) er ſah nur die Königstochter in ihr und

---

*) Sie ward als die unſchuldigſte erhabenſte Menſchenſeele geſchildert, und einige Zeitungsſchreiber giengen ſo weit, darauf anzutragen, daß ihr der Name der Großen beygelegt

schnaubte Rache.*) Arme Bastarde, denen man es nicht einmal Dank wußte, wenn sie sich für die Grillen und Gottisen eines fremdartigen Regentenhauses ruinirten. Einmal könnte es auch hier hel-

werden sollte..... Es könnte nichts schaden, wenn dieser Titel so erniebrigt würde, daß ihn hinfübro kein Ehrenmann mehr tragen möchte. Vielleicht verhinderte dies in Zukunft eine Menge Kriege und Blutvergießen, die man blos deßhalb anfieng, um jenen köstlichen Titel zu erwerben.

**) Es ward zu wiederholten malen und als ganz officiel gemeldet, daß die Ungarn keinen Pardon mehr gäben. Dem General Jourdan, der sich nach der Wahrheit dieses Umstandes in einem Briefe an Koburg erkundigt hatte, um seine Maaßregeln mit den österreichischen Gefangnen ebenfalls darnach zu nehmen, versicherte der Prinz ganz kurz, daß dies falsch sey, sprach aber in der nemlichen Antwort sehr weitläuftig von seiner Erhabenheit und Größe; obgleich nicht einzusehen war, wie dies hieher gehörte und es mehr eine absichtliche Ausbeugung der Anfrage verrieth..... Entweder also belogen jene Berichte des Hauptquartiers die Welt, oder der Prinz den General Jourdan.

ler werden, und dann möchten sie anders denken lernen.

Sogar England verlohr bey seinen Thronveränderungen jedesmal den Kopf, anstatt zu überlegen. Denn die Engländer verschrieben sich ihre Könige übers Wasser her und erhielten dann auch allezeit, wie die Frösche in der Fabel, einen Klotz oder eine Schlange, vor dessen Geräusch oder Zahn sie sich fürchten lernten. „Wenn die Regierung", sprach Paine hierüber Th. 1. S. 154., eine Erfindung menschlicher Weisheit (wie Burke will) ist; so frage ich, ob es in England um die Weisheit so schlecht stand, daß man sie aus Holland oder aus Hannover einführen mußte? Doch ich will dem Lande Gerechtigkeit wiederfahren lassen, dies war nicht der Fall; und wäre ers gewesen, so irrte man sich in der Ladung. Ein jedes Land hat so viel Weisheit, als es immer bedarf, wenn es sie gehörig anwenden will, und England konnte kein Größres Bedürfniß haben, einen holländischen Statthalter oder einen deutschen Kurfürsten holen zu lassen, als Amerika ebenfalls gehabt hätte. Wenn ein Land seine eignen Angelegenheiten nicht versteht, wie soll denn ein Fremder sie verstehen, der weder seine Gesetze, seine Sitten, noch seine Sprache kennt? Wenn es einen so vor allen andern ausgezeichneten Menschen gäbe, daß man sein.r. Weisheit bedürfte, um eine Nation zu unterrichten, so ließe sich noch etwas für eine Monarchie sagen. Blicken wir aber in einem Lande umher und bemerken, wie gut jeder seine Angelegenheiten zu führen weiß, und sehen uns dann in der Welt um und finden, daß unter allen Bewohnern der Erde, das Geschlecht der Könige an Geisteskräften das unbedeutendste ist, so muß unsre Vernunft uns nothwendig fragen, wozu hält man diese Leute?" "Die Zeit ist nicht mehr fern (Th. 2. S. 176.), wo England über sich selbst lachen wird, daß es von Holland oder Hannover mit einer Million Kosten des Jahrs Leute holen ließ, die weder seine Gesetze, noch Sprache, noch seinen Vortheil verstanden, und deren Fähigkeiten kaum dem Dienste eines Quartiermeisters im Kirchspiel angemessen gewesen seyn würden. Wenn die Regierung solchen Händen anvertraut werden könnte, so müßte sie in der That etwas sehr leichtes und einfaches seyn, und man könnte Materialien, die zu allen Zwecken hinreichten, in jeder Stadt und jedem Dorfe von England finden."

Die Hauptsäulen der Anmaaßungen der Herrscher ruhten weniger auf der Furcht als auf der Blindheit der Uebrigen. Die Verfinsterer standen daher immer mit Jenen im furchtbaren Bunde und führten stets die schärfsten Streiche gegen den Baum der bessern Erkenntniß. Privilegirte Kasten, wie die des Adels und der Geburt, verliehren schnell ihre Wichtigkeit, so bald die Kräfte zu schwinden beginnen, vermittelst welcher sie sich aufrecht hielten. Wenn dem Adel-Reichthum und Güter aus den Händen gewunden werden, sind sie nicht mehr zu fürchten, denn ihr Ansehn hieng nur in diesen Angeln; sie konnten dann nicht mehr gefährlich werden und mußten sich herabbeugen. Nicht so mit Jenen, denen weit gefährlichere Waffen zu Gebote stehen, die nicht mit eisernen Dolchen, sondern mit den unsichtbaren Klingen der Religion und des Aberglaubens zum Kampf hintreten. Diese werden immer zu fürchten seyn, so lange der Mensch am Sinnlichen hängt, und nur zu leicht von heiligem Schauer ergriffen wird, wenn man durch unsichtbare Geister und Vorspiegelungen aus andern Welten auf ihn wirkt und seinen Glauben an Stellvertreter der Gottheit fesselt. Diese müssen durchaus und unaufhörlich in strengerer Aufsicht gehalten werden. Die Priester, die Geißeln der Menschheit, seit dem die Welt steht, werden nie von ihren Anmaaßungen ablassen wollen. Sie können die alte Gewohnheit nicht fahren lassen, Herren aller Moralität zu seyn. Ein Volk ist um so glücklicher, je weniger die Philosophie mit der Religion, und diese mit dem Staate in Verbindung steht. Dagegen zu arbeiten, brachte das Amt Jener mit sich und jeder Hebel ward stets in Bewegung gesetzt. Die fortrückende Entwickelung der Menschen war ihnen ein Greuel und die Unnatur sollte ewiges Gesetz seyn. Nie kaunte ihr verwegner Trotz Gränzen, und sie wagten es sich für Vertraute des höchsten Wesens auszugeben, indem sie dessen Regeln höhnten und die reiche Quelle versanden ließen, damit die Menschheit sich an ihrem Pfützenwasser lagern möchte. Aber die Natur treibt unaufhörlich, bey ihr gilt kein Stillstand; alle symbolische Bücher und Glaubensformeln sind ihr zum Hohn ersonnen, und vom Talmud, Bibel, Zendavesta, Vedam und Koran bis auf die neuesten Religionsedikte Wöllners fühlt sie sich belastet. Sie will, daß es keinem Reformator einfalle zu sagen: bis hieher sollst du gehen, o Mensch, und nicht weiter; denn ich habe alles aufs reine gebracht. Die Folgezeit soll nicht in den Fesseln der vorhergehenden wandeln; der Stall des Augias läßt sich nicht in Einer Viertelstunde ausmisten, jedes Jahrhundert muß seine Arbeiter dahin schicken. Entweder die Aufklärung geht zurück, oder sie schreitet unaufhaltsam vorwärts. Es ist das große Axiom der nie stillstehenden Natur, die immer Entwickelung zeigt;

und wenn diese den höchsten Punkt erreicht hat,
Auflösung wirkt, um in andrer Richtung hin
und in andern Zuständen aufs neue zu erscheinen.
Jedes Baumblatt, jeder Grashalm, der Greis,
das Kind, Kronen und Freyheitsmützen, Donner und Blitz, Regen und Sonnenschein und alle
Meteore des Himmels predigen diesen Satz. Die
Regel, daß alles beym Alten bleiben müsse, ersannen trügrische Tempeldiener oder Träge, die
selbst im Augenblick, als sie sie aussprachen, mit
oder ohne ihren Willen, gerade dagegen handelten und handeln mußten. Jede Unmenschlichkeit
würde daraus folgen. Verbeßerungen sind auch
Neuerungen. Der Wunsch, daß die Welt aus
Einer Quelle trinken möchte, um sie vergiften zu
können, wäre noch menschlich zu nennen verglichen mit jener Fordrung. Wechsel und Fortschritt
zum Guten und Bösen war der allgemeine Satz,
auf den sich alles gründen sollte. Die Festsetzung
eines unabänderlichen Systems war die höchste
Stufe des Wahnsinns, die der Mensch nur aufbauen konnte. Jeden Tag seines Lebens ändert
und feilt und rüttelt er an seiner Gedankenmasse,
er sucht sie zu vervielfachen und zu entwickeln.
Jedes Jahrhundert hat seinen eignen Religionstapis, womit die Tempel behangen sind, und jedes System ist ein Rock, der anfänglich genau
dem Körper angefügt ward, aber mit dem Wachs-

thume deſſelben weggelegt und ein andrer dafür verfertigt werden mußte. Sträubten ſich die Menſchen, die vom Altar lebten, dagegen, ſo zerplatzte er von ſelbſt; er vermochte die gröſern Körpertheile nicht mehr zu umfaſſen. Jeder Syſtemglaube, der nicht mehr zum Zeitalter paßte, verwandelte ſich in Unglaube an das Syſtem. Jedes Glaubensedikt war eine Folter, auf welcher der geſunde Menſchenverſtand zum Krüppel gepreßt ward, und Herr Wöllner hätte vielleicht einen guten Strumpfwirker, oder Schneider, oder Börſenbinder abgeben, auch die Form zu einem guten Schuh ausfindig machen können, aber mit dem Ediktmachen hätte er ſich nicht befaſſen ſollen, wenn er noch einen andern Zweck dabey hatte, als die Regierung lächerlich zu machen. .... In Frankreich gab es keine laute Reformation, das Land blieb immer katholiſch, aber der Katholicism war auch darnach; man legte ſich aufs Spotten, der katholiſche Rock fieng an überall zu platzen, es entſtand die galli kan iſche Kirche, bis zuletzt die Lappen liederlich am Körper herumhiengen, die man bey der Revolution vollends auf die Seite warf und jeden .... ſeine eignen Kleider tragen ließ. .... Die nördlichen Länder hatten eine Reformation; ſie erhielten ein andres Syſtem, das den Zeiten und entwickeltern Begriffen mehr entsprach, und man befand sich eine Zeitlang besser dabey. Aber auch jetzt wollte es nicht mehr Stich halten, es riß hie und da; der Unglaube oder vielmehr ein andrer Glaube schimmerte allenthalben durch; eine Abänderung ward höchst nöthig. Die Reform des sechzehnten Jahrhunderts war immer eine schöne Blume, aber sie ist im Verwelken, um einer schönern Platz zu machen. Es wird heller, und wo es heller wird, wird es besser. Dann streift der Mensch mancherley Fesseln ab, die Fesseln des Betrugs, des Aberglaubens, der Stupidität, kurz, die Fesseln der Priester. Denn diese sind eine Art Gewächs, das schlechterdings nur im Dunkeln fortkommt, nur an sumpfigten, neblichten und finstern Orten, auf kaltem, starren Boden. Gegen die Sonnenstrahlen haben sie einen natürlichen Abscheu, da werden sie gestochen wie vom Wurme und verdorren sichtbar. Alles unter Gottes schönem Himmel freut sich der guten Sonne und jauchzt dem ersten Strahl entgegen, nur jene hassen, was das Glück der Andern ausmacht, weil es ihr Daseyn zerstört, ein Daseyn, das nur auf Unkosten der übrigen Schöpfung bestehen kann. Man mag mit Cook den Erdenball umwandern, überall lernt man Priester und Pfaffen als die Pest der Menschheit kennen, angebliche Diener und Vertraute der Gottheit, deren Vortheil es mit sich bringt die einfachen und reinen Religionsbegriffe mit Schreckbildern und geheimnißvollen Lehren zu vermischen, wodurch sie, die Lehrer und Ausleger derselben eine unumschränkte Herrschaft über die Gemüther ihrer betrogenen Mitmenschen erhalten. Auf solche Dinge verstanden sich die Priester aller Nationen von jeher. Aber überall, wo das Licht einbrach, begann ihre Geschicklichkeit ein Ende zu nehmen und mit ihr auch das übermenschliche Ansehen. So wird es begreiflich, warum sie die fortschreitende Aufklärung eines Volks auf alle Weise zu hindern und diejenigen, welche das Volk zu belehren wagten, als Religionsverächter und Gotteslåugner zu verschreyen und zu verfolgen suchten. In dem Grade als jenes heller wird, in dem ist es nicht allein berechtigt, sondern hat es die unerläßliche Pflicht auf sich, alle diese geistlichen Gaukler fortzujagen und an ihrer Stelle Lehrer der Sittlichkeit, der wechselseitigen Pflichten und der Menschenrechte aufzustellen. Keine unsinnigen Katechismen, keine schwarzgekleideten Leute oder bunten Hölzer, keine heimlichen Schwelger, die um für Andre zu beten, da zu seyn behaupten; als wenn es dem Kranken nutzen könnte, wenn der Gesunde die Medicin für ihn einnehmen wollte. Der beste Genius der Zeit wird dies abändern und alle die schädlichen Werkzeuge zur Erhaltung und Vermehrung der Dummheit, des Aberglaubens, der Intoleranz und des Sittenverderbens in das Reich der Finsterniß zurückjagen, aus welcher sie in einer unglücklichen Stunde hervorquollen. Dann wird ein Tag anbrechen, wo es weniger Irrthümer und Vorurtheile geben wird, wo der Menschenverstand in seine Rechte eingesetzt und die Vernunft nicht mehr unter dem Glauben gefangen genommen wird; wo man das Licht leuchten läßt und den Menschen nicht zum gefühllosen Sklaven herabwürdigen kann; wo gedacht werden darf, wo Duldung herrscht, wo jeder glauben mag, was er will; wo der Katholik und der Protestant, der Muselmann und Talmudist, der Christ und der Anhänger des Fo und Con... fu ... tse friedlich neben einander wohnen können; wo kein Karl IX. mehr aus dem Fenster auf die Hugenotten schießt, wo man nicht der Vernunft sondern dem Glauben den Krieg ankündigt; wo mehr Untersuchungsgeist seyn und das Wahre vom Falschen abgesondert werden wird; wo es keine schwarz- und grau- und braun- und weißbekuttete Menschen mehr giebt um die einfachen Religionssätze in einen Nebel von Unsinn und Schrecklichkeiten zu hüllen und den Menschen zum Thiere zu machen, auf dessen Rücken sie herumtrampeln können; wo sich keine alleinseligmachende Kirche mehr findet, und jedem der Weg zum Himmel offen gelassen wird; wo die Heyden, Juden und Türken nicht mehr zu des Teufels Reich gezählt werden, wo keiner auf das Tridentinische Concilium noch auf die symbolischen Bücher mehr zu schwören braucht; wo man nicht mehr distinguiren wird, ob etwas wider, oder nur über die Vernunft sey; wo es keinen Pabst und keinen Bischof, keine Isidorschen Dekretalen, keine Infallibilität, keine Wunderthäter, keine prophetischen Aemter, keine heilige Hallunken, keine Auto da fe's, keine Reliquien, kein Januariusblut, keine Muttergottesmilch, keine Transsubstantiation, keine Beichte, keine Höllenstrafen, keinen Exorcismus, keine Gnadenwirkung der Taufe, kein Amt der Schlüssel, keine Trinität, kein Mirakel, keine unbefleckte Empfängniß, keine Vereinigung zweyer Naturen, keinen Bellarmin, keinen Rusenbaum, keinen Quenstädt, keinen Hollaz, keine hebenstreitischen Tabellen, kein Glaubensauge, keine Ordnung des Heils, keine Dogmatik, keine Engel noch Teufel, keinen Cardinal Migazzi und keinen Minister Wöllner, keinen V. Merz und keinen Pastor Göße, keinen P. Fraul und keinen Consistorialrath Silberschlag, keinen V. Schwarz und keinen Superintendent. Demarees; keinen Popen, keinen Bonzen, keinen Derwisch, keinen Pfaffen, keinen Priester mehr geben und keine Apologie des Sokrates mehr nöthig seyn wird. Wo nichts mehr gehört wird von Ketzern, von Recht= und

Irrgläubigen, wo Niemand verdammt und Niemand bekehrt wird. Wo die guten Altgläubigen Boyle's Dobbridge's, Hervey's, Fenelons, Saurins, Bourdaloue's, Striker, Arndte und Sturme neben den neologischen Bolingbrocken, Wollstonen, Humen, Voltären, Rousseauen, Bayleu, Lessingen, Bahrdten und Schullen ruhig einhergeben und keine Scheiterhaufen mehr für sie brennen werden. Wo es keine Marie und Catharine von Medicis und keine Marie Antoinette, keine Antois's, keine Polignac's, keine Calonne's, keine Jacobiner, keine Schirachisten und Girtanner, keine Hochverrathsmandate und Revolionskamunern, keine Manifeste weder des Herzogs von Braunschweig, noch Ludwigs XVIII., noch der Catharina; keine Pairschaften und privilegirten Stände, keine Feudalsysteme, keine Ritterorden noch Adelsproben mehr geben wird. Wo keine Ahnen und Titel mehr nöthig sind um öffentlich ein ehrlicher Mann und ins geheim ein Schurke seyn zu können; wo die Wappenkunst nicht mehr gelernt zu werden braucht, wo es keine blauen, grünen und gelben Bänder mehr giebt, keine Ludwigs und heiligen Geistorden, keine rothen und schwarzen Adler, weder Hosenband noch goldnes Vließ, noch Andreas, noch Alexander, noch Georgs, noch Wladimirorden der ersten, zweiten, dritten und tausendsten Klasse; wo kein Mann und keine Frau sich ausschließlich den zweydeutigen Namen des Großen, des Eroberers, des Helden, des Gnädigen, des Vielgeliebten, des Christlichen, des Katholischen, des Alleinherrschenden, des Mehrers des Reichs beylegen darf, ohne für einen Schurken oder Dummkopf gehalten zu werden; und wo überhaupt alle Göttlichkeit der Ansprüche der Großen überall so wenig mehr gelten und ihre himmlische Einsetzung dann nur allenthalben tauben Ohren geprediget werden wird, daß sie sich still bey Seite schleichen müssen, ihre Purpurkleider auszuziehen, die Stäbe und Reichsäpfel aus den Händen zu legen, und nur froh seyn werden, wenn man vergißt, was sie ehemals waren. Alle Welt wird dann vor ihnen und ihrem giftigen Gefolge, dem Unsinne, blutigem Unrechte und Aberglauben, in Ruhe leben auf immer und ewig.

§. 23.

Die Sünden und Thaten der Herren und Herrscher wuchsen in diesen Tagen zu einer schwerdrückenden Pyramide von weitem Umfange an, zu deren Aufbauung die Unterthanen die Steine aus ihrem Gelde, Schweiße und Blute geformt, liefern mußten. Wenn nun jedesmal zum sprechendesten Zeugen der Zeit ein Monument dienen kann,

woran die Zeichen der vorhandnen politischen Thiere
eingegraben stehen, und wozu jeder der Großen
einen Beytrag zur Schrift geliefert hat: so wird
auch das Denkmal, welches sie in diesen Tagen
aufstellten, für die Nachwelt nicht verlohren seyn.
Die Charaktere an dieser Spitzsäule nehmen sich
folgendergestalt aus:

Während die Fürsten angeblichermaaßen wider
die Feinde der Ordnung und der Menschheit zu
Felde zogen, und die Ruhe aus Liebe zum menschlichen Geschlechte herstellen wollten, und überall
über gotteslästerliche Majestätsschändung schrieen....
überfielen Einige von ihnen einen wehrlosen König,
setzten ihn ab, schändeten so seine Krone, häuften Schimpf und Kummer auf sein Haupt, spielten mit ihm als einer Puppe, zerfleischten die
Nation, die gutmüthig wähnte sich eine glücklichere Verfassung, wo fernerhin mehr Ruhe und
Ordnung herrschen sollte, geben zu dürfen;
schlachteten, um dies zu bewirken, Tausende von
Menschen, mordeten achtzehntausend in Praga an
Einem Tage, glengen mit blutigem Fuße über
ihre Leichname, und beschenkten den Würgengel
mit Porträts und Belohnungsschreiben.

Während die Fürsten über Aufruhe und Hochverrath ihre Stimmen erschallen ließen.... erlaub-

ten sie sich selbst, beym Nachbar Rebellion anzustiften und das Oberste zu unterst kehren zu wollen.

Während die Fürsten gegen Frankreich auszogen, um Willkühr und Urtheil ohne Recht im fremden Lande zu verhindern und abzuschaffen .... ließ Einer von ihnen seinen Leibarzt von einem Büttelgeneral ohne Untersuchung noch Urtheilsspruch militärisch mishandeln, und wieder ein Andrer den mit seiner Erlaubniß in den Club getretnen geistlichen Rath im Gefängniß ungehört verfaulen.

Während die Fürsten auf die gewaltsame Requisition der Mannschaft in Frankreich spöttisch losziehen ließen ...., verkauften sie ihre eigne Landessöhne Stück für Stück an England.

Während die Fürsten versicherten, die Lasten des Volks erleichtern zu wollen .... trieben sie in Gegenden, welche kaum vom Feinde verlassen waren, die, während der Anwesenheit derselben fälligen Steuern von den ausgesognen Einwohnern mit Gewalt ein.

Während sie Verzeyhung und Vergessenheit predigen ließen .... untersuchten ihre ausdrücklich niedergesetzten Kommissarien, ob im eroberten Lande sich Anhänger der Freyheit fänden.

Während sie von Zügellosigkeit der Feinde, und England und Oesterreich vom großmüthigen Schuze für das deutsche Reich redeten .... plünderten Engländer und Oesterreicher in Westphalen umher, sengten und brennten in Freundes Ländern.

Während die Fürsten von der Heiligkeit der Verträge und von der Unverletzlichkeit ihrer Versicherungen sprachen .... betrog man Bremen durch uneble List, brach die schriftliche Zusage und beschwerte es ohne Fug und Recht mit Truppen.

Während der König von England auf sein hohes Wort versicherte, daß er als Freund handle und seine Truppen nach Toulon gekommen wären, um Frankreich zu retten, alles zu verzeyhen und die erste Konstitution wieder herzustellen .... ward der Maire in Toulon gehangen.

Während der Herzog von Braunschweig laut über die Bewaffnung der Elsaßer Bauern schrie und Einigen von ihnen deßwegen Spießruthen geben ließ .... schickte er (nach der Affaire bey Kayserslautern) über den Rhein und verlangte die allgemeine Bewaffnung, des Breisgauischen Landvolks.

Während man die heiligsten Versicherungen hintereinander ertheilte, in Frankreich keine Eroberungen machen, sondern nur Ruhe wieder herstellen zu wollen .... nahm man Valenciennes im Namen des Kaysers in Besitz und versicherte zum voraus, dies mit Dünkirchen im Namen des Königs von England eben so zu machen; so daß selbst die Emigranten, diese treuen Spießgesellen aller Ungerechtigkeit, darüber klagten und schwierig wurden.

Während die Kayserin von Rußland an Dännemark und Schweden erklären ließ, sie verlange, daß man den Franzosen kein Getreide zuführe, weil sie Rebellen seyen .... vergaß dieselbe, daß sie selbst als eine Rebellin verhungern müßte indem sie ihren Gemahl und Herrn vom Thron in den Kerker stürzte.

Während man über Treulosigkeiten aller Art klagte und schrie, über Propaganden, heimliche Jacobiner und Emissäre .... ließ man heimlich und treulos die Briefe auf der Post erbrechen, besoldete Jacobinerriecher, begünstigte ihre Denunciationen wider ehrliche Leute, hörte letztere nicht an und glaubte jenen aufs Wort.

Während man nur für das Wohl des Volks ausschließlich zu regieren und nur dessen Vervollkommnung zu beabsichtigen versicherte ... trat ihm mit Pfaffen, Schurken und Egoisten in Bund; jagte jeden Bürgerfreund auf dem Lande, verbot Leihbibliotheken und das Lesen der Bücher und Hofstetter in Wien versuchte in seinem Magazin zu beweisen, wie schädlich die Buchdruckerkunst der Welt gewesen sey.

Während man das Volk aufrief und um Beyträge zur Führung des kostbaren Krieges ansprach ... bekam der Cardinal und infame Jesuit Migazzi von Franz II. eine jährliche Zulage von 5000 Gulden, indeß der ärmste Beamte von seiner dürftigen Besoldung zur freywilligen Kriegssteuer so viel abgeben müßte, um mit Weib und Kindern zu darben.

Während man das Volk zu erleuchten, über ein wahres Interesse zu belehren, verständiger und glücklicher zu machen und es vor allen schiefen Begriffen zu bewahren versprach ... herrschten in Wien, Berlin u. s. w. Jesuiten, Rosenkreuzer, Pfaffen, Schurken, Geisterseher und Pietisten, ächterten jeden selbstsehenden Mann, verboten das Denken, ließen Glaubensvorschriften aufgeben, und ein elender Möllner, Oswald, Filmer, Hermes, Migazzi, Hofmann durfte es wagen das Glück des Volks besorgen zu wollen.

Während alles und jedes auf das schärfste verboten und verdammt ward, was auch nur auf die entferntestt Art Bezug auf die Zeitumstände hatte, oder irgend eine helle Idee zu begünstigen schien, und man strengen Respekt für alle Regierungen und gekrönte Häupter verlangte — erlaubte man Hofflettern, daß er plumpe satyrische Epigramme auf die neutralen nordischen Höfe in sein Journal einrücken durfte und alle die Staaten persiflirte, welche keinen Antheil am Kriege nehmen wollten.

Während man gegen die Jacobiner auszog .... arbeitete man dahin, die Jesuiten wieder herzustellen.

Während man sich mit verbesserter Justiz, Unpartheylichkeit und bereitwilliger Untersuchung brüstete .... dankte man die Herren von Bülow und Mecklenburg ohne Schuld, Urtheil noch Recht despotischer Weise ab, und spielte muthwillig und eigenmächtig mit armen Individuum, die weder die Absicht noch die Kräfte hatten, die mindeste Unruhe zu erregen.

Während die Fürsten täglich von einer Verschwörung der jacobinischen Neufranken gegen das Glück der Welt, gegen das Wohl der Völker und der Ruhe der Menschen vorpredigten .... bewies jede ihrer Handlungen, daß sie selbst und ihre Helfershelfer sich wider die Nationen verschworen hatten, und jede glücklichere Periode auf ewige Zeiten hinauszuschieben suchten.

Während sie von der trefflichen deutschen Verfassung andächtigen Zuhörern vorplaudern ließen und sie zur Vertheidigung derselben mit Gut und Blut verbindlich machen wollten .... legte Einer nach dem Andern von ihnen die Axt an die Wurzel dieses Eichenbaums, sobald er seinem Nachbar einen Vortheil dadurch abjagen konnte.

Während das englische Kabinet für das Wohl der Welt den Krieg zu beginnen vorgab und wahre Freyheit und Unabhängigkeit von der französischen Willkühr allen Regierungen zu erringen, und in Frankreich Recht und Gerechtigkeit wieder einzuführen versprach .... mishandelte es Genua wider Recht und Billigkeit, weil es als unabhängiger Staat nichts mit einem Streite zu thun haben wollte, der wider sein Interesse lief; zwang Toscana der Neutralität zu entsagen und sich unter die englische Willkühr zu beugen, und handelte die nordischen Staaten, die ihren Ländern ebenfalls den Frieden erhalten wollten;

Während Pitt und die Alliirten für Europens Freyheit und Unabhängigkeit den Mordkampf zu kämpfen versicherten .... erklärten sie, daß, wer nicht für die Koalition sey, als wider dieselbe zu seyn erachtet werden würde; und übten auch diesen Grundsatz an den Schwächern überall aus.

Während Oesterreich das Glück der Menschheit, Recht und Gerechtigkeit durch seine Macht großmüthig herbeyführen zu wollen behauptete .... ließ es auf neutralem Schweizerboden, wider das Völkerrecht, den Minister Semonville überfallen, plündern und gefänglich wegführen.

Während Preussen wider alle Rebellion zu Felde zog und alle Staatsaufwiegler zertrümmern wollte .... vergaß dasselbe, daß es die Ungarn durch heimliche abgeordnete Emissäre wider Leopold II. zu empören gesucht und die Brabanter so öffentlich unterstützt hatte, daß sogar ein preussischer General ihre Truppen anführen durfte.

Während Pitt von Freyheit schwaßte und seinen König vom Glücke der englischen Verfassung reden ließ .... huben Beyde ein Grundgesetz nach dem andern auf und verboten das Reden; um sich vor der Sklaverey der Franken zu verwahren, machten sie das Volk selbst zu Sklaven.

Während Pitt jeden exportiren oder henken ließ, der eine Parlementsreform betreiben wollte .... vergaß er, daß er als Oppositionsmitglied eben dies betrieben hatte.

Während derselbe den Buchdrucker Holt arretiren ließ, weil er gewisse Resolutionen zu beförderung einer Parlamentsreform gedruckt hatte ....

vergaß er zum Erstaunen der Zuschauer, daß er
selbst der Verfasser davon gewesen war.

Während Pitt und sein König die Katholiken
auf jede Art in Irrland drückten, die natürlichsten
Rechte verweigerten und Intoleranz gegen sie ausübten .... versicherten sie öffentlich in Frankreich
die Altare b. h. Papism und dunkles Mönchthum
wieder herstellen zu wollen.

Während der König von Preussen der Chef
des Corporis Evangelicorum auf dem Reichstage
war und für die Reinheit der protestantischen Religion durch Wöllner und Konsorten so strenge
Sorgfalt ausüben ließ .... erklärte er im Manifest des Herzogs von Braunschweig sich für einen
Vertheidiger und Wiederhersteller der katholischen
Religion in Frankreich und bewies dadurch, daß
die protestantischen Regierungen, so gut wie die
Andern, die Religion zum Deckmantel ihres Eigennutzes brauchten und in den Schoos der alleinse-
ligmachenden Kirche zurückzukehren bereit ständen,
sobald sie dabey gewinnen würden.

Während Catharina II. von gotteslästerlicher
Rebellion überall in ihren Manifesten schwatzte ....
stiftete sie selbst Rebellion in Schweden mit Armfelds Hülfe an.

Während sie auf Königsmörder und Thronen-
schänder donnerte .... nahm sie Kurland und ließ
den Herzog seiner Wege gehen.

Während sie grimmig von ungehorsamen Unterthanen sprach und sie überall zu zerschmettern drohte .... hetzte sie dieselben in Konstantinopel und allenthalben, wo die Regierungen nicht ihr zu Willen seyn wollten.

Während der König von Preussen auf sein königliches Ehrenwort erklärte, daß er sich gegen jeden Entwurf zur Theilung Polens setzen werde, und daß seine Unterhandlungen mit dem polnischen Reiche stets auf strenge Gerechtigkeit gegründet werden sollten .... ließ er heimlich an der Theilung arbeiten; verließ darauf seine Verbündeten, nannte sie Rebellen, zog gegen sie zu Felde, belagerte ihre Hauptstadt, und half das Reich aus der Reihe der Staaten vertilgen.

Während das Braunschweigische Manifest versicherte, daß man als Freund komme und nur in der Absicht, Ruhe, Ordnung und Volksglück wieder herzustellen, ... ließ man die Dörfer auf dem preussischen Zuge in Champagne plündern, und was nicht fortgebracht werden konnte, zertrümmern und vernichten.

Während man von Treue und Glauben und Gerechtigkeit schwatzte, ... ward Fayette, seines Passes ungeachtet, angehalten und nüngste Jahre lang in Gefängnissen schmachten.

Während der heilige Vater, der Tyrann mit der Knechtslarve, den Himmel und alle Heilige anrufte, die neufränkischen Gottesläster zu bezwingen, und frommen Glauben, heilige Andacht, Religion und Sittlichkeit wieder herstellen wollte.... ließ er durch Hunger und Hostien den römischen Pöbel niedrigerweise aufhetzen und den französischen Gesandten Bodville feige ermorden.

Während Preußen in Gemeinschaft mit Rußland Polen feindlich anfiel.... vergaß es, daß es nicht lange vorher Polen mit einem Einfalle bedrohte, wenn es sich mit Rußland verbinden würde.

Während die Regierungen und Preussen vorzüglich fürs Vaterland zu fechten aufmunterten, Gemeingeist und Vaterlandsliebe befördern zu wollen vorgaben, und patriotische Ausrufe an alle Deutsche durch die Gesandten am Reichstage ergehen ließen, worin zum Patriotism ermahnt ward.... durfte ein Berliner Censor bey Gelegenheit der Drucksverweigerung der Willanmischen Abhandlungen sagen: daß die Empfehlung des Patriotismus nur zum Staat der Neufranken passe und sich für Deutschland nicht schicke.

Während Pitt über Verletzung des Völkerrechts schrie, von List und Trug und überhandnehmender Unmoralität sprach.... fabricirte er wie ein Gaudieb falsche französische Assignaten, und betrog so eine Menge unschuldiger Menschen, die ihm nichts gethan hatten.

Während er die Franzosen Feinde der Menschheit schalt und über Barbarey schrie .... begieng er das böseste Attentat gegen die Menschheit und wollte 25 Millionen Menschen dem Hungertode durch sein Projekt Preis geben.

Während die Fürsten nach Grundsätzen der Gerechtigkeit zu handeln vorgaben und unpartheyische Justiz angedeihen zu lassen versprachen .... ward das preussische Kammergericht zu Berlin vom Justizkanzler auf die Stube beschieden und persuadirt den Prediger Schulz zu verurtheilen.

Während die Fürsten zur Erhaltung der Ordnung und Handhabung der Gerechtigkeit gegen die Feinde der Menschheit angeblich zu Felde zogen .... ließen sie unerhörte Bedrückungen in ihren eignen Ländern zu, verfolgten durch ihre geheime Spione und Angeber die unbescholtensten Männer, verfertigten Demokratenlisten aufs Gerathewohl, setzten ab, suspendirten und kassirten, warfen in die Kerker, hiengen und köpften, nach Willkühr, unverhört und ununtersucht; der Name eines Illuminaten qualificirte schon bey ihnen ohne weitre Auseinandersetzung zum Zuchthause.

Während die Fürsten Ordnung und Menschlichkeit einführen wollten und die Aufführung des Friedes in schwärzesten Schatten allenthalben und zu allen Zeiten darstellen ließen .... raubten und plünderten ihre eignen Soldaten wie rohe Horden ungescheut.

Während der König von Preussen im Namen der allerheiligsten Dreyeinigkeit ein Stück von Polen raubte und die Revolution vom 3. May gesetzwidrig nennte, ihr Greuel, Schandthaten, böse Grundsätze andichtete .... vergaß er, daß von ihm anderthalb Jahr vorher das Gegentheil verkündigt, die Revolution gebilligt, lobgepriesen und der Nation zur Unabhängigkeit und Freyheit Glück gewünscht ward.

Während die Kayserinn von Rußland „im Angesichte von ganz Europa" betheuerte, nur das Glück von Polen zu wollen und nur deßhalb Truppen einrücken zu lassen.... ward von ihr versichert, sie werde es als eine Kriegserklärung ansehen, wenn man das angeborne Glück nicht annehmen, und die Theilung nicht unterzeichnen wolle.

Während Preussen sich mit Rußland verband, um das unglückliche Polen wegen der Revolution zu bestrafen und zu vertilgen .... vergaß dasselbe, daß es zuvor Polen ungestüm zur Revolution angereizt und allen Beystand versprochen hatte.

Während Polens Nachbarn das Reich gänzlich unter sich theilten .... vergaßen sie ihr kaum gegebnes Versprechen: keine Forderungen weiter zu machen, noch irgend einen Theil seines Gebiets ferner zu begehren, unter welchem Titel oder Namen, oder Vorwande, Bedingungen, Umständen und Ereignissen dieses auch geschehen möchte.

Während die Fürsten über die Propaganda schrieen .... durchstrichen ihre eignen Emissäre ganz Frankreich um überall Feuerbrände hinzuwerfen, und vergaßen, daß sie hinwiederum selbst untereinander ihre Kundschafter und geschäftigen Teufel hatten, die Freundes und Feindes Kabinet auszuforschen, in Verwirrung setzen oder das Prävenire spielen sollten.

Während die deutschen Fürsten Jahr aus Jahr ein erklärten, daß sie alles fürs Gemeinwohl und zum Vortheil der deutschen Freyheit und Reichsverfassung unternommen hätten und daß sie für das Reich in ungetheilter Vereinigung mit dem Reichsoberhaupte einen allgemeinen Reichsfrieden im Wege der Konstitution zu erhalten wünschten .... sprangen sie, einer nach dem andern, davon ab; ließen das Ganze im Stiche, zogen unangefragt ihre Truppen zurück, wie z. B. Kursachsen, machten Separatfrieden, wie Brandenburg, Hessenkassel, oder Neutralitätstraktate, wie Kurpfalz; kurz sie thaten alles, was gethan werden konnte, um zu zeigen, daß ihnen keines Weges die Reichsverfassung, für die sie ihren Unterthanen Blut und Geld in Anspruch nahmen, am Herzen läge.

Während der preussische Hof mit der fränkischen Republik einen Friedens- und Freundschaftstraktat schloß und bereits anfieng wider Oesterreich zu koaliren .... vergaß er, welche Benennungen von ihm so eben noch allen Neufranken waren beygelegt worden, daß er sie in allen seinen Erklärungen Barbaren gescholten hatte, Feinde der Menschheit, rasende Volksschwärme, die absichtlich auszögen um alles zu verheeren, den Umsturz der Verfassungen mit Feuer und Schwerd und das Gift ihrer Lehre zu bewirken, raub- und mordsüchtige Horden, ohne Schranken nach Zügel, die ihre anarchische Grenel überall hintrügen und die glückliche Liebe zur Tugend durch den wuchernden Keim der Gesetzlosigkeit und der gefühllosesten Immoralität verdrängten.

Während Maria Antoinette durch das einstimmige Zeugniß von Europa, für ein lasterhaftes Weib erkannt ward .... ließ sie Pitt durch die Proklamation Ludwigs XVIII. für eine Prinzessin erklären, welche der Himmel gebildet hatte, das vollkommenste Muster jeder Tugend zu seyn.

Während die Ueberbleibsel des französischen Hofes, Minister, Pfaffen und Alt und Jung der Aristokraten sogar die mancherley Fehler der vormaligen monarchischen Verfassung von freyen Stücken zugestanden, weswegen die Stände des Reichs zur Abhelfung derselben zusammenberufen worden wären, und es auch dem seelenlosesten Monarchens knechte nicht einfiel an dieser Versicherung zu zweifeln .... erklärte Pitt in Ludwigs XVIII. Proklamation (denn er ließ sie Schiffsladungen weise nach der französischen Küste führen,) diese monarchische Verfassung für das Produkt des Genie's, für ein Meisterstück der Weisheit und für eine Frucht der Erfahrung; ja für eine heilige Lade, woran man sich nicht vergreifen dürfe, und wobey einem sogar wegen ihrer Vortrefflichkeit die Fähigkeit benommen sey, etwas davon zu ändern.

Während die Chouans als Raubgesindel die Straßen und Hohlwege mit Blute färbten und die Vendeer unglückliche Fanatiker waren, die im Namen Gottes mordeten ,... nannte sie der Proklamator, Pitt und England, unüberwindliche Helden, die Gott bestellt habe, und deren Sendung durch eine Menge außerordentlicher Thaten bestätigt sey; deren reine Hände die Fakel des Glaubens und das heilige Feuer der Ehre brennend erhalten habe.

Während Pitt die Waffen ergreifen ließ, um die Barbareyen in Frankreich zu dämpfen (wo doch wenigstens die Guillotine schnell tödtete) ... ward der angebliche Staatsverbrecher O'Connor mit allen Umständen der barbarischen Vorzeit hingerichtet; erst gehenkt, dann, ehe er noch todt war, abgenommen und vor seinen Augen sein Eingeweide

herausgerissen und verbrannt, hernach geköpft und
geviertheilt.

Während man die Einziehung der geistlichen
Güter in Frankreich für Raub ausschrie und als
einen Grund mit angab, warum man die Waffen
ergriffen; ja, während man es als eine Folge
der überhandnehmenden Atheisterey und nicht zu
duldenden Religionsverachtung ansah.... ward vergessen und mit Stillschweigen übergangen, daß
dies alles längst von andern Fürsten geschehen war,
im Westphälischen Frieden, bey der Jesuitenauf-
hebung, zur Zeit der Reformation, von Joseph
II., vom Großherzog Leopold, in Schottland,
dann und wann in Spanien, ja von dem Pabste selbst.

Während Ludwig XVIII. seynwollender König
von Frankreich auf Herstellung der alten Ordnung
drang, Strafe jedem Andersdenkenden drohte;
Gott, Religion und alle Heiligen mit ins Spiel
mischte.... vergaß er, daß von ihm selbst vorher
der Sektionseyd geleistet und die Konstitution aufrecht zu erhalten beschworen worden war.

Während die Maynzer-Klubisten als Rebellen
behandelt wurden, weil sie sich fremder Macht
unterworfen und in die neue Ordnung der Dinge
gefügt hatten .... wurden die Polen als Rebellen
behandelt, weil sie sich fremder Macht entgegensetzten und in die russische Ordnung der Dinge
nicht fügen wollten.

§. 24.

Dies wären denn einige Caracterzeichen von den vielen mit welchen die Schandsäule der Länder= seuler, ihrer Räthe, Höflinge, Helfershelfer und seelenloser Anbeter auf allen vier Seiten schwer be= deckt war; das Verzeichniß würde fortgeführt wer= den können, so lange noch eine Spur von ihnen selbst auf dem Erdboden zu finden seyn möchte. Sie wollten und konnten nicht anders handeln, so lange sie da waren, und nur mit der völligen Hinwegtilgung ihrer Existenz durfte Aenderung er= wartet werden. Jener schwarze Dämon, den der Orient als die Urquelle alles Unheils schilderte und ihm jedes Uebel zuschrieb, schien sie in sei= nen Ingrimm ausgefrieen zu haben, um die jun= ge Erde tückisch mit Quaalen heimzusuchen, und ... er erreichte seinen Zweck; wo sie hinkamen, ver= sengten sie den lustigsten Boden wie verzehrendes Feuer; die Natur der Menschen, eingeengt von ihnen, ward steifer und starrer; wie drückende Gewitterwolken lagen sie auf den Ländern, daß unten die Bewohner schwer röchelten. Nie sollten diese wieder frey Odem holen, dafür sorgten sie mit ihrem eisernen Fuße, den sie, nach ihrem Vorgeben, von der Gottheit zum Geschenk bekom= men hatten, und welcher deßhalb, wenn er auch schwer drückte, geduldet werden mußte. Nichts

galt etwas vor ihnen, und was nicht mit ihren
sieben Siegeln bezeichnet war, wurde vermaledeyt
und zur Welt hinausgepeitscht. Unsinn war die
Rede ihres Mundes, die für Weisheit galt; in
Trug bestanden ihre Lebensregeln; kalte Willkühr
machte den Koder aus, und Schändlichkeiten die
Würze ihrer Tafeln. Tausende starben dahin, von
ihrer Laune gemordet; ohne auch nur zu ahnden,
daß man sich nicht von ihnen morden zu lassen
brauchte. Die reifere Menschheit, welche mühse-
lig durch eigne Kräfte und nach Sysiphischer Anstrengung etwas vorwärts geklimmt war, em-
pfieng neues Leben und erhöhte Lichtgedanken von
jener Sonne, die hinterm Berge hervor einzelne
Strahlen sprühte: urplötzlich kamen jene Unholde
und alle Missethäter der Erde in Allarm, streue-
ten Zauberpulver in die Lüfte, daß sich alles wieder verfinstre.

Seyd eingedenk der Menschheitssache und der
Schmach, die man euch droht. Freyheit! heilige Freyheit! Kämpfe mit deinen Wertheidigern!
Dann werden unsre Enkel in Frieden wohnen unter den Früchten deines Baumes und die entfes-
selte Menschheit wird die Flamme deines Altares
nähren mit zerbrochnen Sceptern.

www.ingramcontent.com/pod-product-compliance
Lightning Source LLC
Chambersburg PA
CBHW031939290426
44108CB00011B/614